영웅의 여정

조지프 캠벨이 말하는 신화와 삶

조지프 캠벨 지음 / 박중서 옮김

JOSEPH CAMPBELL

THE HERO'S JOURNEY

갈라파고스

JOSEPH CAMPBELL
FOUNDATION

차례

서문 ― 6

캠벨 탄생 100주년 기념 서문 ― 14

서론 ― 22

감사의 말 ― 41

제1장
모험으로의 부름 ― 45

제2장
시험의 길 ― 79

제3장
선견의 탐색 ― 141

제4장
여신과의 만남 ― 193

제5장
혜택 ― 261

제6장
마법의 도주 ― 314

제7장
귀환의 문턱 ― 380

제8장
두 세계의 주인 ― 421

에필로그
호랑이와 염소 ― 489

조지프 캠벨의 저서들 ― 494

공저자 소개 ― 498

주 ― 501

참고문헌 ― 511

그림 목록 ― 516

찾아보기 ― 518

저자 소개 ― 546

조지프 캠벨 재단 소개 ― 548

서문

열정 앞에서 대부분의 정신의학자는 신경이 곤두서게 마련이다. "조지프 캠벨의 말은 마치 메시아를 향한 우리의 필요의 전치轉置인 것처럼 들린다." 캠벨의 정수를 영화와 텔레비전으로 기념하기로 작정했던 내 추구의 초창기에 저명한 정신분석가 친구가 내게 말했다. 내 꿈은 1987년에 한 시간짜리 영화 〈영웅의 여정〉의 제작으로 결실을 맺었으며, 지금 여러분이 들고 계신 이 책은 다시 그 영화에서 비롯된 결과물이다.

스포츠와 교회 이외의 다른 뭔가를 향한 열의 앞에서 대부분의 중서부 장로교도는 긴장하게 마련이므로, 나의 이런 '캠벨에 대한 관심'이 결국 지역 교회에 대한 열성적인 지지로 대체되었다는 사실, 또 의료 활동과 미래의 재정에 대한 더 많은 관심으로 대체되었다는 사실을 아셨더라면, 연로하신 내 부모님께서도 더 편안하셨을 것이다.

스승과 부모에게 귀를 기울이지 않는 것은 잘못된 판단이자 나쁜 태도이기 때문에, 나는 조지프 캠벨과의 길고도 복잡한 인연의 시작부터 그를 숭배의 대상으로 여기지 않으려고 노력했고, 내가 스스로 생각하고 느껴야 한다고 계속해서 격려하는 훌륭하고도 불경한 친구들을 곁에 두었다.

하지만 모든 세월을 돌이켜 보면, 그 모든 경험은 마치 사랑처럼 느껴진다. 각별히 캠벨에 대한 사랑이라기보다는, 오히려 캠벨을 보고 듣는 '다른 사람들'에게 벌어지는 일에 대한 사랑이었다. 그들의 기쁨과 성장이야말로 내가 무려 10년 넘게 이 프로젝트에 몸담게 만든 원동력이었다. 물론 캠벨을 만난 다른 사람들에게 벌어지는 일에 대한 자각은 바로 나 자신의 경험과 함께 시작되었다.

1972년, 39세였던 나는 안식년을 맞이하여 살인에 관한 연구 프로젝트를 마무리하는 중이었다. 도서관에 틀어박혀 있는 동안, 나는 폭력에 관한 가장 오래된 기록이 바로 신화임을 발견했으며, 고대 신화에 묘사된 가정 폭력의 역학과 현대 미국 생활의 가정 폭력의 유형이 놀라우리만치 유사하다는 사실을 발견했다. 따라서 나는 조지프 캠벨의 네 권짜리 저서 『신의 가면』을 읽기 시작했다. 그 책을 다 읽고 나서, 나는 캠벨이 인류의 상징적이고, 심리학적이고, 영적이고, 예술적인 유산을 놀랍게 연결시키고 있음을, 그리고 그 방식이야말로 다윈 이래 수많은 과학자들이 생물학적 유형을 이해하기 위해 줄곧 해 왔던 방식과 똑같다는 사실을 깨달았다. 이 과정에서 내 안에 있던 지력 이상의 뭔가가 그 책으로부터 영양분을 공급받게 되었다. 그 책을 다 읽고 나서, 나는 스스로에 대해서나 세계에 대해서도 이전과는 다르게 느끼게 되었다. 나는 편안함을 느꼈다. 캠벨이 반드시 해야만 했던 말에 관해서 더 많은 것을 배우고 싶었고, 다른 여러 사람과 마찬가지로 캠벨이라는 사람 자체에 대해서도 호기심이 일었다. 캠벨의 저서를 더 많이 읽을수록, 나는 세계의 여러 신화를 인내심 있게 혼합하는 그의 폭넓은 학식과 역량이 학계 바깥의 청중에게까지 알려지는 모습을 보고 싶은 끊임없는 충동에 의해 더 많이 움직이게 되었다.

○○○○

그들은 무리를 지어 나아가는 것이 수치일 것이라고 생각한다. 각자는 숲에서도 스스로가 선택한 한 지점에 들어가는데, 거기는 가장 어둡고 통로도 없다. 만약 길이나 통로가 있었다면, 그것은 다른 누군가의 통로일 것이다. 각각의 인간은 독특한 현상이다.

조지프 캠벨, 『희열로 가는 길』 중에서[1]

○○○○

나는 텔레비전 전문가가 아니었으므로 고故 그레그 스팔린과 협업을 하기로 했다. 하지만 처음에만 해도 캠벨은 자신의 연구를 텔레비전 매체로 옮기겠다는 우리의 제안을 거부하면서, 자신에게 어울리는 매체는 인쇄물이라고 단언했다. 여러 번의 만남 끝에 우리는 그를 설득하는 데 성공했으며, 마침내 승낙을 얻고 나자 이제 다른 사람들도 캠벨의 학식과 생기를 접하게 만들 수 있을 것이라고, 그리고 다른 사람들도 스스로 깊어지는 영혼을 경험하게 될 것이라고 확신했다. 그 당시에는 나의 이런 확신에 동의하는 사람이 극소수였다는 사실도 별 문제가 되지 않았다.

다른 여러 창작 프로젝트와 마찬가지로, 우리는 여러 번 잘못된 출발점에 섰다. 1981년 말에 이르러 나는 조의 건강에 대해 점점 더 많이 걱정하게 되었는데, 그가 불과 6개월 동안 두 번이나 심한 폐렴에 걸렸기 때문이었다. 여전히 조는 평소처럼 좋아 보이고 유창하게 말했지만, 본업이 의사인 나로선 걱정할 수밖에 없었다. 나이가 80세에 가까워지고 있었건만, 정작 그와 그의 연구에 대해서는 아직 쓸만한 촬영 기록이 전혀 없는 상태였다. 물론 훌륭한 저서도 여러 권 냈지만, 나는 캠벨의 모습을 영상으로 전달하고 싶었다. 왜냐하면 훗날 조지 루카스가 말한 것처럼 강연 현장의 그에게서는 일종의 '생명력'이 쏟아져 나와서 그 청중들을 각자의 영적 모험에 적극적으로 입문시킨다는 느낌이 강하게 들었기 때문이다. 다급한 느낌이 증가하는 상태에서, 나는 두 배로 노력을 기울였다.

〈영웅의 여정〉의 공식 촬영은 1982년 1월에 캘리포니아 주 빅서의 에설런에서 시작되었다. 제작자 빌 프리의 도움을 얻어서 나는 조의 가까운 친구인 시인 로버트 블라이, 노벨 생리의학상 수상자 로제 기유맹, 심지어 캠벨에 대해서는 한 번도 들어 본 적이 없는 젊은 여성에 이르기까지 다양한 사람들을 불러 모을 수 있었다. 내 바람은 이 사람들의 조합, 감독인 데이비드 케나드의 기술, 배경의 아름다움과 유산, 조지프 캠벨의 놀라운 삶과 에너지가 우리의 영화를 위한 풍요로운 토대가 되었으면 하는 것이었다. 이 책에서 여러분이 발견하게 될 내용 가운데 상당수는 바로 이때 에설런에서 촬영된 대화에서 비롯되었다.

그로부터 4개월 내지 5개월이 지나서, 우리가 영화를 편집하고 녹취록을 살펴보는 중에, 나는 그칠 줄 모르는 내면의 소리에 의해 포위 공격을 당하고 있음을 깨달았다. 그런 내면의 소리야말로 나로선 영 익숙하지 않은 뭔가였고, 심지어 "당신의 희열을 따르라"는 지당한 말일 때조차도 마찬가지였다. 그런데 내면의 소리는 계속 이렇게 말하는 것이었다. "조의 다음번 전국 강연 시리즈를 비디오로 녹화하라. 왜냐하면 그게 그의 마지막이 될 테니까." 안타깝게도 정말 그랬다.

어떤 사람들은 느긋하고 비공식적인 배경에서 최선을 다하게 마련이다. 우리 영화의 첫 번째 컷은 그런 장면들을 상당히 많이 사용했다. 하지만 우리가 작업을 더 많이 해 나갈수록, 캠벨은 자기가 주제를 고를 때에야 비로소 최선을 다한다는 사실이 더 분명해졌다. 즉 자기가 수십 년간의 강의를 통해 완벽하게 만든 재료를 사용할 수 있을 때에야 최선을 다하는 것이었다.

1982년부터 1985년 초까지, 제작진이 캠벨을 뒤따라 전국을 돌아다니면서 그의 마지막 중요한 강연 여행을 비디오로 녹화했다. 우리는 뉴멕시코주 타오스에서 〈심혼과 상징〉을, 샌타페이에서 〈시간 속에서 신화의 변모〉를, 그의 아내 진 어드먼이 운영하는 뉴욕의 오픈

영웅의 여정

아이 극장에서 〈영속의 철학: 힌두교와 불교〉를, 샌프란시스코의 펠리스오브파인아츠 극장에서 〈서양의 길: 아서 왕 전설〉과 〈성배 탐색〉을, 샌프란시스코의 캘리포니아 역사협회에서 〈현대의 신화: 제임스 조이스와 토마스 만〉을 녹화했다. 이제 우리는 캠벨의 가장 강력한 강연의 광맥을 무려 50시간 분량이나 보유하게 되었으며, 이는 앞으로도 영원히 이용 가능할 것이다. 그러고 났더니 내면의 목소리도 더는 들리지 않게 되었다.

제작진과 내가 캠벨을 따라 전국을 돌아다니는 동안, 그의 강연과 세미나가 끝나면 사람들이 계속해서 내게 찾아와서 이렇게 물었다. "도대체 이 캠벨이라는 사람은 누굽니까? 그는 어떻게 해서 지금과 같은 인물이 된 겁니까?" 많은 청중들은 이미 그가 어떤 사람인지 지속적으로 궁금해하며 그 인물과 그 사상에 대해 매료되어 있었다. 바로 이런 질문들로부터 자극을 받아서, 나는 우선 영화의 최종 형태를 만들어냈고, 궁극적으로는 이 책까지도 만들어냈다.

영화에 대한 우리의 최종 전략은 조의 이야기를 보는 동안에 관객이 무의식적으로 자기 자신의 삶을 돌아보게 하는 것이었다. 즉 각자의 개인적인 통과 의례, 자연과의 합일의 중요성에 대한 그들 각자의 인식, 그리고 (조 캠벨이 살아갔던 것처럼, 그리고 그의 학식의 폭에서 무척이나 뚜렷하게 예증되는 것처럼) 그들 각자의 경로를 가야 할 필요 등은 우리가 촬영한 삽화와 이야기, 독백과 대화에서 발견될 것이었다. 내 입장에서 이 영화의 절정은 문학에 대한 조지프 캠벨의 기여를 인정한 1985년 뉴욕 내셔널아츠클럽의 수상식 만찬 장면이다. 우리의 영화는 시간 문제상 조지 루카스, 리처드 애덤스[2], 제임스 힐먼[3], 그 외 여러 사람의 축사를 발췌한 내용을 수록하는 데 그쳤으며, 우리로선 매우 고통스럽게도 조의 감동적인 수상 연설도 줄여서 수록할 수밖에 없었다. 운 좋게도 이 책에서는 그 주목할 만한 저녁 행사에 관한 내용을 더 온전히 수록할 수 있었으며, 영화에서는 시간 제약상 빼놓을 수밖에 없었던 놀랍고도 독창적인 자료도 포함할 수 있었다.

조는 항상 자신이란 인물보다 오히려 자신의 사상이 더 중요하다고 생각했다. 영화와 이 책의 제작 과정 내내 우리는 그의 바람에 걸맞은 결과물을 내놓기 위해서 최대한 노력했다. 즉 조가 무엇을 만들어낼 수 있었는지를 그의 '사상'이 놀랍도록 명료하게 대신 말하게끔 하려는 것이었다.

〈영웅의 여정: 조지프 캠벨의 세계〉의 영화판은 1987년 봄에 동부 연안에서는 뉴욕 현대 미술관에서, 그리고 서부 연안에서는 할리우드에 있는 디렉터스길드에서 최초로 상영되었다. 이 책에는 서부 연안 첫 상영 행사에서 있었던 그의 마지막 공개 행사 참석 당시의 발췌문도 포함시켰는데, 그 자신이 말하던 "죽음이란 것"에 다가가고 있는 상황에서도, 그는 청중에게 새로운 정보와 종합을 계속해서 제공했다. 조가 마지막 기립 박수를 받는 모습을 지켜보면서 나는 참으로 안타까운 마음이 들었다. 그는 4개월 뒤에 사망했다.

우리의 녹취록과 아웃테이크를 여러 번 검토한 끝에, 나는 영화의 공동 제작자 자넬 발니케와 함께 영화 해설을 작성했던 협력 제작자 필 커즈노에게 이 책을 만들어 달라고 부탁했다. 이 영화의 모든 측면에 대한 그의 중요한 창의적 기여에 대해서는 물론이고, 조와 진 캠벨 부부에 대한 그의 증대하는 헌신에 대해서도 계속해서 깊은 인상을 받았고, 아울러 이들 부부가 신화와 인생에 대한 그의 지식의 폭에 대해서만이 아니라 그의 재능의 깊이에 대해서도 인정하고 인식했음을 알았기 때문이다.

1988년에 PBS에서 〈영웅의 여정: 조지프 캠벨의 세계〉와 빌 모이어스의 6부작 시리즈 〈조지프 캠벨과 신화의 힘〉이 전국에 방영되어 폭발적이고도 폭넓은 반응을 불러 일으켰다. 내가 보기에 이런 관심의 분출이야말로 조지프 캠벨이 우리 모두를 위해 이야기했다는 사실을 확증해 주는 셈이었다.

스튜어트 L. 브라운

캠벨 탄생 100주년 기념 서문

1987년 봄 어느 날 밤, 나는 태평양을 굽어보는 하와이 호놀룰루 소재 한 콘도미니엄 베란다에서 그곳 주인 조지프 캠벨과 함께 앉아 있었다. 캠벨은 평소 보기 드문 모습으로, 옛 아일랜드 농담을 이야기했고, 앞으로 자기가 쓰고 싶은 책 다섯 권에 대한 계획을 설명했으며, 자기가 아내 진 어드먼과 함께 방금 본 영화 〈영웅의 여정〉에 관해 거듭해서 열정적으로 이야기했다. 나는 그 영화의 총괄 제작자인 스튜어트 브라운과 함께 필름을 하와이로 가져와서 두 사람을 위한 시사회를 열었으며, 그리하여 최종 배포를 앞두고 두 사람의 최종 승인을 얻었던 것이다.

"놀라워, 그저 놀라워." 내 기억에 그는 이렇게 말했고, 저 아래 바다에는 달빛이 반짝이고 따뜻한 바람이 야자나무 잎사귀를 흔들었다. 나는 그 영화에서 영화 제작자 조지 루카스, 심리학자 제임스 힐먼, 소설가 리처드 애덤스 같은 사람들로부터 찬사를 얻은 것에 대해서 혹시 놀라지 않았느냐고 캠벨에게 물어보았다.

"나로선 더 이상 기쁠 수가 없다네." 그가 말했다. "자네도 알다시피, 나는 비평가와 학자를 위해서 책을 쓴 게 아니거든. 오히려 학생과 예술가를 위해서 쓴 거지. 내 작품이 그들에게 큰 의미를 지니게 되었다는 이야기를 들을 때면…… 음, 내가 얼마나 기쁜지를 차마 자네에게 설명할 수조차 없을 정도라네. 그건 결국 감사하게도 내가 이제껏 연구할 수 있던 특권을 누렸던 이 신화라는 대단한 재료가 완전히 새로운 세대에도 계속해서 살아 있으리라는 뜻이니 말일세. 옛 이야기를 재해석해서 다시 한 번 살아 있게 만드는 것이야말로 예술가의 기능이라네. 예를 들어 시로, 회화로, 그리고 이제는 영화로 만드는 거지."

캠벨은 이 대목에서 잠시 말을 멈추고, 유리잔에 담은 위스키를 한 모금 마신 다음, 함께 유리잔을 맞부딪히며 나로선 평생 잊지 못할 방식으로 직접 말을 건네었다. "그렇기 때문에 지금 자네가 하고 있는 일을 계속하고, 이 일을 곧 자네의 일로 만드는 것이 중요한 거라네."

그의 말은 내가 '신화, 꿈, 영화'라는 제목으로 여러 명의 동료 시나리오 작가들과(즉, 토머스 슐레징어, 키스 커닝엄, 크리스토퍼 보글러, 리처드 비번 등과) 공동으로 담당하던 강의에 대해서 우리가 여러 해 동안 나눈 지속적인 논의를 가리키고 있었다. 친구들과 나는 영웅의 여정에 관한 캠벨의 모델을 가져다가 영화의 원형적이고 꿈 같은 구조를 더 잘 이해하는 데 사용하려는 영감을 얻은 바 있었다. 처음에만 해도 나는 신화와 영화에 나오는 영웅의 여정을 보여 주는 '큰 바퀴'에 관한 나름대로의 그림과 메모를 보여주면서 긴장해 마지않았지만, 그는 격려의 화신이었다. 위대한 스승들의 전통에 따라서, 캠벨은 그 일이 어떤 방향으로 나아가든지 간에 일단 계속해 나가려는 내 확신에 곧바로 용기를 불어넣어 주었다.

"아, 내가 보기에도 훌륭해." 그는 이렇게 말했다. "이거야말로 딱 내가 원하던 거라네. 즉 학생들과 예술가들이 신화를 인생이라는 숭고한 모험의 반영으로 바라볼 수 있도록 도와주는 것, 그리고 신화에 새로운 삶을 불어넣는 것 말이네."

얼마 후인 1987년 10월에 캠벨은 89세를 일기로 사망했다. 오래 지나지 않아 그의 저서와 비디오테이프의 판매량은 하늘 높이 치솟았으며, 그의 이름은 곧 신화의 동의어가 되었다. 우리의 영화 〈영웅의 여정〉도 공개 이후에 격찬을 얻었으며, 나는 미국 전역과 심지어 유럽의 수십 군데 장소로부터 영화 상영 요청을 받았다. 그러던 어느 날 저녁, 나는 뉴욕 소재 오픈센터에 모인 만원 관객과 그중에서도 맨 앞줄에 앉은 캠벨의 아내 진 앞에서 이 영화를 상영했다. 그 직후에 나는 이처럼 갑작스러운 대중적 인기를 알게 되었다면 조가 뭐라고 말했을 것 같으냐고 그녀의 생각을 물어보았다. 그러자 진은 눈을 반짝이며 이렇게 말했다. "저 수많은 전화와 편지 때문에 자기 연구가 방해를 받게 되었으니, 이제 하와이를 떠나 남태평양의 외딴 섬 보라보라로 집을 옮겨야 되겠다고 말했을 게 분명해요!"

1990년에 이 책이 첫 출간된 이래로 나는 사실상 전 세계에서, 그리고 상상가능한 한 온갖 종류의 사람들에게서 편지를 받았다. 그들에게 어떤 공통점이 있었다면, 그건 바로 각자의 삶에서 행하는 여정을 발견할 수 있도록 도와준 조 캠벨에게 감사를 표현하고 싶다는 열망이었다. 미시간 주의 한 페인트 기술자는 영웅의 여정의 모델 덕분에 새로운 프로젝트 하나하나를 모험으로 바라보는 데에 도움이 되었다고 말했다. 뉴욕 주의 한 조각가는 "신화적 형태의 영원한 광휘"에 관해서 상기하게 되었다고 말했다. 캘리포니아 주 폴섬 교도소에 있던 한 남자는 "자기 여정의 미궁" 속에 있으면서도 이제 덜 외롭다고 말했다. 전직 NFL 풋볼 선수는 내 워크숍 가운데 한 번에 참석한 다음, 자기가 이 모델을 사용함으로써 이 세상에는 하나 이상의 여정이 있음을, 그리고 일단 각자의 이야기를 바꾸는 방법만 알게 된다면 삶은 계속 돌아가는 것임을 다른 전직 선수들에게 납득시키는 데에 도움이 되었다고 말했다. 실리콘밸리의 한 컨설턴트는 실업계 사람들을 겨냥해 영웅의 여정을 응용한 도해를 그려 보내면서, 이걸 이용하면 모든 사업 거래에 시작과 중간과 끝이 있음을 사람들이 이해하도록 도울 수 있다고 말했다. 브라질 상파울루의 한 의사는 내게 보낸 이메일에서 자기가 그 책을 여러 번 다시 읽었다고, 왜냐하면 자기가 그 지역에서 하고 있는 일의 의미를 찾는 데에 도움이 되었기 때문이라고 말했다.

내게 연락을 취한 유명 인사들도 수없이 많았다. 록 밴드 무디블루스의 창립자인 마이크 파인더는 자기가 캠벨의 저서 덕분에 젊은 사람들에게 신화와 음악을 소개하는 데에 여생을 바치려고 작정하게 되었다고 말했다. 파리의 전설적인 제과업자 리오넬 푸알란은 한 인터뷰에서 자기가 캠벨을 읽고 나서 빵의 기원을 강조하는 것의 중요성을 배웠다고 말했다. 한 번은 UCLA에서 강연을 마치자마자 소설가 알렉스 헤일리[1]의 미망인 마이 헤일리가 내게 다가오더니, 캠벨의 저서야말로 자기 남편이 배를 타고 아프리카로 건너가서 오랫동안 여행하며 소설 『뿌리』를 쓰기 위한 사전 조사를 실시했던 주된 이유였다고 조용히 알려주었다. 건축가 앤서니 롤러는 캠벨의 저술 덕분에 우리의 불확실한 시대에 성소聖所를 재정의하는 설계를 향한 자신의 열정을 상기하게 되었다고 편지를 보냈다. 우주학자 브라이언 스윔은 캠벨이야말로 "영적으로 게놈 프로젝트에 버금가는 인물"로 생각된다면서 이렇게 말했다. "생각하는 사람이라면 누구나 다음과 같은 놀라운 진실을 파악해야만 한다. 즉 이제 우리는 유서 깊고 깊은 암호를 모두 손에 쥐게 되었다는 것이다. 그러면 우리는 이처럼 차마 상상불가능한 힘을 가지고 무엇을 할 것인가?" 아일랜드의 애런 제도에 사는 대러 멜로이라는 전직 사제는 캠벨의 저서 덕분에 자기가 물려받은 기독교를 비신화화고, 고대 켈트족의 가르침에 근거한 더 적절한 신화를 우리 시대에 제안해보는 발상을 얻게 되었다고 말했다. 테네시 주 녹스빌의 무대 뒤편에서 만난 작곡가 R. B. 모리스는 캠벨의 저서 덕분에 (애팔래치아 산맥 이야기부터 제임스 에이지[2]에 이르는) 자기 인생 초기의 위대한 신화들을 고수하고, 그것들을 자신의 음악 세계 내에서 살아가게 허락하기로 작정했다고 말했다. 위네바고족의 강력한 주술사 루벤 스네이크의 말에 따르면, 아메리카인디언 장로들이 캠벨의 저서와 영화를 여러 아메리카인디언 학교에서 사용한 덕분에, 아메리카인디언 신화에 대한 관심 부흥에 도움이

영웅의 여정

되고 있다고 한다.

장담하건대 캠벨의 아일랜드인다운 마음은 이런 반응에 무척이나 기뻐했을 것이며, 그의 100세 생일이 있던 2004년에 『영웅의 여정』이 재간행된 사실에도 마찬가지로 기뻐했을 것이다. 시인 존 던의 말마따나 "죽음은 더 나은 도서관으로의 진입"[3]이 맞다면, 내 생각에 조 캠벨은 소진불가능한 신화의 책을 읽는 즐거움을 영원히 누리고 있는 것 같다.

필 커즈노
2003년 3월, 샌프란시스코에서

1957년 워싱턴 D.C. 소재 외교관 연수원에서 외교관들을 향해 열성적으로 강의하는 캠벨

1985년에 뉴욕 내셔널아츠클럽에서 문학 분야 수훈상을 받으면서 영화 제작자 필 커즈노와 함께한 조지프 캠벨

서론

고대 신화의 바다를 헤치고 나아간 조지프 캠벨의 긴 오디세이아는 학술적 탐색인 동시에 영적 탐색이기도 했다. 방대한 독서와 저술과 여행을 통해서, 아울러 그 세기의 가장 영향력 있는 사람들과의 결정적인 만남을 통해서, 그는 우리 세계의 신화적 유산에서 놀라운 유사성을 발견했고, 이로써 자기가 학생 시절부터 품어 온 깊은 확신을 보강하게 되었다. 즉 자연의 한가운데에는 근본적인 통일성이 있다는 확신이었다.

"진리는 하나이며, 단지 현자들이 그걸 여러 가지 이름으로 부를 뿐이다." 그는 종종 베다의 한 구절을 인용했다. 역사의 항상적인 진리를 종합하는 것이야말로 그의 삶의 발화점이 되었다. 즉 시대를 초월한 연결고리인 신화를 이용하여 과학과 종교, 정신과 육체, 동양과 서양 사이의 심연을 건너는 다리를 놓는 것이야말로 그의 최우선 과제가 된 것이었다.

그는 『천의 얼굴을 가진 영웅』의 서문에서 이렇게 썼다. "나의 바람은 오늘날의 세계에서 통일을 위해서 작용하고 있는 그 힘들의 (아

영웅의 여정

마도 아주 절박하지는 않을 법한) 대의에 이 비교 해설이 기여하는 것이며, 다만 어떤 종교적이거나 정치적인 제국의 이름으로 기여하는 것이 아니라, 오히려 인간의 상호 이해의 이름으로 기여하는 것이다."[1]

신화, 종교, 문학을 연구하는 전통적인 학자들이 문화적 차이를 강조한 것과는 대조적으로, 캠벨의 비교 역사적 접근법은 오히려 유사성에 초점을 맞추었다. 그는 우리의 신성한 이야기와 이미지에 들어 있는 공통적 테마, 또는 원형이야말로 차이나 문화적 다양성을 초월한다고 확신했다. 더 나아가 신화에 들어 있는 영웅, 죽음과 부활, 처녀의 출산, 약속의 땅(영혼의 우주적 측면, 피의 기억) 같은 매우 방대한 이미지를 재검토함으로써 우리의 공통된 심리학적 뿌리를 드러낼 수 있다고 믿었다. 그런 뿌리는 심지어 영혼이 스스로를 바라보는 방법을(즉 아래에서 바라보는 모습을) 우리에게 보여줄 수도 있었다.

"신화는 '신의 가면'이며, 세계 어디에서나 인간은 이를 통해서 스스로를 존재의 경이에 연결하기를 추구해 왔다."[2] 그의 말이다. 원시 문화에서부터 가장 최신의 문화에 이르기까지, 이런 이미지의 초시간성으로부터 우리가 받는 인지의 충격은 우리의 내적 삶에 대한 조명일 뿐만 아니라, 모든 인간의 삶이 샘솟는 깊은 영적 바탕에 대한 조명이기도 하다고 그는 믿었다.

알베르트 아인슈타인이 외부 영역의 에너지에 관한 통일장 이론을 추구했던 것처럼, 조지프 캠벨은 방대한 내적 영역의 에너지에 관한(그 에너지의 의인화를 우리는 "신神"이라고 부른다) 일종의 통일장 이론을 주조하는 데에 헌신했다. 물리학자들이 "실재의 직조물"이라고 부르는 것을 캠벨은 "보석의 그물"이라고 불렀다. 힌두교의 우주론에서 가져온 이 빛나는 은유야말로 신화와 종교와 과학과 예술의 독특한 엮음인 그의 작업을 가리키는 예리한 이미지이기도 했다. 각 분야에서 그의 스승들은 모두 기본적으로 같은 이야기를 했다고 그는 결론을 내렸다. 즉 이 세상에는 역사에 걸쳐서 인간의 영혼을 자극해 온 원형적 충동의 체계가 있다는 것이었다. 그의 종합에 따르면, 그것은 바로 "하나의 웅장한 노래"였다.

캠벨이 학자로서, 교사로서, 작가로서 걸어 온 우상파괴적인 길은 무수히 많은 신화에서 그가 발견한 "원편의 길"과도 다르지 않았다. 「카타 우파니샤드」에서는 이런 건널목을 가리켜 "면도날처럼 날카로운 다리"[3]라고 부른다. 이는 불교에서 말하는 '중도中道'를 취하는 것이다. 또는 성배 탐색에서 "길이나 통로가 전혀 없는" 어두운 숲으로 들어가는 것이다. 그는 직관적으로 자신의 '학술의 도道'를 따라가서, 전통적인 학계의 신성화된 복도를 넘어서서, 신화에 대한 영적이고 심리학적인 견해로 들어섰는데, 그 견해에서는 성인聖人들과 샤먼들이 직접적으로 '경험될' 수 있다고 말했던 초월적 '실재'를 포용했다. 신비주의자들이 우주적 의식이라고 부른 것에 대한 이런 형태의 직접적 지각은 결국 신들과의 개인적 만남이나 마찬가지였다. 이것이야말로 외관상의 혼돈 배후에 있는 질서의 치유적 선견이었고, 어둠의 중심부에 있는 삶을 긍정하는 '아름다움'의 파악이었다. 만약 테네시 윌리엄스의 말마따나 "항상 질주하는 것에서 영원을 낚아채는 것이야말로 인간 존재의 위대한 묘기 가운데 하나"라면, 지금

영웅의 여정

영원을 경험할 수 있는 사람들이야말로 캠벨의 도전적인 시각에서 보자면 우리의 트릭스터가, 우리의 영적 안내자가 되는 셈이다.

캠벨이 종종 꺼냈던 농담처럼, 확실히 비전통적인 경력 때문에 그는 동료 학자들로부터 위신 일부를 박탈당하고 말았다. 하지만 그를 아는 우리 가운데 일부가 보기에, 그는 이단아이자 "딜레탕트"가(즉 그의 스승인 인도학자 하인리히 침머의 표현처럼 "즐기는 자"가) 되었다는 사실에 대해서 대단한 자부심을 느꼈다. 그는 충분히 그럴 수가 있었다. 그의 열성 덕분에(말 그대로 '신들로 가득함' 덕분에) 그는 새러 로렌스에서의 경력 초기부터 학생들의, 더 나중에는 수많은 예술가들의 마음과 정신을 사로잡게 되었다. "신화라는 대단한 재료"에 대한 자신의 매료 덕분에 생각을 모험으로 변모시켰고, 지식을 지혜로 번역했으며, 자신의 말과 글을 듣거나 읽은 사람들에게는 신화의 개인적 타당성을 밝혀주었다. 그들에게 캠벨은 자기 주제를 하찮게 만들어 버리는 통속 작가를 훨씬 뛰어넘은 존재였다. 그는 프랑스인이 우아하게 "아니마퇴르animateur"라고 부른 존재, 즉 일반 청중을 향해 복잡한 내용에 생기를 불어넣을animates 뿐만 아니라, 심지어 (블라디미르 나보코프가 "프리송frisson: 짜릿함"이라고 불렀던) 우리의 삶에 관한 진리의 설득력 있는 전율을 상기시키는 카리스마적 교사였다. 바로 그런 재능 하나만으로도, 캠벨은 우리 시대의 가장 사랑받는 교사 가운데 하나가 되었다.

하지만 50년 이상의 교단 경험과 20권 이상의 책을 출간한 이후, 캠벨은 자신의 공헌이 단순히 "무사이(뮤즈들) 영역으로 들어가는 열쇠"를 사람들에게 건네준 것뿐이라고 느꼈다. 가시적인 영역의 너머에 있는 그 놀라운 영역에서 비롯된 상상력과 영감이 우리의 삶을 형성하는 과정에서 우리를 인도할 수 있는 것이다. 바로 그런 역할을 했다는 점에서, 그는 현대의 비의 전수자였다. 즉 베오울프, 길가메시, 『티베트 사자의 서』, 이집트의 비의,『일리아스』와『오디세이아』, 아서 왕 로망스, 아메리카인디언 신화, 힌두교, 불교, 기독교의 고대 텍스트들은 물론이고 제임스 조이스, 토마스 만, 파블로 피카소 같은 현대의 신화 제작자들의 종종 차마 헤아릴 수 없는 신비를 헤치고 나아가는 안내인이었던 것이다. 이런 웅장한 서사와 이미지에 관한 나름의 각색을 통해서, 그는 (『천의 얼굴을 가진 영웅』에 원래 붙이려던 제목처럼) '신화 읽는 방법'에 관한 시인의 방식을 우리에게 가르쳐 주었다. 즉 상징적인, 은유적인, 열정적인 방식을 말이다.

하지만 '은유적 변모'에 대한 재능을 넘어서, 즉 삶과 이런 변모적 신비에 삶과 죽음을 투사해서 읽어내는 재능을 넘어서, 캠벨은 이전의 학자들 사이에서 유례를 거의 찾을 수 없었던 방식으로 고전들을 친근하게 만들었다. 학술의 엄격한 방법을 보완하기 위해서, 그는 해석학hermeneutics의(즉 영혼의 안내자 헤르메스Hermes의 정신을 따르는 창조적 해석의) 기법을 부활시켰으며, 거기다가 현명한 아일랜드 출신 이야기꾼의 뛰어난 말솜씨를 융합시켰다. 그렇게 하는 과정에서 그는 오래된 신화에 새로운 삶을 불어넣었는데, 이것이야말로 알베르 카뮈가 각 세대마다 반드시 해야 하는 일이라고 단언한 바였다. 예를 들어 아서 왕 로망스에 관한 세미나의 막바지에, 자기가 평소 선호했

영웅의 여정

던 이야기 가운데 하나인 파르치팔 전설을 가지고서 다음과 같이 툭하고 도전적인 질문을 던졌다. "그렇다면 이것은 성배 탐색이 될까요, 아니면 황무지가 될까요?" 그는 이렇게 묻곤 했다. "여러분은 창의적인 영혼의 탐색으로 나아갈 것인가요, 아니면 오로지 안정만을 선사하는 삶을 추구할 것인가요? 여러분은 자신의 열성을 바탕으로 열의의 별을 쫓아갈 것인가요? 여러분은 신화를 살아갈 것인가요, 아니면 신화가 여러분을 살아가게 할 것인가요?"

●

그렇게 해서 과학적 합리주의의 시대 이후로는 이미 오래 전에 멸종했다고 생각되던 사상가의 일종인 도취적 학자가 재등장하게 되었다. 그는 "깊은 곳의 환희"라는 옛 속담에 새로운 의미를 부여하면서, "그것은 탐색의 '고통'이 아니라 오히려 계시의 '환희'"라고 종종 청중에게 상기시켰다. 더 나아가 그는 장난꾸러기처럼 이렇게 덧붙이곤 했다. "삶이란 해결되어야 할 문제가 아니라, 살아가야 할 '신비'입니다."

하지만 그런 일이 어떻게 가능할까? 과연 행운의 만남을 기다리는 것 말고 우리에게 다른 기회가 있을까? 어떻게 우리는 이 비신화화의 시대에, '더 이상은 아무 것도 신성하지 않은가?'라는 중차대한 질문을 가지고, 신비로부터의 탈주를 역전시킬 수 있을까? 어떻게 우리는 숭고한 것과 가짜인 것을 구분할 수 있을까?

현대의 삶의 환멸에 대한 조지프 캠벨 특유의 응답은 다음과 같았다. 당신의 삶의 진정한 열정을 찾아내서 따라가되, 길이 전혀 없는 길을 따라가라. "당신의 희열을 따라가라." 당신이 '아하!' 하고 확신에 찬 순간을 맞이하게 되면, 당신은 자신이 신비에 올라타고 있음을 알게 될 것이다.

자신의 희열을 추구한 끝에 본질적인 지식으로, 즉 신화와 전설과 동화와 시와 문학과 예술의 꿈나라 안에 들어 있는 숨은 조화로 들어간 캠벨의 억누를 수 없는 충동을 보면, 존 키츠가 셰익스피어의 어떤 부분을 가리켜 "영혼의 일주一周"라고 표현했던 것이 상기된다. 지그문트 프로이트와 칼 융이 심층심리학 연구를 통해 19세기의 영적 유물론의 망각으로부터 영혼을 구출했다면, 캠벨의 비교문화적 탐사라든지, 다른 현대의 종교사가들의 탐사라든지, 미르체아 엘리아데와 클로드 레비스트로스 같은 인류학자들의 탐사는 우리의 빈사의 신화를 그 조상 대대로의 집인 이야기와 영혼의 이미지에서 소생시켰다. 융의 조언대로, 그들은 함께, 그리고 독자적으로 "신화를 꿈꾸어 나아갔고" 유서 깊은 이야기 망을 다시 엮었다.

이런 관심사로 인해서 캠벨은 불가피하게 '영속의 철학'으로 나아가게 되었다. 고대 인도와 중국의 현자들, 수피와 기독교 신비주의자, 월트 휘트먼부터 올더스 헉슬리에 이르는 시인과 철학자에게서 그가 발견한 숭고한 테마에 따르면, 인간 영혼 내부의 깊은 곳에는 신성한 '실재'의 거울이 있다는 것이다. 하늘에서 이루어진 것처럼 땅에서도 마찬가지인 것이다. '타트 트밤 아시Tat tvam asi', 네가 바로 그것이다. 하느님의 나라는 우리 안에, 지금 여기 있다. 자아의 본질 그 자체가 궁극적인 자연의 힘과 하나인 것으로 갑자기 인식되는 신화적 차원에 대한 자각이야말로 인간의 삶의 비밀스럽고도 변모적인 여정이다. "내가 알고자 추구하는 그 신비는 바로 '나'입니다." 캠벨은 이렇게 결론 내린다.

캠벨은 이런 영적 시각이 초시간적일 뿐만 아니라 보편적이기도 하다고 믿었다. 그는 오늘날의 예술가와 과학자의 창조적인 선견에 대해서 크나큰 존경을 품었던 것만큼, 고대의 샤먼과 현자의 지혜 전통에 대해서도 역시나 크나큰 존경을 품었다. 다른 여러 영속의 철학자들과 마찬가지로 캠벨은 다른 민족들을 신성한 계시에서 배제하는, 또는 (그가 생각하기에는) 모든 민족의 근본적인 진리이자 성스러운 항상성인 것에 대한 독점적인 지식을 보유하고 있다고 주장하는 개별 민족이나 선택받은 민족選民의 신화에 대해 (경멸을 표현한 것까지는 아니더라도) 인내심을 발휘하지 못했다. "'모든' 민족은 선택받은 민족입니다." 그는 이렇게 주장했다. 모든 신은 궁극적인 신비의 바탕, 즉 우리의 (그리고 다른 모두의) 삶의 신비스러운 원천이기도 한 우주의 초월적 에너지원을 위한 은유이자 가면이라고 그는 생각했다.

이러한 맥락에서, 궁극적인 답변들에 관해 여러 해 동안 진지한 질문을 받고 나서, 캠벨은 "사람들이 삶의 의미를 찾고 있다고 말할 때, 그들이 진짜로 찾고 있는 것은 결국 삶의 의미에 대한 깊은 경험"임을 깨달았다.

삶에 관해 형이상학적 시각을 지닌 신화학자로서, 외양 너머의 것의 연구자로서, 캠벨은 영혼의 여행 그 자체라고 할 수 있는 그런 깊이를 측정하는 경험을 지도로 그리는 데에 평생을 바쳤다. 그가 그려나간 이러한 지도에서는 내면 세계나 지하 세계의 지리를, 즉 나약함을 이용해서가 아니라 오히려 마음의 강인함을 이용해서 통과해야 하는 위험한 영역을 보여주었다. 만약 신화가 마치 심혼에서 비롯된 꿈처럼 대두하는 것이라면, 신화는 거꾸로 우리를 이끌고 안으로 들어갈 수도 있으리라고 그는 추론했다. 나오는 길은 곧 들어가는 길이었다. 이것이야말로 믿음과 인습의 익히 알려진 경계 너머로의 나아감이고, 중요한 것을 탐색하는 일이며, 운명의 길이고, 개별성의 경로이며, 원초적 체험의 길이고, 의식 그 자체를 주조하기 위한 패러다임이었다. 한마디로 이것은 바로 영웅의 여정이었다.

> 영웅은 일상적인 낮의 세계에서 초자연적 경이의 장소로 나
> 아간다. 그리고 그곳에서 어마어마한 힘들을 만나서 결정적인
> 승리를 얻는다. 영웅은 동료 인간에게 혜택을 베풀 수 있는 능력
> 을 가지고서 신비의 모험으로부터 돌아온다.[4]

이러한 '단일 신화'는 하나의 보편적인 신화에 대한 조지프 캠벨의 확고한 믿음의 핵심에 놓여 있었다. 중세 동물지에 등장하는 날개 달린 사자인 전설의 그리폰과 마찬가지로 이것 역시 합성이었다. 즉, 캠벨이 여러 스승들로부터 얻은 핵심 발상들의 혁신적인 조합으

영웅의 여정

로서 점차적으로, 하나씩 하나씩 모습을 갖춰 나갔다. 조이스, 만, 융, 침머, 언더힐, 쿠마라스와미, 그리고 "스스로가 되려는 의지란 곧 영웅주의다"라는 영향력 있는 말을 남긴 오르테가 이 가세트가 그런 스승들이었다.

단일 신화는 사실상 '메타 신화', 즉 인류의 통일된 '영적' 역사에 대한 철학적 독해이고, 즉 이야기 너머의 '절대적인 이야기'였다. 옛 일본의 공안公案을 바꿔 쓰기 하자면, 이것은 한 신화의 박수 소리에 해당한다.[5] 즉 자기 변모에 대한 보편적인 탐색인 것이다. 영웅의 여정은 심층을 찾으려는 용기와, 창조적 재탄생의 이미지와, 우리 내면의 영원한 변화 주기와, 찾는 사람 자신이야말로 그가 알고자 찾는 바로 그 신비라는 섬뜩한 발견과 관련이 있다. 영웅의 여정은 이른바 고대인의 영혼 탐색과 현대의 정체성 탐색이라는 서로 먼 발상 두 개를 하나로 엮어 주는 상징이며, "우리가 발견하는 항상 하나인, 즉 모양이 변화하지만 놀라우리만치 항상적인 이야기이다."[6]

●

조지프 캠벨의 삶은 19세기 후반의 서부의 총잡이 버펄로 빌에서부터 20세기 후반의 SF 영화 〈스타워즈〉에 이르는 오랜 세월에 걸쳐 있다. 그의 저술도 그리스의 신 아폴론에서부터 우주선 아폴로호에 이르도록 방대하다. 그의 이야기야말로 진정한 천의 얼굴을 가진 이야기이다. 그리고 저 변화무쌍한 이야기를 기록하고자 하는 스튜어

서론

트 브라운의 꿈은 그 자체로 선견의 여행이었다.

여러 해 동안 캠벨은 영화 제작진의 접근을 마다했으며, "중요한 건 내가 아니라 신화"라고 사람들에게 상기시킴으로써 유명인사에 대한 숭배를 거부했으며, "나는 이런 것들로부터 벗어나 있기 위해 평생 노력해 왔다"고 주장함으로써 청중의 전기적 호기심을 거부했다. 호메로스의 위대한 서사시에서 키클롭스를 향해 오디세우스가 자기 이름은 "아무도 아닌No man"이라고 둘러댄 것에 대한 그의 화려한 설명이야말로, 성배 탐색이나 『피네간의 경야』의 꿈 장면만큼이나 자기 이미지의 구성 요소였음에는 의심의 여지가 없다. 몇 가지 심층 인터뷰를 제외하면, 캠벨은 독일 시인 라이너 마리아 릴케가 창조적 삶에 관해서 한 다음과 같은 말을 본능적으로 준수하며 살아갔다. "진정한 예술은 익명의 자아로부터 나온다."

그럼에도 불구하고 3년에 걸쳐서 캠벨의 모습을 촬영하는 과정에서 우리는 도서관의 자료 더미에서 발견된 단편적인 인터뷰들 속에서, 아울러 그와 나눈 스스럼없는 대화 속에서 곳곳마다 중요한 발언들을 발견할 수 있었다. 자신의 삶이라는 미로를 구불구불 헤쳐가는 동안에, 그가 과연 어떻게 해서 영웅의 여정의 여러 단계를 (즉 모험으로의 부름, 스승과 동맹자, 문턱의 수문장, 어두운 숲, 공동체로 혜택 가져오기를) 인식하게 되었는지를 보여 주는 내용이었다.

우리는 기존 에설런 대화 자료를 보충하기 위해, 호놀룰루의 자택에서의 개인 인터뷰를 덧붙이자는 제안을 가지고 조에게 접근하기로 결정했다. 나는 그를 찾아가서 우리가 영화에 관해 몇 가지 구상을 갖고 있는데, 지금은 다만 그 구상을 연결하는 고리를 찾고 있을 뿐이라고 설명하기로 했다. 다큐멘터리의 극적인 구조를 위해서는 그의 학습 과정의 본성을 연대기로 서술해야 이야기가 훨씬 더 설득력 있을 것이라고 생각한다고도 말해 주었다. 예를 들어 그는 어떻게 해서 자신의 연구의 대들보가 된 테마를 발견했을까? 그는 왜 나바호족의 이야기와 인도인의 이야기를 연결시키는 걸까? 그는 언제 처음으로 켈트족의 황혼 신화와 조이스의 밤세계 소설을 마음속에서 일치시키게 되었던 것일까?

촬영이 완료되어 우리가 편집실에 모여 앉은 다음에야, 비로소 영웅의 여정이라는 테마는 아리아드네의 실이 되어서 우리를 필름 더미의 미궁에서 안내해 주었다. 때로는 대화와 인터뷰가 (우파니샤드부터 칸트까지, 영지주의 복음서부터 블랙 엘크까지) 너무 빙빙 도는 느낌도 들었지만, 이제는 '실타래clew'*가 있는 셈이었다. 그것은 바로 캠벨이 스스로의 미궁을 지나간 경로에 남아 있는 구불구불한 실이었고, 그의 저술과 그의 삶의 관련성이었으며, 덕분에 그의 발언 중에 발견되는 때로는 불가해한 연관 짓기를 이해할 수 있었다. 그의 삶을 밝게 비춘 동시성의 순간은("그러자 온 세계가 활짝 열리게 되었습니다!") 자기 자신의 내적 작품에 대한 헌신이야말로 우리를 계속 옳은 길에 머무르게 하는 광선이라는 깊은 믿음을 확증해 주었다. 우리는 그가 마치 쇼펜하우어 같은 태도로 (이 철학자의 말에 따르면, 잘 산

---

*   테세우스가 미궁에서 빠져나올 때 사용한 아리아드네의 실을 감은 실타래를 말한다. 영어의 '단서'(clue)라는 단어의 어원이기도 하다. ― 원주

삶이란 훗날 돌아보면 마치 잘 쓴 소설과도 비슷하게 마련이다) 지난 세월을 거듭해서 돌아본다는 사실을 발견했다. 지두 크리슈나무르티, 존 스타인벡, 에드 리케츠, 앨런 와츠 같은 친구들, 그리고 다른 누구보다도 아내인 진 어드먼과의 첫 만남에 관해서 설명할 때, 그는 단순한 일화보다는 오히려 에피파니, 또는 강력한 사건에 더 가깝게 설명했다. 그리고 창조적 예술가들에게 발휘한 어마어마한 영향력에 관해서 이야기할 때, 그는 자기 삶의 업적에 관한 이야기에 그런 에필로그를 넣을 수 있다는 사실에 깊이 감사하는 듯했다.

●

스튜어트 브라운의 8년간의 사랑의 노동인 〈영웅의 여정: 조지프 캠벨의 세계〉는 1987년 2월에 뉴욕 현대미술관에서 처음 상영되었다. 그로부터 7개월 뒤에 조지프 캠벨은 83세의 나이로 호놀룰루의 자택에서 조용히 숨을 거두었다. 신화에 대해서 듣고 싶어 하는 사람이 극소수에 불과했던 시기에 캠벨을 대중화하자는 브라운의 선견으로부터 시작해서 우리의 영화가 마침내 공개된 순간에 도달하는 약 10년 동안 정말 놀라운 전환이 이루어졌다. 캠벨의 명성은 옛 제자들과 열혈 독자들로 이루어진 헌신적인 청중을 넘어 대중문화로까지 확산되었다. 영화제작자 조지 루카스와 조지 밀러[7], 조각가 이사무 노구치[8], 록 스타 데이비드 번[9]과 그레이트풀 데드, 여러 사제와 시인과 심리학자와 심지어 코미디언까지도 각자 그에게 진 빚과 그를 향한 존경을 모두 공개적으로 표현했다.

이듬해 여름에 〈영웅의 여정〉이, 그리고 빌 모이어스와 조지프 캠벨의 인터뷰 〈신화의 힘〉이 PBS에서 방영되었다. 그 직후의 '캠벨 현상'은 모두를 깜짝 놀라게 만들었다. 학자와 언론인이 무려 7시간에 걸쳐 종교에 관해 논의하는 것을 듣는 데에 미국 대중이 관심을 가질 것이라고 과연 누가 믿었겠는가? 그럼에도 불구하고 캠벨의 카세트와 서적 판매량은 급증했고, 교실이며 요법사의 사무실이며 교회 지하실이며 선禪 센터며 할리우드의 회의실에서도 토론 그룹이 형성되었다.

이런 호소력은 인류학의 전파론 대 평행론에 관한 엘리트주의적 토론 너머로까지, 신화적인 캐멀롯과 트로이에 대한 낭만화 너머로까지 나아갔다. 대신 미국 전체가 열정적인 이야기꾼에게, 강인한 육상선수 겸 음악가이자 위엄을 갖춘 철학자 겸 작가가 된 인물에게, 그리고 캠벨의 보편적 인본주의와 세속적 영성에 매료되었던 것이다. 천구天球의 배경 음악이, 예술과 문학과 종교의 세계로 들어가는 열쇠가 바로 여기 있었던 것이다. 가장 중요한 점은, 그가 "신화는 우리의 삶을 어떻게 살아갈 것인지와 관련이 있습니다"라고 말하고 있었다는 점이다.

깊은 회의주의와 불안에 관한 만연한 느낌이 잠식한 시대에, "자기 마음을 감전시키고 활기차게 만드는 것을, 그리고 자기를 깨우는 것을" 찾으라고 주장하는 누군가가 나타났던 것이다. 실제로 대중은 시인 W. B. 예이츠가 "노인의 독수리 정신"이라고 부르는 것을 조지프 캠벨에게서 찾아냈다. 그것은 바로 현명한 노인이었으며, 이것이 야말로 영원한 젊음의 땅에서는 가장 보기 드문 원형이었다.

'신화는 중요하다'는 캠벨의 메시지는 영적이고 미적인 삶에 관한 오랫동안 잠자던 문화적 논의를 소생시켰다. 1986년 겨울에 샌프란시스코에서는 "의례부터 환희까지"라는 이름의 기억할 만한 대회가 열렸다. 조지프 캠벨을 비롯해서 정신의학자 존 페리와 록 그룹 그레이트풀 데드도 참석했는데, 이때 연단에 오른 그레이트풀 데드의 제리 가르시아는 고대의 신비 축제와 록 콘서트 사이의 유사성에 대한 자신의 감정을 저 연로한 신화학자에게 고백해 박수갈채를 받았다. "그들도 자기네가 무슨 말을 하는지 몰랐고, 우리도 역시나 우리가 무슨 말을 하는지 모르지만, 그래도 우리가 생각하기에 우리는 같은 이야기를 하는 것 같습니다."

모든 사람이 하룻밤 사이에 신화를 이해하지는 못했지만, "공통의 언어에 관한 오랜 꿈"이 갑자기 부흥한 듯했다.

●

〈영웅의 여정〉이 공영 방송에 첫 선을 보인 이후, 나는 미국 전역과 유럽을 돌아다니며 여러 극장이며 대학 강당이며 영화제에서 이 영화를 상영했다. 어디서든지 청중은 상영이 끝나고 나서도 이례적으로 오래 남아서 질의응답 시간에 참여했다. 내가 '신화와 영화' 세미나에서 특별히 선정한 '미공개 장면'을 (즉, 영화 완성본에는 결국 들어

가지 못한 몇 시간 분량의 필름 더미 가운데 일부를) 보여주기 시작하면서, 그리고 계속해서 반가운 피드백을 얻게 되면서, 우리에게는 여전히 보물 상자가 남아 있다는 사실이 반갑게도 명백해졌다. 급기야 나는 몇 시간짜리 미공개 장면을 필름 창고의 어둠 속에서 건져내서, 급증한 관심에 부응할 수 있도록 책으로 만들어 보자고 브라운 박사에게 제안했다. 그는 너그럽게도 영화 필름뿐만 아니라 몇 시간짜리 강연 비디오에 대해서까지도 사용 권한을 주었으며, 영화의 자매편 서적을 만들어 보라고 격려해 주었다. 이런 배려에 대해 다시 한 번 감사드리는 바이다.

원본 녹취록을 가지고 작업하는 것에 관심을 가진 까닭은 또한 1500페이지 가까운 단편적인 대화와 인터뷰와 강연의 상형문자를 살펴봄으로써, 캠벨의 개인적 여정과 그의 연구의 진화라는 흥미진진한 관계를 알아보고 싶은 크나큰 호기심 때문이기도 했다. 그는 어떻게 그토록 어마어마한 지식의 축적과(그중에는 인간의 조건의 어두운 그림자를 태연하게 바라보는 것도 포함되어 있었다) 삶을 긍정하는 철학을 화해시킬 수 있었을까? 미궁 속 한가운데에 놓인 외관상의 역설은 그 미노타우로스의 머리를 치켜들었다. 즉 캠벨의 주장처럼, 옛날의 신들이 이미 죽었고 전통적인 신화가 이미 시대에 뒤떨어진 것이라면, 왜 굳이 신화를 이야기하는 것이며, 심지어 공부하기까지 하는 것일까?

나로선 이 책에 나오는 대화와 인터뷰와 강연과 책 인용문의 합류가 부디 캠벨의 감동적인 답변을 환기시키기를 바랄 뿐이다. 우리

는 그리스인이 "신들의 변모"의 시대라고 부른 시대에 살고 있다. 새
로운 신들, 새로운 창조 신화, 전 세계적 선견의 이미지는 "저 바깥에
서" 새로운 것으로 태어나는 것이 아니라, 오히려 각성된 인간의 마
음의 신화 형성 구역에서 태어나는 것이다. 우리의 다른 시대를 위
해 재형성된 그곳에는 항상적인 진리를 표현하기 위한 다른 은유가
있다. 그 속에서는 "세상의 슬픔에 기쁘게 참여하는" 용기를 찾을 수
있다. 캠벨은 붓다의 가르침에서 발견한 긍정과 공감에 관한 이 불멸
의 가르침으로부터 자신의 확신에 대한 용기를 얻었다. 나는 이것이
야말로 그의 가장 큰 유산이라고 확신한다.

●

녹취록을 서적 형태로 실제로 변모시키는 과정에서 나는 에설런 연
구소, 내셔널아츠클럽, 그리고 마지막으로 호놀룰루 소재 캠벨 자택
에서 이루어진 촬영 기록 원본을 샅샅이 훑어보았다. 또한 조 캠벨의
마지막 공식 강연 여행 당시 (브라운 박사가 어마어마한 선견과 용기로
1982년과 1983년 사이에 비디오로 녹화해 두었던) 강연 〈영속의 철학〉,
〈제임스 조이스와 토마스 만〉, 〈심혼과 상징〉 녹화본에서, 그리고 서
부 연안 최초로 1987년 5월 로스앤젤레스의 디렉터스길드에서 열린
〈영웅의 여정〉의 상영회 직후에 이어진 패널 토론회의 녹음본에서
일부 내용을 선별할 수 있는 큰 행운을 누렸다.
  저술과 인물의 병행 여행을 재구성하기 위해서는 상당한 편집을

해야했다. 재구성이 필요한 곳에서는(촬영된 부분에서는 소리가 끊기거나 대화가 겹치면서 생긴 불가피하면서도 분통터지는 간극이 있었기 때문이다) 캠벨의 세미나, 워크숍, 개인적 대화에서 적은 내 필기에 의존할 수 있었다. 촬영의 전체 분량에서 부각된 조의 개인적인 여담의 주도권을 존중한 까닭에, 이야기는 장마다 천천히 전개된다. 그 내용을 뒤따라서 다른 이야기며 다른 연출이 펼쳐지는데, 이쪽은 좀 더 포괄적이며 덜 도식적이다. 하지만 이런 인터뷰들은 이야기꾼 스스로가 지펴 놓은 불빛 옆에서의 이야기하기로서 독립성을 지닌다. 어쩌면 거기서부터 유래한 자기 종합이야말로 그의 최후의 찬란한 은유일지도, 즉 오늘 우리 모두의 앞에 놓인 과제에 대한 깜박이는 이미지인지도 모른다.

●

조 캠벨과의 마지막 만남 가운데 한 번이었던 1987년 늦봄에 나는 샌프란시스코 클리프트 호텔의 레드우드 룸에 있었다. 그날 밤에도 우리는 이전에 무척 자주 가졌던 것처럼 철학자의 '긴 대화'의(즉 오래 전에 사라진, 여전히 여기 있는, 아직 오지 않은 정신들 사이의 대화의) 우리식 버전을 나누면서, 우리가 선호하는 논제들 가운데 두 가지에 대해서 무척 즐겁게 대화를 나누었다. 그 두 가지란 조이스와 파리, 그리고 그 예술가와 그 도시의 달콤씁쓸한 관계였다.

마지막 한 잔의 위스키 너머로 나는 각별히 좋아하는 이야기 하나를 그에게 고백했다. 몇 년 전에 나는 오토바이 여행을 다니고 있었는데, 마치 『천일야화』에서 길을 잘못 든 여행자가 어두운 숲속의 나무 뿌리 아래 감춰진 금괴에 발이 걸려 넘어지는 것처럼, 영웅의 여정의 한가운데에 자리한 듯 나를 강타한 기묘한 광경을 발견했던 것이다.

그것은 바로 애리조나 주 툼스톤 소재 부트힐 공동묘지에 있는 무너져 가는 묘비로, 어느 옛 총잡이의 무덤 표식이었다. 그 비문은 이러했다. "너 자신이 되어라. 너 자신이 아닌 모습이 된다면, 너는 너 자신이 아니기 때문이다."

나는 조의 진심어린 웃음소리를 들었고, 오래 된 레드우드 패널 술집에 흐르는 늦은 밤의 재즈 피아노의 달래는 듯한 소리 너머로 술잔을 맞부딪혔다.

"바로 그거야!" 그는 두 눈에 영원한 경이의 표정을 담아서 외쳤다. "이 모두가 결국 그거야. 여정의 수수께끼가. 정말 경이롭군! 그러니까, 정확히 뭐라고 했었지? '너 자신이 되어라…….'"

필 커즈노

감사의 말

이 책을 발전시키는 과정에서 나를 도와준 모든 분들께 가장 깊은 감사를 표한다. 특히 나를 처음 조지프 캠벨에게 소개시켜 준 로버트 코크럴에게 특별히 감사드리며, 자신의 다큐멘터리 〈영웅의 여정〉에 관한 내 작업을 아낌없이 지원하는 한편 그 영화의 안내서에 관한 자신의 선견을 실현하도록 나를 독려한 스튜어트 브라운에게도 영원히 감사드리는 바이다.

초고에 대해서 정중한 논평을 해 주신 진 어드먼 캠벨에게 진심으로 감사드린다. 호놀룰루에서 내가 캠벨 가족의 사진을 마음껏 살펴보도록 해 주실 때에 보여주신 환대와 신뢰 덕분에 나는 스스로의 확신에 대한 용기를 키울 수 있었다.

여러 번의 변경에도 불구하고 이 프로젝트에 대한 열성이 변함없었으며 현명한 조언을 해 준 담당 편집자 톰 그레이디에게 감사드린다. 이 책이 결국 출간될 수 있도록 인내하고 또 인도해 주었던 케빈 벤틀리, 알라 어츠를 비롯한 하퍼앤드로샌프란시스코 출판사의 모든 도움의 손길에도 매우 감사드린다. 도판 조사 담당자인 린 달 포제토에게도 감사드리며, 이 책에 들어 있는 학술성의 발자취를 따르고 싶은 사람이라면 누구나 그녀의 헌신을 기억하고 인정하리라고 장담하고 싶다. 이 책에 수록된 다른 목소리들에게도 매우 감사드리는데, 그들의 질문과 통찰이 이 풍부한 자료에 신선한 시각을 제공했기 때문이다. 아울러 각자의 작품을 이 책에 기고해서 차마 측정할 수 없을 만큼 내용을 풍부하게 만들어 준 여러 사진작가, 미술가, 작가 여러분께도 매우 감사드리는 바이다.

영웅의 여정에 관한 가르침과 글쓰기의 길로 처음 나섰을 때에 나와 같이 해 주었던 내 친구 톰 슐레징어에게도 감사를 표하고 싶다. 아울러 신화에 관해서 유익한 대화를 함께 나누었고, 원고를 읽어보고 중요한 제안을 해 줌으로써 이 책을 더 나아지게 해 준 또 다른 가까운 친구 키스 톰슨에게도 감사를 표하고 싶다.

마지막으로 이 모든 노력을 조지프 캠벨에게 헌정하는 바이다. 그의 저술은 한마디로 표현하자면 무사이(뮤즈들)의 영역으로 들어가는 열쇠를 우리에게 건네줌으로써, 우리 가운데 무척 많은 사람의 삶을 바꾸었기 때문이다.

필 커즈노

워싱턴 주 야키마의 인디언 로데오에서 젊은 야키마족 인디언 여성과 함께 사진을 찍은 캠벨. 1925년.

제1장

◆

모험으로의 부름

모험으로의 부름은 운명이 영웅을 소환했음을, 그리고 영웅의 영적 무게 중심을 이 사회의 울타리 내부에서 미지의 영역으로 옮겼음을 상징한다. 보물과 위험 모두가 있는 이 운명적인 영역은 다양하게 표현될 수 있다. 예를 들어 머나먼 땅으로, 숲으로, 지하 왕국으로, 파도 너머나 하늘 위로, 비밀의 섬이나 높은 산꼭대기로, 또는 깊은 꿈의 상태로 표현될 수 있다. 하지만 그곳은 항상 기묘하게도 유동적이고 다형적인 존재들의, 상상불가능한 고통들의, 초인적인 행위들의, 불가능한 기쁨들의 장소이다.

조지프 캠벨, 『천의 얼굴을 가진 영웅』 중에서[1]

조지프 캠벨은 1904년 3월 26일 뉴욕 시에서 찰스와 조지핀 캠벨 부
부의 아들로 태어났다. 신화에 대한 그의 열정은 어린 시절 동생 찰
리와 함께 아버지를 따라 매디슨스퀘어가든에 가서 '버펄로 빌의 와
일드 웨스트 쇼'를 관람하면서부터, 그리고 자연사박물관에서 인디
언 토템 폴에 매료되면서부터 시작되었다. 12세 때에 그는 아메리카
인디언에 관한 책을 열심히 읽었다. 머지않아 그는 아메리카인디언
의 이야기와 자기가 믿는 로마가톨릭의 전통 사이에 유사성이 있음
을 인식했고, 이 발견 덕분에 훗날 평생에 걸쳐 신화의 비의적 원리
에 대한 문화 간 연구를 하게 된다.

코네티컷 주 뉴 밀퍼드에서 예비학교를 다닐 때에는 생물학과 수

생후 13주 때의 조지프 캠벨과 아버지 찰스 W. 캠벨, 어머니 조지핀 캠벨. 1904년.

영웅의 여정

학을 좋아했다. 결국 1921년에 다트머스 대학에 입학해서 1년간 생물학과 수학을 공부했지만, 그곳에서 "완벽한 방향 상실"을 경험한 나머지 자퇴하고 사업에 뛰어들 생각도 해 보았다.

　1922년 여름에 가족의 한 친구로부터 레오나르도 다빈치의 전기 소설을 선물받은 것이 계기가 되어, 그는 "과학에 대한 관심을 문화사로 돌리기 위해서," 아울러 인문학을 공부하기 위해서 컬럼비아 대학에 편입한다.

●

스튜어트 브라운　당신의 조부모님과 아일랜드인으로서의 배경에 대해서 설명해 주시겠습니까?

조지프 캠벨　저는 사실 조부모님에 대해서는 잘 모릅니다. 제 친할아버지께서는 아일랜드 감자 기근의 끝 무렵에 미국으로 건너오셨지요. 그분은 소농이셨고, 훗날 매사추세츠 주 월섬에 있는 어느 저택의 정원사로 일하셨습니다. 제 아버지께서도 그곳에서 자라나셨지요. 제 친할머니께서도 아일랜드 출신이셨습니다. 제 아버지께서는 소년 시절에 한 백화점에서 일자리를 얻으셨고, 결국 그곳의 주요 판매사원 가운데 한 명이 되셨지요. 나중에는 회사의 지시에 따라 뉴욕으로 가셔서 뉴욕 사무소를 개업하시게 되었습니다. 그리하여 저도 뉴욕에서 태어났던 거죠.

4세 즈음의 캠벨(오른쪽)과 동생 찰리. 1908년경. 나중에 가서 캠벨은 가족 전통에 반항하게 되었다. 한번은 할머니가 이들 형제와 아직 아기였던 누이동생을 데리고 뉴욕 시의 리버사이드 드라이브를 산책하고 있을 때, 어떤 여자가 말을 걸었다. "너희 둘은 착한 꼬마들 같구나." 여자의 말에 조는 대담하게 대꾸했다. "저한테는 인디언의 피가 들어 있어요." 그러자 동생도 한 마디 거들었다. "저한테는 개의 피가 들어 있고요."

어렸을 때 친할아버지를 찾아뵈었던 기억이 나는군요. 그분께서는 할아버지라면 으레 그렇듯이 크고 하얀 턱수염을 기르고 계셨죠. 제가 기억하는 건 그게 전부입니다. 아주, 아주, 아주 오래 전이니까요. 제 외할아버지는 딱 한 번 뵈었을 뿐입니다. 어머니께서는 뉴욕 출신이셨지만, 외할머니는 스코틀랜드 출신이셨습니다. 외할머니는 예쁘고, 사랑스럽고, 놀라운 여성이셨고 우리를 매우 잘 돌봐 주셨지요. 저희한테는 잘생긴 외삼촌도 한 분 계셨는데, 수영을 매우 잘 하는 분이셨습니다. 그런데 스물두 살쯤 되셨을 때에 당뇨로 그만 돌아가시고 말았죠. 어렸을 때 외삼촌과 함께 수영을 했던 기억이 납니다. 저의 이상과 이상주의를 구축하는 과정에서 가족 이외의 누군가로부터 받은 영향이 있다면 외삼촌의

영향이 유일무이했습니다.

어렸을 때에는 철저하게 켈트계 아일랜드인이 되는 일에 대해서 그리 많이 생각하지 않았습니다. 그러다가 대학에 가면서 켈트족의

영웅의 여정

의식이 무엇인지에 대해서, 그리고 그토록 놀랍고도 풍부한 구어적 환상의 영역의 혈통에서 유래한 것이 얼마나 행운인지에 대해서 제대로 이해하기 시작했습니다. 유럽의 모든 환상 세계는 실제로 아일랜드에서 유래했으니까요.

그러다가 졸업반이 되자 저는 아서 왕 이야기에 관심을 갖게 되었습니다. 그 이야기야말로 철저하게 켈트적이었기에, 그들의 심성과 저의 관계에 대해서 점차 이해하게 되었습니다.

브라운　당신의 소년 시절은 어떠하셨습니까? 공부를 열심히 하셨나요?

캠벨　저는 아주 일찍부터, 그러니까 네다섯 살 때부터 아메리카인디언에 매료되었습니다. 바로 그거야말로 저의 진정한 공부가 되었지요. 학교에 다니면서 공부 때문에 문제를 겪은 적은 없었습니다만, 저의 진짜 관심은 아메리카인디언 신화라는 저 이단적 영역에 있었지요. 당시에 우리 가족은 뉴욕 주 뉴 로셸에 살고 있었는데, 바로 옆에 공립 도서관이 있었습니다. 열한 살 때쯤에 저는 그곳의 아동 도서관에 있는 인디언 관련서를 모두 읽어치웠고, 결국 정식 서가에 들어갈 수 있도록 허락을 받았습니다. 책 더미를 들고 도서관에서 집으로 돌아오던 기억이 지금도 생생합니다. 바로 거기서부터 학자로서 저의 삶이 시작된 것 같습니다. 저는 그렇다고 확신합니다.

도서관에는 온갖 책들이 있었습니다. 미국 인종국[2]의 모든 보고서

에다가, 프랭크 H. 쿠싱[3]과 프란츠 보아스[4]와 기타 등등이 말입니다. 열세 살이 되었을 때에 저는 훗날 만나 본 수많은 인류학자들 못지않게 아메리카인디언에 관해서 많이 알고 있었습니다. 인류학자들은 인디언이 지금의, 또는 예전의 모습이 된 이유에 대한 사회학적 해석을 알고 있었지만, 정작 인디언 그 자체에 대해서 많이 알지는 못했습니다. 하지만 저는 많이 알고 있었지요.

공연 직후 자기 천막에서 시가를 피우며 신문을 읽는 버펄로 빌 코디의 모습. 대중 소설에서 영웅으로 묘사된 이 변경 척후병은 미국 서부에 대한 신화화의 주 동력이었다.

브라운   혹시 어린 시절에 어떤 영웅을 선망하신 적이 있었습니까? 당신에게 초창기의 스승이 되었던 어떤 숭배된 인물이 있었습니까?

캠벨   음, 제 부모님께서는 1917년경에 펜실베이니아 주 포코노 산맥에 있는 멋진 장소를 하나 찾아내셨습니다. 마침 그 근처에는 제가 읽은 인디언 관련서를 여러 권 지은 분이 살고 계셨죠. 그렇게 해서 그분은 제 첫 구루, 즉 선생님이 되셨습니다. 그분의 성함은 엘머 그레고어이시고, 아메리카인디언 관련서를 여러 권 쓰셨습니다. 한때 인디언 거주지에서 사시기도 했었죠. 그 당시에는 (그러니까 1912

영웅의 여정

펜실베이니아 주 파이크 카운티에 있는 캠벨 가족의 방갈로. 1917년경.

버펄로 빌의 '와일드 웨스트 쇼'. 1910년경. 캠벨 가족이 버펄로 빌 코디와 기마병과 저격병과 인디언 전사로 이루
어진 공연단을 보러 갔을 때, 캠벨의 아버지가 직접 찍은 사진이다. 이 공연은 어린 캠벨의 마음속에서 아메리카인
디언을 향한 평생의 매혹에 불을 당겼다.

년, 1913년, 1914년, 1915년에는) 인디언 전쟁이 여전히 진행 중이어서, "유일하게 좋은 인디언은 죽은 인디언뿐" 등등의 말들이 나올 때였습니다. 그래서 동부에 살고 있던 우리조차도 인디언에 관한 이야기를 많이 들었습니다.

그리하여 바로 이 아름다운 장소가 저에게는 자연에 대한 진정한 발견이 되었습니다. 신화에 관한 저의 저술에 들어 있는 생물학과 자연과 신체에 대한 강조는 바로 이 시절에 형성된 셈입니다. 그리고 실제로는 박물학자인 동시에 인디언 학자인 그분에게서 비롯된 일종의 조합이었던 셈입니다. 그분은 저에게 길을 보여주셨습니다. 엘머 그레고어. 저는 그분이 훌륭했다고 기억합니다. 우리는 식당에서 마주보고 앉아 인디언식 수화로 의사소통을 하고, 뭐 그런 온갖 일들을 했습니다.

oooo

신화학자로서 내 경력은 1910년 매디슨 스퀘어 가든에서 본 버펄로 빌의 '와일드 웨스트 쇼'와 함께 거의 즉시 시작되었다. 그는 2~3년간 활동하다가 사망했고, 이후에 그를 대신한 단체는 '101목장'이라는 이름이었다. 곁다리 공연에 나오는 인디언들 가운데 아이언테일이라는 사람이 있었는데, 그의 머리는 마침 얼마 전 인디언 머리 주화[5]에도 나왔었다. 그가 옆모습을 사람들에게 향한 채 앉아 있으면, 사람들이 몰려들어 주머니에서 주화를 꺼냈고, 그걸 바라보고, 고개를 끄덕이고, 지나가 버렸다.

조지프 캠벨, 《에스콰이어》, 1977년 9월호.

○○○○

브라운　인디언에 관한 당신의 관심은 사실상 가족의 어떤 직접적인 응원에서 비롯되었다기보다는, 오히려 당신 스스로에게서 비롯되었던 것처럼 들리는군요.

캠벨　제 부모님께서도 매우, 정말 매우 협조적이셨습니다만, 그건 제가 스스로 찾은 거였습니다. 부모님께서는 제가 그 관심을 지속하도록 도와주셨습니다만, 두 분께서는 사업가셨지요. 두 분은 졸업장이 없으셨어요. 하지만 당신들이 만난 다른 사람들의 도움을 얻어 제가 사용할 수 있는 책들을 구하셨고, 그런 책들을 통해서 저는 실제로 정말 놀라운 도움을 받았죠.

　그 와중에 저는 학교에서 학생이 반드시 해야 하는 일을 했고, 반드시 공부해야 하는 것을 공부했으며, 그 모두를 즐겼습니다. 하지만 진짜 관심사는 오히려 다른 곳에 있었어요.

●

브라운　로마가톨릭이라는 배경, 즉 교회와 그 의례에 대해서는 유독 당신께서 많이 말씀하시는 것을 들어 본 적이 없는 것 같습니다.

캠벨　저는 뉴욕에서 수녀님들이 운영하시는 수도원 학교에 다녔습니다. 그러니까, 이런, 무려 열다섯 살때까지 다녔네요. 아일랜드계 가톨릭 가정이며 그런 환경에서 태어나서, 소년 시절을 수녀님들과 함께 보낼 정도면, 당연히 미사에도 나가고(저는 어린 시절에 복사服事였습니다), 가톨릭 교리를 깊은 신앙심으로 항상 공부하게 마련이었지요. 제 생각에 이렇게 상당한 정도로까지 가톨릭 신자가 되어 본 적이 없는 사람이라면, 자기 주위를 둘러싼 종교적 분위기를 깨닫지 못할 것 같습니다. 가톨릭은 강력하고, 잠재력이 있고, 삶을 지지하고, 게다가 아름답기까지 합니다. 가톨릭이라는 종교는 '시적 종교'입니다. 거기서는 한 달, 또 한 달이 그 나름의 시적이고 영적인 가치를 갖고 있습니다. 오, 저는 거기 매료되고 말았습니다. 신화에 대한 저의 관심도 바로 거기서부터 비롯되었다고 확신합니다.

　삶을 구축하는 존재로서의(즉 단순히 환상만이 아니라, 오히려 더 깊고 '중요한' 환상으로서의) 신화에 대해서 진정으로 관심을 가진 학자나 예술가나 소설가의 작품을 읽다 보면, 그 저자는 십중팔구 가톨릭이게 마련이었습니다. 저는 사람들이 원래 믿던 종교를 떠나면 어떻게 되는지에 대해서 오래 전부터 관심이 있었습니다. 프로테스탄트와 유대인은 결국 심리학자와 사회학자가 되는 반면, 가톨릭은 결국 …… 시인이 됩니다. 진짜입니다. 정말 그렇습니다!

브라운 교구 학교나 공립 초등학교에 다니신 적은 있습니까?

캠벨 저는 코네티컷 주에 있는 훌륭한 가톨릭 예비학교인 캔터베리 스쿨에 (1919년부터 1921년까지) 다녔습니다. 바로 여기서 또 다른 시작이 마련되었습니다. 그곳에 계신 두 명의 선생님 덕분이었습니다. 한 분은 그 학교의 설립자 겸 교장이셨던 넬슨 흄 선생님이신데, 저는 바로 그분에게서 글 쓰는 법을 배웠습니다. 그분은 경이로운, 정말 경이로운 선생님이셨습니다. 제가 다니던 시절에만 해도(아, 이거야말로 정말 멋진 일이었지요) 그 학교는 설립된 지 얼마 되지 않아서, 재학생이 기껏해야 50여 명밖에는 되지 않았습니다. 저희 반 학생은 겨우 여섯 명이어서, 우리는 정말 세세한 관심을 받게 마련이었습니다. 우리는 하루의 한 장면을 작문 숙제로 반드시 써야만 했습니다. 그러면 흄 선생님이 들어오셔서 우리가 쓴 장면들을 읽어 주시고, 즉석에서 비평과 수정을 가해 주셨습니다. 매일 그렇게 했습니다. 쓰고, 쓰고, 또 쓰고. 당시에 저는 생물학과 수학을 공부했습니다. 학교에서 저의 주된 관심사가 바로 그거였거든요.

캔터베리 스쿨 시절 친구 존 맥피와 함께 연주 중인 캠벨(오른쪽). 1920년.

물론 우리는 언어 수업도 들어야 했는데, 당시에는 제1차 세계대전 직후라서(적국에 대한 기피 때문에) 독일어를 배울 수가 없었고, 대신 스페인어와 프랑스어를 배워야 했습니다(심지어 전염병인 '독일 홍역(풍진)'조차도 굳이 '자유 홍역'이라고 이름을 바꿔 부르던 상황이었으니까요!) 하지만 우리의 언어 선생님께서는 정말 대단한 학자셨기 때문에, 저는 그분을 통해서 이 세상에 산스크리트어라는 게 있다는 사실을 처음 배우게 되었습니다. 그분은 언어학자셨거든요. 그 선생님과 교장 선생님을 통해서 저는 이른바 학술이란 세계를 발견했던 겁니다. 비록 저의 관심 주제는 여전히 인디언이었지만 말입니다.

브라운   당신이 재학 시절에 고등학교 생물 과목을 직접 가르치기도 했다는 이야기는 사실입니까?

캠벨   그렇습니다. 교장인 흄 선생님께서는 제가 모교의 교사가 되기를 바라셨습니다. 그래서 학생들에게 강연할 기회를 두 번이나 주셨습니다. 이제껏 다른 누구도 그런 기회를 얻은 적은 없었습니다. 하지만 저는 그런 특권을 누리게 되었지요. 그래서 한 번은 아메리카인디언의 역사에 관해서 강연했고, 또 한 번은 생물학과 혈액 순환계에 대해서 강연했습니다. 두 번 모두 대단한, 정말 대단한 성취였습니다. 저의 첫 번째 강연이었으니까요.

●

캠벨　신화의 가장 큰 문제 가운데 하나는 개인을 자연에 합치시키는 문제입니다. 원시인이 살던 세계는 신화화되었습니다. 우리 서양의 전통의 문제 가운데 하나는 '그 땅(즉 '거룩한 땅')'이 다른 어딘가에 있다는 것입니다. 그에 따라 우리는 자연에 합치하는 감각을 잃어버리고 말았습니다. 만약 그 땅이 여기에 없다면, 그 땅은 어디에도 없는 것입니다.

안젤레스 애리엔　아메리카인디언 신화는 실제로 자연에 대한 경의를 끌어냅니다.

캠벨　저는 존 나이하트의 (『블랙 엘크가 말하다』라는) 책에 나오는 블랙 엘크의 연설 중에서도 선견에 관해 이야기하는 구절을 무척이나 좋아합니다. 그는 자기가 세계의 중심인 산 위에 서 있는 모습을 보았다고 말합니다. 그 산은 사우스다코타 주의 하니 피크였습니다. "하지만 다른 어디라도 세계의 중심이다." 블랙 엘크는 이렇게 말했습니다.

　이것이야말로 기본적인 신화의 문제입니다. 어떤 풍경 속으로 들어갑니다. 그 땅의 성스러움을 찾아냅니다. 그러고 나면 그 땅의 이 멋진 자연을 우리 자신의 본성과 합치시키는 일이 가능해집니다. 이것이야말로 최초의 본질적인 적응입니다. 이제 만약 (우리 서양의 전

블랙 엘크. 백인의 눈에는 그가 말년을 보낸 파인리지 인디언 보호구역 근처에 사는 설교자에 불과했지만, 그의 동포인 오글랄라수족의 눈에 그는 '위차샤 와칸wichasha wakan', 즉 성인聖人, 또는 샤먼이었던 인물이다. 캠벨은 『블랙 엘크가 말하다』에서 존 나이하트가 기록한 그의 이야기야말로 우리의 "영적 역사"의 일부분이라고 강하게 느꼈다.

통에서처럼) 자연을 타락했다고, 다만 그중 일부만이 타락하지 않아야 마땅하다고 생각한다면, 우리는 스스로를 자연에 합치시킬 수가 없습니다. 대신 우리는 항상 옳음과 그름, 선과 악, 마귀와 하느님에 대해서 생각하게 됩니다. 그리하여 우리는 윤리적 입장에 서게 되어서, 자연에 양보하기가 무척이나 어렵게 됩니다.

애리엔   그래도 우리에게는 사계절이 있고, 그거야말로 우리 자신의 과정을 보여 주는 지속적인 거울 노릇을 합니다. 우리 각자에게도 봄이 있고, 여름이 있고, 겨울도 있으니까요.

캠벨   시인과 예술가는 그런 사실을 전반적으로 인식합니다. 그래서 각자의 내적 기반을 찾기 위해서 그런 사실에 스스로를 합치시키는 거죠.

        ○○○○

우리가 자연과 합치할 경우, 자연은 그 보상을 내놓을 터이

영웅의 여정

므로 …… 모든 성스러운 장소는 영원이 시간을 통해 빛을 발하는 장소입니다.

조지프 캠벨, 〈미토스 III : 서양 전통의 형성〉[6] 중에서

○○○○

에드워드 드리센　그렇다면 당신께서는 신화가 항상적인 재생이라고, 즉 삶의 과정과의 동일시라고 말씀하시는 셈인가요?

캠벨　바로 그겁니다. 바로 그거예요. 어떤 성스러운 장소에 가면, 놀랍게도 우리는 그곳의 성스러움을 느끼게 됩니다. (캘리포니아 주 빅서 소재 에설런에 있는) 이 작은 개울가에도 그런 성스러움이 약간은 남아 있는데, 왜냐하면 이곳은 그 지명의 기원인 에셀렌족 인디언이 성스럽다고 간주한 땅이었기 때문이죠. 이곳의 풍경은 그 부족의 신화며 의례와 관련이 있습니다.

　제가 아이슬란드에 갔을 때 만난 토속 신화 채록가가 있었습니다. 한번은 그가 저희 부부를 데리고 다니면서 그곳의 성스러운 장소를 모조리 보여주더군요. 그중에 팅벨리르라는 곳이 있었는데, 매년 그곳에서는 대규모의 행사가 열리곤 했습니다. 우리는 곧바로 그곳이 마법의 장소라고 느꼈습니다. 마법의 장소라고요! 저는 프랑스의 라스코에 있는 거대한 동굴에 들어갔을 때에도 똑같은 걸 느꼈습니다. 누구라도 그런 장소를 떠나고 싶지는 않을 겁니다. 그런 장소는 우리

의 매우 깊은 곳에 있는 뭔가를 붙잡습니다. 매우 깊은 곳에 있는 매우 중요한 것을요.

저는 그리스의 델포이에 갔던 경험도 결코 잊지 못할 겁니다. 그곳의 신전들은 하나같이 기독교인의 만행으로 인해 의도적으로 박살난 적이 있었습니다만, 지금도 여전히 그곳에 남아 있기 때문에, 우리는 신체의 아름다움에 대한 그리스인의 생각이 무엇이었는지를 알 수 있습니다. 바로 그곳에서 신탁자, 즉 여자 예언자는 구덩이에서 올라오는 연기 속에서 영감을 받아서 예언을 하고 운명의 선언을 전달하는 겁니다.

그리고 또 다른 층위에서 우리는 멋진 계곡과 풍경을 그 배경으로 삼은 이 아름다운 극장을 갖고 있습니다. 이 극장은 자연과 합치한

아이슬란드 팅벨리르의 성스러운 땅을 찾은 캠벨과 아이슬란드의 신화 채록가 에이나르 팔손. 1972년.

영웅의 여정

셈이고, 자연을 인간 본성에서의 높은 성취로 가져온 것입니다. 이것이 바로 그리스식입니다. 우리가 위로 올라갈수록 한 층이 더 있고, 그러다가 우리는 경기장에, 즉 운동장에 도착하는 것입니다. 제가 아는 문화들 중에 오로지 이 문화야말로 이렇게 영적인 것, 종교적인 것, 미학적인 것, 신체적인 것의 전체 범위를 하나의 그림에 모두 모아 두었습니다. 그리스의 젊은이라면 누구나 그런 경기에 참여할 수 있었습니다. 이것이야말로 개인에 대한, 그리고 개인의 탐색에 대한 생각이었습니다.

이런 아름다운 땅이라면 어디든지 간에 힘의 장소이게 마련입니다. 왜냐하면 그런 장소는 우리 자신의 본성을 자연에 합치시키기 때문입니다. 그리고 예술 역시 이런 일을 해야 하는 것으로 가정됩니다. 세잔은 어디선가 이런 말을 했습니다. "예술은 자연에 상응하는 조화이다."

애리엔 아름다운 표현이군요.

캠벨 음, 옛날 청동시대 신화의 기본적 발상은 시대의 순환 주기, 한 해의 순환 주기, 일생의 순환 주기였고, 이 모두는 서로 상응하는 순환 주기였습니다. 한번 생각해 보세요. 순환 주기, 순환 주기, 순환 주기. 지금 일어나는 모든 일은 이미 전에도 일어났던 것입니다. 그러니 순응하는 수밖에 없지요.

애리엔 마치『도덕경』이 자연을 존중하는 전체적인 신화의 형태소이 자, 스스로를 비추는 거울인 것과도 비슷하군요.

캠벨 그렇죠, 실제로 그렇습니다. 그리고 이런 발상은 페르시아와 인도의 차이에서 매우 두드러지게 되었습니다. 페르시아의 예언자 조로아스터는 사실 인도의 요가라는 발상을 공격했습니다. 요가는 우리 자신을 우주와 합치시키는 것과 관련이 있으니까요. 무슨 뜻인 지 아시죠?

자연과의 합치와 불합치는 완전히 다른 두 개의 신화이며, 따라서 큰 차이가 생깁니다. 이것이 좋은 세계인지, 아니면 나쁜 세계인지에 대해서 과학자는 우리에게 말해 줄 수도 없고, 차마 말하려고 시도 조차 하지 않지요. 그건 과학자의 일이 아니니까요. 하지만 유럽에는 자연과의 합치에 반대하는 신화가 있었고, 그 신화로부터 유럽인과 자연의 관계가 수립된 겁니다.

이제 자연의 재발견으로부터 (적어도 미국인의 경우는) 합치에 관 한 발상을 접하게 되었습니다. 그리고 이를 통해 미국인은 아메리카 인디언의 자료를 재발견하게 되었지요. 저는 어린 시절에 그런 자료 를 알았습니다. 다른 사람은 아무도 거기에 대해서 생각하지도 않았 을 때에 저는 그런 자료를 읽곤 했지요. 이제는 놀라운 인물들이 등 장하는 그런 자료가 사방에 나와 있습니다. 예를 들어『블랙 엘크가 말하다』에 나오는 블랙 엘크도 그런 인물인데, 이 책은 그가 존 나이 하트라는 작가에게 구술한 내용이어서, 비록 인류학자가 받아 적은 것까지는 아닙니다만, 그래도 그 작가가 내면의 메시지를 제대로 포착했습니다. 그 책은 지금 당장 이 나라에서 역사를, 그러니까 영적 역사를 만들고 있는 대단한 작품입니다. 『블랙 엘크가 말하다』는 정말 '경이로운' 책입니다.

우리가 자연계를 바라보면, 자연계는 하나의 상징이 되고, 세계의 기원에 관해 말하는 거룩한 그림이 됩니다. 물에 관해서 조금이라도 아는 바가 있었던 신화에서는 거의 모두가 생명의 기원을 물이라고 간주합니다. 흥미로운 점은 이게 사실이라는 겁니다. 생명의 기원이 물이라는 이야기가 신화에도 있고, 또다시 결국 과학에도 있는데, 우리는 그게 똑같은 이야기라는 사실을 발견하니 재미있지 않습니까. 정말 그렇습니다.

저는 해양생물학자 에드 리케츠[7]와 함께 (1931년부터 1932년까지) 조간대, 즉 밀물일 때에는 사라지고 썰물일 때에는 드러나는 지역을 연구하며 제법 오래 함께 있었던 기억이 있습니다. 거기에는 모든 기묘한 형태들, 서로 다른 종류의 가마우지들과 작은 벌레들이 있었습니다. 그의 설명에 따르면, 이 생물의 세대에서는 거대한 전투가 진행 중이어서, 생명이 생명을 소비하고, 모든 생물은 다른 생물을 잡아먹는 법을 배우는데, 그것이야말로 정말 신비가 아닐 수 없었습니다. 그러다가 물속의 생물이 육지로 기어나오게 되었다는 겁니다. 신화의 테마들도 대개는 바다에서 나온 것들이고, 인도에서는 우유의 바다라는 것에서 온 우주가 나왔다고 합니다.[8]

드리센   우유로 이루어진 생명의 영약인 셈이군요.

캠벨   그렇습니다. 우유로 이루어진 생명의 영약인 거죠.

애리엔   저기에는 물이 있고, 여기에는 큰 바위가 있군요. 그렇다면 이것도 신화적 형태소인 겁니다.

캠벨   음, 그렇습니다. 나무와 바위 역시 형태소이지요. 이 바위는 지속되고 있으며, 나무는 살아 있는 상징이니까요. 제임스 조이스는 『피네간의 경야』에서 그걸 가지고 말장난을 했습니다. 이른바 "나무돌tree stone"에 관해서, 즉 발음이 유사한 트리스탄Tristan에 관해서 말하는 대목인데, 부유한 사람을 가리켜 영원한 바위, 항상 자라는 삶이라고 표현한 것이지요.

드리센   바닷가에서 뭔가 우리와 관계가 있어 보이는 돌멩이를 집어들면, 우리는 어떤 연계를 느끼게 되죠.

캠벨   바닷가를 거니는 아이라면 자연스레 땅에 파묻힌 보물을 발견하게 됩니다. 돌멩이와 조개껍질, 뭐 그런 것들을 말이죠. 그리고 조개껍질, 그러니까 고둥을 나팔로 사용하는 것은 바다의 목소리와, 그리고 사람들의 소환과 관련이 있습니다.

영웅의 여정

애리엔   마치 세이렌들처럼요.

캠벨   그리고 실제로, 심리학에서 바다는 무의식적인 것의 상응물입니다. 의식의 태양이 그 바닷속으로 졌다가, 다시 그 바닷속에서 나오는 겁니다.

●

애리엔   여기 있는 산을 보니 르네 도말의 책『아날로그 산: 등산에서 상징적으로 진정한 비非유클리드적 모험에 관한 소설』[9]을 생각하게 되는군요. 그리고 내적 탐색의 상징인 산에 관해서도 생각하게 되고요.

캠벨   구름이 아래로 내려올 때에는 마치 하늘의 권능자들이 땅의 영역으로 내려오는 것처럼 보이지요. 그리고 초창기 신화에서 (예를 들어 고대 수메르의 신화에서) 바다에서 나온 생명이 최초로 등장할 때에는 산의 형태를 취했습니다. 그 산은 남성과 여성이 섞여 있었지요. 위쪽 절반은 남성이고, 아래쪽 절반은 여성이고요. 그러다가 그 산이 분리되어서 위쪽 절반인 남신은 하늘이 되고, 아래쪽 절반인 여신은 산으로 남았습니다. 이 경우에 구름의 내려옴은 결국 하늘과 땅의 결합입니다. 다시 말해 생명의 현상학적 측면인 세상에서 살아가기와 그 영적 의미의 결합이며, 또한 하늘과 땅의 접합인 것이지요.

이라크의 사마라에 있는 모스크의 미나레트.
"산을 오르는 것은 영적 탐색과 상승에 관한
일반적인 은유입니다."

그렇기 때문에 산을 오르는 것은 곧 영적 탐색과 상승의 기본 테마인 것입니다. 모세가 산꼭대기에 올라가자, 하느님이 그에게 율법을 건네줍니다. 산이라는 테마는 정말 끝이 없습니다.

비록 예수의 십자가는 산에 세워지지 않았지만, 그래도 약간은 치솟은 언덕에 세워졌으며, 십자가에 대한 미술적 표현에서는 산이라는 테마가 지속적으로 나타납니다.

드리센 오디세우스는 물에서 나와서 땅으로 올라오고, 다시 산으로 갑니다. 당신께서는 그 대목을 신화적인 용어로 어떻게 설명하시겠습니까?

캠벨 그리스 세계에서는 이른바 물에서 나온 존재의 출현이 항상적인 테마입니다. 델포이의 창건자인 돌고래 탄 소년이 그 한 가지 사례이지요. 생명의 출현이란 바다에서 나와 단단한 환경으로 이루어진 세계로 들어선 것입니다. 그리고 세계의 끝, 즉 시간 순환 주기의 끝은 결국 물에서 끝나게 되지요. 이것이 바로 홍수의 형태소인데,

영웅의 여정

시간의 종말에 대해 언급한 모든 신화에 (즉 모든 순환 주기적 신화에) 나타납니다.

이제 우리는 완벽한 상태로 태어나서, 점진적으로 일종의 엔트로피가 늘어가면서 긴장을 잃게 된다는 테마를 갖게 된 겁니다. 삶은 긴장에 의존합니다. 양극성이 용해되기 시작하자마자, 우리는 남녀 혼성중창단 같은 양성구유 상황으로 접어들게 됩니다! 그러다가 모든 것이 인류학의 수프, 즉 인류 탄생 이전의 존재 속으로 돌아가고, 이제는 세계가 다시 나타날 때가 되는 겁니다. 그리하여 만물의 혼합물인 바다에서 순환 주기가 나오고, 풍경과 생명의 형태로 규정되었다가, 점차 바다로 돌아가는 것입니다. 이것이야말로 만물의 순환 주기입니다. 황금시대, 백은시대, 청동시대, 적철시대, 암흑시대, 그리고 나서 다시 시작하는 겁니다.

애리엔 그렇다면 영웅의 여행은 산을 오르는 탐색에 아주 많이 필적하는 것인가요?

캠벨 예, 그렇습니다. 그리고 영웅의 여정이라는 신화의 형태소 가운데 한 가지 부분은 바로 묵낙입니다. 예를 들어서 저는 죽음을 향해 나아가고 있으며, 이건 우리 모두가 마찬가지입니다. 이것 역시 양보입니다. 그리고 영웅은 '언제' 그리고 무엇을 항복해야 할지를 아는 사람입니다. 이때의 주된 테마는 우리의 입장을 역학에 양보하는 것입니다. 그리고 생명의 역학이란 한 가지 형태가 또 다른 형태를 먹어

치우는 것입니다. 먹히는 입장에서 보자면 양보하는 것입니다.

물고기의 세계에서 벌어지는 일이 딱 그것입니다. 그게 바로 인도
에서 말하는 '마츠야 냐야matsya nyāya', 즉 '물고기의 법칙'입니다. 큰
놈이 작은 놈을 잡아먹기 때문에, 작은 놈이 성장하려면 반드시 똑똑
해야 한다는 겁니다.

애리엔　연금술사들은 우리가 사실은 흙, 불, 물, 공기 같은 모든 원소
들의 직조자라고 말합니다. 그렇다면 우리가 누군가를 향해 '자기
원소 안에 있다in their elements'거나 '자기 원소 밖에 있다'고 말할 때, 그
런 말의 진정한 뜻은 과연 무엇인가요?[10]

캠벨　예, 음, 우리가 있는 곳의 원소는 네 방향의 설정 의례에 항상
관여합니다. 예를 들어 인디언의 칼루메트calumet, 즉 성스러운 담뱃대
의례가 그렇습니다.

이때 담뱃대는 일종의 이동식 제단이고, 거기에 불을 붙일 때에는
즐거움을 위해서 담배를 피우는 것이 아니라, 그 자체로 성스러운 행
동이 되는 겁니다. 거기에 불을 붙이면, 그 연기는 그 자체로 하늘로
가는 겁니다. 담뱃대를 치켜들어서 태양이 먼저 담배를 피우도록 하
고, 그런 다음에는 네 방향을 향해 건네어서 우리가 어디에 있는지를
알게 합니다. 중앙의 산은 바로 이곳이며, 따라서 모든 곳이 됩니다.
그런 다음에는 집전자가 담배를 피우고, 이어서 담뱃대를 차례대로
참석자에게 돌립니다. 이러한 네 방향 설정이야말로 기본적인 고도

의 문화적 신화 형태라고 말할 수도 있으리라는 것이 제 생각입니다. 중앙이 있고, 네 방향이 있으니까요. 그러고 나면 우리는 어디를 가든지 중앙을 찾게 됩니다. 그렇게 해서 성스러운 지점을, 즉 높은 지점이 있는 곳을 수립하고 나면, 우리는 네 방향을 갖게 되는 겁니다.

우리는 뭔가를 죽여서 살아갑니다. 심지어 우리가 포도를 먹을 때에도 우리는 그렇게 하고 있는 셈입니다. 우리는 여전히 뭔가를 죽이고 있습니다. 생명은 결국 다른 생명을 먹고 사는 것일 뿐입니다. 그리고 스스로를 먹어 치우는 세상 모든 입 달린 머리들이 상징하는 한 가지 생명이 바로 이것입니다. 그것이야말로 환상적인 신비입니다. 그것이야말로 제 꼬리를 물고 있는 뱀, 즉 스스로를 먹어치우는 뱀의 모습으로 상징화된 것입니다. 그게 바로 그 의미입니다.

○○○○

우리의 환경을 향해서 신화와 영적 삶을 이야기하는 모든 비결은 아이슬란드 사람들이 '란드 남land nám'이라고 부르는 것과 관련이 있습니다. 즉 풍경에 이름을 붙임으로써 땅에 이름을 붙이고 권리를 주장하는 것, 즉 땅 차지하기입니다. 우리가 그 땅을 읽으면, 우리는 거룩한 땅으로서 그곳에 살아가는 것입니다.

조지프 캠벨, 〈미토스 III : 서양 전통의 형성〉 중에서

○○○○

생명의 본질이란 생명이 죽임과 먹음을 통해 살아간다는 것입니다. 그것이야말로 신화가 반드시 다루어야 하는 커다란 신비입니다. 동물을 죽여서 살아간 원시인은 죽임과 심혼을 반드시 화해시켜야만 했는데, 왜냐하면 그들이 보기에는 동물이야말로 신성한 권능자들의 현현이었기 때문입니다. 그뿐만이 아니었습니다. 그들의 옷도 동물의 가죽으로 만든 것이었고, 그들의 천막도 동물의 가죽으로 만든 것이었기 때문에, 결국 그들은 항상 피바다 속에서 죽음과 접하며 살아가는 셈이었습니다. 전형적인 신화에서는 동물과 인간계 사이에 일종의 계약이 맺어지고, 이것이야말로 자연의 방식이므로 동물은 기꺼이 희생물이 되겠다는 상호 양해가 이루어집니다. 감사의 의례를 거행함으로써 자기네 생명을 생명의 원천으로 돌려보내 준다는, 그리하여 이듬해에 소비될 똑같은 종류의 또 다른 동물 떼가 나타날 수 있게 한다는 양해 아래, 동물은 스스로를 기꺼이 내놓는 것입니다. 원시인에게 동물은 신성한 권능자들의 현현이었기 때문입니다.

　이 테마에 관한 신화를 좀 더 들어보시겠습니까?

　이 이야기는 어떤 부족이 혹독한 겨울을 맞이했을 때를 배경으로 하고 있습니다. 인디언들은 들소 떼 전체를 죽일 수 있는 방법을 알고 있었으며, 덕분에 겨울 동안 부족 전체가 먹을 고기를 얻었습니다. 그 방법은 들소 떼를 몰아서 높은 절벽 너머로 떨어트리는 것이었습니다. 절벽에서 떨어진 들소 떼는 바닥에 부딪혀 산산조각이 나기 때문에, 쉽게 죽일 수가 있었습니다. 하지만 유독 그해에는 이들이 들소 떼를 몰아서 절벽 가장자리까지 가기만 하면, 그놈들이 옆으로 피해서 비키는 거였습니다. 한 마리도 절벽 너머로 떨어지지 않았습니다. 그래서 부족에게는 상황이 나빠 보였습니다.

어느 날 아침에 한 젊은 여자가 가족을 위해 물을 길러 일어났습니다. 천막에서 바깥을 내다보니, 바로 절벽 위에 들소가 서 있기에, 여자는 이렇게 말했습니다. "아, 너희가 아래로 떨어져서 우리 부족에게 겨울 동안 먹을 식량을 준다면, 나는 너희 중 하나와 결혼할 텐데." 그러자 갑자기 들소 떼가 아래로 떨어지기 시작했습니다. 음, 정말 놀라운 일이었습니다. 그런데 더 놀라운 일은 들소 떼 가운데 한 마리가 다가오더니 이렇게 말했던 것이었습니다. "좋아, 아가씨, 어서 가자구."

"아, 안 돼." 여자가 말했습니다.

"아, 돼." 들소가 말했습니다. "보라고, 네가 바라던 일이 실제로 일어났다구. 너도 약속을 했고, 우리도 약속대로 했으니까."

그리하여 들소는 여자를 두 팔로 안고(물론 들소가 어떻게 사람을 두 팔로 안을 수 있는지는 이해하기 어렵지만, 여하간 그놈은 그렇게 했다고 합니다) 언덕을 넘어 평원으로 데려갔습니다.

늦은 아침이 되어서 그녀의 가족이 일어나서는 깜짝 놀랐습니다. 들소 여러 마리가 절벽에서 떨어져 죽어 있었기 때문입니다. 사람들은 들소 고기를 손질해서 챙겨 놓은 후에야 비로소 주위를 둘러보며 물었습니다. "도대체 미네하하는 어딜 간 거지?"[11]

결국 아버지가 딸을 찾아 나섰습니다. 인디언인 그는 땅에 남은 발자국을 읽어서 무슨 일인지를 알 수 있었습니다. 그는 발자국을 보고 말했습니다. "그 애가 들소를 따라 도망쳤군." 아버지는 걷기용 모카신을 신고 활과 화살을 챙긴 다음, 들소 떼를 따라간 딸을 찾아 나섰습니다.

발자국을 따라서 상당히 멀리까지 갔더니, 들소 떼가 종종 찾아와 뒹굴며 이를 털어내는 웅덩이에 도달했습니다. 그는 그곳에 앉아서 생각했습니다. '이제 어떻게 해야 한다?'

그때 아름다운 까치 한 마리가 눈에 띄었습니다. 사냥 신화에는 매우 영리한 동물이 몇 가지 등장합니다. 까치와 여우와 어치와 갈가마귀가 그런 동물입니다. 이놈들은 샤먼 동물의 일종입니다. 그리하여 까치가 내려오더니 주위를 돌아다니며 먹이를 쪼자, 아버지는 이렇게 말했습니다. "아름다운 새야, 내 딸이 들소를 따라서 도망쳤단다. 혹시 들소 떼와 같이 있는 젊은 여자를 본 적이 있니?"

까치가 말했습니다. "네, 바로 저 너머에 있는 들소 떼 사이에 젊은 여자가 하나 있더군요."

그러자 아버지가 말했습니다. "아, 그러면 그 애한테 가서 아버지가 여기 와 있다고 전해 주겠니?"

까치가 날아가 보았더니 정말 여자가 있었습니다. 도대체 뭘 하고 있었는지는 저도 모르겠습니다만(아마도 뜨개질이나 뭐 비슷한 거였겠지요) 그녀의 뒤에서는 들소 떼 모두가 낮잠을 자고 있었습니다. 그리고 그녀의 바로 뒤에는 아주 커다란 남편 들소가 한 마리 있었습니다. 까치는 먹이를 쪼는 척하며 다가와서 말했습니다. "너희 아버지가 웅덩이에 와 계셔."

"아, 이런." 여자가 말했습니다. "이거 위험한데. 이거 끔찍해. 아버지한테 가서 기다리라고 말해 줘. 내가 어떻게든 해 보겠다고 말이야."

곧이어 뒤에 있던 남편 들소가 잠에서 깨어나더니, 뿔 가운데 하나를 빼내서는 이렇게 말했습니다. "가서 물을 좀 떠다 줘."

여자가 뿔을 받아 들고 웅덩이로 갔더니, 아버지가 있었습니다. 아버지는 딸의 손목을 붙잡고는 이렇게 말했습니다. "어서 가자."

"아니, 아니, 아니에요. 이건 아주 위험한 상황이에요. 제가 이 일을 매듭짓게 해 주세요." 여자는 물을 떠서 들소에게 돌아갔습니다. 들소는 뿔을 받아서 냄새를 맡아 보더니 이렇게 말했습니다. "흠흠 흠흠, 어쩐지 인디언의 피 냄새가 나는데."

그러자 여자가 말했습니다. "아, 아니에요."

그러자 들소가 말했습니다. "아, 맞는데." 들소가 울부짖자 나머지 들소 떼가 모두 일어나서 꼬리를 치켜들고 춤을 추며 울부짖더니, 웅덩이로 달려가서 여자의 아버지를 짓밟아 흔적도 없게 만들어 버렸습니다. 그는 더 이상 그곳에 없었습니다. 딸 때문에 흔적도 없이 사라진 것입니다.

딸이 울기 시작하자 늙은 들소가 물었습니다. "울고 있구나. 도대체 왜 그러니?"

"그분은 우리 아버지였어요."

그러자 들소가 말했습니다. "그래, 너는 아버지를 잃었구나. 하지만 우리는 너희 부족을 먹여 살리기 위해 아내와 숙부와 자녀와 모든 것을 잃어버렸지.”

“음.” 여자가 말했습니다. “하지만… ‘아버지!’”

들소는 문득 여자에게 일종의 동정심을 품은 나머지 이렇게 말했습니다. “음, 네가 만약 아버지를 도로 살려낼 수만 있다면, 나도 너를 그냥 보내 주마.”

그리하여 여자는 까치를 불러서 말했습니다. “이 주위를 다니며 부리로 쪼아서, 혹시 우리 아버지의 잔해를 하나라도 찾을 수 있는지 알아봐 줄래?” 까치는 시키는 대로 했습니다. 여기저기 쪼면서 돌아다니다가 결국 작은 추골, 즉 등뼈 조각을 발견한 것입니다.

“여기 뭐 하나 발견했어.” 까치가 말했습니다.

“음.” 여자가 말했습니다. “그거면 될 거야.” 여자는 뼈를 땅에 내려놓더니, 자기 옷을 벗어서 그 위에 올려놓고는 노래를 부르기 시작했습니다. 여자는 마법의 힘을 지닌 노래를 불렀습니다. 그러자 들소 가죽 옷 밑에 사람이 하나 있는 게 보였습니다. 여자가 옷을 들춰 보았더니만, 그렇습니다, 아버지가 있었습니다. 하지만 몸이 제대로 회복되려면 노래를 좀 더 불러야 했습니다.

여자가 노래를 계속하자 곧이어 아버지는 다시 살아서 일어섰습니다. 들소 떼는 그 광경을 보며 어마어마하게 흥분했습니다. 그리고 이렇게 말했습니다. “음, 그렇다면 우리를 위해서도 이렇게 해 주지 그래? 너희가 우리 모두를 죽이고 나면, 우리를 도로 살려내지 그래? 이제 우리가 너희에게 들소 춤을 가르쳐 주고, 그걸 어떻게 하는지 알려주지. 너희가 우리 동족을 많이 죽이고 나서, 우리의 춤을 추면서 너희의 노래를 부르면, 우리도 매년 다시 찾아와 너희 부족을 먹여 살리마."

이것이 바로 블랙풋족 인디언의 들소 결사 기원 전설입니다. 제가 어렸을 때 읽은 책에 들어 있는 전설이었는데, 정말 경이로운 저자이며 인디언 자료 수집가인 조지 버드 그리넬의 『블랙풋족의 천막 이야기』라는 책이었습니다.

또 다른 민족들을 돌아보면, 우리는 이와 비슷한 이야기를 연이어 발견하게 됩니다. 이것은 사람과 동물 사이의 계약에 관한 이야기이며, 여기서는 생명이 다른 생명을 먹는 세계의 본성(자연)의 일부분이 되기로 양측 모두가 양해합니다. 그리고 물론, 사람이 동물을 먹을 때에는 자기네한테 동물을 선사한 하느님에 관한 각자의 발상에게 감사를 표하는 것이 아닙니다. 오히려 이들은 동물에게 직접 감사를 표하며, 이것이야말로 오히려 적절한 행위입니다. 예를 들어 자연을 숭배하는 북서부의 인디언 부족들이 거행하는 큰 축제는 첫 번째 연어잡이에서 잡힌 연어를 향해서 올해도 돌아와 준 것에 감사를 표하는 축제입니다.

생명이 외관상으로는 지속불가능하다는 것이야말로 아름다운 생각입니다. 생명은 격렬하고도 사나운 것입니다. 쇼펜하우어의 명언 가운데 이런 것이 있습니다. "생명이란 애초부터 있지 말아야 했던 뭔가이다."[12] 만약 생명이 애초부터 있지 말아야 했던 뭔가가 아니라 오히려 애초부터 있어야 했던 뭔가였다면, 우리는 거기에 대해서 그렇다고, 그게 다라고, 그게 자연스러운 일이라고 말해야 합니다.

그런데 니체가 나타나서 쇼펜하우어를 읽었을 때, 그는 생명을 먹는 생명에 관한 이 발상에 대해서 또 다른 태도를 취했습니다. 즉 그는 이렇게 말했던 겁니다. '그렇다, 이것이야말로 있는 그대로의 모습일 뿐만 아니라, 마땅히 그래야 하는 모습이기도 하다. 이것 말고 다르게는 될 수 없는 것이다.' 이런 발언은 자칫 온화한 마음의 소유자가 폭력이라고 부르는 것에 대한 어마어마한 강조를 가져오게 됩니다. 하지만 그것이야말로 자연입니다. 때때로 우리는 이런 발상에 대해서 우리의 마음을 열어 주는 뭔가를 보게 됩니다. 작년에 《내셔널 지오그래픽》에 실린 어떤 사진을 보는 순간, 저는 머리카락이 빳빳이 곤두서고 말았습니다. 영양 한 마리가 치타 세 마리에게 잡아먹히는 사진이었습니다. 땅에 쓰러진 채 치타 세 마리에게 배를 뜯어먹히고 있는 상황에서도, 영양은 여전히 살아 있었고, 마치 동정이나 자비를 갈구하는 듯 머리를 들고 있었습니다.

그렇다면 우리는 그 광경에 대해서도 그렇다고 말할 수 있을까요? 우리는 그래야만 합니다. 우리는 반드시 '아모르 파티amor fati'를, 즉 운명에 대한 사랑을 가져야만 합니다. 그리고 계속해서 그렇다고 '진정으로' 말하기 위해서는 상당히 많은 배짱이 필요합니다.

생명은 다른 생명을 먹고 사는 것입니다. 그게 현실입니다. 일부 전통에서는 인간을 먹는 것이 성례의 일부분이기도 하다고 말할 사람도 있을 것입니다. 하지만 식량이 되는 생물을 그런 식으로 의인화하고 나면, 우리는 다른 숙고를 하게 됩니다.

영웅의 여정

수렵 및 채집 부족의 세계에서는 모든 먹음이 마치 인간을 먹는 것과 유사했음을, 왜냐하면 동물 그 자체야말로 삶의 주인이었기 때문이었음을, 우리는 반드시 깨달아야 합니다. 동물은 인간에게 삶의 방식을 가르쳤습니다. 그리고 주요 의례는 그렇게 먹히는 동물을 향한 사의며 감사와 관련이 있습니다. 그 당시의 사람들은 동물을 죽이는 과정에서, 먹는 과정에서, 즐기는 과정에서 자기들이 자연의 방식에 참여한다고 생각하며 스스로를 위로했던 것입니다.

브라운 그렇다면 그 당시의 사람들은 죄의식에서 자유로웠을까요?

캠벨 죄의식은 없었습니다. 죄의식을 느낄 것이 전혀 없었으니까요. 우리가 자연과 합치할 때, 자연은 그 보상을 내놓을 것입니다. 이것이야말로 환경 운동과 함께 지금 우리 자신의 의식 안에 떠오르는 뭔가입니다. 즉 우리가 살아가는 환경을 침해한다는 것은 우리 자신의 삶의 원천과 에너지를 사실상 단절하는 것임을 인식하게 된 것이지요. 바로 이런 합치의 감각을 지닌 상태에서, 이 세계에서 반드시 해야 하는 일과 관련해서 적절하게 살아가기 위해서는 환경의 활력을 육성해야 합니다.

●

캠벨 평원에 사는 아메리카인디언 부족들에게 일어난 크나큰 재난 가운데 하나는 이렇습니다. 그들의 전체적인 종교의 중심은 들소를 주식으로 삼는 데에 있었는데, 들소 떼가 싹쓸이되면서 그들의 삶도 그 마법을 잃어버리고 말았다는 것입니다. 1870년대와 1880년대 동안 백인의 서부 정복의 거대한 계획 가운데 하나는 들소 떼를 말살하는 것이었습니다. 예를 들어 조지 케이틀린이 그린 들소 평원의 그림을 보고 나면, 예전에만 해도 저 동물이 그렇게 많았다는 사실이 도무지 믿기지 않습니다. 음, 하지만 그런 상황이라면 그 땅에 철도를 놓을 수도 없고, 그 땅에 밀을 심을 수도 없었습니다. 그리하여 (단순히 그 땅을 깨끗이 치우기 위해서뿐만이 아니라, 나아가 식량 공급원을 제거함으로써 인디언들이 보호구역으로 옮겨 가고 정부의 지원을 받아들이도록 하기 위해서) 들소 사냥꾼들이 파견되어 들소 떼를 학살했던 것입니다.

이런 조치는 인디언들이 들소를 죽일 때의 태도와는 그 방법과 느낌 모두에서 정반대였습니다. 인디언들은 오로지 그 동물이 필요할 때에만 죽였기 때문입니다. 그리고 인디언들은 그 동물을 숭배하고 존중하기까지 했습니다. 이들에게는 감사의 태도가 있었습니다. 이들의 특히나 큰 축제는 다름 아닌 주식이 되는 동물을 기리는 축제였습니다. 거기에는 자연계와의 합치라는 일이 있었던 것입니다.

제2장

◆

시험의 길

일단 문턱을 넘어가면, 영웅은 기묘하게도 유동적이고 모
호한 형태들의 꿈 풍경 속으로 들어서며, 그곳에서 반드시
일련의 시험을 겪고 살아남아야 하게 된다.

조지프 캠벨, 『천의 얼굴을 가진 영웅』 중에서[1]

파리 대학에 재학 중이던 청년 학자 시절의 조지프 캠벨. 1928년.

1922년부터 1927년까지 조지프 캠벨은 대학생, 육상 선수, 여행가로 폭넓은 활동을 펼쳤다. 컬럼비아 대학에서는 레이먼드 위버 밑에서 중세 문학을 공부해 석사 학위를 취득했다. 학내 재즈 밴드에서는 색소폰을 연주했고, 컬럼비아 대학 육상부와 뉴욕 육상클럽 소속으로 800미터 경주에서 세계 수준의 기록을 달성했다. 여름 동안에는 가족과 함께 중앙아메리카와 유럽을 널리 여행했다. 그중 한 번이었던 1924년의 유럽 보트 여행 중에는 신지학 교사 지두 크리슈나무르티를 만났고, 이를 계기로 동양학에 '어렴풋이' 관심을 갖게 되었다.

「슬픈 일격」이라는 제목의 논문으로 석사 학위를 취득한 캠벨은 1927년에 컬럼비아 대학에서 얻은 여행 장학금을 이용해 파리 대학에 가서 아서 왕 로망스, 고대 프랑스어, 프로방스어를 공부한다. 그가 파리에 도착한 시기는 마침 보헤미안의 "미친 시절"이기도 했다. 그가 훗날 즐겨 말했듯이, "온 세계가 활짝 열리게" 되면서 피카소와

컬럼비아 대학 재즈 밴드에서 색소폰을 연주하는 캠벨(오른쪽에서 세 번째). 1921~1922년경.

브랑쿠시와 클레의 현대 미술이며, 조이스와 예이츠와 엘리엇의 현대 문학을 맞닥트리게 되었다.

장학금이 연장되자 1928년에는 뮌헨 대학에 편입해서 독일어 원문을 읽으며 중세 문학 연구를 계속했다. 이때 그는 또다시 관심의 영역이 변화해, 인도유럽어 언어학에서 산스크리트어로, 중세 문학에서 힌두교와 불교로, 그리고 프로이트와 융과 토마스 만의 저술로 옮겨 갔다. 유럽에서의 대학원 재학 시절은 그의 평생의 주요 관심사인 신화, 꿈, 미술, 심리학, 문학, 인류학의 합류가 이루어진 때이기도 했다.

●

브라운 혹시 예비학교 시절에도 스포츠를 하셨습니까?

캠벨 아, 우리한테는 그게 '필수'였습니다. 저는 더 나중에 가서야, 그러니까 그 학교에서 교사로 근무한 첫 해에 가서야, 남자아이들 무리를 가르칠 때에는 그 녀석들을 지치게 만들 필요가 있다는 사실을 비로소 이해하게 되었습니다. 즉 학생들은 체육에 참여할 필요가 있었던 거죠. 그래서 학생들이 서로를 쓰러트릴 수 있도록 운동장으로 내보냈죠. 원시 사회에서는 십대에 들어선 청년에게 어마어마한 폭력을 가하는데, 결국에는 그런 조치가 청년을 길들이는 역할을 합니다. 젊은 남성은 충동적으로 폭력적인 생물이므로, 그걸 다스릴 필요가 있는 것입니다.

　사람들은 삶의 의미를 찾는 것에 대해서 이야기합니다. 그런데 이 때 우리가 정말로 찾는 것은 삶의 '경험'일 뿐입니다. 옛날 아일랜드 의 질문을 기억하시기 바랍니다. "이것은 사적인 싸움일까, 아니면 누구라도 여기에 끼어들 수 있는 것일까?" 이는 살아 있는 것에 대한, 그리고 좋은 싸움 속에 있는 것에 대한 우리의 경험을 고조시킴

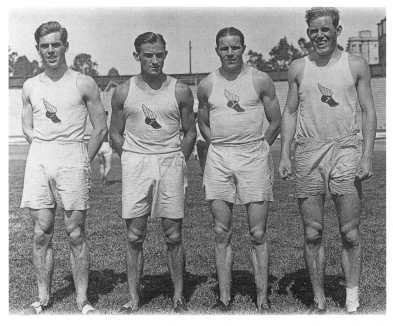

1925년에 샌프란시스코 AAU 선수권대회에서 미국 1600미터(1마일) 계주 종목 우승자들. 왼쪽부터 조지프 캠벨, 존 홀든, 앨런 헬프리치, 조 터니. 캠벨은 첫 번째 주자로 활동했던 이 시기에 대해서 이렇 게 말했다. "이른바 살아가는 것에 관해서, 승리에 필요한 것에 관해서, 그리고 패배에 필요한 것에 관 해서라면, 다른 어느 때보다도 바로 그 시기에 더 많이 배웠다고 생각합니다."

니다. 그리고 이것이야말로 체육 경험의 장점입니다. 즉 체육에는 조직화된 폭력이 있고, 그 폭력은 모두에게 이롭습니다. 심지어 손가락 하나 까딱거리지 못하는 사람조차도 최소한 자리에 앉아서 바라보다가, 선수들이 서로를 쓰러트리는 모습에서 어떤 만족감을 느낄 수 있습니다.

그래서 저는 풋볼과 하키를 했습니다. 야구는 좋아하지 않았기 때문에 굳이 하지도 않았습니다. 하지만 하키에서는 골키퍼였고, 풋볼에서는 가드였습니다. 어린 시절에는 체중이 80킬로그램이어서, 좋은 가드가 될 수 있었습니다.[2]

그러다가 저는 다트머스 대학에 가게 되었습니다. 그곳에서 첫 해에는 풋볼에서 태클을 맡았고, 그러다가 다시 컬럼비아 대학에 가고 나서는 엔드를 맡았습니다.[3] 컬럼비아에서는 우스꽝스러운 경험이 있는데, 저는 훈련 시즌에 늦게 도착해서 엔드가 되기로 예정되어 있었습니다. 그런데 첫 번째 스크럼에서, 그러니까 두 번째 패스 즈음에, 공이 쿼터백의 머리 너머로 넘어가서, 제가 그걸 들고서 필드를 완전히 가로질러 터치다운에 성공했습니다. 그러자 팀에서는 저를 1군에 넣더군요. 하지만 저는 풋볼 선수로서 아주 뛰어난 것까지는 아니었습니다. 그래서 버젓한 경기에 출전하게 되리라고는 생각도 하지 않았습니다.

하지만 육상은 오히려 놀라웠습니다.

저는 누군가가 저보다 앞서 가도록 허락하는 인내심을 단 한 번도 가진 적이 없었습니다. 당시에는 체육 과목이 필수였습니다. 실내

트랙은 열 바퀴를 돌면 1600미터였을 겁니다. 우리가 달리기 시작하면 항상 누군가가 제 앞에 있었는데, 왜냐하면 제가 경기장을 한 바퀴 돌고 와도 그들은 한 바퀴 뒤처진 채로 여전히 제 앞에 있었기 때문입니다. 우리가 달리기를 마쳤을 때, 체육 과목 담당자가 저를 부르시더니 (그분은 마침 육상 코치였습니다) 이렇게 말했습니다. "혹시 달리기 해 볼 생각 없나?" 저는 이렇게 대답했습니다. "아뇨." 그러자 코치가 말했습니다. "음, 자네 정도면 800미터 종목에서 이 캠퍼스에 있는 다른 누구보다도 더 빨리 달릴 수 있어. 육상을 해 보는 게 어떻겠나?"

그렇게 시작하게 된 거였습니다. 그리고 육상이야말로 제 삶의 대단한 경험들 가운데 하나가 되었죠.

브라운 당신은 육상에서 상당한 경력을 쌓으셨습니다. 경쟁에 힘쓰던 그 시절에 과연 무엇을 배우셨습니까?

캠벨 제가 달리기를 하던 시절에 만난 청년들이나, 그들이 경쟁 중에 서로를 대하던 태도는 참으로 아름다웠습니다. 그야말로 아름다운 남자다움이었지요.

저는 거기서 비교적 상위권에 속해 있었습니다. 당시에 800미터 종목에서는 세계의 어느 누구 못지않게 빨리 달릴 수 있었죠. 제가 달리기를 하던 기간은 정확히 1924년 올림픽과 1928년 올림픽 사이였습니다. 딱 3년 동안만 달리기를 했기 때문에, 사실 달리기를 1년

캠벨이 대학을 졸업할 때 아버지에게서 받은 선물이었던 스크랩북에 들어 있는 왕년의 '육상 스타'에 관한 신문 기사.

더 하기 위해서 굳이 대학원에 진학했던 겁니다!

그야말로 아름다운, 정말 아름다운 시기였습니다. 뉴욕에서 우리는 겨울 내내 실내에서 육상 대회에 참가했습니다. 1924년 올림픽경기가 끝나자, 거기서 우승했던 선수들이 뉴욕으로 오게 되었지요. 파보 누르미[4] 같은 사람들이 말입니다. 저는 그가 뛰고, 뛰고, 또 뛰는 모습을 보았습니다. 정말 멋있었습니다. 아름다운 사람이었습니다. 제 생각에는 대학 시절의 다른 어떤 것보다도 바로 그것이 제게 더 큰 의미를 지녔던 것 같습니다. 육상이 말입니다. 이른바 살아가는 것에 관해서, 승리에 필요한 것에 관해서, 그리고 패배에 필요한 것에 관해서라면, 다른 어느 때보다도 바로 그 시기에 더 많이 배웠다고 생각합니다. 그 모두를 말입니다.

리처드 타나스　오늘날에는 상당히 많은 사람들이 자기 나름대로의 신체적이고 영적인 훈련을 향해 나아가고 있는 것 같습니다. 예를 들어 신체 운동의 경우라든지, 아니면 변성의식이나 더 높은 각성 상태에서 달리자고 제안하는 마이클 머피[5]의 경우처럼 말입니다. 서로 다른 훈련을 받은 서로 다른 사람들이 마치 유사한 결론으로 다가가는 것처럼 보입니다.

캠벨　저 역시 사방에서 그런 모습을 보았습니다.

타나스　그러니까 "희열이 되자는", 그 존재의 층위를 실제로 살아가자는 발상인 겁니다. 그렇다면 우리의 문화에서 그걸 어떻게 찾아야 할까요?

캠벨　그게 바로 우리의 문제입니다. 서양에서는 서로 다른 삶의 분야들이 서로에게서 동떨어져 있기 때문에, 우리는 전체론적 접근법을 상실하고 말았습니다. 당신은 지속되는 조깅이란 테마를 말씀하셨습니다. 사람들은 신체가 과로했을 때에 찾아오는 일종의 신비로운 희열이 있음을 깨닫기 시작했습니다. 저도 대학 시절에, 그리고 졸업 이후에도 2년 동안 달리면서 그걸 경험했습니다. 지금 와서 돌아보면, 제가 선수권 대회에서 달리던 때에 800미터 종목에서 마지막 80미터 동안에…… 말하자면, 사람이 멍해지는 순간이 두 번쯤 있었습니다. 이른바 절정이, 즉 제 일생의 경험에서 가장 황홀한 (정말로 '찡!' 하면서 모든 것이 하나로 요약되는) 순간이 무엇이었냐고 누군가가 제게 물었다면, 바로 그 경주였을 겁니다. 제 온 삶의 다른 무엇보다도 더했습니다.

지금 서양에서 벌어지고 있는 일들 가운데 일부는 동양 무술과 아시아의 훈련의 유입의 결과입니다. 전투나 경쟁에서 신체를 다루는 것은 사실 심리학적 자세의 기능입니다. 그런 자세를 잡으려면 조용한 장소가 있어야 하며, 움직임은 그 자세를 중심으로 일어나야 합니다. 저는 무척이나 중요했던 경주에서 두 번이나 패배했는데, 왜냐하면 조용한 장소를 잃어버렸기 때문이었습니다. 그 경주가 워낙 중요했기 때문에, 저는 경주에서 달리기 위해서가 아니라 경주에서 이기기 위해서 거기 나가 버렸던 것입니다. 그리하여 완전히 무너지고 말았습니다.

음, 이것은 '행동'과 관련지어서 우리 자신을 제시하고, 우리 자신을 발견하는 방법입니다. 제 아내 진은 무용가인데, 무용에 비하자면 육상은 오히려 쉬운 일처럼 보일 정도입니다. 하지만 거기서도 중심잡기가 전부입니다. 자기가 있는 곳이 어디인지를 정말로 아는 누

영웅의 여정

군가가 무대에 올라간 것을 보면, 단순히 몸통에 서로 다른 팔다리가 붙어 있는 것 같은 모습의 누군가를 보는 것과는 완전히 다른 경험이 됩니다. 정말이지 환상적인 광경입니다. 제 생각에는 이것도 동양에서 온 교사들의 영향력을 통해서 유래하지 않았나 싶습니다.

타나스 이런 형태와 훈련 가운데 일부는 마치 '쿤달리니Kundalini'자각과 상당히 비슷하게 보이기 시작합니다. 거기서 사람들은 자기 내면에 있는 나름의 조용한 장소에 복종하는 경험을 스스로에게 허락하기 때문이죠. 그러다가 뭔가가 내부에서부터 나오기 시작하는데, 일종의 희열 의식, 또는 고에너지 형태가 사람으로부터 유래하는 것처럼 보입니다. 이것이야말로 인도에서 수천 년간 이어진 요가의 발상과도 매우 유사합니다. 하지만 이제는 우리도 나름대로의 방법에 들어선 것이지요.

캠벨 '쿤달리니' 요가에서는 초심리학적 변모의 가능성에 대한 체계화가 있습니다. 처음 세 가지 층위인 골반의 '차크라cakras'는 단순한 고집에서 삶으로의, 성애로의, 공격성으로의 일상적인 변모를 상징합니다. 하지만 그러다가 가슴의 층위에 이르러서는 영적 의식으로의 변모가 일어납니다. 이것은 바로 동정녀 출산의 장입니다. 그리고 이것은 가슴 중심부에 있는 연꽃의 상징입니다. 이것은 황금으로 이루어진 '링감요니lingam-yoni', 즉 남성과 여성의 성기이며, 새로운 초월적 삶입니다. 그리고 더 위쪽의 '차크라'는 이 에너지를 받아서 영적 상태로 변모시킵니다.

앞서 당신이 말씀하신 것처럼, 요즘 유행하는 '쿤달리니' 변모라는 것이 있다면, 그것도 분명히 이와 유사할 겁니다. 거기에는 의심의 여지가 없습니다.

드리센 합기도의 전통과 훈련에서 우리는 몇 가지 구호를 사용합니다. 지금 여기서 나 자신이 되라. 마음을 열라. 받아들이라. 이것은 매우 미묘하고, 또 매우 어렵습니다. 제 생각에는 무술의 모든 훈련은 결국 걱정을 놓아 버리라는 가르침이 아닐까 싶습니다. 지금 여기서 나 자신이 되면, 해방의 메커니즘이 있고, 그 깊은 내면의 개인적 용인이 있습니다. 그러고 나면, '우와' 하면서, 그게 오는 겁니다.

브라운 예를 들어 경주에서 승리하기의 시각적 과정과 경주에서 달리기의 시각적 과정에는 뭔가 차이가 있습니다. 하지만 당신이 승리하기 위해 달린 것이 아니라, 오히려 달리는 도중에 당신이 승리하는 모습을 보셨다면(즉 그 일이 일어나는 도중에 당신의 마음으로 보셨다면), 이런 종류의 과정이야말로 방금 당신이 말씀하신 '쿤달리니' 현상학과 어떤 관계가 있지 않을까요?

캠벨 그것은 여기에서 저기로, 즉 동양에서 말하는 '기氣'로 가는 강조의 변화입니다. 에너지는 아래쪽 중심부에서 오는데, 그곳이 바로 지혜의 쌈지의 중심부입니다.[6] 그것은 신체의 의도의 쌈지이자, 자연의 의도의 쌈지이므로, 우리는 바로 그곳에, 그리고 우리의 현현에 자리를 잡는 것입니다. 여기서 말하는 현현은 한마디로 나무의 성장입니다. 우리가 경주에서 승리하는 것은 신체의 에너지와 힘의 잠재성의 현현입니다. 우리가 다른 힘들과, 즉 여기 위쪽에 있는 것들과 연관되기 시작할 때, 우리는 곧바로 우리의 중심부를 잃어버리고 맙니다. 그런 식으로 에너지를 잃어버리는 겁니다.

브라운　강연과 세미나에서 당신이 이렇게 말씀하시는 것을 제가 들었습니다. 즉 당신이 뭔가를 준비하실 때에는 마치…

캠벨　…마치 육상 대회에 나간 것과 똑같은 기분이 든다고 말입니다. 예, '실제로' 그렇습니다. (웃음) 제가 장담하건대, 두 시간짜리 강연이야말로 정말 육상 대회나 다름없거든요!

●

필 커즈노　육상 이야기가 나왔으니 말입니다만, 올림픽 육상 선수인 잭슨 숄즈[7]하고는 어떻게 친구가 되신 겁니까?

캠벨　잭슨 숄즈는 단거리 선수였습니다. 부드러운 달리기 스타일을 지닌 멋진 육상 선수였지요. 그는 100미터와 200미터에서 뛰었습니다. 저는 두 번의 중요한 기회에 그와 한 방을 쓰게 되었습니다. 1925

년에 저는 뉴욕 육상클럽 소속으로 샌프란시스코에 가서 미국 육상 협회 선수권 대회에 나갔는데, 숄즈가 그때 저의 룸메이트였죠. 숄즈는 이전 해에 파리 올림픽에서 200미터 종목 우승을 차지했고, 이후 다른 두 명의 육상 선수와 함께 세계를 일주했는데, 늘 하와이에 대한 이야기를 입에 달고 살았어요. 그 당시에만 해도 뉴욕에서 샌프란시스코까지는 나흘 하고도 반나절 동안 기차를 타고 가야만 했습니다. 그런데 숄즈는 내내 하와이 이야기만 하는 거예요. 문득 이런 생각이 들더군요. 음, 여기서 우리 팀과 헤어지고 나 혼자 하와이에 가면 안 될까? 그러자 그가 거들더군요. "그렇게 하라고."

그렇게 해서 저는 난생 처음 하와이에 가 보았습니다. 숄즈는 예전에 그곳에 머무는 동안 카하나모쿠 가족과 사귀었지요. 그래서 저한테 정말 고마운 일을 해 주었습니다. 숄즈가 하와이에 있는 지인들에게 저를 소개하는 편지를 써 주었거든요. 저는 또다시 나흘 하고도 반나절 동안 배를 타고 가서, 항구에 들어가지 않고 멈춰 서서 검역관이 나오기를 기다리고 있었습니다. 그러자 그 섬의 꽃이며 온갖 냄새가 풍겨 오더군요. 세상에, 저는 홀딱 사로잡히고 말았습니다. 배가 부두로 들어가자, 왕립 하와이 악단이 「알로하」라는 곡을 연주하더군요. 그리고 군중 위로는 이렇게 적힌 작은 삼각기가 걸려 있었습니다. "알로하, 조 캠벨."

음, 우리는 샌프란시스코에서 출전한 모든 종목에서 이겼기 때문에, 저는 이렇게 생각했었습니다. '이거야말로 적절한 환영 행사로군!' 물론 그 삼각기는 저를 맞이하러 나온 사람이 혼자서 들고 나온

영웅의 여정

것뿐이었지만요. 저는 배에서 내려 숄즈의 친구를 만났고, 커틀랜드 호텔로 안내받아 갔습니다. 여러 해가 지나서야 비로소 알게 된 사실이었지만, 당시 제가 머물던 곳에서 딱 한 블록 떨어진 곳에는 진의 숙소가 있었습니다. 어린 시절의 아내는 당시에 제가 머물던 바로 그 호텔에서 홀라 교습을 받고 있었던 겁니다!

그해 여름 내내 제가 한 일이라고는 전차를(그러니까 와이키키로 가는 투너빌 전차) 기다린 것, 그리고 하루 종일 듀크 카하나모쿠[8]가 만든 서프보드를 탄 것뿐이었습니다. 지금 그 물건은 비숍 박물관에 가 있습니다. 똑바로 세워 놓으면 제 손이 간신히 닿을 만큼 길었고, 아카시아 나무로 만든 물건이었지요. 음, 저는 육상 선수 아니겠습니까. 상체가 부실하다 보니, 심지어 물속에서 물장구를 쳐서 나아갈 수조차도 없었습니다. 하지만 그 서프보드는 듀크의 동생 데이비드 카하나모쿠가 준 것이었기에, 저는 그걸 물속에서 끌고 가서, 그 위에 올라타고, 파도가 있는 곳까지 헤엄쳐 가서, 하루의 남은 시간 동안 그렇게 엎드린 상태로 파도를 타려고 시도했던 겁니다!

어느 날씨 좋은 날, 데이비드가 보드에 타더니 이렇게 말하더군요. "자네는 전혀 파도를 못 타는군." 그래서 제가 대답했죠. "나는 이놈의 물건을 움직이게 할 수가 없더라구." 그러자 그가 말했습니다. "좋아, 그러면 내가 자네를 조금 도와줄게." 그래서 데이비드가 도와주는 대로 탔더니만, 진짜 서프보드에 올라탄 것이 마치 초호화 여객선 퀸 엘리자베스 2세호에 탄 것 같았습니다. 그거야말로 제 인생 최고의 파도타기였습니다.

1925년 여름, 와이키키 해변의 친구들과 조지 프 캠벨(맨 아래). 그곳에 머무는 동안 캠벨은 '서핑의 아버지'인 전설적 인물 듀크 카하나모 쿠에게 직접 서핑을 배웠다.

저는 1927년에 대학원 공부를 위해 유럽으로 갔습니다. 다음 올림픽은 1928년에 열렸지만, 잭슨 숄즈는 벌써부터 파리에 머물고 있었습니다. 그래서 저는 파리에서 처음 몇 주 동안 또다시 그와 한 방을 쓰게 되었고, 나중에 그가 올림픽에 출전하러 다시 돌아오자 좀 더 만나게 되었지요.

정말 재미있는 일입니다. 여러 해가 지나서 뒤돌아 보면, 어떤 사람들이 제 삶에서 담당한 역할을 비로소 깨닫게 되거든요. 정말 놀랍습니다. 제 생각에는 숄즈도 중요한 사람들 가운데 하나였던 것 같습니다. 때로는 사소한 계기로 인해서 저 길이 아니라 바로 이 길로 들어서게 되게 마련이니까요.

그 시절 이후로는 그를 한 번도 못 만났습니다. 좋은 사람이었는데 말이죠.

커즈노　언젠가 당신께서는 젊은 시절에만 해도 레오나르도 다빈치와 더글러스 페어뱅크스를 합쳐놓은 인물이 되고 싶어 하셨다고 말씀하셨었지요. 그렇다면 그 두 사람이 당신께는 버펄로 빌 다음 가는 영웅들이었던 겁니까?

캠벨　제가 어렸을 때에 더글러스 페어뱅크스는 대단한 배우이자 아름다운 사람으로서 정말 환상적인 일들을 해냈습니다. 어떤 대단한 영화에서는 페어뱅크스가 해적으로 나오는데, 누군가가 배의 돛대 위까지 그를 쫓아갑니다. 그러자 그는 칼을 빼들어 돛에 푹 찔러 넣고는 이런 식으로 '아래까지' 내려왔습니다.[9] 저는 그 광경을 결코 잊지 못할 겁니다! 그는 도대체 어디에서 그런 방법을 알아냈을까요? 음, 그런 종류의 일을 할 수 있는 남자라면……

지성의 세계에 관해서 말하자면, 저는 작고 전문화된 연구에는 전혀 관심이 없었습니다. 제 생각에는 그런 연구가 우리를 비인간화할 수 있을 것 같아서였습니다. 반면 레오나르도 다빈치는 만사를 인간적인 가치로서 놀랍고도 위풍당당하게 번역했기 때문에, 마치 제가 찾고 있었던 뭔가를 상징하는 것처럼 보였습니다.

저는 예비학교에 다닐 때부터 생물학과 수학에 관심이 있었으며, 다트머스 대학 1학년 때까지만 해도 여전히 그랬습니다. 하지만 1학년에서 2학년으로 올라가는 사이에 누군가가 드미트리 메레시코프스키[10]의 전기 소설 『레오나르도 다빈치의 로맨스』를 저에게 건네주었습니다. 저는 거기서 발동이 걸렸습니다. 이런 세상에, 저는 예술과 문화와 문명의 세계에 관해서는 미처 아무 것도 모르고 있었다는 사실을 발견했습니다. 아메리카인디언에 관해서는 알았지만, 예술과 문명에 관해서는 몰랐습니다. 저의 온 세계가 그 책과 함께 뒤흔들려 버렸습니다.

커즈노　켈트의 아서 왕 로망스에 관한 당신의 연구를 보면, 본인의 아일랜드계 가톨릭 배경을 새로운 방식으로 이해하셨다고 말씀하셨는데, 그건 정확히 무슨 뜻입니까?

캠벨　아서 왕 로망스는 켈트 세계에서 곧바로 나온 것입니다. 즉 켈트의 영웅들을 중세 기사들로 변모시킨 결과물이죠. 그들 하나하나는 켈트의 배경을 지니고 있습니다. 제가 그 내용을 친근하게 느끼는 것은 저의 실제 혈통과 뭔가 관련이 있으리라 확신합니다. 그리고 제임스 조이스가 저를 사로잡았다는 사실도 있습니다. 아시다시피 중요한 환상의 영역에서의 그 멋진 삶이야말로 아일랜드적인 것이며, 그건 바로 아서 왕 로망스 안에 들어 있습니다. 조이스에도 들어 있습니다. 그리고 제 삶에도 들어 있습니다.

커즈노　혹시 당신께서는 조이스의 『젊은 예술가의 초상』에서 "침묵, 유배, 교활" 속에서 살아가는 젊은 낭만주의자 반항아 스티븐 디덜

러스와 스스로가 동일하다는 사실을 발견하셨던 겁니까?

캠벨 실제로도 그의 문제는 곧 저의 문제였습니다. 우리가 교회의 시스템 속에 붙박이된 상황에서 신앙을 잃어버리고 나면 문제가 생겨납니다. 그건 전혀 즐겁지가 않았습니다. 무슨 말인가 하면, 그런 일은 제가 생물학을 공부할 때에 시작되었던 겁니다. 인간의 종種과 동물계 및 식물계의 생물학적 진화는 우리가 「창세기」에서 볼 수 있는 내용과는 전혀 관계가 없었습니다. 그 당시에만 해도 우리는 무려 기원전 4000년 전으로 거슬러 올라가는 텍스트의 그런 어리석은 문자주의를 그대로 믿어야 한다고 가정되고 있었습니다. 도대체 그걸 가지고 어떻게 삶을 헤쳐 나간단 말입니까?

음, 어쨌거나 저는 그럴 수 없었습니다.

그리고 이 또 한 가지도 역시나 붙박이된 것이었습니다. 결국 상징을 잃어버리지 않으면서 사태를 해결하는 것이 문제였습니다. 조이스는 이런 상징들, 즉 인간의 깊은 감각의 보편적 의미에 대한 이해 속으로 저를 해방시키는 데에 도움을 주었습니다. 우리의 기독교 유산을 통해서 우리에게 다가오는 이 위대한 보편적 상징의 의미에 대한 일화적이고 역사적인 상징화가 아니었습니다. 오히려 예술의 날개 위에서, 이런 상징에 관한 신화적 읽기로부터 비롯된 출구였습니다.

그리하여 조이스는 아일랜드의 정치와 교회를 벗어나서 파리로 감으로써 스스로 속박을 풀고 미궁을 떠났다고 말할 수 있습니다. 거

20세 때 더블린에서의 제임스 조이스. 1927년에 파리에서 조이스의 기념비적인 소설 『율리시스』를 발견했을 때, 캠벨은 (23세로) 이 소설가의 사진 속 나이와 거의 비슷한 나이였다. "실제로도 그의 문제는 곧 저의 문제였습니다. 우리가 교회의 시스템 속에 깊이 붙박이된 상황에서 신앙을 잃어버리고 나면 문제가 생겨납니다. 그건 전혀 즐겁지가 않았습니다."

기서 그는 제가 머물던 1920년대의 파리가 상징하던 그 경이로운 운동의 매우 중요한 구성원 가운데 하나가 되었습니다.

저를 구해 준 것은 우파니샤드와 힌두교였습니다. 거기에도 사실상 똑같은 신화가 있지만 오히려 지적으로 해석되어 왔습니다. 말하자면 무려 9세기에 일찌감치 인도인은 그 모든 신들이 결국 심리학적 힘의 투사라는 사실을, 따라서 신들은 우리의 바깥이 아니라 내면에 있다는 사실을 깨달았습니다. 물론 그들은 어떤 방식으로, 뭔가 신비로운 방식으로 우리의 외부에도 역시나 있지만, 그들의 진정한 자리는 바로 이곳입니다(손가락으로 가슴을 가리킴). 아, 정말 구사일생이었습니다.

영웅의 여정

브라운　언제쯤 그런 깨달음을 얻으셨습니까?

캠벨　그러니까 제가…… 1924년, 제가 열아홉 살때 쯤이었습니다. 그 깨달음은 매우 흥미로운 방식으로 찾아왔습니다. 당시에 저는 가족과 함께 배를 타고 유럽으로 가고 있었습니다. 우리는 속도가 더 느린 배를 (그러니까 닷새 만에 가는 큰 배가 아니라, 열흘 만에 가는 작은 배를) 타곤 했는데, 왜냐하면 그런 배를 타고 가야만 무척 재미있었기 때문이었습니다. 예를 들어 프레지던트하딩호라든지, 프레지던트 어쩌구저쩌구 하는 1등 선박을 타는 거였죠.

　역시나 1924년에 유럽에서 돌아오는 길에, 우리가 탄 증기선의 갑판 의자에 피부색이 검은 청년 세 명이 타고 있었습니다. 그리고 이들과 아는 사이인 젊은 백인 여성도 한 명 있었습니다. 저는 그런 사람들을 난생 처음 보는 셈이었는데, 왜냐하면 그 당시에 미국에서는 인도인을 본 적이 없었기 때문이었습니다. 한 번도요. 그들은 모두 영국까지만 왔습니다. 미국까지 온 적은 전혀 없었습니다.

　알고 보니 그중 한 명이 바로 지두 크리슈나무르티였고, 다른 두 명은 그의 동생 니트야난다와 당시에 그의 비서였던 라자고팔이었습니다. 제가 인도라는 세계에 입문한 것이 바로 그때였습니다. 저를 입문시켰던 그 젊은 여성[11]은 제게 에드윈 아놀드의 『아시아의 빛』을 선물했는데, 바로 '수트라sūtras, 經'에서 붓다의 일생에 관한 내용을 뽑

지두 크리슈나무르티. 1935년.

아 엮은 책이었습니다. 그것이야말로 개안이었고, 마치 '빛'이 이어지는 것 같았습니다.

문학과 언어학과 로망스 문학을 공부하러 유럽에 갔을 때, 그리고 다시 독일로 가서 산스크리트어 공부를 시작했을 때, 저는 이 모든 것을 다시 만나게 되었습니다. 그 시절에 저는 정말로 거기 몰두했습니다. 하지만 그 시작은 붓다에 관한 그 작은 책에서 제가 배운 내용이었습니다.

기묘하게도, 그처럼 작은 인연이 결국 모든 것을 변화시켰습니다.

물론 그보다 더 먼저 『레오나르도 다빈치의 로맨스』라는 책에서 비롯된 변화도 있었습니다. 바로 그 책과 함께 저의 온 세계가 움직여 버렸으니 말입니다. 그러다가 더 나중에는 붓다에 관한 이 작은 책이 또 하나의 차원을 더해 주었습니다. 아시다시피, 우리가 어떤 길을 계속 가기 위해서는 뭔가 사소한 계기가 반드시 우리 앞에 놓여 있어야 합니다. 쉽지는 않은 일이지만요.

●

브라운　컬럼비아 대학의 유학 장학금을 받고 유럽에서 공부하신 시절에는 어떤 영향을 받으셨습니까?

영웅의 여정

캠벨　저는 처음에 파리에 있다가, 나중에는 뮌헨에 있었는데, 각각 1년씩이었던 그 시기에 '온 세계가 활짝 열리게' 되었습니다. 그 당시로 말하자면 1920년대 말, 그러니까 1927년, 1928년, 1929년이었는데, 지금 들으시면 아마 깜짝 놀라실 겁니다. (웃음) 무슨 뜻인가 하면, 오늘날의 미국인은 세계의 나머지 지역에서 벌어지는 일을 워낙 잘 알고 있기 때문에, 제가 유럽에 머물 당시의 상황이 외부의 상황에 완전히 무지했던 저에게 어떠했는지를 제대로 이해하시지 못할 거라는 말입니다. 마침 제가 파리에 있을 때 현대 미술을 발견하게 되었습니다.

저는 불로뉴 숲에 있는 웅장한 미술관에 들어갔던 순간을 결코 잊지 못할 겁니다. 거기서는 '앵데팡당', 즉 '비타협주의자들'의 전시회가 크게 열리고 있었습니다. 다시 말해 공식 미술관에서는 전시되지 않는 미술가들이었던 거죠. 그중에는 피카소, 마티스, 미로, 브랑쿠시…… 이런 사람들이 들어 있었던 겁니다.

저는 브랑쿠시의 〈날아가는 새〉를 최초 전시에서 본 기억이 납니다. 그리스인 복장을 한 레이

〈작업실에서의 자화상〉. 루마니아의 조각가 콘스탄틴 브랑쿠시의 사진. 1933년경. 화가 앙리 루소는 브랑쿠시에 관해서 이렇게 말했다. "이런, 친구, 자네는 옛것을 현대화했군."

먼드 덩컨[12]이 그 주위를 걸어다니더군요. 음, 저로 말하자면 미국 촌
놈인 까닭에 그토록 파격적인, 전위적인, 음…… 자유분방함이 전적
으로 새롭게 느껴질 수밖에 없었습니다. 미술의 세계에 대한, 그리고
미술의 세계와 제 삶의 관계에 대한 저의 개안은 바로 그곳에서 일어
난 셈이었습니다.

●

캠벨　그 모든 발견은 제가 파리 대학에 다니던 시절에 이루어졌습
니다. 저는 거기서 학술의 곧고도 좁은 길을 따라 나아가고 있었습
니다. 스탈가에 있는 작은 방에 살고 있었는데, 몽파르나스대로의 한
쪽 끝에서 멀지 않은 곳이었습니다. 그곳에는 '불 미슈'[13]라는 곳 너
머에 대학이 있었습니다. 그렇다면 제가 사는 작은 방에서 대학까
지 오가면서 어디를 지나다녔겠습니까? 저는 바로 몽파르나스대로
와 라스팔대로를 지나다녀야 했던 겁니다. 그 당시에만 해도 그곳에
는 라 쿠폴과 르 동을 비롯해서 온갖 휘황찬란한 곳들이 모두 있었습
니다.[14] 저로 말하자면 미국에서 갓 도착한 참이었기 때문에, 제 친구
들과 마찬가지로 그런 모습은 난생 처음 보는 셈이었습니다. 우리로
선 현대 미술이 무엇인지 알 수도 없었습니다. 그리고 서점마다 진열
된 크고 새파란 책이 하나 있었습니다. 바로 『율리시스』였죠! 미국에
서는 금서였기 때문에 그 책을 가진 사람이 아무도 없었습니다. 저도
고국에 돌아가면서 한 권을 밀수할 수밖에 없었죠.

스스로 영적 고향이라 간주하는 고장인 프랑스 샤르트르를 방문한 조지프 캠벨과 누이동생 앨리스. 1928년.

　그래서 저는 한 서점에 들어가서 물었습니다. "『율리시스』 있습니까?"

　"물론이죠, 손님."

　그러다가 저는 그 책의 제3장에서 다음과 같은 대목에 도달했습니다. 때, "가시적인 것의 불가항력적 양식. 최소한 더 이상은 아니라 하더라도, 내 눈을 통해서 생각했다. 내가 읽기 위해 여기 있는 모든 것들의 서명."[15] 그 순간 저는 이렇게 생각했습니다. 이런 세상에, 이 게 도대체 뭐지? 저는 대학 졸업장을 받았다고 생각했었습니다. 하 지만 이 작가가 무슨 말을 하는지 도무지 알 수가 없었던 겁니다.

그래서 저는 오데옹 가로 갔습니다. 거기에는 『율리시스』를 발행 한 셰익스피어앤드컴퍼니 서점이 있었고, 마침 안에는 주인 실비아 비치[16]가 있었습니다. 저는 분개한 젊은 학자로서 그곳에 들어가서 물었습니다. 다짜고짜 "이게 도대체 무슨 종류의 글입니까?" 등등의 말을 했던 겁니다. 음, 그녀는 그 책이 무슨 종류의 글인지를 제게 설 명해 주었고, 덩달아 제게 여러 가지 책들을 판매했습니다. 그리고 그 책들이 제 경력을 바꿔놓고 말았습니다.

이제 『율리시스』를 서너 번 통독하고 났더니, 제가 어디 있는지 를 알게 되더군요. 정말이지 흥분되는 일이었는데, 왜냐하면 그 모두 는 영양가가 높았기 때문이었습니다. 순수한 경험이 바로 제 앞에 놓 여 있는데, 그걸 거듭, 거듭, 거듭, 또 거듭 읽는 게 즐거웠습니다. 저 는 다른 작가들과 그랬던 일이, 즉 그런 종류의 경험을 했던 일이 이 전까지 전혀 없었습니다. 저는 1927년에 파리에서 이 책을 구입한 이 래, 지금껏 줄곧 읽어 왔습니다. 그리고 매번 무척이나 즐거웠습니다.

얼마 후에 저는 뉴올리언스 출신으로 앙투안 부르델과 함께 작업 하던 젊은 여성 조각가 앤젤라 그레고리[17]를 만나게 되었습니다. 조 각가들이 어떤 사람들인지는 익히 알려져 있지요. 그들은 작업을 위 해서 누군가가 포즈를 취해 주기를 항상 원하게 마련입니다. 그래서 그녀도 저더러 흉상을 만들어 줄 테니 앉아 보라더군요.

예술의 비밀이란 바로 사랑이다. …… 예술이란 자연의 멋
진 선을 끌어내는 것이다.

앙투안 부르델

"아, 그러죠." 저는 이렇게 말했습니다. 그렇게 저는 그녀의 작업
실로 갔는데, 저 마력의 인물 앙투안 부르델도 마침 거기 있었습니
다. 당시 나이가 80대 중반쯤 되었을 겁니다. 저는 그가 예술에 관해
서, 그리고 예술이 무엇인지에 관해서 이야기하는 것도 들었지 뭡니
까! 그가 한 말 가운데 제 머릿속에 각인된 것이 하나 있는데, 그때
이후로 제게는 일종의 지침이 되었습니다. "예술이란 자연의 멋진
선을 끌어내는 것이다." 이 표현은 신화에도
똑같이 적용될 수 있습니다.

그래서 저는 소르본 대학에서 프로방스
어, 고대 프랑스어, 그리고 아서 왕 로망스에
끼친 켈트의 영향에 대해서 공부했습니다.
그런데 말입니다. 이런 세상에, 그 당시에 저
는 심지어 식당에서 버젓한 식사를 주문하는
방법조차도 모르고 살았습니다. 정말이지 부
끄러운 일이었지요. 막상 저렇게 어마어마한

23세 조지프 캠벨의 흉상.
1927년. 앤젤라 그레고리 제
작.

본인의 기념비적 작품 〈헤라클레스〉 옆에 서 있는 프랑스 조각가 앙투안 부르델. 부르델은 예술가가 원형을 이용해 세계를 재창조한다고 생각했다. "예술의 비밀이란 바로 사랑이다." 그의 말이다. "예술이란 자연의 멋진 선을 끌어내는 것이다."

영웅의 여정

내용을 공부하는 중인데도 말입니다. 그러다가 어느 날, 대학 근처의 클뤼니 미술관 마당에서 한 가지 생각이 머리를 스쳤고, 그 생각 덕분에 저는 이제껏 가던 곧고도 좁은 길에서 벗어나 숲으로 들어가게 된 것이었습니다. 그 생각이란, 바로 '당신의 희열을 따라서 모험이 기다리는 숲으로 들어가라'는 것이었습니다. 제가 어디로 가고 있는지는 몰랐습니다만, 거기에는 조이스가 있었지요.

나중에 저는 실비아 비치의 서점에서 《트랜지션》(문예지)을 구입했는데, 거기에는 『피네간의 경야』의 초기 버전 가운데 일부가 "집필 중인 작품"이라는 제목으로 게재되어 있었습니다. 그 차이가 어느 정도였는지를 잠깐 보여드리자면 이렇습니다. 문예지 게재분의 첫 행은 이랬습니다. "강이 흘러서 호우드 성과 그 주변으로 우리를 다시 데려간다River run brings us back the Howth Castle and environs." 그리고 이로부터 여러 해가 지나서야 제가 구입한 『피네간의 경야』에는 그 대목이 이렇게 달라져 있었습니다. "강 흘러 이브앤드애덤스 교회를 지나고, 만㶋의 굽이의 물가를 돌아가서, 재순환의 널찍한 마을 옆으로 해서 호우드 성과 그 주변으로 우리를 다시 데려간다riverrun, past Eve and Adam's, by swerve of shore to bend of bay, brings us by a commodious vicus of recirculation back to Howth Castle and Environs." 이것이야말로 『피네간의 경야』를 완성하기까지 무려 20년 동안 조이스에게 일어난 일이었습니다.

음, 이걸 보고 나자 고대 프랑스어는 오히려 재미없어 보였습니다. 이것은 '배움을 번역하는' 세계였는데, 왜냐하면 이 세상의 어느 누구도 제가 발견하려 시도하는 것에 관해 제임스 조이스가 아는 것 이상으로 알지는 못했기 때문이었습니다. 지식과 정보를 경험으로 번역하는 것. 제가 보기에는 이것이야말로 문학과 예술의 기능인 듯했습니다. 이런 생각을 품고서, 저는 예술가가 되기 보다는 오히려 제가 다루고 있는 자료에서는 그 경험이 어떤 것일지를 찾아내보기 위한 걸음을 내딛게 되었습니다. 조이스는 분명히 도움이 되었습니다.

○○○○

『피네간의 경야』에 들어 있는 한 구절이야말로, 제가 보기에는 조이스의 전체 의미를 축약한 듯합니다. "오, 주여, 우리에게 비참을 퍼부어 주시되, 다만 우리의 일에 낮은 웃음이 휘감기게 해 주소서."[18] 그리고 이것이야말로 불교의 보살의 의미이기도 합니다. 즉, 세상의 슬픔에 기쁘게 참여하는 것입니다.

조지프 캠벨, 『예술의 날개』[19] 중에서

○○○○

그러다가 저는 이듬해에(즉, 1928년 가을에) 뮌헨에 가게 되었습니다. 거기서 저는 그 당시에만 해도 미국에서는 전혀 몰랐던 것들을 알아갔습니다. 바로 지그문트 프로이트를 발견했고, 칼 융을 발견했으며, 토마스 만을 발견했고, 산스크리트어 공부를 시작했던 겁니다. 제가 컬럼비아 대학이라는 곳에서 벗어나 제 교수님들 가운데 한 분의 말마따나 "독일 학술의 성城"의 (아울러 동시에 산스크리트어의) 세계에 들어선 것이야말로, 오늘날의 여러분은 차마 상상도 못할 정도로 대단한 각성이었습니다. 바로 그곳에서 저는 아서 왕 로맨스를 다루는 과정에서 덩달아 다루어야 했던 세계의 풍부함 속에, 그리고 제가 소년 시절부터 줄곧 좋아했던 켈트 자료들 속에, 그리고 똑같은 형태소가 존재하는 아메리카인디언 신화 속에 어떤 깊이가 들어 있는지를 알게 되었습니다.

제가 인디언에 열광했던, 그리고 펜실베이니아 주의 포코노 산맥의 멋진 숲에서 보냈던 소년 시절에 배운 바에 따르면, 신화의 기능과 인디언 민속의 기능은 인간을 자연과 합치시키는 것이었습니다. 그리고 예술의 기능은 자연의 멋진 선을 끌어내는 것이었습니다. 이것이야말로 제가 찾아낸 하나의 웅장한 노래였습니다.

●

커즈노 당신께서 젊은 학자로 유럽에 머무시던 시절에 언어 학습은 어떤 역할을 했었습니까?

캠벨 아, 그거야말로 지금 제가 정말로 이야기하고 싶은 겁니다. 제 생각에 우리의 교육 시스템은, 최소한 제가 학교에 다닐 때만 해도, 한마디로 좋지가 않았던 것 같습니다. 우리는 언어 학습에 무척이나 많은 시간을 쏟았지만(저는 프랑스어와 스페인어를 배웠습니다) 정작 그 언어로 말하는 것은 전혀 들어 본 적이 없었고, 우리를 가르치는 교사도 지금 우리가 배우는 언어로 말할 수 있는 실력까진 아니었던 겁니다! 우리는 'je suis(즈 쉬), tu es(튀 에), il est(일 에), elle est(엘르 에)', 뭐 이런 문법적인 것들을 배웠지만, 정작 그 언어의 유창한 발음에 대해서는 전혀 배우지 못했습니다.

제가 학생으로 유럽에 갔을 때, 저는 유치원에서부터 프랑스어를 줄곧 공부해 온 상태였습니다(하지만 실제로는 그 언어를 전혀 파악하지 못한 셈이었지요.). 저는 (파리에 있는) 알리앙스 프랑세즈에 다녔고, 3개월 만에 프랑스를 말하고 읽고 이해하게 되었습니다. 독일어를 공부한 적은 전혀 없었습니다. 하지만 유럽에서의 진짜 학습은 모두 독일에서 이루어진다는 사실을 알게 되자, 저는 컬럼비아 대학에 편지를 써서 혹시 이듬해에 독일에 갈 수 있도록 장학금을 줄 수 있는지 물어보았습니다. 학교에서는 "좋아, 그렇게 하게"라고 답장을 보냈더군요. 그래서 저는 독일어도 배워야 했습니다. 역시나 3개월 만에 저는 독일어를 읽고 말할 수 있게 되었습니다. 우리가 현지에 가서, 그곳에 흠뻑 빠져들고, 그곳이 우리 삶의 선율 속에 들어 있으면, 언어를 터득하게 되는 겁니다. 예비학교를 졸업할 때 저는 이런 생각을 했었습니다. '세상에, 두 번 다시는 외국어를 배울 필요가 없었으면 좋겠어.' 하지만 그 세계로 더 깊이 파고 들어간다는 것은 환희가 아닐 수 없었습니다. 모든 언어에는 그 각각만의 독특한 경험이 있게 마련이니까요.

저는 지금 매우 흥미로운 경험을 하고 있습니다. 제 저서 두 권이 독일어로 번역 중이기 때문입니다. 그중 하나인 『신화 따라 살기』는 비교적 대중적이고 쉬운 책입니다. 지금으로부터 1개월 전에 그 책의 독일어 번역문을 읽어보았는데, 이런, 그건 상당히 다른 책이 되어 있었습니다! 독일어에서 비롯된 발상들 가운데 상당수는 독일어로 매우 자연스럽게 돌아가 있었습니다. 하지만 단순히 독일어로 표현되었다는 사실만으로도 뭔가 다른 느낌을 얻은 상태였습니다. 독일어는 시적 언어이고, 신비스러운 언어입니다. 이에 비하자면 영어는 오히려 실용적인 언어이지요. 상당히 다른 차원의 영역인 겁니다. 독일어로 번역된 제 글은 '갑자기' 제가 애초에 말하려고 의도하지 않은 이야기를 하고 있었는데, 저는 그걸 미처 깨닫지 못했습니다. 저는 영어 원문을 읽었고, 다시 독일어 번역문을 읽었습니다. 그러자 단어의 연상과 함의의 영역이 흥미진진하더군요. 유학 시절에 독일어를 발견한 것이야말로 제 삶의 진정한 사건이었습니다. 그 언어의 전체적인 시적 위엄이야말로 저를 사로잡은 요소였습니다. 저는 그게 좋았습니다.

저는 원래 중세 언어학을 공부하러 유학을 간 것이었습니다. 고대 프랑스어, 프로방스어, 아서 왕 로망스와 음유시인의 시 같은 것을 공부하려 말입니다. 하지만, 세상에, 한꺼번에 사방으로 길이 열리고 말았습니다. 그러다가 독일에 가서는 산스크리트어며, 독일 학술의 저 놀라운 언어학적 배경을 접하게 되었습니다. 이 세상에 그런 곳은 또 없었습니다. 독일인은 세계 최초로 이런 것들을 발견했으니까요. 괴테도 무려 150년 전에 그걸 했었고, 그 시기의 낭만주의자들도 요즘 흔히 하는 말마따나 거기에 '빠져' 있었습니다. 하지만 그 시대에 그 사람들이 가진 자료에 비해, 오늘날의 우리는 훨씬 더 많은 자료를 갖고 있습니다.

제가 독일에서 공부할 때에, 제가 공부하던 주제의 형이상학적 국면이 제 앞에 열리게 되었습니다. 저는 신화에 관해, 그중에서도 특히 중세 신화에 관해, 딱 서양의 학자가 하는 방법대로 연구하고 있었습니다. 그러다가 저는 괴테를 만났고, 토마스 만을 만났고, 융을 만났으며, 급기야 이런 것들의 신화적 차원이 단순히 학술적 주제만은 아니라는 사실을 갑자기 깨달았던 겁니다. 결국 저는 그 나라에 대해서 매우 깊은 호감을 갖게 되었습니다.

●

캠벨 1936년에는 매우 즐거운 일이 있었습니다. 프로이트의 80세 생일을 기리기 위한 파티에서 토마스 만 초청 강연이 열린 것이었지요. 한 예술가가 자기 말고 다른 누군가에 관해서 이야기할 수 있으리라고 과연 누가 생각했던 것일까요? 저로서는 차마 상상도 할 수 없는 일이었습니다. 여하간 즐거운 일이었습니다.

토마스 만은 왜 하필 자기가 이 강연을 하도록 초청되었는지를 이해할 수 없다는 이야기로 시작했습니다. 왜냐하면 자기는 예술가이고 창작자일 뿐이지, 과학자도 아니고, 분석가도 아니기 때문이라고 했습니다. 그래서 그는 이렇게 말했습니다. 음, 어쩌면 사람들은 농신제를 원했는지도 모른다고 말입니다. 즉 평소에는 대상이 되는 사

영웅의 여정

람이 오히려 주체가 되고, 실용 과학 등등에 근거한 이야기 대신에 오히려 꿈 같은 교합이 이루어지는 난장판이 된 저녁을 원했는지도 모른다는 거였습니다. 이때에는 하인이 주인에게 명령하고, 어릿광대가 지방 판사로 임명되는 등등의 일이 벌어지며, 만사가 거꾸로 뒤집히게 됩니다. 결국 그 발언이야말로 만이 지금부터 약간 거칠게 나올 것이라는 경고인 셈이었지요.

　　　○○○○

　　저는 토마스 만을 세 번이나 만나는 즐거움을 누렸는데, 그 중 한 번은 그와 함께 제법 긴 시간을 보냈습니다. 그는 격식을 갖춘 인물이었고, 태도도 매우 의례적이었습니다. 그러면서도 자연스러움이 있었습니다. 예를 들어 소네트를 지을 때처럼, 또는 일본의 다도처럼, 우리는 일단 그 격식을 알아야 하는데, 그 격식에 숙달하게 되면 그 일을 하면서도 자연스러울 수 있게 됩니다. 이것이야말로 예술에서의 중요한 요점입니다. 예술가치고 기법을 가지지 못한 사람은 없기 때문입니다.

조지프 캠벨, 〈미토스 III: 서양 전통의 형성〉 중에서

　　　　　　　　　　　　　　　　　○○○○

　　이날의 강연은 훗날 「프로이트와 미래」라는 제목으로 발표되었습니다. 그런데 그 내용은 프로이트와 거의 관련이 없습니다. 만은 다

음과 같은 주장으로 강연을 시작했습니다. 즉 프로이트의 진정한 성취란, 그 연구를 통해서 19세기 독일 낭만주의 철학자들의 발견 모두를 의학 용어로 재현한 것이며, 심지어 그런 철학자들의 저술을 전혀 읽어 본 적이 없었음에도 불구하고 재현한 것이었다고 말입니다. 만의 지적에 따르면, 프로이트는 쇼펜하우어를 알지 못했습니다. 니체도 알지 못했습니다. 키르케고르도 알지 못했습니다. 하지만 이런 무지에도 불구하고, 프로이트는 그 모두를 재현했다는 것이었습니다.

곧이어 만은 이렇게 말했습니다. 잠시 자기 이야기를 하는 것을 양해해 달라면서, 프로이트에 관한 소문을 듣기 오래 전부터, 자기 역시 바로 그런 양식으로 일하고 있었음을 입증할 수 있다고 말입니다. 그러더니 자신의 초기 단편인 「키 작은 프리드만 씨」에 관해 이야기했습니다. 이 작품은 1896년인가 1897년에 출간되었는데, 결국 프로이트의 『꿈의 해석』보다 3~4년 더 먼저 출간된 셈이었습니다. 실제로 우리는 이 단편에서 프로이트적 정보를, 즉 프로이트가 또 다른 언어를 이용해 전적으로 다른 견지에서 생산한 정보를 상당히 많이 얻을 수 있습니다.

강연 중반쯤에 만은 그 자리에서 차마 꺼내서는 안 되는 이름을, 즉 '융'이라는 이름을 꺼냈습니다. 그리고는 지금 자기가 집필 중인 작품에 융이 얼마나 큰 영향을 끼쳤는지를 말했습니다. 그 작품이란 『요셉』 연작이었고, 당시에 그는 3권을 탈고한 상태였습니다.

만이 강연하는 동안에만 해도, 저는 그 강연장에서 무슨 일이 벌어지고 있었는지 제대로 상상조차 하지 못했습니다. 이제 와서 제가

영웅의 여정

그 이야기를 꺼낸 까닭은, 이것이야말로 20세기 초반의 무의식 연구라는 영역에서 벌어지고 있었던 일의 전체 맥락을 설명하는 매우 훌륭한 도입이기 때문입니다. 그때야말로 예술에는 경이로운 시기였습니다. 조이스와 만은 서로에 대해서 전혀 모르는 상태에서 각자 소설과 저술을 발표함으로써, 각자의 글에서 심리학적 강조를 통해서 거의 동시에 똑같은 이행을 이루었던 겁니다. 이른바 19세기 자연주의라고 일컬을 만한 것을 벗어나서 신화에서의 돌파구에 도달하는 이행을 말입니다.

그러다가 (1914년부터 1918년까지) 제1차 세계대전이 벌어졌고, 그 직후에 저 획기적인 작품들이 나타났습니다. 1922년에는 조이스의 『율리시스』가, 1924년에는 만의 『마의 산』이 발표되었던 것이죠. 이 작품들 모두는 자연주의적 작품을 자처하고 있었습니다. 하지만 실제로는 신화적인 기반을 갖고 있었지요. 그리고 그 신화적인 구조는 제목에서부터 독자에게 신호를 주고 있습니다. 무려 『율리시스』와 『마의 산』이니까요. 곧이어 두 사람은 다음에 출간한 대작에서 신화의 바다로 곧바로 미끄러져 들어갔습니다. 토마스 만은 『요셉』 연작에서, 제임스 조이스는 『피네간의 경야』에서 그랬던 겁니다.

조이스와 만의 대조는 흥미롭습니다. 조이스는 아일랜드계 가톨릭이었고, 만은 독일 프로테스탄트 집안에서 자라났습니다. 종교를 진지하게 받아들이는 한, 우리는 신화와의 직접적인 관계 속에서 살게 됩니다. 이런 경우에는 우리가 세계 속으로 옮겨 왔을 때의 경험을 이러한 신화적 배경과 관계짓는 것이, 즉 애초부터 우리에게 각인

토마스 만. 1950년대 초.

된 그 구조의 견지에서 세계를 바라보는 것이 문제가 됩니다.

토마스 만은 오히려 반대였습니다. 제가 보기에, 프로테스탄티즘의 특징 가운데 하나는 종교의 의례와 신화적 해석과 어조를 거부한다는 점입니다. 따라서 만은 종교적 깊이와 그 함의에 대한 깨달음에 점차적으로 도달했던 것입니다. 그가 거기까지 오는 데에는 오랜 시간이 걸렸습니다. 조이스는 어렸을 때부터 신화적 사고의 전문가였기 때문에 일종의 이점을 얻었던 반면, 만은 점차적으로 거기에 도달했던 것입니다. 그로 인해서 이 두 사람은 나란히 놓을 경우에 비범하리만치 흥미로운 한 쌍이 되었습니다.

●

캠벨 『마의 산』에서 토마스 만은 자기 신화의 함의를 계속해서 설명합니다. 그가 우리에게 이미지를 던지고 나면, 우리에게 한 가지 길, 또는 다른 길을 던지는 해석도 있는 것입니다. 조이스는 이런 종류의 일을 전혀 하지 않았습니다. 조이스가 그냥 우리에게 '쾅!' 하고 던지면, 우리는 그걸 파악해야 하는 겁니다. 따라서 저는 두 사람의 작품을 읽고 이런 문제를 생각할 때마다 항상 이들이 비범하게도 흥미로운 방식으로 서로를 보완한다는 사실을 발견했습니다. 예술에 대한

영웅의 여정

이들의 접근법 역시 흥미롭습니다.

이들의 배후에는 19세기의 독일 철학자들이 있습니다. 물론 바그너도 이들의 성장 시기에 매우 중요한 영향력을 미쳤습니다. 두 작가 모두 바그너에게서 어떤 테마를 가져왔습니다. 바그너가 사용한 음악적 장치 가운데 하나는 라이트모티프, 즉 반복되는 메아리였습니다. 이 상투적 표현에는 어떤 의미체와 반복되는 연상의 체계가 수반되며, 이 표현이 반복될 때마다 그 전체 의미가 새로운 관계 속에서 다시 돌아오는 것입니다. 예를 들어 만의 『부덴브로크 가의 사람들』이라든지, 초기 단편 모두는 이를 인식한 채 쓰였습니다. 그가 어떤 등장인물을 언급할 경우, 그 등장인물과 관련해서 이전에 언급한 적이 있었던 형용사 몇 가지와 설명을 항상 언급하는 식입니다. 따라서 그 모든 것이 라이트모티프로서 다시 나타나는 것입니다. 매우 음악적인 인물이었던 조이스 역시 음악적 장치를 반복적인 상투어로 사용했습니다(그의 평생에 가장 큰 실망 가운데 하나는 더블린에서 열린 노래 경연대회에서 우승하지 못했던 것이었습니다. 그때의 우승자는 유명한 테너 존 맥코맥이었습니다).

이제 예술가의 전략은 자신의 내용을 내놓을 때에, 그 내용이 스스로의 주위에 울타리를 만들고서 관찰자로부터 동떨어져서 거기에 멀뚱히 서있지는 않도록 하는 것입니다. 그래야만 우리가 진정으로 마음에 와닿는 어떤 예술 작품을 보고 얻는 '아하!'가 "내가 바로 그것이다"라는 의미가 됩니다. 이 회화를 통해서 내게 말하는 광휘와 에너지, 내가 바로 그것이라는 겁니다. 순수하게 경험적인 용어로는 이를 '참여'라고 합니다. 하지만 이것은 그보다 더한 뭔가입니다. 이것은 동일시입니다.

만이 신화로 돌아서면서 시도했던 일이란, 성서의 민족적인 발상 속에 함축된 기본적인 발상들의 방식으로「창세기」를 재해석하는 것이었습니다. 이것이야말로 매우 중요한 작업이고, 이것이야말로 유대교-기독교의 유산을 특정 집단의 유산으로서가 아니라 오히려 인류의 유산으로 번역하는 유일한 방법입니다.

제 말뜻을 이해하시겠습니까? 이건 정말 대단한 의미인 겁니다. 이것이야말로 만이 작업했던 것이었고, 이것이야말로 융이 작업했던 것이었고, 이것이야말로 조이스가 작업했던 것이었고, 이것이야말로 이 유산에 들어 있는 긍정적인 가치를 유지하려 시도하는 (이와 동시에 우리가 차마 스스로를 고립시키면서 우리 이외의 다른 모두는 악마를 숭배한다고 말할 수는 없는 전세계적인 삶의 시대로 나아가는) 모든 사람이 작업했던 것입니다.

이제 우리가 반드시 찾아야 하는 것이 있다면, 바로 예술가가, 바로 조이스가, 바로 만이 이 신비를 뚫고 들어가서 각색한 방법입니다. 한 가지 방법은 그들의 산문의 리듬을 통해서 뚫고 들어가 각색하는 것입니다. 이것은 시의 문제입니다. 시인은 우리를 이미지의 속박에서 벗어나게 합니다. 시인을 우리를 말의 속박에서 벗어나게 하며, 그렇게 해서 사물이 그 스스로의 속박에서 벗어나서 그 너머를 가리키게 합니다. 리듬은 이와 많은 관계가 있습니다.

영웅의 여정

○○○○

저는 만 일가를 미국으로 데려오는 데에 결정적인 역할을
한 애그니스 마이어 여사와 친분을 쌓게 되었습니다. 당시에 그
녀의 남편(유진 마이어)은《워싱턴 포스트》의 사주였습니다. 한
스 카스토르프의 꿈은 니체의 『비극의 탄생』의 마지막 구절의
반복이었다는 사실을 깨닫고 나서, 저는 혹시 마이어 여사께서
도 이 사실을 깨달으셨는지, 그리고 혹시 당신께서는 이에 관해
서 만으로부터 들은 이야기가 있는지 물어보았습니다. 그러자
그분이 이렇게 말씀하셨습니다. "다음에 토미를 만나면 물어볼
게요." 그로부터 3주 정도가 지나서 저는 그녀가 보낸 편지를 받
았습니다. "『비극의 탄생』에서 가져온 장면에 관해서 제가 물어
보았더니 그는 깜짝 놀라더군요. 자기가 무슨 일을 했는지도 전
혀 깨닫지 못하고 있었어요."

이것을 잠복기억[20]이라고 합니다. 즉 두뇌가 어떤 내용을 망각
하더라도, 우리의 관심은 그 내용으로부터 아주 멀어지지는 않
은 상태이기 때문에, 우리가 그 내용을 망각하더라도 그 내용은
여전히 거기 있는 셈이죠. 여러분도 『비극의 탄생』의 마지막 구
절을 읽으시고 나면 아마 마찬가지로 깜짝 놀라게 될 겁니다.[21]

조지프 캠벨, 〈미토스 III: 서양 전통의 형성〉 중에서

○○○○

바로 여기에 만의 예술의 비밀이 있습니다. 절대적으로 무자비한 눈이, 잘못을 거명하기 위해서 정확한 단어의 화살을 쏘아 보내는데, 그 화살에는 사랑의 연고가 묻어 있는 것이지요. 그는 이를 가리켜 '성애적 아이러니'라고 불렀습니다. 또한 그는 이를 가리켜 가소적可塑的 아이러니라고도 불렀는데, 바로 이것이야말로 토마스 만의 예술의 비밀인 겁니다.

이제 예술의 기능이란, 셰익스피어의 말마따나 "자연에 거울을 들이대는 것"입니다. 우리는 이렇게도 말할 수 있을 겁니다. 예술은 자연에 홀로그램 거울을 들이댐으로써, 이 물체 안에 전체가 있음을 우리가 깨닫게 해 주는 것이라고 말입니다. 각각은 그 자체로 전체입니다. 이것이야말로 저 작가들이 자기네 등장인물을 다루는 방법이었습니다.

칸트적 사고에 동양적 용어를 처음 가져온 사람은 바로 쇼펜하우어였습니다. 여기서, 그러니까 19세기 초에, 우리는 두 가지 철학의 이런 종합을 갖게 되었습니다. 그러고 나서야 만과 조이스 같은 작가들이 인격의 마야Māyā적 측면(즉, 인격이란 어디까지나 시간과 공간의 거울 이미지에 근거한 환영幻影일 뿐이라는 관점) 및 초월에 대한 동양적 이해라는 풍요로운 내용을 접하게 되었으며, 결국 이것을 순수하게 서양적인 용어로 표현했던 겁니다.

이른바 심리학적, 또는 영적 형태학이라고 일컬을 수 있을 법한 이러한 생각은 이 모든 작품에 충만합니다. 예이츠의 사고와 저술에도 이와 똑같은 것이 들어 있습니다. 같은 시기에 쇼펜하우어가 무의식의 전체 이야기를 열어 젖혔고, 이어서 프로이트가 등장해서 그 내용을 의학 용어로 바꿔놓은 것입니다.

이것이야말로 위대한, 정말 위대한 순간입니다.

●

타나스　그 이야기를 듣고 보니 당신이 즐겨 사용하시는 표현인 "초월이 드러나게끔 투명하게"가 떠오르는군요.

캠벨　지금으로부터 2년 전에 저는 위대한 독일 심리학자에 관해서 알게 되었습니다. 그의 이름은 칼프리트 그라프 뒤르카임[22]이고, 프라이부르크에서 멀지 않은 슈바르츠발트에서 휴양 시설을 운영하고 있었습니다. 그래서 저는 지난 (1981년) 가을에 52년 만에 독일을 다시 찾아서(그거야말로 도박이었습니다!) 이제 막 85세가 된 이 놀라운 인물과 한 시간 동안 함께 하는 즐거움을 누렸습니다. 그의 말에 따르면, 삶의 전체 문제는 "초월이 드러나게끔 투명하게" 되는 것이었습니다. 그래야만 우리는 우리 스스로가 초월의 현현임을 깨닫게 됩니다. 즉 우리가 신화를 살아가고 있음을 깨닫게 됩니다. 우리가 우리 내면에서 성스러운 삶을 살아가고 있음을 닫게 됩니다. 우리 자신을 매개체로 여기는 겁니다. 즉 최종 상태로서가 아니라 의식과 삶의 매개체로 여기는 겁니다. 이것이야말로 제가 거기서 발견한 대단한 테마였습니다.

독일의 정신분석가 겸 작가 칼프리
트 그라프 뒤르카임. "제게는 그가
곧 북극성입니다."

"초월이 드러나게끔 투명하게." 이 표현이 제 어휘로 들어오게 되자, 그것이야말로 제게 필요한 단 한 가지처럼 보였습니다. 이제 신화에 대한 저의 정의는 이렇습니다. 신화란 초월이 드러나게끔 투명하게 되는 은유이다.

제게는 그가 곧 북극성입니다.

타니스 초월이 드러나게끔 투명하다는 뜻이 정확히 무엇인지를 말씀해 주실 수 있습니까?

캠벨 신화는 세계를 열어젖혀서 말 너머에, 즉 단어 너머에 있는 뭔가가 드러나게끔 투명하게 만들어줍니다. 즉 우리가 초월이라고 부르는 것이 드러나게끔 투명하게 말입니다.

만약 은유가 스스로를 닫아 버리고 "나는 이것이다. 그 지시체(대응물)는 나이거나, 또는 이 사건이다"라고 말한다면, 이 은유는 초월을 닫아버린 셈입니다. 이것은 더 이상 신화적이지가 않습니다. 이것은 왜곡입니다. 이것은 병리적입니다.

과학이 우리에게 보여 주는 아원자 입자의 모습에서 나타나는 우주의 에너지, 즉 생명의 에너지는 기능적입니다. 그것들은 오고 가는 것입니다. 그렇다면 그것들은 어디서 온 걸까요? 또 어디로 가는 걸까요? 과연 이 세상에 '어디'란 것이 있기는 할까요?

궁극적인 존재의 근거는 정의를 초월하고, 우리의 지식을 초월합니다. 우리가 궁극적인 것들에 관해서 묻기 시작하면, 우리는 사고의 모든 범주를, 즉 존재와 비존재의 범주를 초월하는 뭔가에 관해서 묻는 셈이 됩니다. 참과 거짓. 칸트가 『순수이성비판』에서 지적했듯이, 이런 것들은 우리의 경험 양태의 기능입니다. 그리고 모든 생명은 시간과 공간의 미적 형태를 통해서, 그리고 논리 범주의 논리적인 형태를 통해서 우리에게 다가와야만 하기에, 우리는 바로 그 틀 안에서 생각하는 것입니다.

하지만 그 너머에는 무엇이 있을까요? 심지어 '너머'라는 단어조차도 어떤 사고의 범주를 암시합니다! 따라서 초월은 말 그대로 초월적입니다. 즉 모든 지식을 초월한다는 겁니다. 기원전 7세기에 저술된 「케나 우파니샤드」에서는 이를 가리켜 "말과 생각이 도달하지 못하는 것"이라고 매우 명료하게 말합니다.[23] 즉 언어가 이름을 가지고 차마 더럽히지 못한 것입니다. 그것이 바로 '초월적'이란 단어의 뜻입니다. 신화의 이미지는 항상 초월을 가리키고 있으며, 이 신비에 올라타는 감각을 우리에게 제공합니다. 합기도에서, 또는 경주에서의 승리에서, 우리는 신비에 올라타는 것입니다. 이것이야말로 육상의 신비주의입니다. 그리고 사랑의 신비주의는 바로 두 사람의 올라탐입니다. 그들은 사실 하나입니다. 단지 둘로 보일 뿐입니다. 그리고 그 경험은 곧 진리의 경험입니다. 시간과 공간에 개의치 않는 직관적인 경험입니다.

쇼펜하우어는 「도덕의 기초」라는 놀라운 논문을 썼습니다. 그중 한 대목에서 그는 이렇게 묻습니다. '어째서 인간은 다른 누군가의 위험에 적극적으로 간섭하는 것이며, 심지어 자기 안전까지도 망각한 채 타인을 구출하러 자발적으로 움직이기까지 하는 것일까? 자연의 첫째가는 법칙은 자기 보전인데도, 어떻게 그걸 극복할 수 있었던 것일까?'

그가 내놓은 답변은 이것이야말로 개별성의 경험보다 더 깊은 형이상학적 충동이라는 것이었습니다. 나와 타인이 '하나'임을 깨닫는 겁니다. 개별성의 경험은 단순히 우리가 시간과 공간의 장에서 경험하는 방식의 기능일 뿐입니다. 반면 그보다 더 깊은 이 형이상학적 충동은 신화가 적용되는 영역이고, 근원적인 지시체의 영역이며, 심지어 아무런 영역조차도 아닌 것입니다. 선승들이 이런 층위에서 뭔가에 관해서 이야기할 때에는 '그것인 동시에 그것이 아닌 것'에 관해서 말합니다. 그들은 즉각적으로 그 단어를 지워 버립니다. '수냐타śūnyatā, 空'의 진공도 사실은 전혀 진공이 아니라 오히려 충만, 즉 가득함입니다. 우리는 반대자의 쌍을 넘어서는 것입니다.

일반적인 삶의 관심사들의 장 안에서, 우리는 이런 것들에 대해 굳이 걱정할 필요가 없습니다. 하지만 우리가 진짜로 중요한 지점에 있다면, 즉 삶의 중요한 지점에 있다면, 그리고 삶의 위기가 찾아왔는데 그것이 마침 중대한 것이라면, 우리는 그 영역에 들어서는 편이 낫습니다. 만약 그러지 않는다면 우리는 그 위기를 감당할 수가 없을 것입니다.

제 친구 하인리히 침머는 가장 좋은 것이야말로 차마 이야기될 수조차 없다고 말하곤 했습니다. 이것 역시 똑같은 이야기입니다. 두 번째로 좋은 것은 오해되기 십상입니다. 왜냐하면 초월을 지시하기 위해서 시간과 공간의 대상들을 사용하기 때문입니다. 따라서 두 번째로 좋은 것은 시간과 공간의 용어로 해석됨으로써 항상 오해되게 마련입니다. 세 번째로 좋은 것은 바로 대화입니다. 지금 우리는 가장 좋은 것과 두 번째로 좋은 것에 관해 이야기하기 위해서 세 번째로 좋은 것을 이용하는 것입니다.

애리엔 여기서 문득, 정말 아름다운 바스크 신화가 하나 떠오르는군요. 한 인어가 오로지 햇빛을 받은 물에서만 헤엄을 쳤는데, 그러자 해도 점차 그 인어를 사랑하게 되었습니다. 해는 자기 혀를, 그러니까 아름다운 무지개를 내밀어서 인어를 끌어올려 자기에게 데려왔습니다. 둘이 합쳐지자 기쁨의 눈물 일곱 방울이 생겨났습니다. 곧이어 해는 인어를 도로 뱉어냈고, 인어는 커다란 별똥이 되어서 점점 자라나더니 결국 달이 되었습니다.

이제 여명이 되면 해도 달도 보이지 않는데, 왜냐하면 둘이 또다시 합쳐지는 중이기 때문입니다. 하지만 우리는 대신 그 자녀들인 수많은 별들을 볼 수 있습니다.

캠벨 참으로 귀여운 이야기로군요. (웃음)

애리엔   그게 바로 초월적인 것이지요!

캠벨   아름다운 이야기입니다. 그게 어디서 나온 거라고 했죠?

애리엔   바스크에서요.

캠벨   바스크 신화라구요? 우리는 그들이 놀라운 민족이라는 점을 예전부터 알고 있었습니다![24] 그런 작은 신화를 들을 때면 정말 놀랍지 않습니까? 저는 이제껏 한 번도 들어 본 적이 없는 이야기이지만, 당신은 그게 신화적이라는 사실을 알고 있을 겁니다. 우리가 몰라서 그렇지, 서너 군데 다른 문화에서도 비슷한 신화가 있을 수 있지요. 그런 게 있는데 우리가 모를 뿐이란 겁니다. 그것은 어떤 성질을, 즉 신화적 성질을 갖고 있는 상상력과 상징의 어떤 중심에서 이야기하고 있으며, 의도적인 허구에서 비롯된 것이 아닙니다. 그것은 일종의 아름다운 삶의 진실에 관해 이야기하는 은유적 방식의 일종에서 나온 것입니다.

●

청중   당신께서는 초월이 드러나게끔 투명하다는 것에 대해 말씀하셨습니다만, 제 생각에 여기서의 문제는 어떤 사람들이 스스로를 투명하다고 바라보지 않는다는 점인 것 같습니다. 그들은 스스로를 불

영웅의 여정

투명하다고 바라보는데, 그건 자만인 것이지요. 바로 거기에서 사람들은 혼란을 느끼고, 그것 역시 문제인 것 같습니다.

캠벨 저는 항상 남들이 보낸 메시지를 받는데, 이번 것도 좋아 보입니다. 예, 매우 귀여운 것입니다. 누군가가 이렇게 말한다고 칩시다. "나는 아주 투명하지는 않습니다." 이때의 '나'는 곧 '누군가'를 뜻합니다. 힌두교의 교사들에 따르면, 우리가 지시하는 '나'가 현상적인 것인 한, 우리는 그 '나'를 '아트만atman(투명한 '자신Self')'이라고 말할 수 없습니다. 그렇다면 차라리 불투명하다고 자만하는 게 더 낫죠.

따라서 우리는 유대교와 기독교를 대중 종교라고 말할 수 있을 것입니다. 왜냐하면 스스로의 내부에 있는 초월적인 것을 인식할 준비가 아직 되지 않은 사람들을 위해 대중적인 층위에 있는 종교들이기 때문입니다. 초월로 들어가는 문의 입구에 가려면 약간 더 노력할 필요가 있는 것입니다.

●

브라운 오늘날의 신화에서 심리학은 어떤 역할을 할까요? 그리고 어떻게 해야 신화가 정신의학자를, 또는 요법을 받는 사람을 도울 수 있을까요?

캠벨 심리학자가 인간 심혼의 구조에 관해서 발견한 어떤 내용이 있습니다. 그 내용은 신화와 가장 큰 연관성이 있습니다. 왜냐하면 신화는 바로 그런 심리학적 구조를 오늘날의 세계의 객관적인 삶의 환경에 전달하는 것과 관련이 있기 때문입니다. 신화는 우리에게 실마리를 줍니다. 신화는 일종의 신호 체계입니다. 신화의 이미지는 사실이 아니라 오히려 은유일 뿐입니다. 그리고 초월의 지시체입니다. 신화의 이미지들은 거꾸로 삶의 사실들을 심혼에게 전달하기도 합니다. 신비적 기능은 바로 이런 이중의 관계에 의존합니다. 그것을 뭐라고 부르면 될까요? 공허? 가득함? 충만? 이런 단어들은 우리가 상상할 수 있는 한계 너머를 가리키며, 결국 지금 우리가 알고 있는 이 경이로운 우주 전체가(즉 수십억 개의 은하가) 공허 위에 놓여 있다는 사실을 입증합니다.

스크린에 반짝이는 저 작은 아원자 입자들이 어디에서 오고 어디로 가는지는 아무도 알지 못합니다. 생명 역시 오고 가지만, 그건 인과관계의 시간과 공간의 장 안에 있는 영혼들일 뿐입니다. 우리가 발견한 사실이 바로 이것입니다.

신화는 반드시 당대의 우주론을 다루어야 하며, 시대에 뒤떨어진 우주론에 근거하는 것은 전혀 좋지가 않습니다. 그리고 이것이야말로 우리의 문제 가운데 하나입니다. 저는 오늘날의 과학과 종교 사이에 아무런 갈등도 없다고 봅니다. 종교는 반드시 당대의 과학을 받아들인 다음, 과학을 관통하여 신비에 도달해야 하는 것입니다. 오늘날의 갈등은 오히려 기원전 2000년의 과학과 서기 2000년의 과학 사이에 일어나는 것입니다. 기독교의 성서에 들어 있는 내용이 바로 그

영웅의 여정

것입니다. 왜냐하면 성서는 수메르 신화에 근거한 것이기 때문입니다.

데이비드 케나드 신화가 전혀 없는 국가에는 무슨 일이 일어날까요?

캠벨 그렇다고 치면 그건 국가가 아니죠. 단지 각양각색의 사람들로 이루어진 무리일 뿐입니다. 심지어 문명도 아닌 겁니다.

케나드 하지만 오늘날의 국가들 중에는 혹시라도……

캠벨 저는 사회학자가 아닙니다. 가장 최근의 일까지 따라가지는 않고 있습니다. 그러니 저도 모른다고 해야 되겠군요.

●

브라운 무의식에 대한 프로이트의 관점과 융의 관점은 어떤 차이가 있다고 보십니까?

캠벨 프로이트는 융으로부터 신화와 심리학 사이에 어떤 관계가 있다는 사실을 전해 들은 뒤에 (훗날 간행된 두 사람의 편지를 통해서 그런 사실을 알 수 있지요), 자신의 심리학의 관점에서 신화를 연구하기 시작했습니다.

프로이트의 무의식은 우리가 차마 견딜 수 없는, 우리가 차마 동화시키는 방법을 알지 못하는 억압된 경험들이 담긴 일종의 쓰레기통입니다. 결국 그에게는 무의식이야말로 우리의 일대기의 작용인 겁니다. 무슨 말인지 아시겠습니까? 따라서 무의식은 우리가 경험하고 있음을 미처 알기도 전에 우리가 경험한 것의 작용인 것입니다. 우리 각자는 똑같은 상징체계를 가질 수도 없고, 실제로 가지지도 않습니다.

융의 무의식은 생물학적인 관점에 근거하고 있습니다. 신체에 충만한 에너지는 곧 우리의 꿈에 충만한 에너지이기도 합니다. 하지만 이런 꿈은 우리의 개인적 경험에 의해서 굴절됩니다. 프로이트의 무의식은(그는 이를 '개인적 무의식'이라고 일컬었습니다) 기본적으로 일대기적인 것이지 생물학적인 것은 아닙니다. 따라서 프로이트는 신화적 형태의 총합을 과거에 있었던 역사적 재난의 견지에서 해석하려고 시도했습니다. 아시다시피, 그것이 바로 『토템과 터부』에 나오는 부친 살해였습니다. 달리 표현하자면, 프로이트는 상징을 역사적이고 일대기적인 사건의 견지에서 해석했습니다.

융은 물론 상징이 심혼의 한 가지 국면이라는 사실을, 하지만 우리 모두에게 똑같은 기관들의 에너지가 또 다른 국면이라는 사실을 간파했습니다. 그 에너지가 우리를 움직입니다. 그 에너지가 이른바 집단적 무의식이라는 것입니다. 우리 각자가 공유하는 무의식인 겁니다. 신화적 상징은 바로 그 깊이에서 오는 것이지, 개인적 깊이에서 오는 것이 결코 아닙니다. 모든 신화는 물론 역사적 상황을 지향하게 마련입니다. 신화는 바로 이 민족, 이 지역, 그리고 이런저런 것

영웅의 여정

들로부터 나옵니다. 따라서 국지적 굴절이 있게 마련입니다. 하지만 여기서 굴절되는 것은 사실 전체 이드의 깊은 에너지입니다.

스위스의 퀴스나흐트 소재 자택의 조각 장식된 문 앞에 서 있는 칼 융. 문 위의 돌 장식에는 에라스무스의 말이 새겨져 있다. "부르거나 부르지 않거나 간에, 하느님은 거기 계실 것이다."

캠벨   독일 인류학자 아돌프 바스티안은 바로 이 주된 발상만 가지고
도 저에게 큰 의미를 갖는 인물입니다. 그는 1925년경에 사망했습니
다. 집단 무의식에서 비롯되는 이런 공통적인 테마들을 그는 '원소
적 발상'이라고 불렀습니다. 하지만 그것들은 항상 구체적인 사회 환
경 속에서 표현되게 마련이고, 따라서 역사적으로나 지리적으로나
달라지게 마련이었습니다. 그는 이런 달라짐을 '민족적, 또는 민속적
발상'이라고 일컬었습니다. 젊을 때는, 민속적 발상이 이후 평생 소
속되어 있을 사회로 우리를 인도합니다. 하지만 삶이 우리를 버릴 때
가 되면, 그때는 (굳이 표현하자면) 민속적 발상의 껍질을 깨고 나온
원소적 발상이 우리를 다시 인도합니다.

인도의 미술 비평에서는 이와 똑같이 이미지의 두 가지 국면을 인
식합니다. 민속적 국면, 즉 이야기와 시간과 공간 속에 있는 사람과
사물과 관련이 있는 것은 '데시desi'라고 하는데, 이는 국지적, 또는 대
중적이라는 뜻입니다. 이와 반대로 원소적 발상의 경우, 신이 표현될
때에는 '마르가mārga', 즉 길이라고 부릅니다. '마르가'의 어원인 '므
리그mrg'는 본래 동물이 남긴 발자국을 가리키므로, 결국 '마르가'는
사람이 그 동물을 따라간다는 뜻입니다. 우리가 따라가려는 그 동물
은 바로 우리 자신의 영적 자아입니다. 그리고 그 길은 신화적 이미
지 속에서 암시됩니다. 그 동물의 자취를 따라가면, 결국 우리는 동
물의 보금자리에 도달할 것입니다. 그렇다면 그 동물은 무엇일까요?

영웅의 여정

그것은 바로 인간의 영혼입니다. 그렇다면 그 동물의 보금자리는 무엇일까요? 그것은 바로 우리 자신의 마음입니다. 따라서 우리는 원소적 발상을 따라감으로써, 우리의 가장 깊은 영적 원천에 도달하는 것입니다.

○○○○

> 융은 자기가 어떤 신화를 따라 살아가고 있는지 스스로에게 물었고, 결국 자기도 모른다는 사실을 깨달았습니다. 그리하여 그는 이렇게 말했습니다. "내가 어떤 신화를 따라 살아가고 있는지를 찾아내는 것을 나의 최대 과제로 삼았다."

> 조지프 캠벨, 에설런의 강연 중에서, 1982년.

○○○○

그리하여 민속적인 것인 '데시'는 우리를 삶으로 안내하며, 원소적인 것인 '마르가'는 우리를 스스로의 내면의 삶으로 안내하는 것입니다. 신화는 이 두 가지 목적에 그런 식으로 봉사합니다.

원소적 발상은 변화하지 않습니다. 그렇다면 그것은 어디에서 오는 걸까요? 그것은 바로 영혼에서 옵니다. 그 기원은 인간의 영혼인 것입니다. '마르가'인 것입니다.

문제는 그것과의 연계를 잃어버리지 않는 것입니다. 특정한 사회질서와 구조와 연관된 민속적 발상이 있는 상황에서, 또 다른 구조가 나타나면서 그 발상이 더 이상 제대로 기능하지 않을 경우, 우리는 심리학적 무질서에 놓이게 됩니다. 이것이야말로 오늘날의 문제 가운데 하나입니다.

오늘날에는 사회 시스템과 사회적 이상은 물론이고 물리적 환경까지도 워낙 빨리 변화하기 때문에 그 배열이, 즉 결정화가 발전하기 위한 기회가 전혀 없습니다. 딱 저의 생애 동안에만 해도 윤리라는 측면에서, 아울러 사람들이 어떻게 행동해야 하는지의 측면에서 많은 변모가 있었습니다. 음, 참으로 놀라운 일이었습니다.

●

아주 어릴 적 어느 날 오후, (뉴욕 시의) 이곳 95번가와 리버사이드 드라이브 교차로에서 제 외삼촌께서 오셔서 이렇게 말씀하셨습니다. "조, 우리 같이 리버사이드 드라이브를 따라 내려가서, 어떤 사람이 비행기를 몰고 올버니에서 배터리 공원까지 날아오는 걸 보자꾸나." 이것이야말로 그때까지의 역사상 가장 긴 비행이었습니다. 바로 글렌 커티스[25]가 일종의 비행 자전거를 타고 허드슨강을 따라 내려왔던 것이었습니다.

저는 거리에 선 채로, 건물 위에 모여든 모든 사람들과 함께 그 일이 벌어지는 것을 지켜본 기억이 아직도 생생합니다. 해가 지면서 어스름이 내려앉기 시작했을 때 우리는 그것이 다가오는 모습을 보았고, 모두가 소리를 질렀습니다. "그가 저기 있다! 그가 저기 있어!"

여기까지가 제가 어렸을 때의 일이었습니다. 그러다가 제가 컬럼비아 대학을 졸업하고 프랑스와 독일에 가서 공부하던 바로 그 해에 (1927년에) 린드버그가 그 작은 비행기로(즉, '스피릿오브세인트루이스호'를 타고) 대서양을 건넜습니다. 세인트루이스의 공항에 있는 그 물건을 여러분도 꼭 보셔야 합니다.

그런데 지금은 사람이 달에 갔습니다. 이런, 세상에! 기계공학의 견지에서 보자면 정말 대단한 업적입니다. 단순히 실제 행위 때문만이 아니라, 의식의 개념, 그리고 인간과 우주의 관계라는 개념이 이번 일로 변모되었기 때문입니다.

우리는 커다란 변화의 한가운데에 있는 것입니다.

●

캠벨 저는 지금으로부터 여러 해 전에(1954년에) 아내와 함께 융 박사 부부의 초대를 받아 함께 차를 마시면서 정말 즐거운 시간을 가진 적이 있었습니다. 취리히 교외에 있는 그의 자택 볼링엔에서였는데, 바로 그곳의 이름을 따서 '볼링엔 재단'이라는 이름을 짓게 된 것입니다. 그곳은 취리히 호수의 맨 끝자락에 있었습니다.

약속 날짜에 우리 부부는 작고 멋진 호텔에 머무르며, 그 주위를 구경하고 있었습니다. 융의 자택을 방문할 시간이 되자, 우리는 차에 올라타 길을 따라가며 볼링엔을 찾아보았습니다. 저는 2마일쯤 운전을 하다가 길가의 농부들 가운데 하나에게 이렇게 물었습니다. "실례합니다. 볼링엔은 어디 있나요?"

"볼링엔은 이리로 죽 가면 있습니다."

저는 그 사람이 가리키는 방향으로 다시 차를 돌려서 가다가 또
다른 사람을 만나자 다시 물어보았습니다. "실례합니다. 볼링엔은 어
디 있나요?"

"볼링엔은 이리로 죽 가면 있습니다."

이런 식으로 해서 저는 마침내 볼링엔이 있는 장소 근처까지 왔는
데, 목적지에 도달하려면 큰길에서 벗어난 좁은 도로를 따라가야 했
습니다. 우리는 좁은 도로로 접어들었고, 곧이어 철로 건널목을 지나
갔습니다. 그런데 스위스의 기차는 워낙 조용하고도 빨라서, 우리가
철로 건널목을 건너자마자 '윙!' 하고 우리 바로 뒤로 기차가 지나갔
습니다. 저는 진에게 이렇게 말했습니다. "우리는 '부딪히는 바위'를
지나온 거야! 우리는 '떠다니는 바위'를 지나온 거라고![26] 이제 우리
는 성지에 들어왔어."

우리는 차를 몰고 융이 직접 지은 작은 성이 있는 장소까지 갔습
니다. 그 석조 건물이야말로 자신의 신화가 무엇인지를 찾으려는 그
의 작업의 일환이었습니다. 우리는 그곳에 멈춰 차에서 내린 다음,
오솔길을 따라 걷기 시작했습니다. 하지만 워낙 많은 사람들이 지나
다닌 탓에, 길이 워낙 깊이 파여 있어서 문 앞에 도착했는데도 문에
손이 닿지 않았습니다. 저는 어떻게 들어가야 할지 알 수가 없었습니
다.

하지만 진은 요령이 있었기에, 마침내 초인종을 찾아내서 울렸고,

우리는 안으로 들어가서 융 박사 부부의 환영을 받았습니다. 우리는 함께 차를 마셨고, 이때 그 분의 성격을 알 수 있었습니다. 그는 '박사 교수 선생님'이 아니었습니다. 단지 친절한 집주인일 뿐이었습니다. 저는 자연스레 어울릴 수 있었는데, 왜냐하면 그 즈음에 저는 이미 하인리히 침머의 저서를 네 권이나 출간한 상태였기 때문이었습니다. 융도 침머의 친구였기 때문에, 고인의 독일어 저서 가운데 한 권을 직접 편집해서 발행하기도 했습니다. 따라서 우리 두 사람은 하인리히 침머의 공동 편집자인 셈이었습니다.

당시에 저는 인도 여행을 앞둔 상황이어서, 융은 이렇게 말했습니다. "음, 당신이 인도에 가신다면서요. '옴aum'이라는 음절의 의미에 관해서 제가 말씀드리도록 하죠."

저는 이렇게 생각했습니다. 아……!

융이 말했습니다. "제가 아프리카에 갔을 때, 우리 일행은 산책을 하다가 그만 길을 잃어버리고 말았습니다. 그런데 순식간에 우리 주위를 젊은 전사들 여러 명이 에워싸고 있더군요. 한 발만 딛고 서서, 창을 치켜들고, 코에는 뭔가를 끼우고 말입니다. 우리는 그들이 누구인지 몰랐습니다. 그들은 우리가 누구인지 몰랐구요. 어느 누구도 서로의 언어를 모르고 있었죠.

그렇게 뭔가 좀 민망하고도 골치 아픈 순간이 지나고 나서, 우리는 모두 자리에 앉았습니다. 우리는 서로를 쳐다보았고, 모든 것이 괜찮다며 우리 모두가 안도를 느꼈을 때, 제가 무슨 소리를 들었는지 아십니까? 바로 '옴, 옴, 옴' 하는 소리였습니다.

그러다가 2년 뒤에 과학자 여러 명과 함께 인도에 갔는데, 이 세상에 경외의 경험에 유독 무딘 사람들이 있다면 바로 그들이었을 겁니다.

우리는 다질링으로 가서, 타이거힐에 갔습니다. 거기 도달하려면 아침 일찍, 그러니까 해뜨기 전에 출발해야 합니다. 그리고 차를 타고 언덕을 올랐죠. 거기서 뭘 보게 될지는 모르는 상태였습니다. 어두웠으니까요. 그러다가 해가 떠오르고, 눈 덮인 히말라야 산맥의 봉우리의 끝없는 모습이 무지갯빛으로 물들었습니다. 바로 그때 제가 그 과학자들에게서 무슨 소리를 들었는지 아십니까? 바로 '옴, 옴, 옴' 하는 소리였습니다."

곧이어 융은 이렇게 말했습니다. "'옴'이야말로 자연이 그 스스로와 조화를 이룰 때에 내는 소리입니다."

저는 좋다고 생각했습니다. 그래서 저는 인도로 갔습니다.

융은 함께 있기에 아름다운 사람이었습니다. 제가 말할 수 있는 건 그게 전부입니다.

●

애리엔 당신은 청춘의 신화를 가리켜 이 세계 속으로 옮겨가기의 신화라고 말씀하셨었지요. 하지만 혹시 35세 때의 당신이라면 차마 선택하지 않을 법한 뭔가를 청춘 시절의 당신이 선택하신 적이 있다고 치면, 당신은 그때로 돌아가서 다시 그 뭔가를 선택하시겠습니까?

다시 말해 당신은 원래의 선택을 고수하시겠습니까? 아니면 내면 여행으로 나아가시겠습니까?

캠벨 이 세상에 과연 모든 사람에게 효과를 발휘할 만한 단일한 법칙이란 것이 있을까요? (웃음) 만약 그런 것이 있다고 치면, 방금 전의 질문에 답변하기는 무척이나 쉽습니다. 여기서의 핵심은 모든 개인이 이제껏 자기가 해 온 일을 돌아보는 이런 중년의, 또는 노년의 위기에서 자기 나름대로의 매우 특수한 문제를 갖고 있다는 점입니다. 그는 그 일에 얼마나 깊이 몰두했을까요? 그 일 말고도 무엇이든지 간에 다른 외부의 관심사를 최소한이나마 갖고는 있었을까요? 그것들은 무엇일까요? 이 모두는 매우 특수한 문제입니다.

이제 융의 삶에는 한 가지 순간이 있었습니다. 그가 첫 번째 위대한 저서인 (하지만 프로이트는 결국 받아들이지 않았던) 『상징과 변모』의 집필 작업을 마무리했을 때였습니다. 이것은 깊은 정신질환을 앓던 한 여성의 이미저리心象와 관련이 있었습니다. 융은 그녀의 환각과 기초적인 세계의 신화적 이미지 사이의 유비를 인식했습니다. 그러다가 그 책의 집필 과정을 마무리했을 때, 그는 신화와 함께 산다는 것이 무슨 뜻인지를, 그리고 신화 없이 산다는 것이 무슨 뜻인지를 깨달았습니다. 융은 자기가 어떤 신화를 따라 살아가고 있는지 스스로에게 물었고, 결국 자기도 모른다는 사실을 깨달았습니다. 그리하여 그는 이렇게 말했습니다. "내가 어떤 신화를 따라 살아가고 있는지를 찾아내는 것을 나의 최대 과제로 삼았다."

융은 어떻게 그렇게 했을까요? 그는 어린 시절에 매료되었던 놀이에서 자기를 가장 몰두시켰던 요소가 무엇이었는지를 생각하는 것으로 돌아갔습니다. 시간이 지나가고 지나가게 만든 요소가 무엇이었을까?

이제 만약 우리가 '그' 지점을 찾아낼 수 있다면, 우리는 스스로를 재구성하기 위한 도입 지점을 찾아낼 수 있습니다. 다시 돌아가서 진정한 매료가 무엇이었는지를 찾아내는 것입니다.

따라서 융은 소년 시절로 돌아갔고, 자기가 돌멩이를 가지고 작은 마을을 만들며 놀기를 좋아했다는 사실을 발견했습니다. 그리하여 그는 작은 땅을 구입했고, 자기 손으로 작지만 놀라운 성을 지었던 겁니다. 그게 바로 취리히 호숫가에 있는 볼링엔이었습니다.

이제 우리 각자는 반드시 자기만의 방식으로 해결해야 합니다. 하지만 어떤 사람이 자기에게는 내면의 문제가 있다는 사실을 생각하는 것조차 거절한다면, 그는 해결하지 못할 것입니다. 아무도 그를 위해 그걸 대신해 줄 수는 없습니다.

우리는 스스로의 깊이를 인식하는 방법을 반드시 배워야 하는 것입니다.

영웅의 여정

제3장

◆

선견의 탐색

우리는 무엇을 탐색하고 있는가?

바로 우리 각자에게 잠재된 뭔가의 성취이다.

이를 위한 탐색은 자기 도취가 아니다.

오히려 우리가 세상에 줄 선물을 성취하기 위한 여행이며,

그 선물이란 바로 여러분 자신이다.

조지프 캠벨, 『희열로 가는 길』 중에서[1]

1950년대의 한 교수 회의에서의 캠벨 교수(맨 왼쪽).

1929년 10월, 조지프 캠벨이 미국으로 돌아온 지 2주 뒤에 월스트리트 주가 폭락이 일어났다. 일자리를 찾을 수도 없었지만, 그렇다고 해서 컬럼비아 대학에서 박사 과정을 재개하고 싶은 의향도 없었던 25세의 이 청년은 뉴욕 주 우드스톡 소재 한 친구 소유의 오두막에서 (러시아 출신 조각가 알렉산데르 아르키펜코의 제자였던) 누이 앨리스와 함께 살면서 독서에 몰두하고 소설 창작에 도전했다. 그는 (본인의 말마따나) "풋내기 젊은 작가"로서 이후 2년 동안 많은 책을 읽었지만 소설 창작에서는 성공을 거두지 못했다(이때 쓴 단편 소설을 엮은 작품집이 그의 사후에 『신화적 상상력』이라는 제목으로 출간되었다).

1931년에 그는 가족 소유의 포드 T 모델 승용차를 몰고 캘리포니아로 가서 일자리를 찾아보았다. 젊은 영양학자 아델 데이비스[2]를 통해서 작가 존 스타인벡과 생물학자 에드 리케츠를 만남으로써, 신화와 생물학 사이의 관계에 대한 캠벨의 오랜 관심에 다시 불이 붙었다. 그는 리케츠와 함께 인사이드패시지호라는 요트를 몰고 서부 연안에서 알래스카까지 갔고, 이 과정에서 조간대에 서식하는 동물군을 채집하고, 러시아 출신 금광 광부들과 함께 발랄라이카를 연주하기도 했다.

1933년에는 캔터베리 예비학교 시절 은사의 주선으로 모교에 교직을 얻었지만, 한 학기만에 사임하고 "대공황으로 다시 돌아"오고 말았다. 이때 운 좋게도 캠벨의 단편 소설 가운데 하나가 판매되었는데, 이후 오랫동안 잊힌 그 제목은 「엄밀히 플라토닉한」이었다. 단편 소설의 원고료로 받은 300달러의 횡재 덕분에 그는 우드스톡으로 돌아가 2년간 자발적 유배를 지속했으며, 유럽에서 자신에게 충격을 주었던 조이스, 슈펭글러, 만, 프로이트, 융, 프레이저, 프로베니우스 같은 저자들을 깊이 연구했다. 1934년 봄에 새러 로렌스 대학에서 교직 제안이 들어오자, 캠벨은 지체 없이 수락했다. 그는 이후 38년간 그곳에 재직하면서 비교 문학과 신화에 관한 강의를 담당하며 큰 인기를 끌었다.

●

캠벨 제 생각에는 유럽에서 돌아온 이후가 제 학술과 연구에서 가장 중요한 시기였던 것 같습니다. 제가 미국에 돌아온 지 2주쯤 지나서 월스트리트 주가 폭락이 일어났습니다. 세상 어디에도 일자리 하나가 없더군요. 저는 박사학위 과정을 지속하려고 컬럼비아 대학으로 돌아가서 제가 유럽에서 깨달은 바를 이렇게 말했습니다. "이 모든 것이 제 앞에 열렸습니다."

"어, 아니야." 그들은 이렇게 말하더군요. "그걸 따라가지는 말게나. 자네가 유럽에 가기 전에 있었던 곳에 그대로 머무르라고."

음, 저는 그냥 이렇게 대답했습니다. "됐거든요."

제 아버지께서는 돈을 모두 날리신 상태였습니다만, 저는 학생 시절에 저축한 돈이 조금 있었습니다. 재즈 밴드에서도 연주를 했기 때문에, 몇 년 동안 돈을 모을 수 있었습니다. 그래서 저는 그 자금을 토대 삼아 말 그대로 숲속에 은둔하게 되었습니다. 저는 우드스톡으로 가서 무려 '다섯' 해 동안 그저 읽고, 읽고, 읽고, 또 읽기만 했습니다. 일자리도 없이, 돈도 없이. 그러고 나자 저는 딱 알맞은 시기에 뭔가에 몰두하게 된 젊은이라면(비록 스스로의 관심사를 지탱할 능력을 갖기 이전이라 하더라도) 살아가는 데 꼭 돈이 필요하지 않다는 사실을 배우게 되었습니다.

그래서 대공황 시절에 저는 스스로를 위한 일정을 계획했습니다. 일자리도 없고 뭘 하라고 말해 주는 사람도 없는 상황이다 보니 스스로 일정을 계획해야 했던 겁니다. 저는 하루 일과를 각각 네 시간씩 네 단위로 나누었고, 그중 세 단위 동안에는 책을 읽었고, 나머지 한 단위 동안에는 자유롭게 지냈습니다.

아침 여덟 시에 일어나서, 아홉 시면 책을 읽기 위해서 자리에 앉았습니다. 다시 말해 처음 한 시간 동안 식사를 하고, 집안일을 하고, 그 당시에 제가 어쩌다 보니 살게 된 오두막에 있는 물건을 정리했던 겁니다. 그러고 나면 네 시간으로 이루어진 첫 번째 단위의 나머지 세 시간은 책을 읽으며 보냈습니다.

그러다가 한 시간 휴식을 가지며 점심을 먹고, 두 번째 단위의 나머지 세 시간을 역시나 책을 읽으며 보냈습니다. 세 번째 단위는 시간 배분에 선택의 여지가 있었습니다. 보통은 처음 세 시간 동안 책을 읽고, 나머지 한 시간 동안 저녁을 먹었으며, 이어서 세 시간 동안 자유롭게 보내다가, 남은 한 시간 동안 잠잘 준비를 하면, 결국 자정에는 침대에 눕게 되었습니다.

예를 들어 칵테일 파티 초대나, 뭐 그런 일정이 있을 경우, 저는 일하는 시간을 저녁으로 미루어 두고, 노는 시간을 오후로 당겼습니다.

이 일정은 매우 효과적이었습니다. 하루에 아홉 시간씩 그저 책만 읽을 수 있었으니 말입니다. 이런 생활이 무려 5년 연속으로 이어졌습니다. 그 시간 동안에는 누구나 많은 일을 할 수 있을 겁니다. 새러 로렌스에서 일자리 제의가 왔을 때에도 마찬가지였고, 제가 글을 쓰기 시작하기 전에는 주말 동안 집에 돌아와 있을 때에도 그 일정을 지켰습니다.

이때에는 제가 원하는 책을 읽고, 한 권의 책을 통해 또 한 권의 책으로 나아가는 방법을 원칙으로 삼았습니다. 저는 여러 학생에게도 이 방법을 제안한 바 있습니다. 즉 여러분에게 정말로 뭔가를 말해주는 작가를 발견하면, 그 작가가 쓴 책을 모조리 찾아 읽으라고 말입니다. 그러고 나면 단순히 여기서 조금, 저기서 조금 읽는 방식의 독서보다 깊은 이해와 지식을 훨씬 더 많이 얻게 될 거라고 말입니다. 그러고 나면 그 작가에게 영향을 준 사람들에게로, 또는 그 작가와 관련된 사람들에게로 나아가는 겁니다. 그렇게 하면 우리의 세계는 유기적인 방식으로 구축될 것이고, 그것이야말로 정말 경이로운 일입니다. 보통 대학과 학교에서 가르치는 내용은 그저 이 사람이 쓴 것 조금, 저 사람이 쓴 것 조금을 가져온 맛보기에 불과합니다. 시험 문제라는 것도 키츠의 소네트에 뭐가 들어있는지에 대해서보다는, 오히려 그 출간 연도에 대해 학생이 더 관심을 갖게 만들 뿐입니다.

새러 로렌스 대학의 여학생들의 도움을 받아서, 저는 이런 주제들에 대한 인습적인 학술적 접근으로부터 완전히 떨어져 나올 수 있었습니다.

오두막 시절로 다시 돌아와서 말하자면, 그거야말로 굉장한, 정말 굉장한 경험이었습니다. 때때로 저는 약간 신경이 곤두서기도 했었습니다. 저는 책상 맨 위의 서랍에 1달러 지폐가 하나 들어 있다는 사실을 기억하면서, 그 지폐가 거기 들어 있는 한 죽지는 않을 거라고 되새겼습니다. 그러자 무척이나 다양한 일들이 벌어졌습니다. 새러 로렌스에서 강의하는 일자리를 얻기 직전 해에, 저는 우드스톡에 작지만 멋진 집을 지은 어떤 사람들네 개를 돌봐 주는 일을 했습니다. 아주 커다란 개였는데, 경찰견과 도베르만 핀셔의 잡종인 것 같았고, 이름은 프리츠였습니다. 저는 1년 동안 그 녀석을 돌보면서 개에 관해서 많은 것을 배웠습니다. 그 녀석은 길 아래쪽에 사는 고양이를 좋아하게 되어서, 저는 그 녀석의 반사신경을 조절하려고 애를 먹었습니다. 여차 하면 그 녀석이 그 고양이를 쫓아갈 수도 있고, 하다못해 길 아래쪽으로 내려가는 방법을 찾아낼 수도 있었으니까요.

그것 역시 돈 없이 살아가는 한 가지 방법이었습니다.

●

타나스 박사 학위를 취득하시지 '않은' 것의 이점에 대해서 말씀해 주시면 좋겠는데요. (웃음)

캠벨 음, 박사 학위가 없다는 것 자체가 반드시 이점까지는 아니겠지요. 하지만 제 경우에 한해서 박사 학위를 취득하지 않았다는 것이 이점인 까닭은, 학교에서 원하는 틀에 맞추는 과정에서 감내해야 하는 일들 때문이었습니다. 제 앞에 별들이 열려 있고, 제 정신이 새로운 사고며 새로운 것에 열려 있는 상황인데도, 학교에서는 저더러 기껏해야 전생에서나 뭔가에 흥분한 적이 있을 법한(물론 실제로 흥분한 적이 있었다고 치면 그랬을 것 같다는 뜻입니다) 어떤 교수의 감독을 받으라는 겁니다. 정작 그 교수로 말하자면 제가 다루는 주제가 아니라 주석에 대해서나 주로 관심을 갖고 있는 상황인데 말입니다. 아시다시피, 그건 정말 끔찍한 일입니다!

그래서 제가 나름대로 고안한 이론이 있습니다. 예, 다른 분야에서는 박사 학위도 아무 문제가 없습니다. 하지만 자유교양 분야, 다시

1960년대의 새러 로렌스 대학. "여자 대학으로 설립될 당시의 그곳은 여성이 남자 대학의 모범을 따른 남성 교과 과정의 파생물을 필요로 하지도 않고, 원하지도 않으며, 심지어 그로부터 적절한 도움을 받을 수도 없다는 발상을 가지고 있었습니다."

영웅의 여정

말해 문화 분야에서는 박사 학위를 취득하는 것이야말로 무능의 상징이라는 겁니다. (웃음)

농담이 아닙니다. 자기 생각을 찾아야 마땅한 시간에, 즉 새로운 뭔가에 대해 열리고 열광해야 할 시간에, 정작 학교에서는 저를 향해 도끼를 휘두르고 있기 때문입니다.

컬럼비아 대학의 레이먼드 위버라는 훌륭한 교수님이 기억납니다. 1920년대에 허먼 멜빌을 재발견하고 재편집한 장본인이었죠. 그분도 박사 학위가 없었습니다. 제가 대학원에 진학할 거라고 결정했을 때, 그분이 이렇게 말씀하시더군요. "음, 부디 주의하게나. 학교에서는 자네를 진 빠지게 만들 테니까." 제가 대학원에 다닐 때에 중서부에서 강의하는 일자리 제안이 왔습니다. 그래서 제가 상의를 드렸더니, 그때에도 교수님이 이러시더군요. "박사 학위가 자네를 진 빠지게 만들지 않았더라도, 그런 일자리는 확실히 진 빠지게 만들 거야."

그때 들은 말은 연구자로 살아가는 것에 관한 매우 중요한 힌트를 매우 교양 있는 분으로부터 들은 사례로서 여전히 제 머릿속에 남아 있습니다.

●

캠벨 그래서 저는 박사 과정을 그만 두고 말았습니다. 왜냐하면 학교에서는 산스크리트어에 대해서도 듣고 싶어 하지 않았고, 현대 미술에 대해서도 듣고 싶어 하지 않았으며, 단지 켈트 신화와 아서 왕 로망스의 관계에 대해서만 듣고 싶어 했기 때문입니다. 그래서 저는 그만 두고 말았던 겁니다.

제 기억으로는 저에게 뭘 읽으라고 말해 줄 사람이 아무도 없었기 때문에, 저는 그 모든 것을 합쳐보기 시작했습니다. 그 몇 년 동안에 저는 다음과 같은 깨달음을 얻었습니다. 오스발트 슈펭글러의 『서구의 몰락』과 레오 프로베니우스의 경이로운 연구를 통해서, 그 저자들이 역사의 형태에 관해서 설명하는 것을 지켜보며, 그 모든 내용이 융과 프로이트와 만과 조이스와 어떻게 병존되는지를 지켜보았습니다. 그러다가 저는 캘리포니아에서 시인 로빈슨 제퍼스를 발견했습니다. 그들은 위대한 조명 역할을 해 주었습니다. 그래서 저는 굳이 논문을 쓸 필요가 없었습니다. 저는 아무 것도 쓸 필요가 없었습니다. 제가 한 일이라고는 문장에 밑줄을 치고 메모를 적은 것뿐이었습니다. 생각해 보면 재미있는 일입니다. 저로 말하자면 무려 40년가량 메모를 해 왔기 때문이며(그런 메모로 가득한 서류철 보관장이 무려 열네 개나 있습니다) 지금도 메모를 하는 데에 전혀 싫증을 느끼지 않기 때문입니다. 그 일은 그런 식으로 다가왔습니다.

저는 일자리도 없는 상태에서, 제 나름대로 책을 읽어 나가는 도중에 깊은 심리학적 질문을 품게 되었습니다. 마치 꼬마 소년의 질문처럼 깊은 질문을 말입니다. 그래서 저는 이런 생각을 했습니다. '나는 일자리를 원하지 않아.' 그러다가 새러 로렌스 대학에서 혹시 일자리를 원하느냐고 묻는 제안이 왔을 때, 저는 그곳에 있는 그 모든

영웅의 여정

아리따운 여학생들을 보고서 이렇게 말했습니다. '예, 일자리를 원합니다.' 그런데 제가 그 일자리를 받아들이고 나자, 한 가지 재미있는 일이 벌어졌습니다. 뭔가 하면, 제가 품었던 심리학적 문제 모두가 사라져 버린 겁니다.

●

브라운 혹시 당신이 교사로서의 직업을 향해서 나아가고 있었다는 어떤 느낌을 갖고 계셨던 겁니까?

캠벨 제게 일어난 일은 이러했습니다. 즉 저는 그냥 책만 읽고, 제가 하고 싶은 일만 하는, 그리고 제 독서가 저를 데려가는 곳 이외에는

1960년대에 새러 로렌스 대학에서 강의 중인 캠벨 교수. "그 책이 바로 『천의 얼굴을 가진 영웅』이었습니다. 그리고 그 내용은 새러 로렌스 대학에서 제가 학생들에게 했던 첫 강의였습니다."

아무런 목표도 없는 생활을 너무나도 즐기고 있었습니다. 그러다가 제가 유럽에서 발견한 그 모든 것들이 지금 제가 볼 수 있는 것과 같은 방식으로 합쳐지기 시작했습니다. 저는 일자리나, 또는 그와 비슷한 뭔가를 원한다고 생각하지 않았습니다. 그러다가 어느 날 우편함에 편지가 한 통 도착해 있는데, 새러 로렌스 대학에서 일자리를 주겠다며 초청하는 내용이었습니다. 그로부터 3년 전에 컬럼비아에서 만났던 선생님들 가운데 한 분인 W. W. 로렌스 교수님께서 제가 그 일자리에 적격이겠다며 추천하셨다더군요.

그때까지 저는 본격적으로 돈을 벌어 본 적이 전혀 없었습니다. 그래서 "캠벨 선생님, 혹시 봉급은 어느 정도로 원하십니까?" 하고 저쪽에서 묻자, 저는 이렇게 말해 버렸습니다. "어, 저도 모르겠군요. 2000달러 정도면 어떨까요?"

그러자 그 대학 총장이었던 콘스턴스 워런이 이렇게 대답하더군요. "저희로선 그렇게 적게 드릴 수가 없습니다." 그러더니 학교에서는 저한테 2000 하고도 200달러를 더 주더군요. 요즘에 갓 임용된 사람들의 초봉이 얼마인지 들어 보면, 제가 갓 임용되었던 그 시절이야말로 정말 흥미로운 시절이 아니었나 싶습니다.

새러 로렌스의 멋진 점은(그거야말로 제가 그 일자리를 받아들인 진짜 이유였습니다만) 그 대학이 불과 몇 년 전에 젊은 여성만을 위해 설립되었다는 점이었습니다. 이 대학은 갓 시작한 상태였기 때문에, 저는 굳이 어떤 틀에 맞출 필요가 없었습니다. 아시다시피 이 과목을 가르치면, 저 과목도 가르쳐야 하게 되는 법이지 않습니까. 여자 대학으

영웅의 여정

로 설립될 당시의 그곳은 여성이 남자 대학의 모범을 따른 남성 교과 과정의 파생물을 필요로 하지도 않고, 원하지도 않으며, 심지어 그로부터 적절한 도움을 받을 수도 없다는 발상을 가지고 있었습니다.

따라서 거기서는 학생들의 관심사를 선생들이 따라가야 마땅하다는 발상이 있었습니다. 지금 와서 돌이켜 보면, 그때야말로 정말 흥미로운 시기였습니다. 일자리를 구하지 못한 학계 사람들로 이루어진 커다란 가용 자원이 있었습니다. 히틀러에게 점령당한 중유럽에서 이리로 건너온 사람들도 있었고, 그렇게 해서 완벽하게 경이로운 교수진이 꾸려졌습니다. 실제로도 그랬습니다. 학생의 선도를 따라가기 위해서는, 그리고 그 학생을 각자의 충동에서 벗어나게 해서 인문학 주류로 데려가기 위해서는, 상당한 능숙함을 갖춘 교수진이 필요했습니다. 우리는 실제로 그런 능력이 있었습니다.

머지않아 창작 예술 학과가 생겨났습니다. 그 당시에 남자 대학에서 미술을 공부하고 싶으면 결국 이론에 불과한 미술사 공부로 빠지게 마련이었습니다. 그런데 우리 학교에는 실습실이 있었습니다. 그리고 무용도 있었습니다. 새러 로렌스에서는 무려 마사 그레이엄이 무용을 가르쳤습니다! 우리는 무려 이런 것들을 보유한 경이로운, 정말 경이로운 학교였습니다. 그곳으로 옮겨 가서, 지난 5년 동안의 독서에서 제게 유의미했던 내용을 다루는 강의를 할 수 있게 된 것이야말로, 그리고 그 내용이 다른 젊은이들의 필요를 채워줄 것임을 알게 된 것이야말로 진정으로 특권이었고, 진정으로 대단했습니다.

그래서 저는 그 일자리를 얻었고, 이후 38년 동안 지켰습니다. 그 일은 점점 더 저에게 유익해졌습니다. 저는 오로지 4학년들만 수강할 수 있게 제한했는데, 그래야만 선택을 하지 않아도 되기 때문이었습니다. 제가 가르칠 수 있는 학생 수에는 한계가 있었으니까요. 우리는 대규모 강의를 전혀 하지 않았습니다. 저는 2주에 한 번씩 수강생 모두와 면담을 해야만 했으므로, 기껏해야 20명밖에는 가르칠 수 없었습니다. 저는 이런 방법을 통해 스스로의 공부에 대한 그들의 이해 모두가 풍부해짐을 알 수 있었습니다.

신화를 공부하는 남성으로서 저는 개인적인 관심사를 갖고 있었습니다. 하지만 그 대학에서는 단순히 교수가 학생의 관심사를 따라야 했을 뿐만 아니라, 심지어 학생의 관심사가 무엇인지를 교수가 '찾아내야' 했습니다. 수강생 전원과 30분 내지 45분씩의 대화를 나누는 동안, 저는 그들이 무엇을 얻고 있으며, 무엇을 원했는지를 잘 알게 되었습니다. 여학생들로 인해 저는 강의의 내용을 여성의 관점에서 고려하지 않을 수 없게 되었습니다. 그리고 그 관점은 다음과 관련이 있었습니다. '그 내용은 '삶'에 어떤 의미를 가지는가? 그것은 '나'에게 어떤 의미를 가지는가? 나는 이 신화가 거기에서나 저기에서는 발생했지만 여기에서는 발생하지 않은 이유 따위에는 관심이 없다. 도대체 그것은 '나'에게 무슨 의미를 가지는가?'

수강생 중에는 기독교인과 유대인이 거의 반반씩, 그리고 간혹 불교도와 조로아스터교와 기타 등등의 신도들이 있었습니다. 저의 첫 생각은 그들을 각자의 종교로부터 구제하겠다는 것이었습니다. 하지만 저는 결과가 오히려 정반대임을 매우 금세 파악했습니다. "하느님은 저 바깥에 계시다"라고만 제시되었던 이 종교들이 그들에게 갑자기 새로운 메시지를 갖게 되었던 것입니다. 저는 그때 이후로(지금으로부터 무려 40년 전의 일입니다) 그 학생들을 줄곧 알고 만나 왔는데, 지금은 모두 자녀를 둔 어머니가 되어 있습니다. 그들은 그 강의가 열어 주었던 가치가 무엇이었는지를 거듭해서 제게 말합니다. 그들은 각자의 종교를 잃어버리지 않았다는 겁니다. 그들은 각자 가진 종교에 머물렀지만, 그 종교는 확실히 (제가 감히 말하건대) 성직자들이 막아 버리기 이전의 그 원래 언어를 말할 수 있게 되었음이 분명

열중한 학생들에게 강의하는 캠벨 교수. 1950년경. "여학생들로 인해 저는 강의의 내용을 여성의 관점에서 고려하지 않을 수 없게 되었습니다. 그리고 그 관점은 다음과 관련이 있었습니다. 그 내용은 '삶'에 어떤 의미를 가지는가? 그것은 '나'에게 어떤 의미를 가지는가?"

했습니다.

저 자신의 사고의 방향이 결정된 것 역시 학생들 덕분이라고 말해야만 할 것 같습니다. 그들이 한 일은, 제게 계속해서 조명을 비춰준 것이었고, 이는 바로 '주제의 생기'라는 조명이었습니다.

저는 오늘날의 남녀 공학 설립 운동에서 벌어지고 있는 일을 수치스럽게 생각합니다. 인간의 삶에 무척이나 중요한 이런 구분, 즉 남성과 여성의 차이가 지워지고 있기 때문입니다. 모든 구분이 지워지고 있는 중입니다. 이제는 대학에 회원제 동아리가 있는 것도 거의 허락되지 않을 지경입니다. 구분 따위는 하나같이 '엘리트주의'로 일컬어지고, 탐탁하게 여겨지지 않습니다.

돌이켜 보면 5년 동안의 독자적인 독서를 하고 나서, 원래는 저 자신을 위해서 발견했던 주제의 생기를 38년 동안 젊은 여성에게 제공해 왔으니 그저 경이로울, 정말이지 경이로울 뿐입니다.

●

애리엔　그 학교에서 강의하신 오랜 세월 동안 당신이 여성에 관해서 얼마나 많이 알게 되셨는지를 생각해 보면 정말이지……

캠벨　저는 38년 동안 여학생들을 가르쳤습니다만, 지금까지도 여전히 그들의 실체를 안다고 말하고 싶지는 않습니다!

애리엔 무려 38년 동안 오로지 여성에게만 강의를 했다고 말할 수 있는 사람도 많지는 않을 겁니다. 이 행성에서, 이 문화에서, 그렇게 말할 수 있는 사람이 과연 얼마나 될까요?

캠벨 저는 가르친 것 이상으로 많이 배웠습니다. 하지만 그건 여성에 관한 내용이 아니었습니다!

애리엔 그럼 무엇에 관한 내용이었나요?

캠벨 바로 가르치는 방법에 대한 것이었습니다. 그들의 태도는 저의 태도와 많이 달랐습니다. 혹시나 제 연구가 회자되고, 또한 유용하고도 중요하다고 간주된다면, 그건 바로 그 젊은 여성들 덕분입니다. 저는 그렇다는 걸 압니다. '그것'이야말로 대단한 특권이었습니다.

브라운 혹시 학생들로부터의 투사에 대처하셔야 하지는 않으셨습니까?

캠벨 저야 물론 투사가 무엇인지를 잘 알고 있었습니다. 그래서 그건 저나 학생들과는 아무 관계가 없다는 것도 알고 있었죠. 그건 차마 막을 수 없는 일이었습니다. 그래서 저는 항상 예의를 갖춰 학생들을 성姓으로 불렀습니다. 그러다가 이제는 제가 할아버지라는 생각이 들기 시작하더군요. 그때부터는 친근하게 학생들의 이름을 부를 수 있었습니다. 이때에는 훌륭하고 냉정한 외양을 유지하는 것이 핵심이었죠.

그런데 간혹 마치 마릴린 먼로 같은 학생이 있습니다. 그 아름다움이 일종의 차단막처럼 앞을 가리고 있어서, 어느 누구도 그걸 뚫고 들어가지 못할 것 같다고 느낍니다. 지금까지 제가 가르친 학생들 중에는 네 명쯤이 그랬는데, 그들이 방에 들어오면 저는 단지 적절하게 말을 건네는 일에서조차도 진땀을 빼야 했습니다. 그러고 나면, 저는 거의 신성한 뭔가의 면전에 있음을 깨닫게 되는 겁니다. 교사의 입장에서는 결코 좋은 게 아니었습니다. 그야말로 저주였죠. 하지만 정말 매혹적이었습니다.

브라운 조, 제가 만난 당신의 제자들 가운데 한 명은 지금 40대인데, 이제껏 살면서 당신만큼 자기가 사랑했던 남자가 또 없다고 맹세하더군요. 비록 본인은 세 번이나 결혼을 했는데도 불구하고 말입니다.

캠벨 아, 그래요. 정말 고마운 일이네요.

브라운 그분 말로는 매번 매우 적당한 남자와 결혼했었다고 합니다. 하지만 항상 그 배후에는 조 캠벨이 작용하고 있더래요. 당신은 그 말에 대해서 어떻게 생각하십니까?

캠벨 여학생을 가르치는 일에서 어려운 부분이 있다면, 이 신화라는 주제를 가르치는 과정에서도, 여학생들은 제가 온갖 종류의 학술적 모퉁이로 가 보도록 허락하지 않는다는 점이었습니다. 그들은 항상 그 내용이 자기 자신과, 그리고 '삶'과 관련이 있기를 원했습니다. 그래서 제 저술의 대중적 측면은 바로 이 학생들로부터 얻은 훈련 때문이라고 봅니다. 그들은 정말 놀라웠습니다.

브라운　학생들이 메시지를 얻었는지 어떻게 확신하실 수 있습니까?

캠벨　제 친구 하인리히 침머는 이렇게 말하곤 했습니다. "라디오 방송 WOB, 즉 〈붓다의 지혜Wisdom of Buddha〉는 항상 방송되고 있다네. 하지만 그걸 들으려면 수신 장치가 있어야 하는 법이지. 수신 장치를 갖기 전에는 그 메시지도 들을 수 없을 거야." 불교란 가르칠 수 없습니다. 깨달음이란 가르칠 수 없습니다. 다만 그걸 얻는 방법에 대한 서로 다른 단서를 주는 것만 '가능할' 뿐입니다. 자기 카누의 노를 저을 의향이 없는 사람이라면 강을 건너지 못할 것입니다.
　어떤 사람은 그 광휘를 경험하기가 한마디로 불가능합니다만, 그래도 강의를 들을 수는 있습니다. 제 생각에는 오스카 와일드가 이런 이야기를 하지 않았나 싶습니다. 한쪽에는 천국에 가는 것이 있고, 또 한쪽에는 천국에 가는 것에 대한 강연을 듣는 것이 있을 경우, 미국인에게 양자택일을 시키면 결국 강연을 들으러 갈 거라는 이야기였습니다. 따라서 우리가 천국을 경험하기가 불가능하다고 치면, 대신 천국에 대한 강연이라도 들을 수 있다는 겁니다. 그리고 어쩌면 그렇게 하는 일이 우리를 구해 줄 수도 있다는 겁니다.

여학생을 바사 대학[3]으로 데려갈 수는 있어도 생각을 하게 만들 수는 없다는 이야기가 있더군요! 하지만 새러 로렌스 대학에 관해서는 그런 말을 하지 않습니다!

●

제메이크 하이워터 당신의 저술 어디에선가 이런 말씀을 하셨습니다. 즉 맨 처음의 인류는 사실 영구적인 꿈 상태에 있었으리라고 생각하신다는 거였습니다. 그런데 저는 이렇게 생각합니다. 즉 이런 꿈 상태가, 즉 (제가 생각하기에는) 우리 모두가 무척이나 중요시하는 이런 예술 세계가 어찌어찌 부차적인 것으로 폄하되어 왔기 때문에, 결국 당신은 저술을 통해 그 세계가 부차적인 것이 아니라 오히려 우선적인 것이라는 사실로 우리를 다시 데려가기 위해 노력하셨다고 말입니다. 이것이 바로 살아 있음의 의미이니까요. 그리고 바로 그것이야말로 『일리아스』와 『오디세이아』를 오늘날의 우리에게도 유용하고 중요하게 만든 요소가 아니겠습니까? 비록 상징은 다를 수도 있고, 이미지는 다를 수도 있지만, 그 서사시들을 유발하는 요소는 여전히 우리 안에 있습니다.

캠벨 각성된 의식의 장場을 깨고 나와서 꿈 의식의 장으로 들어가는 전체 문제가 곧 의례의 기본 문제입니다.

영웅의 여정

○○○○

따라서 요약하자면 이렇다. 민담과 신화에 들어 있는 '괴물 같은, 비합리적인, 부자연스러운' 형태소들은 꿈과 선견의 저수지에서 유래한 것이다. 꿈의 층위에서 이런 이미지들은 개별적이고 꿈꾸는 심혼의 전체 상태를 상징한다. 하지만 개인적 왜곡이 정화되고, 시인과 예언자와 선견자에 의해 심원해지면, 이런 이미지들은 소우주로서의 인간의 영적 규범을 상징하게 된다. 따라서 이런 이미지들은 형이상학적, 심리학적, 사회학적 진리를 표현하는 이미지 언어에서 나온 비롯된 구절들이다.

조지프 캠벨, 『그림 형제 동화 전집』 주석 중에서

○○○○

저는 개인이 꿈 의식의 층위 쪽으로 향하도록 방향을 설정하는 것이야말로 의례의 주된 기능이라고 말하고 싶습니다. 여기서 꿈 의식의 층위는 곧 생산의 층위이고, 우파니샤드 가운데 하나에서 해석되는 것처럼 '옴aum'의 두 번째 층위 영역입니다. 꿈 의식은 더 안쪽에 있는데, 이것은 창조적인 의식인 반면, 각성된 의식은 곧 비판적 의식입니다. 이것은 완전히 다른 논리입니다. 꿈 속에서는 여러분이 곧 꿈입니다.

세상에서 가장 원시적인 사람들, 지금은 거의 멸종하다시피 한 사람들은 바로 평원의 수렵민인 남아프리카의 산족 부시먼입니다. 원래 이 부족은 주로 정글에 사는 채집민이었습니다. 그들은 밤마다 춤을 추는데, 남자들이 춤을 추는 동안 여자들은 한가운데에 앉아서 박수를 치며 남자들을 약간씩 인도합니다. 하지만 남자들은 매우 뻣뻣한 방식으로 돌고 도는데, 그렇게 하다가 실신하면서 무아지경으로 들어가기 위해서입니다. 이들 사이에는 심리학적 붕괴 상태를 겪는 사람들이 항상 있게 마련인데, 그것을 샤먼의 재난(신내림)이라고 부르며, 그 과정에서 그 사람은 무의식 속으로 들어가게 됩니다. 완전한 실신과 균형 상실의 순간 사이에, 이들은 치료하는 자의 위치에 있게 됩니다. 그런 다음에 이들은 이 상태로 들어서게 됩니다.

이제 우리는 그들이 무아지경 상태에서 경험하는 것이 관해서 일부가 내놓은 묘사를 갖고 있습니다. 그 내용은 전부 신화입니다. 때때로 해가 아래로 내려보내는 실을, 또는 거미줄이나 뭐 그와 비슷한 것을 타고 하늘을 올라가서, 거기에서 누군가를 만났다는 식입니다. 그 내용은 전부 내면의 경험에서 곧바로 나온 신화이며, 결국 그 내용이 그 민족의 신화가 되는 것입니다. 모든 사람이 이런 무아지경에 들어가는 것은 아니며, 대신 거기 실제로 들어가는 사람으로부터 자기네 안에 들어 있는 것에 대한 소식을 얻게 되는 것입니다.

우리는 북부 민족, 즉 시베리아인과 저 아래 남아메리카의 샤먼 경험에 관해서도 알고 있습니다. 북부와 아메리카의 경우에는 노래가 수반됩니다. 모든 샤먼은 무아지경에 빠지게 되는 자기만의 노래가 있습니다. 어떤 사람이 바닷가를 걷거나 숲에 들어갔을 때에 처음 자기만의 노래를 듣게 되는 과정에 대한 묘사도 있습니다. 이런 경험

영웅의 여정

을 하고 나면, 그때부터 그 사람은 사로잡히게 되는 것입니다.

샌프란시스코의 정신의학자 조지프 헨더슨을 기리는 기념 논총에 수록된 「엘코 출신 샤먼」이라는 흥미로운 논문이 있습니다. 웨스트버지니아 주의 탄광 지역에 사는 한 여성에 관한 기록인데, 그녀는 60대 말에 갑자기 자기가 생명을 잃었다는, 자기가 결코 삶을 산 적이 없다는, 자기가 살지 않았던 삶이 있었다는 끔찍한 느낌을 받게 되었습니다. 정신 분석을 통해서 그녀는 (그런 경험을 할 수 있는 대략적인 나이인) 13세쯤 되는 소녀 시절에 숲을 걷다가 낯선 음악, 낯선 노래를 들었음이 밝혀졌습니다. 하지만 그녀가 속한 문화에서는 그 일에 대해서 뭔가 조치를 취하도록 도와줄 손길이 없었기에, 그녀는 결국 노래를 잃어버리고 말았습니다. 이후 평생 동안 그녀는 자기의 삶을 제대로 살지 않았다는 느낌을 받았습니다. 샤먼의 재난을 겪는 사람이 그 노래를 따르지 않으면 결국 죽게 됩니다. 정말로 죽게 됩니다.

이것이야말로 기묘한 심리학적 사례입니다.

스타니슬라브 그로프 이 사회에서라면 샤먼이 거치는 여러 가지 상태에 정신질환적이라는 딱지가 붙을 것입니다. 여러 샤먼의 경력은 마치 지하 세계로 내려가고, 공격을 당하고, 사지가 절단되고, 사지가 도로 붙고, 지상의 영역으로 다시 올라오는 듯한 감각이 수반되는 이례적인 의식 상태에 관한 강력한 경험에 의해 시작됩니다. 우리가 이런 경험들에 정신병리적이라는 딱지를 붙인다면, 우리 문화에서 샤먼

〈하늘을 나는 사람〉. 존 화이트의 버지니아 풍속화
시리즈에 포함된 수채화. 영국. 1585~1590년경.

의 변모를 겪는 사람들은 십중팔
구 그런 과정을 완료하도록 허락
받지 못할 것입니다.

하이워터 그렇다면 우리는 이 순
간과 무척이나 동떨어진 그런 종
류의 지식을 어떻게 해야만 이
지배적인 사회에 어떻게 적용할
수 있을까요? 오늘날 우리가 살아가는 삶에 어떻게 적용할 수 있을
까요?

캠벨 제 생각에 우리의 경험은 이렇지 않을까 싶습니다. 어떤 사람이
젊은 시절에 자기가 살아갈 삶에 대한 감각을 얻었는데, 아버지가 이
렇게 말씀하시는 겁니다. "아니야, 너는 차라리 법학을 공부하는 게
좋을 거다. 왜냐하면 법학이야
말로 돈이 되니까 말이야."

그렇지 않습니다. 진심으로
하는 말입니다! 제 생각에는
오히려 그와 정반대입니다. 그
러다가 우리는 나중에 어떤 사
람들을 만나게 되는데, 그들은
사다리 맨 꼭대기까지 올라가

시베리아 퉁구스의 샤먼. 니콜라스 윌슨의 동판화.
네덜란드. 1705년.

영웅의 여정

고 나서야 그 사다리가 애초부터 엉뚱한 벽에 걸쳐져 있었다는 사실을 알게 된 사람들입니다. 그들은 자기 삶을 살지 못한 것입니다.

하이워터 제가 속한 부족은 그걸 다른 방식으로 표현합니다만, 그 의미는 아주 똑같습니다. 즉 이렇게 말합니다. "네가 장차 뭐가 될지를 두려워하지 말아라."

캠벨 바로 그겁니다.

●

베티 앤드리슨 당신께서는 청춘의 위기를 맞이하여 자신의 희열을 따르기로, 또는 자신의 노래를 따르기로 했던 결정에 관해서 말씀하셨습니다. 그렇다면 그 시기에 그런 용기를 갖지 못한 사람은 어떻게 되는 겁니까? 혹시 중년의 위기에도 마찬가지인 겁니까? 그리고 나이 서른다섯에 기회를 놓치면, 그때는 너무 늦어 버리는 걸까요?

캠벨 기독교의 복음서에 따르면 구원에는 너무 늦은 때가 전혀 없습니다! 여하간 좋은 질문을 해 주셨습니다.

애리엔 실제로 그랬습니다. 그건 단순히 좋은 질문일 뿐만 아니라, 이와 똑같은 위기를 겪는 많은 사람들에게도 도움을 줍니다.

캠벨　맞습니다.

앤드리슨　지금으로부터 몇 년 전에, 저와 똑같은 어려움에 처한 사람들이 상당히 많았다고 알고 있습니다. 그들은 '당신의 희열을 따르라'고 말해 줄 바로 그 확인을 필요로 했던 거죠. 하지만 저는 오히려 그 길이 힘들고 험해서 우리가 고통을 받아야만 올바른 길에 들어선 셈이라는 이야기를 주일 학교에서 들었던 기억이 납니다.

캠벨　그건 잘못된 길입니다.

앤드리슨　실제로 잘못된 길이고, 심지어 고통스럽기도 하지요.

캠벨　저는 '초월은 초월적'이라는 산스크리트어 표현으로부터 그 사실을 배웠습니다. 산스크리트어에는 거기에 가까운 단어가 세 가지 있습니다. 바로 사트-치트-아난다sat-cit-ananda입니다. '사트sat'는 존재, '치트cit'는 의식意識, '아난다ānanda'는 희열을 뜻합니다.[4] 이 가운데 우리가 항상 자각할 수 있는 것은 오로지 '아난다'뿐입니다. 희열을 따르면, 만사가 괜찮을 겁니다. 우리가 희열을 따르면, 만사가 잘 풀릴 가능성이 있습니다. 비록 우리는 그렇지 않을 거라고 생각할 때에도 말입니다.

앤드리슨　저도 그렇다는 사실을 점점 더 많이 이해하고 있습니다. 왜냐하면 당신 말씀대로, 제가 그렇게 할 때마다 이전까지는 전혀 없었던 문들이 열리기 때문입니다.

캠벨　그건 실제로 효과가 있습니다. 문들이 열리는 겁니다.

앤드리슨　많은 사람들이 30대 초에, 또는 30대 중반에 경험하는 중년의 위기라는 것이 있습니다. 결국 그것은 자기가 올라간 사다리가 '애초부터' 엉뚱한 벽에 걸쳐져 있었다는 사실을 마침내 깨닫는 것일까요? 즉 이것이야말로 마지막 기회라는 사실을 깨닫는 것일까요?

캠벨　그럴 가능성이 있다고 생각합니다. 하지만 중년의 위기는 여타의 인생 말년의 위기와 마찬가지로, 한 가지 삶의 체계의 껍질을 벗어 던지고 새로운 삶의 체계로 옮겨 가는 것입니다. 그러다가 이 삶의 껍질을 벗어 던진 상태에서 새로운 의도를 미처 갖지 못했다고 치면, 완벽한 방향 상실이 일어나는 겁니다.

　제 생각에는 이것이야말로 이른바 은퇴의 큰 문제입니다. 그리고 이제는 은퇴가 점점 더 일찍, 일찍, 또 일찍 이루어지기 때문에 더욱 문제가 되리라고 생각합니다. 우리가 전념했던 삶이 갑자기 움직이는 겁니다. 그 뒤에는 어떻게 될까요? 제가 들은 바에 따르면, 블루칼라 근로자의 은퇴 이후 기대 수명은 약 5년이라고 합니다. 이건 결국 그의 신체가 이렇게 말한다는 뜻입니다. "너는 내가 할 일을 전혀 갖고 있지 못해. 그러니 이제 작별하자구."

제가 보기에는 '당신의 희열을 따르라'는 것이야말로 이른바 '신화적으로 영감을 얻은 삶'이라고 부를 만한 것을 믿기 위한 단서가 되는 것 같습니다. 저는 오랜, 오랜, 정말 오랜 세월 동안 젊은 여성들을 가르친 경험이 있는데, 그러다 보면 때때로 누군가가 제 앞에서 의식이 깨어나는 것을 보게 됩니다. 그거야말로 교육자로서의 경험에서도 특히나 놀라운 순간이었습니다. 그러다가 그 학생을 5년, 10년, 20년 뒤에 동문회에서 다시 만나 보면, 한편에 자기 별을 따라갈 수 있었던 여성, 또 한편에 결혼과 함께 전형적인 결혼 상황으로 들어가게 된 여성, 이 둘 사이의 차이를 보게 됩니다. 후자의 경우에는 이제 한 가정의 주부가 되어서, 원래 자기 삶을 위해 의도했던 것과는 아무런 관련이 없는 온갖 집안일을 하고 있는 겁니다! 제 생각에는 충분히 운이 좋은 까닭에 예술가가 되어서 항상 상상력의 삶을 환기시키는 장場으로 옮겨 온 사람이야말로 가장 수월했던 편이겠습니다만, 물론 자기만의 희열의 삶을 살아가는 방법은 이것 하나만이 아닙니다.

애리엔 그게 무척 중요합니다. 많은 사람들은 여러 다른 이행 동안에도 자기 노래를 따르지 않으니까요. 비록 노래를 따르고 싶어 하면서도, 각자의 환경으로부터 사회적 압력을 받는 겁니다.

캠벨 사회적 압력이야말로 적입니다! 저도 그런 일이 벌어지는 것을 본 적이 있습니다. 항상 사회가 시키는 일을 하는 상황에서, 도대체 어떻게 자기만의 길을 발견할 수 있겠습니까? 저는 남학생들만 다니는 예비학교에서 1년간 가르친 적도 있었습니다만, 당시 그 아이들은 각자의 삶에 대해 마음을 정하려고 시도하고 있었습니다. 제가 본 바에 따르면 어땠는지 아십니까? 그중에서도 각자의 열성을, 각자의 희열을 따른 학생들은 버젓하고도 놀라운 삶을 살아갔습니다. 반면 안전하다는 이유로 아버지가 시키는 대로 한 학생들은 결국 그게 안전하지 않다는 사실을 발견했습니다. 안전은커녕 그거야말로 재난이었으니까요.

●

캠벨   제 머릿속에 떠오르는 이미지는 권투 링입니다. 살다 보면 언젠가는…… 공이 울렸으면 하고 바라는 때가 있지요. 마침 내가 지고 있는 상황에서 말입니다. 이기고 있는 사람은 그런 느낌을 갖지 않습니다. 당신은 삶을 마주할 에너지와 힘을 갖고 있습니까? 삶은 우리가 기꺼이 내놓을 의향이 있는 것보다 좀 더 많은 것을 요구할 수 있습니다. 그러면 우리는 이렇게 말하는 거죠. "삶은 애초부터 있어야 하지 말았던 뭔가야. 나는 경기에 뛰지 않을 거야. 나는 명상이나 할 거야. 나는 '그만'이라고 말할 거야."

이때 가능한 입장으로는 세 가지가 있습니다. 첫째는 계속 물고 늘어져서 경기를 마주하고 끝까지 임하는 것입니다. 둘째는 이렇게 말하는 것입니다. '절대로 아니야. 나는 이런 난타전을 계속하지는 않을 거야. 이건 정말 아니라구.' 셋째는 이렇게 말하는 것입니다. '여기에는 좋은 것과 나쁜 것이 뒤섞여 있어. 나는 좋은 것의 편에 서 있어. 나는 수정을 가해서 이 세계를 받아들이지. 부디 (이 세계도) 내가 좋아하는 방식대로 있기를. 그건 나에게나 내 친구들에게도 좋은 거지.' 이렇게 오로지 세 가지 입장만 있습니다.

어린 시절에 본 광경이 하나 생각나는군요. 맵시벌이 쐐기벌레를 붙잡아서는 그 안에다가 알을 낳아 두었습니다. 알이 깨고 나면 저 불쌍한 쐐기벌레는 아직 살아 있는 상태에서, 맵시벌 애벌레에게 속부터 파먹혀 버리고 마는 거였습니다.

예, 바로 그것입니다.

우리 자신을 방어적인 '관념'의 편 대신에 오히려 '삶'의 편에 놓아두는 일에는, 뭐랄까, 유쾌한 뭔가가 있습니다. 우리가 유지해 왔던 삶에 관한 이 모든 방어적인 관념들이 무너져 버리고 나면, 우리는 그것이 얼마나 끔찍한 것이었는지를, 그리고 나 자신이 바로 '그것'이었음을 깨닫게 됩니다. 이것이 바로 그리스 비극의 환희입니다. 이것이 바로 아리스토텔레스가 말한 '카타르시스'입니다. 카타르시스는 본래 의례의 용어로, 자아의 시각을 제거한다는 뜻입니다. 즉 자아 체계를 싹 쓸어버린다는, 합리적 구조화를 싹 쓸어버린다는 뜻입니다. 그걸 박살 내고, 삶을 ('펑' 하고) 들어오게 허락한다는 것입니다. 디오니소스적인 것은 만사를 박살내 버립니다. 그리하여 우리가 항상 준수하던 우리의 자아 판단 체계가 일소되고 마는 것입니다.

이러한 홀로그램적 패러다임 발상과 함께 의식의 새로운 개념이 들어오기 시작하는 것입니다. 우리의 의식 속에서 우리 모두는 하나입니다. 우리는 총체성과도 하나이며, 잠재적으로 전지전능합니다. 하지만 두뇌는 우리로 하여금 '지금 여기'에 초점을 맞추도록 하기 때문에 우리는 이 특정한 시간과 공간 속에서 살아갈 수 있는 것입니다. 두뇌는 규제자인 것입니다. 두뇌는 우리의 지식을 제약합니다. 우리는 이런 모든 사실들이 바로 이곳에서 오히려 우리를 도와준다는 사실을 알고 있습니다. 그러다가 예를 들어 LSD라든지, 또는 그와 비슷한 뭔가를 이용해서 두뇌가 휘리릭해 버리면 무슨 일이 일어날까요. '우와!' 일단 그렇게 해 버리면, 우리는 두 번 다시 과거의 두뇌로 돌아갈 수가 없습니다.

우리는 '지금 여기'의 견지에서, 즉 이 특정한 초점의 긍정의 견지에서 살아가야 하고, 그런 한편으로 다른 초점들, 다른 가능성들, 그리고 총체성 전체의 범위에 관한 지식도 갖고 있어야 합니다. 반면 만과 조이스와 클레와 피카소 같은 의미에서의 예술가로서 일하려 한다면, 우리는 깊은 문제들의 장에 있게 됩니다.

이런 문제들이 그렇게 삶을 박살내는 깊이에 있지 않았더라면, 과연 무엇 때문에 이 예술가들이 이런 문제에 대해 연구하기 위해서 자기 삶 전체를 바쳐야 했겠습니까? 이것이야말로 삶과 예술의 관계에 대한 문제입니다.

그렇다면 그것은 삶의 살해자일까요, 아니면 육성자일까요?

육성자입니다.

캠벨 티베트에서 벌어지는 중국 공산당과 관련된 일은 생각해 보기에 좋은 대상입니다. 저는 티베트인 친구(라토 키웅라 나왕 로상)의 자서전 집필을 3년간 도와준 적이 있습니다. 그가 라사에 있을 때, 공산당이 달라이 라마를 자기네 병영에서의 영화 제작에 초대하면서, 경호원을 대동하지 못하게 했습니다. 당시에 달라이 라마는 일종의 박사 학위 시험인 '라람파' 시험을 막 통과한 다음이었고, 제 친구도 그때의 시험관 가운데 한 명이었습니다. 달라이 라마는 라사에서 한 시간 반 떨어진 여름 궁전 노르불링카에 살고 있었습니다. 여하간 달라이 라마는 공산당 병영에 초대를 받게 되었습니다. 그러자 라사의 주민 전체가 집밖에 나와서 노르불링카와 공산당 병영 사이의 길을 가득 메우는 바람에, 달라이 라마로선 본인이 가고 싶어도 차마 갈 수 없는 처지가 되었습니다.

그 와중에 그는 탈출을 시작했습니다. 1959년에 공산당은 노르불링카에 포격을 가했고, 완전한 탄압을 시작해서, 그 나라에서 도망치는 사람들에게 기관총을 발사하는 등 온갖 종류의 일을 자행했습니다. 사물의 힘을 생각할 때, 우리는 그런 일들에 관해서 생각하지 않습니다. 의지의 힘을 생각할 때에, 우리는 그런 일들에 관해서 생각하지 않습니다. 그래서 우리는 노자를 읽습니다. 우리는 여전히 『도덕경』을 읽습니다. 비록 마오쩌둥도 그런 것들을 읽기는 했지만 말입니다.

영웅의 여정

그래서 우리는 여기 있습니다. 이 힘이 있습니다. 저는 여러 해 동안 그 티베트인 친구와 함께 일했습니다만, 사원들이 싹쓸이당하고 스승들이 고문을 받다 죽는 와중에도(저는 그런 고문 체계가 끔찍하다고 단언하는 바입니다) 저는 중국인에 관해서나, 또는 티베트에서 일어난 일에 관해서 부정적인 말을 그로부터 단 한 마디도 듣지 못했습니다. 이것이 붓다의 의식佛性이고, 붓다의 과정입니다. 그것은 우리에게 상처를 줍니다. 그것은 그에게 상처를 줍니다. 하지만 삶이란 상처를 주는 것입니다. 우리는 삶을 향해 "아니"라고 말하지 않습니다.

이제, 이것이야말로 중요한 부분입니다.

이 일을 통해서 저는 종교가 무엇인지를 배웠습니다. 무려 7~8년간 그와 알고 지냈는데도 불구하고, 저는 그가 부정적인 발언을 하는 것을 전혀 듣지 못했습니다.

●

청중 만약 우리가 폭력까지도 용인한다면, 자칫 희생자가 아니라 가해자와 우리 스스로를 동일시할 위험이 있지 않겠습니까?

캠벨 아닙니다. 우리는 둘 중 어느 쪽과도 동일시할 필요가 없습니다. 예를 들어 작업실에서 그림을 그리고 있다고 가정해 봅시다. 책상 앞에 앉아서 책을 쓰고 있다고 가정해 봅시다. 우리가 밖에 나가서, 거리를 걷고, 누군가가 다른 누군가를 강탈하는 모습을 보면, 우리는 싸움에 휘말리게 됩니다. 이것이야말로 문제 가운데 하나이며, 화가로서의 입장과 개인으로서의 입장 사이의 차이입니다.

저는 테니스 경기에 대한 은유를 머릿속에 떠올렸습니다. 테니스 경기가 벌어지면 우리는 네트의 어느 한쪽에 서게 됩니다. 우리는 열심히 뛰어야 하고, 상대방을 이기려고 애써야 합니다. 그렇지 않으면 경기가 되지 않을 것입니다. 하지만 심판은 아무 관심이 없습니다. 그리고 우리 역시 열심히 뛰면서도 또 한편으로는 관심이 없어야 마땅합니다. 이것이 바로 훌륭한 스포츠맨십이라고 일컬어지는 것입니다. 이처럼 이기려고 애쓰기는 하지만, 혹시나 지면 어떻게 할까요?

에스키모 속담 중에 이런 것이 있습니다. "개썰매 경주에서 이기는 것은 대단한 일이다. 하지만 지는 것도 역시나 괜찮다." 이 속담에는 경기의 의미가 담겨 있습니다. 삶 역시 일종의 경기이며, 우리는 승자이거나 패자인 것입니다. 우리가 졌을 때에는 대뜸 승자를 '나쁜 사람'이라고 생각합니다. 우리가 이겼을 때에는 대뜸 '아, 나는 정말 대단해!' 하고 생각합니다. 이건 너무 우스꽝스럽고, 너무 어리석습니다. 우리는 나치에 관해서 비판적으로 이야기했지만, 결국에는 우리도 원자폭탄을 두 개나 떨어뜨렸습니다. 그중에서도 나가사키에 대한 공격은 정말로 불필요한 것이었습니다.

그로프 저는 약간은 다른 분야에 속한 내용을 가져오고 싶습니다. 저는 정신의학자이고, 이례적인 의식 상태에 대해 예전부터 관심을 가져 왔습니다. 당신도 잘 알고 계시겠지만, 환각 상태에서 사람들은 매우 단순한 기하학적 환상이나 추상적인 환상, 또는 나선형, 또는 안내眼內 섬광 같은 것을 많이 봅니다. 하지만 이와 동시에 복잡한 이미지를 보기도 하는데, 어떤 사람들은 그 모양을 아라베스크에, 즉 무슬림의 모스크나 고딕 성당에 있는 요소들에 비견합니다.

○○○○

(로상에게서) 나는 붓다의 가르침에서 영감을 얻은 삶이 무슨 뜻인지에 대해서 (잔잔히 다가오는) 가장 깊은 교훈을 배웠다.

조지프 캠벨, 나왕 로상의 자서전 『나의 삶과 삶들』에 붙인 서문 중에서

○○○○

만약 그 과정이 더 깊어지면, 그들은 출생의 과정의 요소들을 경험하기 시작하고, 죽음에, 그것도 강력한 죽음에 직면하기 시작합니다. 이것은 원생元生적인 통과 의례에서 실행된다고 조지프가 언급한 순서를 역행하는 것입니다. 하지만 심혼에는 또 하나의 거대한 영역이 있는 것처럼 보이는데, 바로 그곳에서 사람들은 신화적 영역으로 진입하는 것처럼 보입니다. 하지만 정말 놀라운 점은, 이 신화적인 영역이 말 그대로 심혼 속으로 분출될 뿐만 아니라, 심지어 문화의 장벽을 뛰어넘기도 한다는 점입니다. 즉 유대인이나 기독교인인 사

람조차도, 바로 이 대목에서부터 콜럼버스의 도래 이전 시기의 신화를 경험하기 시작하는 것입니다.

캠벨　중앙아메리카에서 사용되던 환각성 버섯을 약간 섭취해 본 사람들에 따르면, 마치 아스텍 신들의 형상과 비슷한 이미지를 보게 된다더군요. 혹시 이런 종류의 이야기를 들어 보신 적이 있으십니까?

하이워터　예, 저도 들어 본 적이 있습니다.

캠벨　물론 제가 직접 해 본 것까지는 아닙니다. 그래서 저는 가타부타 말할 수가 없군요.

하이워터　저 역시 이야기로 들어 본 적은 있습니다만, 그런 것들 가운데 자기암시적인 것이 얼마나 될지는 의문이 들더군요.

캠벨　하지만 저는 이 일에 대해서 오히려 진지한 누군가와 이야기를 나눠 본 적이 있습니다. 바로 LSD를 합성한 장본인이자, 이 문제에 대해서 무척이나 관심을 가진 알베르트 호프만[5]과 이야기를 나눴던 것이지요. 그 환각 상태에서 나타난다는 톨텍 신들의 매우 특별한 성격으로 말하자면, 저로선 정말 믿을 수가 없었습니다! 최소한 그것은 이런 문제에 대해서는 최소한 평판이 좋은 권위자라고 제가 간주하는 누군가로부터 나온 보고였으니까요. 저는 그에게 들은 내용과 당신이 말한 내용을 결부시키려고 시도하고 있습니다. 즉 일부 환각 상태에서는 이런 유형의 이미지가 산출되고, 다른 환각 상태에서는 또 다른 유형의 이미지가 산출된다는 이야기 말입니다.

예를 들어 후이촐족 인디언에게 페이오티 선인장은 훌륭한 환각 물질로 간주됩니다. 하지만 이에 반대되는 물질도 있습니다. 바로 흰 독말풀인데, 이는 부정적인 것으로 간주됩니다. 따라서 이 두 가지 물질은 서로 반대되는 것입니다. 그건 분명히 이 물질의 경험으로부터 나오는 이미지가 또 다른 물질의 경험에서 나오는 이미지와 다르다는 사실에서 비롯된 결과일 겁니다.

로제 기유맹 하지만 당신께서 환각 경험 같은 것을 연구해 보신다면, 녹차도 반드시 고려해 보셔야 할 겁니다. 녹차에도 카페인이, 또는 카페인 비슷한 분자가 들어 있으니 말입니다. 그리고 일부 사람들의 기능에 이 물질이 심오한 영향을 끼쳤다는 사실은 아주 잘 알려져 있습니다. 이 효소들이 두뇌에 끼치는 작용 양태, 즉 실제로 두뇌 기능을 자극하는 작용은 매우 잘 이해되었기 때문에, 이것이야말로 사실의 진술입니다.

그렇다면 이것은 녹차를 즐기는 젊은 일본인의 명석함과 관련이 있을까요? 단언하기는 어렵습니다만, 저는 우리가 우유나 광천수로부터는 그런 종류의 자극을 얻지 못하시리라고 생각합니다.

하이워터 아마 캠벨 씨도 잘 아시겠지만, 이른바 근본적으로 약물지향적 문화라고도 일컬어질 수 있을 법한 중앙아메리카와 안데스아메리카의 도상학에 관해선 많은 논의가 있었다고 말씀드리고 싶군요.

캠벨 아, 이런, 그쪽 문화는 실제로 약물지향적이었습니다! (웃음)

하이워터 예, 따라서 그런 환상들이 어쨌거나 어떤 미술로부터 비롯되었을 가능성이 매우 높습니다. 하지만 저로서는 우리가 정말로 미술의 세계 전체에 관한 개념에다가 프로이트의 주장을 적용하고 싶어 하는 건지에 대해서는 의문이 드는군요. 아시다시피 프로이트의 주장에서는 예술이 기껏해야 식단의 교란, 또는 심리학적 교란의 결과물이라고 보니까 말입니다.

저로선 예술이야말로 워낙 근본적인 것이다 보니, 심지어 강제수용소에서도 존재하는 거라고 생각하고 싶습니다. 음악은 심지어 강제수용소에서도 만들어졌고, 오페라 역시 심지어 강제수용소에서도 만들어졌습니다. (언제부턴가) 우리는 이런 것들이 어디까지나 엘리트 여가 사회의 산물이라고 생각하게 되었습니다. 하지만 당신이 말씀하신 것처럼, 예술은 워낙 근본적인 인간 표현인 까닭에, 우리가 흰독말풀을 사용하거나 말거나와는 무관하게 존재하는 것처럼 보입니다. 이런 것들은 일종의 경험에 대한 윤활제일 수도 있습니다만, 어쩌면 우리가 이야기하는 내용들은 심리학적으로나 생물학적으로나 간에 이런 효과들 모두보다 더 먼저일 수도 있습니다.

영웅의 여정

캠벨 아, 저도 그것들이 그러하다고 생각합니다. 실제로 대부분의 예술가는 약물을 복용하지 않았습니다. 약물을 복용하는 예술가의 경우, 우리는 그 사실을 그들의 예술에서, 즉 거기에 수반되는 매우 특별한 효과에서 볼 수 있습니다. 영문학에서는 콜리지를 예로 들 수 있습니다. 처음에는 그저 그런 작품만 내놓다가, 아편을 복용하기 시작하면서부터는 대단한 생산성의 시기를 갖게 되면서 그 모든 걸작이 나왔던 것입니다.

기유맹 랭보도 마찬가지였던 것처럼 보입니다.

캠벨 완전히 똑같습니다.

기유맹 우리가 이야기하는 어떤 것, 또는 어쩌면 논의하고 해부하려 시도하는 어떤 것으로 말하자면, 훗날 예술이라고 일컬어질 뭔가의 최초 현현의 시작이었던(심지어 어떤 부족적 운동이 거기에 틀을 제공하기 시작했던, 또는 시작할 수 있었던 때보다 훨씬 더 오래 전의) 어떤 것입니다. 저는 순전한 경험주의에 의해서 어느 날 이 씨앗과 또 다른 씨앗을 섞어 먹었던 것이 이 특정한 인간에게서 (훗날에 가서는 그 특정 지역 문화의 일부분이 된) 뭔가 새로운 것 그리기를 촉발했을 수도 있다는 발상에 반대하지 않을 겁니다.

　일단 이런 일이 시작되고 나면, 나중에 가서는 온갖 종류의 일들이 더 벌어질 수 있기 때문에, 나중에 가서는 더 이상 그 메커니즘을

군이 촉발할 필요가 없게 됩니다. 왜냐하면 그 메커니즘이 환경에서 나올 테니까요.

하지만 애초에 그 메커니즘이 이와 비슷한 어떤 우연으로 시작될 수 없었다고 봐야 할 이유까지는 없지 않느냐는 겁니다.

●

캠벨　의례 생활에 관해서 우리가 갖고 있는 맨 처음 증거는 네안데르탈인 시기의 것입니다. 기원전 약 15만 년 내지 5만 년 사이의 것으로 여겨지죠. 이 증거에는 두 가지 종류의 현상이 수반됩니다. 하나는 매장입니다. 여기에서 사상 최초로 우리는 의례화된 매장의 증거를 갖고 있으며, 희생 제물과 부장품이 있다는 것은 죽음의 경험이 뭔가를 시작했음을 확실히 암시합니다. 즉 이런 질문이 시작된 것입니다. '이 몸에는 무슨 일이 일어난 걸까? 한때는 걸어다니고 따뜻했던 것이 지금은 누워서 차가워지고 말았다. 이 몸은 어디로 간 걸까?' 이것이 어디로 갔는지에 대한 이런 생각이야말로 우리가 신화적 사고에 관해서 가졌던 최초의 단서입니다.

그다음으로 큰 증거가 되는 시기는 바로 프랑스 남서부와 스페인 북부에 살았던 크로마뇽인의 시기입니다. 거기에는 두 가지 종류의 미술이 있었습니다. 우선 작은 여성 조상彫像으로 대표되는 조형 미술이 있었습니다. 이때의 조상은 그저 서 있는 나체일 뿐이고, 얼굴도 발도 없습니다. 아마도 그냥 세워놓기 위해 만든 것으로 보입니다.

영웅의 여정

실제로 그중 일부는 작은 사당에 서 있는 상태로 발견되기도 했습니다. 이런 것들은 가정의 영역에, 즉 사람들이 살아가는 지침이 되는 전설에 수반됩니다. 따라서 여기에는 여신이, 조상이, 여성의 힘이 있으며, 이는 그 가정의 영역에 있는 사람들의 삶에 모두 수반되는 것입니다.

그리고 이 거대한 동굴들이 있습니다. 혹시 그중 어딘가에 가보신 적이 있습니까?

그 동굴에는 아무도 살려고 들지 않을 것입니다. 무척이나 춥고, 위험하고, 어두운 곳이기 때문입니다. 제가 프랑스의 페슈메를 동굴에 갔을 때의 일이 생각납니다. 우리에게 그곳을 구경시켜 주는 관리인이 전깃불을 꺼 버리자, 제 평생에 그보다 더 어두운 곳은 또 없을 것만 같았습니다. 우리가 어느 방향을 바라보고 서 있는지도 모를 정도였습니다. 우리의 온 의식은 싹쓸이되어 사라지고 말았습니다. 바로 그 동굴에서 저 동물 그림들이 나타났던 것입니다. 이 동물들의 구성에는 어떤 순서가 있음을 발견할 수 있습니다. 우리는 그 동물들이 어떤 종류의 힘들을 상징함을 알고 있습니다. 이 동굴은 소년의 의례, 남자의 의례에 수반되었음이 거의 확실합니다. 즉 그곳에서 소년이 남자로 변모하는 것이며, 그들은 동물에게 기도하는 법과 동물의 기꺼운 희생에 보상을 약속하는 법을 배울 뿐만 아니라, 심지어 엄마의 어린 아들이 아니라 어엿한 남자가 되는 법도 배우는 것입니다. 이 과정에서 그들은 시련을 겪습니다.

그중에서도 한 곳, 그러니까 피레네 산맥에 있는 레 트루아프레르라는 곳에서는 긴 통로를 지나야만 비로소 제일 큰 방에 들어갈 수 있습니다. 마치 커다란 하수관처럼 생긴 통로가 100야드쯤 이어지는 겁니다. 이 통로를 지나가려면 기어가야 했습니다만, 저는 일종의 밀실공포증을 지닌 까닭에 그렇게 할 수가 없었습니다. 따라서 저로서는 그 경험이 어떤 것인지를 차마 상상할 수가 없습니다. 하지만 독일의 선사학자 헤르베르트 퀸과 다른 여러 명은 그 통로를 지나 들어갔고, 사방에 동물의 형상이 수백 가지나 그려진 커다란 방에 들어서게 되었습니다. 통로 바로 앞에는 사슴 뿔과 올빼미의 눈과 사자의 몸을 지닌, 이른바 '레 트루아프레르의 주술사'인 춤추는 동물 주인[6]이 있습니다. 동물 주인은 식량, 동물, 죽음의 신비, (생명은 다른 생명을 먹고 살아간다는, 즉 죽임으로써 살아간다는) 생명의 질서, 그리고 이런 필요와 심혼의 화해 등과 관련이 있습니다. 이런 동물들은 존경받았고, 때로는 인간보다 더 높은 권능자로 간주되었습니다.

기유맹 조지프, 그렇다면 당신은 이것이 신화의 기원이라고, 또는 우리가 아는 한에서는 인류가 사상 최초로 신화적 차원을 어찌어찌 자각하게 된 때라고 주장하시는 겁니까? 왜냐하면 신화를 실재의 직조물 바로 그 자체에 실제로 엮여 들어간 뭔가로 바라보는 융의 관점이 있기 때문입니다. 또한 그 관점에서는 신화를 인간 경험에서 어찌어찌 유래된 뭔가라기보다는, 오히려 실재에 선행하는 뭔가로 바라보기도 하지요.

영웅의 여정

마들렌기 동굴 레 트루아프레르의 '춤추는 주술사' 그림. 앙리 브뢰의 스케치를 따름. 프랑스 아리에주
주, 선사시대.

캠벨　저는 철학자들의 발이 땅에서 떨어지는 순간까지는 철학자들을 따릅니다. (웃음)

　저는 최초의 증거들에 대해서 이야기했을 뿐입니다. 초창기의 증거 가운데 한 조각은 (호모사피엔스나 네안데르탈인보다 더 먼저인) 호

모 에렉투스의 시기인 기원전 50만 년 경에 템스 강에서 나온 것입니다. 대칭적으로 아름답기는 하지만, 너무 길고 너무 커서 사용하기가 어려운 손도끼였습니다.

이것이야말로 로빈슨 제퍼스가 "성스럽게 넘쳐나는 아름다움"이라고 부른 것이며, 단순히 실용적인 도구가 아니라 오히려 아름다운, 정말 아름다운 어떤 물건으로서 우리가 가진 최초의 신호입니다. 그 어떤 동물도 이런 일을 하지는 않습니다. 이 증거를 토대로 우리가 추측할 수 있는 유일한 사실은 이것이 일종의 의례를 위한 물건이라는

영국 서리 주 파넘에서 출토된 아슐기의 손도끼. 캠벨은 이 모습을 가리켜 예술의 상징적 기능으로, 즉 캘리포니아의 시인 로빈슨 제퍼스가 "성스럽게 넘쳐나는 아름다움"이라고 부른 것으로 들어가는 문턱을 넘은 주된 사례로 지목했다.

것이며, 이때의 의례는 아마도 동물의 희생에 수반되는 의례이리라는 것입니다.

●

기유맹 예술의, 그리고 자유교양의 중요성에 관해서 당신께서 하신 말씀은 정확히 현대 과학에서도 발견됩니다. 과학자인 저로서는 오늘날 현대 과학의 추론이 지닌 비범한 아름다움을 인식하는 사람이

영웅의 여정

극히 적다는 사실이 무척이나 안타깝습니다. 과학적 추론의 이 비범한(저도 여기서 정확한 단어를 사용하고 싶습니다만, 아무래도 그 단어를 찾아낼 수 없을 것 같군요) 의미를 깨달은 사람이 진짜 극히 적습니다. 과학적 추론은 그 한가운데 있는 사람 모두의 마음을 고양시키며, 이는 마치 회화를, 또는 시 쓰기를, 또는 독서를, 또는 음악 청취를 할 경우와 마찬가지입니다. 실제로 과학적 추론은 이와 매우 똑같은 종류의 고양을 우리에게 제공합니다.

과학적 추론과 과학의 창조는 예술의 창조와 아주 똑같은 영광을 가지며, 저로선 최소한 그 사실을 기록에 남겨 두고 싶습니다.

브라운   한 번은 한밤중에 로저가 제게 전화를 걸고는, 급기야 솔크 연구소에 있는 자기 실험실로 데려갔습니다. 저로서는 마치 서덜랜드나 칼라스나 다른 유명 소프라노의 솔로를 듣는 것과도 비슷한 경험이었습니다. 로저는 자신이 하는 일을 저에게 설명함으로써, 오페라에 상응하는 뭔가를 저에게 제공한 것이었습니다.

기유맹   당신이 그렇게 말씀해 주시니 기쁘군요.

●

케나드   그렇다면 과학도 자체적인 신화를 발전시킬 수 있을까요? 과거의 신화만큼 강력하게, 오랜 시간에 걸쳐서 우리를 지탱할 수 있을까요?

기유맹 흥미로운 질문이군요. 저는 이에 대해서 한 가지 단어를 덧붙이고 싶습니다. 바로 '예견'이라는 단어입니다. 과학은 예견할 수 있습니다. 과연 신화도 예견할 수 있을까요?

캠벨 저는 할 수 있다고 생각합니다 어떤 유기적 과정의 형태학을 직관하는 과정에서, 신화는 직관을 상징합니다. 즉 우리가 나이 들게 되리라는, 우리가 죽게 되리라는 예견을 말입니다.

기유맹 그건 공정하지가 않습니다! (웃음) 그건 공정하지가 않습니다!

하이워터 도스트예프스키는 무의식적인 것을 발견했습니다. 그렇지요? 예술가들이 뭔가를 예견한 사례라면 정말 갖가지가 있습니다. 입체파 화가들은 실제로 오늘날의 물리학이 지금 이야기하는 내용을 이야기하지 않았습니까?

기유맹 제 생각에 입체파 화가들은 똑같은 대상을 바라보는 방법에는 카메라의 경험적인 방법 말고도 여러 가지가 있다는 발상에 관해 이야기했던 것 같습니다.

영웅의 여정

캠벨 고전적 구조를 지닌 초창기의 신전은 곧 몸이었습니다. 고전적인 신전은 곧 신체적 신전이었습니다. 그것은 외부였습니다. 거기 있는 작은 지하실에서 내부는 거의 없다시피 했습니다. 아메리카인디언에게 신체의 형태의 영광과 우주의 고전적 발상은 단일한 우주가 전혀 아니었으며, 오히려 (제메이크의 말마따나) 다중 우주였습니다.

하지만 그리스와 로마의 과학은 몸을 결코 벗어나지 않았습니다. 원자原子는 작은 구슬이었고, 지고한 예술 형태는 서 있는 나체였으며, 누적된 제국은 하나의 몸으로 간주될 수 있었습니다. 슈펭글러는 고딕 대성당의 역학과 우리 문화의 에너지 원칙을 가지고 그것을 추적했습니다. 원자는 이제 에너지이고, 외부 우주로의 비행은 예술을 한 가지 표현으로 삼고(즉 예측하는 뭔가가 아니라, 단지 한 가지 표현으로서 그렇다는 겁니다) 과학을 또 다른 표현으로 삼는 어떤 것의 일관성 있는 형태이며, 이 모두는 의식의 단면적인 구조입니다.

하지만 (제가 말한 것처럼) 세잔의 말마따나 예술이 곧 자연에 상응하는 조화라면, 자연의 탐사는 예술의 기능 못지않게 흥분되어야 마땅하고, 그에 못지않게 영적으로 보람있어야 마땅합니다. 제 말뜻은 그 두 가지가 똑같은 장場이라는 것입니다. 어떤 사람의 희열이 바로 과학이라고 치면 (실제로 여러 어린 소년들에게 그러하니까요) 그것은 반드시 흥분과 보람이 있어야 합니다. 제가 예비학교에 다닐 때에, 생물학이야말로 저를 사로잡았던 것이었음을 기억합니다. 그리고 지금 저는 신화를 생물학의 기능으로서, 즉 신체와 기관의 충동 체계의 선언으로서 생각합니다. 즉 머릿속에서 만들어지는 뭔가가 아닌 겁니다. 머릿속에서 만들어지는 뭔가는 오히려 허구입니다. (가슴에서) 나오는 것이 신화입니다. 이 두 가지는 서로 전혀 다른 것입니다. 따라서 저는 당신이 과학에 대해서 한 이야기에 찬성표를 던지고 싶습니다. 제 생각에는 그 두 가지 세계가 완전히 분리된 것이야말로 오늘날의 문학 비평의 재난 가운데 하나입니다.

그로프 심지어 더 많은 영역들에서 과학이 예술을 건드리고 있습니다. 예를 들어 어떤 종류의 가설을 공식화하는 과정에서 우리는 신화적인 형태와 진화의 발상에, 기타 등등에 의존하게 됩니다. 과학에서의 중요한 발견 가운데 상당수는 실제로 꿈 같은 상태에서, 선견의 상태에서 이루어진 것입니다. 과학자가 수많은 관찰을 행하고, 자료를 수집하고, 분석을 시도한 이후에도 여전히 해결책을 발견하지 못하는 겁니다. 그러다가 해결책은 꿈 속에서, 또는 아침에 잠에서 깨었을 때에, 또는 병에 걸린 상태에서, 또는 열이 난 상태에서 나타나는 것입니다. 모든 합리적인 형태들이 유예되었을 때, 신화적인 형태가 뚫고 들어오는 것입니다.

애리엔 어쩌면 과학에서의 예견이란 신화에서의 예언에 상응하는 것일지도 모르겠군요.

기유맹 하지만 신화의 예견 능력이 과연 얼마나 통계적인 걸까요? 예견이 이루어졌을 때에는 그 일이 실제로 일어날까요?

하이워터   당신이라면 웨딩 케이크를 가지고 마천루를 지을 수 있겠습니까? (웃음) 그건 이와 똑같은 종류의 질문입니다.

기유맹   그 질문에 대한 답변은 확실히 '아니오'겠지요.

하이워터   이 질문은 신화의 전체 기반과는 아무 상관이 없습니다. 당신이 제기하신 경험적 질문은 전적으로 타당합니다만, 신화는 차마 말할 수 없는 것에 봉사하고, 차마 깊이를 헤아릴 수 없는 것에 봉사하고, 우리가 차마 공기역학의 견지에서는 다룰 수 없는 어떤 것에 봉사합니다. 만약 우리가 경험적인 것의 견지에서, 또는 실용적인 것의 견지에서 우리의 전체 경험을 다룰 수 있다면, 지금과 같은 논의 가운데 어떤 것도 굳이 할 필요는 없었을 겁니다.

●

캠벨   여기서 한 가지 생각이 떠오르는군요. 저는 우주 모험에 대해서 관심을 갖고 있으며, 사실은 그 시작 때부터 어마어마하게 관심을 갖고 있었습니다.

우주 비행 가운데 한 가지 사례를 기억합니다. 번호로는 몇 번째 인지 모르겠습니다만, 암스트롱이 달에 착륙하기 이전의 어떤 비행이었을 겁니다. 그때 우주비행사들이 지구로 내려오고 있는 상황에서, 휴스턴의 관제소에서 이렇게 물었습니다. "지금 누가 조종하고 있나?"

그러자 이런 대답이 돌아왔습니다. "뉴턴."[7]

이 대목에서 저는 감동하고 말았습니다. 곧바로 저는 칸트의 『형이상학 서설』을 떠올렸습니다. 거기서 그는 이렇게 묻습니다. "어떻게 해서 우리는 이곳의 이런 상태에서 관계에 대해 진술하면서, 그 내용이 저곳의 저런 상태에서도 제대로 유효할 것임을 필연적으로 확실하게 알고 있는가?"[8]

그런데 이런 일이 그 특별한 순간에 예증된 것입니다. 실제로 그 모습을 보기 전까지만 해도, 우리는 암스트롱의 발이 달 표면의 흙 속으로 얼마나 깊이 파묻힐 것인지를 알지 못했습니다. 그것은 '후험적' 지식, 즉 사실 이후의 지식이었습니다. 하지만 과학자들은 태평양에 있는 선박의 반경 1마일 안으로 그 작은 사령선을 낙하시키기 위해서는 특정한 각도로 기울어진 제트 엔진에서 얼마나 많은 에너지를 소비해야 하는지를 정확히 알았습니다.

이것은 정말이지 대단한 일이 아닐 수 없습니다. 우주의 법칙이 여기 인간의 머리에서도 옳은 것만큼이나 저 바깥에서도 제대로 작용할 수 있었다는 것은 말입니다.

따라서 우리는 어떤 면에서 우주의 아이들이며, 우주의 산물 가운데 하나로서 태양의 주위를 도는 어떤 것에서, 즉 지구에서 유래했습니다. 우리는 지구에서 나왔고, 우리는 곧 지구이며, 우리는 곧 지구의 귀이고 눈이고 기타 등등입니다. 이는 매우 중요한 종류의 깨달음과 관련이 있습니다.

영웅의 여정

이제 제가 우주에 관해서 배운 또 한 가지가 있습니다. 지금으로부터 1년 반 전에 저는 러셀 슈와이카트라는 우주비행사와 함께 연단에 선 적이 있었습니다. 그는 자기가 선외 활동 임무를 부여받았을 때의 이야기를 했습니다. 즉 우주를 날아가고 있는 사령선 밖으로 나가 있었다는 뜻입니다. 그는 우주복에 부착된 공급선을 통해서 연결된 상태에서 사령선 주위를 돌아다니며 사진을 찍을 예정이었고, 사령선 안에서도 마찬가지의 작업이 진행될 예정이었습니다. 하지만 사령선 내부에서 뭔가가 잘못되면서, 그는 5분 동안 아무 할 일도 없이 기다려야만 했습니다.

내부에 있던 사람들은 워낙 할 일이 많았기 때문에 차마 방심할 여유가 없었고, 따라서 이들은 그 당시에 바깥에 있던 그 사람이 했던 종류의 경험을 하지 못했을 겁니다. 그는 우주에 혼자 나가서 무려 '시속 1만 7000마일로' 날아가고 있었던 것입니다. 그곳에는 아무 소리도 없었습니다. 숨소리조차도 없었습니다. 그리고 저 위에는 지구가 있었습니다. 그리고 저 바깥에는 달이 있었습니다.

잠시 여러분께서도 한번 생각해 보시기 바랍니다. 그때 그 사람에게 어떤 일이 일어났을지를 말입니다.

"그 순간 저는 이렇게 자문하지 않을 수 없었습니다." 그는 이렇게 말했습니다. "도대체 내가 평소에 무슨 잘못을 했기에 이런 경험까지 하게 된 걸까?"

그의 상황은 바로 세이렌의 노래를 듣는 오디세우스와 매한가지였습니다. 아시다시피 그것은 바로 그가 할 수 있는 실질적 행동과 그런 생각 사이에 있는 갈등의 장이었습니다. 그는 간신히 기운을 짜내서 우주선 안으로 들어갈 수 있었고, 다시 일할 수 있었습니다. 생각과 행동이라는 그 두 가지 세계 사이에는 어마어마한 차이가 있습니다. 그 차이는 정말로 어마어마합니다.

러셀 슈와이카트의 우주 유영. "'그 순간 저는 이렇게 자문하지 않을 수 없었습니다.' 그는 이렇게 말했습니다. '도대체 내가 평소에 무슨 잘못을 했기에 이런 경험까지 하게 된 걸까?'"

영웅의 여정

♦

제4장

여신과의 만남

신화의 그림 언어에서 여성은 우리가 알 수 있는 것의 총체를 상징한다. 영웅은 알기 위해서 온 자이다. 그가 삶이라는 느린 입문 속에서 나아가는 동안, 여신의 형태는 그를 위해 일련의 변모를 거친다. 여신은 결코 영웅보다 더 클 수 없지만, 여신은 항상 그가 지금 이해할 만한 역량보다 더 많은 것을 약속할 수 있다.

조지프 캠벨, 『천의 얼굴을 가진 영웅』 중에서[1]

뉴욕 주 우드스톡의 오두막에서 신혼 생활을 즐기는 조지프 캠벨과 진 어드먼. 1938년.

조지프 캠벨의 초기 제자 중에는 마사 그레이엄에게 배운 무용가 진 어드먼도 있었다. 그녀는 새러 로렌스의 전위 예술 교습 프로그램을 통해 캠벨로부터 미학에 관한 개인 교습을 받았다. 캠벨은 머지않아 "내가 반했다는 사실이 자명해졌다"고 훗날 회고했다.

진이 1년 동안 가족과 함께 세계 여행을 떠날 때, 그녀에게 반한 이 교수님은 슈펭글러의『서구의 몰락』이라는 두꺼운 책을 선물하며 여행 중에 읽어 보라고 권했다. 아울러 여행에서 돌아오면 반드시 자기를 찾아와서 만나되, 그때에는 최소한 그 책의 함의가 무엇인지를 발견해 와야 한다고도 덧붙였다. 이 낭만적인 책략은 성공을 거두었다. 그녀가 귀국한 직후인 1938년에 두 사람은 결혼했고, 이후 50년

호놀룰루로 가는 도중의 진 어드먼과 조지프 캠벨. 1946년.

동안 항상 서로 가까이 붙어 있으면서, 각자의 경력을 열심히 추구했다. 저녁마다 남편은 이날 하루 집필한 것을 아내에게 읽어 주었고, 아내는 자신의 선구적인 현대 무용 작품에 대한 남편의 의견을 물었다. 두 사람의 협업은 1972년에 뉴욕 오픈아이 극장의 창설로 귀결되었다.

　1941년에 캠벨은 제자 가운데 하나인 수 데이비드슨 로의 소개로 뉴욕 시 소재 라마크리슈나 비베카난다 센터의 성직자인 스와미 니킬라난다를 만났다. 캠벨은 이후 수년 동안 니킬라난다와 협업하여 우파니샤드의 영역본과 (19세기 밀교 성인의 저술인) 『스리 라마크리슈나 복음서』의 영역본을 만들었다. 1954년에는 인도 예술과 철학에 관한 하인리히 침머의 강연문을 정리해 네 권으로 완간했고, 니킬라난다와 인도학자 앨프리드 샐머니의 도움을 받아 6개월간 인도를 여행했다. 그가 인도의 여러 성지에서 연구에 몰두하는 동안, 진 어드먼은 인도에서 독무 공연을 무대에 올렸다.

●

브라운　진, 당신의 예술과 무용이 어떻게 조화되었는지를, 그리고 특히 하와이에서 어떤 영향을 받으셨는지를 설명해 주실 수 있겠습니까?

어드먼　음, 그렇게 하죠. 저는 하와이의 자녀입니다. 바로 이곳에서 태어났거든요. 저희 가족 중에서 이곳에서 태어난 세 번째 세대였죠. 저는 이곳에 돌아오게 되어서 무척 좋은데, 왜냐하면 어린 시절의 모든 추억이 밀물처럼 몰려오기 때문입니다. 우리가 하와이로 이사하게 될 거라고는 전혀 생각도 못했어요. 저로선 조가 하와이로 이사하고 싶어 할 거라고는 전혀 생각도 못했으니까요. 그런데 우리는 결국 여기 와 있네요. 조는 항상 저를 놀리죠. 저의 외부 영혼이 바로 이곳 모쿨레이아에 있다고 말이에요. 제 생각에도 정말 그런 것 같아요.

저는 이곳에서 우리 모두가 하는 일을 하면서 자랐습니다. 그 일이란 바로 무용이었죠. 우리는 모두 훌라 춤을 추었고, 학교에서도 무용을 했어요. 또 우리는 이사도라 덩컨의 양식으로 무용을 했지요. 아시다시피 그 양식은 고대 그리스인을 모방한다는 그녀의 발상에서 나온 것이었지요. 결국 그 양식은 자연적인 몸에 근거한 셈입니다.

그 두 가지 무용 모두 맨발로 하는 것이었습니다. 제가 뉴욕에 가서 현대 무용과 마사 그레이엄을 발견했을 때, 그녀 역시 맨발이었기에 저 역시 맨발의 무용가가 되었지요. 저의 세계는 제 근원을 중심으로 상당히 일관성 있게 조직된 셈이었죠. 물론 양식면에서 마사 그레이엄의 양식과

마사 그레이엄과의 협업에서 영감을 얻은 우아한 "반달 모양" 포즈를 취한 진 어드먼. 1936년

저의 배경 사이의 차이는 어마어마하게 큽니다. 하지만 그 덕분에 저는 마침내 스스로의 이미지를 찾는 데에 도움을 받았던 겁니다.

○ ○ ○ ○

무용에서 진의 위치는 음악에서 비발디의 위치에 해당한다.

앨런 와츠, 『내 방식대로』 중에서

○ ○ ○ ○

그러다가 저는 무용이 진짜로 무엇인지에 대해서 숙고하게 되었죠. 그러면서 전통적인 양식, 스페인 무용, 발레 무용을 비롯해서 여러 다른 양식의 무용을 공부했습니다. 한 번은 여름 내내 이런 공부에 열중했습니다. 사실 저는 그 여름에 조와 함께 낸터킷에 있었습니다. 제2차 세계대전이 막바지에 다다른 때라서, 모두들 독일 잠수함이 두려워 바다를 건너지 못하고 있었지요. 하지만 우리는 장미꽃이 피어 있는 아름다운 집을 구할 수 있었습니다. 조는 『천의 얼굴을 가진 영웅』의 다섯 번째 개고를 하고 있었고, 저는 무용의 기술이 진짜로는 어떠해야 하는지에 대해서 숙고하고 있었어요. 무슨 말인지 아시죠? 저는 그 모든 전통적인 양식을 비교하면서, 예를 들어 자기네 문화를 표현하는 어떤 느낌을 어찌어찌 달성한 스페인 무용에는 왜 그러한 선택이 있었는지를 찾아내려고 시도했습니다. 발레며 다른 무용에 대해서도 마찬가지로 시도했습니다. 그래서 저는 (예를 들어

영웅의 여정

움직임의 제약 같은 것에 대해서) 어떤 선택을 내리느냐가 결국 무용가와 무용 예술의 표현력의 열쇠가 된다는 사실을 깨닫게 되었습니다. 제가 스스로 안무를 시작했을 때에 작업했던 방식이 그것이었습니다. 저는 완벽한 적막 속에서 작업했는데, 왜냐하면 그것이야말로 인체의 움직임의 본질적 표현력을 청취하고 발견할 수 있는 유일한 방법이었기 때문입니다. 즉 자기가 행하는 역동적 리듬을 청취함으로써 그렇게 하는 거였습니다. 아울러 일종의 씨앗이 되는 발상이 있는데, 그 안에는 제가 처음으로 추었고, 또 지금까지도 추고 있으며, 다른 무용가들에게도 가르쳤던 무용에 관한 일종의 이미지가 들어 있어요. 고대 그리스의 메두사 이미지에 근거한 이미지가 말이죠.

조에게 들은 이야기에 따르면, 메두사는 본래 신전의 아름다운 여사제였다더군요. 워낙 헌신적이어서, 오로지 한 방향에만 시선을 맞추었다고 합니다. 다른 방향은 볼 수가 없었기 때문에, 뭔가 다른 동작을 할 때조차 시선을 여전히 고정한 채 오로지 좌우로만 움직였다고 합니다. 즉 "뒤돌아선다"는 개념은 전혀 없었던 셈이지요. 바라본다는(즉 신으로서 자기 자신이 누군지를 알아낸다는) 생각이야말로 그녀를 진정으로 사로잡은 뭔가였습니다. 그러다가 그녀는 (말 그대로) 거울 이미지를 마주하는 이 모든 일을 거쳐 갔고, 마침내 여러 동작을 거친 이후에 그 상태에서 해방되었습니다. 우리가 중심부를 발견할 수 있기 전까지는, 반대자의 쌍이 항상 거기 있는 겁니다. 그러다가 중심부에 가서야 우리는 움직일 수 있고, 이후로는 자유롭게 될 수 있는 겁니다.

브라운 조가 당신의 작품에 얼마나 영향을 주었습니까? 당신을 바라보고 있으면, 당신을 바라보는 조의 모습이 상상되고, 나아가 조의 말에 귀를 기울이는 당신의 모습이 상상되어서……

어드면 그건 정말 놀라웠습니다. 왜냐하면 저는 이런 정서 발달을, 이런 '변모의 순간들'을 평생 동안 겪어 왔기 때문이죠. 저는 그것들을 "방들"이라고, 즉 존재의 상태들이라고 부르곤 했습니다. 그러다가 조가 거기다가 이름을 붙여 주었죠. 그는 어떤 무용 작품에 "메두사"라고 이름을 붙여 주었습니다만, 저는 이미 하나의 유기적 생명체의 관점에서 그 무용을 했었습니다. 주요 안무 작품은 이런 존재의 상태들에 들어 있는 차이들을 보여줄 수 있는 동작을 골라내려 시도했습니다. 모든 무용은 그 나름대로의 어휘를 가질 필요가 있습니다. 우리가 하는 모든 작업에서, 우리는 우주를 새로 창조합니다. 우리는 시간의 경험을 창조하고, 공간의 경험을 창조하며, 역동적인 힘과 흐름과 제어의 경험을 창조합니다. 바로 그런 종류의 에너지, 즉 에너지 과정은 각각의 개별 작품을 위해 개별적인 방식으로 사용됩니다. 저는 이 모두를 하면서 경이로운 시간을, 놀라운 시간을 경험했습니다.

브라운 마사 그레이엄과 함께 무용한 이후에 당신 스스로의 경력을 어떻게 발전시켰습니까?

어드먼　저는 무용단에서 소화할 수 있는 안무와 독무를 위한 안무 모두를 개발하면서 놀라운 시간을 경험했고, 독자적인 안무를 가지고 독무 공연자로서 실제로 세계를 일주했습니다. 뉴욕에서도 저의 무용단과 함께 공연을 계속했고, 그러다가 제임스 조이스의 『피네간의 경야』에 나오는 여성 인물 안나 리비아 플루라벨을 가지고 작업하려는 영감을 얻게 되었습니다.

　음, 아시다시피 제 남편은 우리가 결혼했을 때부터 『피네간의 경야』를 연구하고 있었습니다. 장담하는데, 저는 결코 그 책을 읽지 않을 겁니다! 남편은 저를 한쪽 팔에 안고, 『피네간의 경야』를 다른 쪽 팔에 안고 살다시피 했는데, 그는 저와 함께 보내는 시간만큼이나 『피네간의 경야』와 함께 보내는 시간이 많았기 때문이죠. 제가 이걸 극복하기까지는 여러 해가 걸렸습니다. 시간은 모든 것을 유연하게 만드니까요, 그렇죠?

　그러다가 저는 안나 리비아 플루라벨에 관한 발상을 얻었고, 그녀를 모든 국면에서 창조하기 위해서는(왜냐하면 워낙 변화무쌍한 인물이라서 그녀가 속하지 않은 여성의 유형을 차마 거론할 수조차 없으니까요) 제임스 조이스의 언어를 사용할 필요가 있다는 사실을 발견했습니다. 이건 결국 무용수가 아닌 배우들을 반드시 공연에 참여시켜야 한다는 뜻이었고, 이때의 배우들은 반드시 최소한 셰익스피어를 다룰 수 있는 사람이라야만 했습니다. 그래야만 『피네간의 경야』를 다룰 수도 있었으니까요. 우리는 그 일을 실현시키면서 경이로운 시간을 경험했습니다. 조가 제 작업실에 와서 『피네간의 경야』에 있는 두 대목을 읽었죠. 우리는 뉴욕 인근에서 제가 추천받은 배우들 모두를 초청해서는 이걸 들어보게 했고, 혹시 이 워크숍에 참여할 의향이 있는지를 알아보았습니다.

그때가 1961년이었습니다. 무용에 이야기를 넣는다는 발상은 아직 생기지도 않았을 때여서, 저는 뭔가 이례적인 일을 하고 있다는 사실조차 깨닫지 못했습니다. 그러다가 우리는 1962년에 오프브로드웨이에서 공연을 하는 행운을 잡았고, 한 시즌 내내 공연을 하고 두 가지 상을 받은 뒤에는 이탈리아의 스폴레토에서, 아일랜드에서, 일본에서, 그리고 미국과 캐나다의 각지에서 초청을 받았습니다.

오프브로드웨이 공연 〈여섯 개의 좌석을 지닌 역마차〉를 공연 중인 진 어드먼. 1962년.

이탈리아, 프랑스, 일본에서는 우리의 공연이 활동 공연인 까닭에, 우리를 보면서 자국 고유의 활동 공연을, 즉 자국 고유의 총체 공연을 연상하는 모양이더군요. 예를 들어 일본에서는 가부키를, 이탈리아에서는 코메디아를, 프랑스에서는 마임을 말이지요. 그리고 『피네간의 경야』에서 가져온 내용이다 보니, 그 언어에 대한 이해의 정

영웅의 여정

도는 세상 어디에서나 마찬가지였습니다. 즉 누가 들어도 불가해했다는 거죠. 그 작품을 계기로 저는 총체 공연으로 접어들게 되었고, 그것이야말로 제가 거의 잊어버렸던 저의 진짜 희망이었습니다. 즉 제 생각에는 가장 흥미진진할 것 같았던 공연이었던 진짜 공연은 결국 모든 공연 예술을 망라하게 되리라는 것이었죠.

브라운 오픈아이 극장은 어떻게 생기게 되었습니까?

어드먼 오픈아이 극장은 조 캠벨이 세미나를 담당하고 진 어드먼이 총체 공연 작품을 창조하는 조합이었습니다. 바로 거기에서 우리는 14년인가 15년동안 내내 작업을 지속했습니다. 저는 타히티의 폴 고갱에 관한 작품을 만들었는데, 저의 폴리네시아인이라는 성장 배경을 이용해서 발전시킨 거였습니다. 또 하나는 하와이의 신화인 위대한 화산 여신 펠레의 전설에 근거한 작품이었는데, 우리가 부른 제목은 '빛나는 집'이었습니다. 지금 저는 그리스 신화에 관한 작품을 작업 중인데, 아마도 그리스에서, 더 정확히는 아테네 축제에서 공연될 수 있을 겁니다.

●

로버트 코크럴 조, 혹시 신화적 사건으로서의 결혼에 관해서 하실 말씀이 있으신지요?

캠벨　결혼에 관한 제 생각은 이렇습니다. 만약 결혼이 당신의 삶에서 최우선 순위에 놓이지 않는다면, 당신은 결혼한 게 아닙니다. 결혼에 대한 결정이야말로 극도로 중요한 결정입니다. 왜냐하면 그 결정은 양보에 상응하는 것이며, 또한 양보를 요구하는 것이기 때문입니다. 또한 여기서의 양보는 이제 2인조의 일원이 되는 것에 대한, 그리고 그 '둘이 됨'과 관련해서 행동하는 것에 대한 전적인 양보가 되어야 하기 때문입니다. 이 결정에 대해서 걱정하는 사람들에게 제가 한 말처럼, 우리가 다른 사람을 위한 희생이라고 부르는 행위를 할 때, 사실 우리는 희생을 하는 게 아닙니다. 관계는 희생의 장이며, 바로 그곳에서 두 사람은 관계에 관련되고, 그제야 비로소 이들은 말 그대로 둘이 함께가 되는 것입니다. 진정으로 음양과 비슷해지는 겁니다(만약 별도의 단위로서 '음'이 되는 일에 매달리거나, 또는 '양'이 되는 일에 매달리는 사람이라면 결혼을 하지 않은 셈입니다). 그러고 나면, 그때부터 우리의 삶은 그 관계와 관련되는 것입니다. 바로 그러한 의미에서 행동과 결정을 내리는 판단이 여러 번 반복되고 나서야, 우리는 비로소 결혼한 게 됩니다.

결혼에는 두 가지 단계가 있습니다. 첫 번째 단계는 생물학적 결혼이라고 부를 수 있습니다. 즉 가족을 낳는 단계이지요. 그다음으로는 제가 신비적 결혼, 또는 연금술적 결혼이라고 부르는 것이 옵니다. 이 단계가 발생하지 않은 가족을 당신도 많이 보셨을 겁니다. 저는 이미 가족을 둔 친구들로부터 전해지는 소식에 충격을 받곤 합니다. '정말 멋진 결혼 생활을 하는군.' 이렇게 생각하던 차에, 갑자기 이런 소식이 들리는 겁니다. "아, 우리 헤어졌어."

하지만 우리가 조금이라도 서로 협조를 해 왔다고 치면, 그런 동일성의 감각이 진정으로 성숙하게 됩니다. 그것은 거기 있으며, 그것은 실재입니다. 여기서 재미있는 사실은 사람들이 '이것'을 결혼의 참뜻이라고 생각하면 '이것'이 결혼의 참뜻이 되고, '저것'을 결혼의 참뜻이라고 생각하면 '저것'이 결혼의 참뜻이 된다는 겁니다. 결혼의 참뜻이란 바로 '결합'이며, 그건 결국 '합쳐진다'는 뜻입니다.

●

애리엔　이 세상에 과연 투사가 아닌 사랑이나 로맨스 같은 것이 있을까요? 아니면 단순히 우리와 합쳐지는 그 이상적인 이미지의 투사에 불과한 걸까요?

캠벨　저는 주위에서 발견되는 낭만적 사랑이 결국 이러한 이상, 즉 '아니마anima'라는 사실을 실제로 발견했습니다. '아니마'는 우리가 스스로의 내면에 갖고 있는 이상입니다. 우리는 바깥에 있는 다른 실체에게 그것을 투사하고, 결국 그것과 합쳐지게 됩니다. 머지않아 우리는 그 투사를 꿰뚫어 보게 되지요. 그러고 나면 무슨 일이 일어날까요?

앤드리슨　그렇다면 이 세상에는 지속적이고 근사한 로맨스 같은 것이 있기는 할까요?

로렌스 파브로　좋은 질문이군요. 예를 들어 융을 읽다 보면 가끔은 진정한 로맨스가 존재할 여지는 없는 것처럼 느껴지곤 합니다. 왜냐하면 '아니마'와 '아니무스'를 놓아두는 그의 도식에서는 모든 것이 궁극적으로는 투사이니 말입니다. 제 생각에는……

캠벨　결혼의 시련이란 결국 이런 투사를 해소하고, 그런 다음에 나타나는 것을 받아들이는 것입니다. 그 과정을 마치고 나면, 계속해서 이어지는 진정으로 매우 풍부한 사랑의 관계를 가질 수가 있는 겁니다.

애리엔　그렇다면 당신의 '반짝임' 원칙은 어디에 맞아 들어가게 되나요?

캠벨　(웃음) 저는 맥락을 생각하려고 시도하는 중입니다…….

　보통 개인은 특정한 사회적 집단에서 성장하게 마련인데, 저는 그 사회적 집단을 비유적으로 마을 경내라고 부릅니다. 우리가 관여하고 있는 집단의 과제와 이상을 묵인하는 한에만, 우리는 그런 종류의 상황에서 매우 버젓하게 살아갈 수 있습니다. 만약 우리가 그곳에서 편안함을 느끼지 못하고, 초조해 하고, 우리의 생각과 이상이 흔들리기 시작한다면, 관계의 심혼에서 총체적 변모가 일어납니다. 자아와 그 목표가 느슨해지게 되고, 무의식적 이상이 나타나는 겁니다.

그리고 거기에는 두 가지 질서가 있습니다. 하나는 위협적인 질서로서, 융이 그림자라고 부른 것입니다. 저는 이를 가리켜 '문 두들김' 원칙이라고 부르는데, 여기서 우리는 우리 자신의 자아를 두려워하게 됩니다. 저는 멋지고 작은 신사 한 명의 말을 들은 기억이 있습니다. "제가 만약 훌륭한 기독교인이 아니었다면, 저는 끔찍한 인간이 되었을 겁니다." 이것이 바로 '문 두들김' 원칙입니다. 이러한 의미에서 보자면, 무의식의 내용물이 나타나도록 허락하는 것은 위험천만합니다. 또 다른 질서는 이국적인 것의 유혹으로서 나타납니다. 이는 훨씬 더 흥미롭습니다. 저는 이를 '반짝임' 원칙이라고 부릅니다.[2]

우리가 자신의 도덕적 자세에 대한 확신을 잃기 시작하면 이 두 가지 운동이 나타납니다. 하지만 사랑에 빠지는 문제로 말하자면, 일단 누군가가 방으로 걸어 들어오면 그걸로 끝인 겁니다! 쾅! 우리는 이렇게 생각합니다. 바로 그거야, 이게 바로 내 삶이야. 이것은 여러, 정말 여러 로맨스에서 일어나는 일입니다. 단순히 유럽뿐만이 아니라 아시아에서도 마찬가지로 일어나는 겁니다. 저 역시 그런 경험을 갖고 있습니다.

그렇다면 우리는 과연 무엇과 사랑에 빠진 걸까요? 우리는 이 사람이 누구인지도 모르고, 저 사람이 누구인지도 모릅니다. 우리는 그가 어떤 사람인지도 모르는 겁니다. 만약 이것이 투사된 누군가와 우리가 결혼했다면, 머지않아 그 사람은 본성을 드러내기 시작할 가능성이 큽니다. 그러고 나면 우리는 문제에 직면하게 됩니다. 우리는 어떻게 해야 할까요? 혹시 이렇게 말하게 될까요? '아, 나는 환멸을 느꼈어. 내 물건을 모두 싸가지고 돌아가서 다시 사로잡힐 일을 대비해야겠어.'

또 다른 가능성은 이렇게 말하는 것입니다. '좋아. 나는 이걸 받아들이겠어.' 그러다가 또 다른 뭔가가 벌어집니다. 투사는 점차 사라지거나, 또는 돌아가게 됩니다. 그러다가 35세나 40세쯤이 되면 (제어머니께서는 "위험한 40대"라고 부르셨지요) 그게 다시 나타나게 됩니다. 그러고 나면 우리는 그 문제를 갖게 되는 겁니다. 이걸 트리스탄과 이졸데의 문제라고 불러도 무방하겠습니다.

애리엔　당신께서는 이 세상에 사랑에서 비롯된 사랑보다는 필요에서 비롯된 사랑이 더 많다고 생각하시나요? 왜냐하면 우리가 투사를 한다고 치면, 결국 진정으로 사랑을 받을 수는 없지 않겠습니까?

캠벨　제가 지금 하는 말이 그겁니다. 투사를 산출하고, 거기 있는 것을 받아들이라는 겁니다. 그런 이유 때문에 제가 그걸 시련이라고 부른 겁니다.

애리엔　그렇다면 격정도 세월이 흐르면서 공감으로 바뀐다고 당신이 말씀하신 이유도 그것인가요?

캠벨　예. 시련은 공감을 완성하는 유일한 방법입니다. 격정은 다릅니다. 격정을 가지면 소유하고 싶어집니다. 격정을 공감으로 전환하는 것이야말로 결혼의 핵심 문제입니다.

애리엔 사랑과 관련해서 도덕을 어떻게 정의하시겠습니까?

캠벨 사회가 우리에게 하라고 지시하는 일을 하는 것이지요. 그것이 바로 도덕입니다. 그리고 그것은 사회마다 서로 다릅니다.

애리엔 그렇다면 사랑에서 도덕이 뭔가 역할을 담당해야 할까요?

캠벨 굳이 그래야 할까요? 만약 당신이 그래야 한다고 말씀하신다면, 물론 그래도 무방하겠지요. 하지만 굳이 그래야 할까요? 저라면 아니라고 하겠습니다. 사랑과 전쟁에서는 도덕의 틀에서 벗어나서도 모든 것이 정당합니다. 문제는 사랑과 도덕이 서로 충돌하지 않도록 만드는 것입니다. 우리 각자는 온전했던 본래의 존재의 절반에 불과하며, 따라서 완성을 향한 여행을 하는 중입니다. 만약 우리가 훌륭하다면, 우리는 올바른 나머지 절반을 찾게 될 겁니다. 우리가 올바른 목표를 갖고 있다면, 올바른 누군가가 있을 겁니다.

우리의 성적 관계를 살펴보면, 그런 관계가 생물학적인 근거를 갖고 있지는 않으며, 오히려 문화적 근거를 갖고 있음을 알게 됩니다. 그런데 우리의 문화는 고정된 것이 아닙니다. 지금 이 순간에도 우리의 문화는 변모의 과정에 있습니다. 따라서 우리 스스로를 이 체계에, 또는 저 체계에 헌신한다고 간주할 이유는 없습니다. 제 생각에는 이것이야말로 매우 중요한 요점입니다. 사회가 깨어날 때까지 우리가 굳이 기다릴 필요까지는 없습니다. 개인에게는 장場에서 자기만의 길을 찾아내는 것이 중요하기 때문입니다.

사회는 몇 세기 동안 다른 길을 향해서 잘못을 범하며 나아갈 것입니다. 하지만 그 와중에도 개인은 자기 내면에서 어떤 특성들을 발견할 수 있습니다. 즉 과거에는 여성에게 부과되었던 특성을 남성의 내면에서 발견할 수도 있고, 과거에는 남성에게 부과되었던 특성을 여성의 내면에서 발견할 수도 있습니다. 이런 특성들은 무조건적입니다. 우리는 스스로의 내면에서 이런 것들을 찾을 수 있습니다.

●

코크럴　저는 「아름다움과 숭고함」이라는 칸트의 논문을 읽었습니다. 거기서 저자가 하는 이야기 가운데 하나는 여성이 아름답고 남성이 숭고하다는 거였습니다. 그리고 저자는 남성의 기능 중 하나는 여성에게 숭고함을 심어 주는 것이라고, 따라서 여성에게서 숭고함이 자라나게 만들고, 결국 아름다움이 스러진 이후의 여성이 숭고해지게 만드는 것이라고 말합니다.

저는 이런 구분이 더 나아간다고 느꼈습니다. 만약 우리가 남성을 해에 비유하고, 여성은 땅에 뿌리내리고 있다고 비유한다면, 여성을 수태하게 하는 것에 들어 있는 역학이 바로 그것이라고 느꼈습니다.

단순히 여성의 자궁에만 작용하는 것이 아니라, 여성의 정신에도 작용해서, 여성에 들어 있는 숭고함을 각성시키는 것이지요.

캠벨 저는 우선 칸트가 평생 결혼하지 않았다는 사실을 말하고 싶습니다! 물론 '결혼한 철학자'라는 말 자체가 형용 모순이기는 하지만 말입니다. 저도 칸트의 그 논고를 기억합니다만, 이와 비슷하게 아름다움과 숭고함에 관한 단테의 논의에 나오는 또 다른 구절도 있습니다. 저는 그 구절을 오랫동안 기억하고 있는데, 그걸 떠올릴 때마다 칸트도 시인의 자질이 있었다고 생각합니다.

칸트는 파란색 눈동자가 아름다운 반면, 검은색 눈동자는 숭고하다고 말합니다. 여기서 문제가 생깁니다. 즉 아름다움과 숭고함의 문제이지요. 아름다움은 환기시키는 반면, 숭고함은 박살내는 것입니다. 숭고함은 경험되는 것입니다. 제 말뜻은 진정한 숭고함이 그렇다는 것이며, 이때에는 어마어마한 공간이, 또는 어마어마한 힘을 가진 구역이 그렇습니다. 예를 들어 집중 포격을 당하는 도시에 있는 사람은 숭고함을 경험할 수 있습니다. 진짜입니다! 바로 '그곳'에 머무는 한에는 그렇다는 겁니다. 그것이 바로 숭고함입니다. 숭고함은 박살내고 압도합니다.

박살낸다는 이야기가 나왔으니 말인데, 우리는 스스로를 속여서 자기 원칙을 깰 수 있습니다. 제가 술을 한 잔 더 마실 때마다, 저는 제가 무슨 일을 하고 있는지를 알고 있습니다. 저는 항상 방에서 나왔다 하면… 하지만 그게 바로 인생이지요. (웃음) 사실 아시다시피 아일랜드에서는 위스키를 '우스케보크'라고 부르는데, 번역하자면 '생명의 물'이라는 뜻입니다. 니체는 디오니소스적인 것을 술취함과 결부시켰는데, 그 상태에서는 원칙이 깨지게 됩니다. 반면 니체는 아폴론적인 것을 형태의 유지와 결부시켰습니다.

숭고함은 '미스테리움 트레멘둠mysterium tremendum,(두려운 신비)'의 경험입니다. 아름다움은 '미스테리움 파스키난스mysterium fascinans(매혹적인 신비)'의 경험입니다. 그것이 바로 차이입니다. 여성은 그 자체로 매력적이기 때문에 칸트가 여성에게 아름다움을 부과한 것입니다. 반면 남성은 파괴자이며 살해자입니다. 남성은 항상 그랬고, 따라서 남성의 행동도 그 층위에 더 많이 있습니다. 그런 이유 때문에 칸트도 그렇게 말했던 것입니다.

아시다시피, 문제는 여성들이 이렇게 말한다는 겁니다. '우리는

티치아노, 〈신성함과 불경함〉. 1514년경.

신비스럽지가 않아요.' 하지만 여성들은 실제로 신비스럽습니다.

파브로   자기 반영의 아름다움에 매혹된 나르키소스, 그리고 결국에 가서는 '미스테리움 트레멘둠'과 대면하게 된 욥, 이 두 사람의 차이라고도 할 수 있겠군요.

캠벨   예, 그렇습니다.

파브로   선악을 넘어서는 힘을 갖고 있지는 못한 것이지요. 그것은 한마디로 인간의 이해를 넘어서는 것이니까요.

캠벨   바로 그겁니다.

케나드   때때로 우리는 일종의 원초적인 사랑 이야기를 듣게 됩니다. 즉 소년과 소녀가 만났다, 소년이 소녀를 잃었다, 소년이 소녀를 도로 데려왔다는 식이지요. 이것은 단지 서양만의 특성인 걸까요? 그러니까 항상 누군가를 잃어버리고, 뒤늦게야 사방을 돌아다니면서 뭔가 어마어마한 일을 하고 나서야 비로소 영웅적이고 놀라운 일을 해낸 대가로 그 누군가를 도로 데려온다는 것은요?

캠벨   아닙니다. 그건 단지 훌륭한 줄거리일 뿐입니다. (웃음) 소설 창작을 연구한 사람이라면 누구나 일종의 암울한 순간을 반드시 가져야 한다는 사실을 알고 있습니다. 즉 재난을 향해 나아갔다가, 첫 문장이나 다음 문장에 들어 있었던 뭔가가 나타나서 주인공을 구해내는 식으로……

케나드 그렇다면 그런 줄거리는 얼마나 오래 전부터 지속된 겁니까? 혹시 인도에도 그런 사랑 이야기가 있나요?

캠벨 아닙니다. 물론 일부는 그렇지만요. 하지만 제 생각에 그건 오히려《새터데이 이브닝 포스트》에서 나오는 이야기 같군요. (웃음)

●

존 핼리팩스 조지프. 여성은 당신의 삶에 어떤 영감을 주었나요? 여성, 즉 순수한 '아니마'와의 경험에 대해서 말씀해 주세요. 왜냐하면 저 역시 여러 해 동안 당신과 함께 일해 왔으니까요.

캠벨 '아니마'는 결코 순수하지가 않습니다. (웃음)

타나스 투셰Touché죠.

핼리팩스 그게 뭐죠? 그게 뭔데요?

영웅의 여정

캠벨   그건 오염된 삶을 말합니다. 어떤 국지적인 사례에 의해서 말이에요.

핼리팩스   예를 들자면요?

캠벨   '아니마'는(연금술 체계에서 말하는 '아니마 메르쿠리아anima mercuria'는) 계속해서 형태를 바꿉니다. '아니마'가 나타나도 우리는 그것들에 관해서 아무 것도 모릅니다. 그것이 어떤 사람 안에서 거처를 찾아내기 전까지는 말입니다. 저로선 그것들을 지금 제 주위에 있는 분들에 비견하고 싶군요. 즉 그것들도 서로 매우 다르다는 겁니다.

그렇다면 순수한 '아니마'란 무엇일까요? 그것은 항상 역사적 지시체와 심리학적 근거를 갖고 있습니다. 삶의 진짜 문제는 이 두 가지와 관련되어 있습니다. 우리는 심리학적 시작을 경험했고, 역사적 입문을 경험했습니다. 그러고 나면… 우리는 이 빌어먹을 것을 가지고 무엇을 하게 될까요? 이것은 우리가 기대했던 것과는 매우 다른 모습으로 드러나고, 그러면 우리는 역사적 사실을 통해서 이런 드러남에 대처합니다. 결혼의 문제가 바로 그것입니다. 우리는 투사된 '아니마'와 결혼하지만, 우리가 실제로 결혼한 대상은 단순히 투사된 '아니마'일 뿐만 아니라 사실이기도 한 겁니다. 우리가 가졌다고 생각하는 것, 그리고 우리가 실제로 가진 것, 이 두 가지 사이에서 생겨나는 이른바 환멸의 문제인 겁니다. 다시 말하자면, 우리는 반드시

'아니마'를 철회해야 합니다. 물론 우리는 거기서 떠나 버릴 수도 있지만, 그러고 나면 우리는 거기 대신 여기다가 또다시 투사할 겁니다! 그렇다면 우리는 앞서와 똑같은 문제를 처음부터 다시 겪게 되는 겁니다.

제가 생각하기에 오늘날의 문제는 우리가 결혼에 대해서 다음과 같이 배운다는, 또는 생각하도록 유도된다는 점입니다. 즉 결혼이란 긴 연애가 될 것이라고, 따라서 우리는 '아니마'와 함께 많은 즐거움을 누릴 것이라고 배우거나 생각하게 되는 것이지요. 하지만 사실 우리는 처음 10분이 지나고 나면 즐거움을 누리지 못하게 됩니다. 오히려 우리는 어떤 문제에 직면하게 되고, 그 문제는 시련으로 변모하게 됩니다. 즉 묵인의 시련인 것입니다.

순수한 '아니마'는 결국 없어져야 하는, 즉 사라져야 하는 것입니다. 우리는 그 현상과 결혼했지만, 정작 그 현상은 우리가 장차 갖게 되리라고 생각하는 그것이 아닙니다. 방금 여기서 말한 것 같은 삶의 특성에 대한 묵인이 바로 곧 우리가 성숙이라고 부르는 것입니다.

●

핼리팩스 아시다시피, 제가 사는 세계에서는 자기 자신의 본성 속에 들어 있는 '아니마'를 받아들이지 못하는 남성의 무능을 '아니마 멀미'라고 부릅니다.

캠벨 '아니마'란 받아들여야 할 것이 '아닙니다.' 오히려 우리는 '아니마'를 쫓아내야 하고, '아니마'를 분해해야 하는 겁니다. '아니마'는 대략 결혼 이후 5년쯤 지나서 나타나는데, 그러면 우리는 거기에 대처해야 합니다. 그것은 또 다른 문제입니다. 만약 아내 쪽에서 스스로가 '아니마'의 체화라는 사실을 잊어버리고 있다면 특히나 그렇습니다.

핼리팩스 하지만 제가 알기로 '아니마'는 당신의 삶에서, 즉 당신의 발달에서 차마 믿을 수 없을 정도로 중요한 역할을 담당했었는데요.

캠벨 무려 38년 동안 여학생들을 가르쳤으니까요! 진짜 진력이 날 정도로요!

핼리팩스 신화로서 그녀, 즉 '아니마'는 여러 가지 역사적 이름을 갖고 있지요. 또한 그녀는 당신의 지력을 형성한 한 인물, 한 현존이었습니다.

캠벨 그녀의 이름은 진, 존, 그리고 잰이지요.[4]

핼리팩스 그녀는 당신에게 어떻게 영감을 주었나요? 그녀는 당신에게 무엇을 주었나요?

캠벨   그걸 말하자면 이렇게 되면 갑자기 전기傳記가 되는데, 저는 사실 전기를 좋아하지 않습니다.

핼리팩스   전기까지는 아닌데요.

캠벨   게다가 제 전공은 바로 비교신화학이구요.

핼리팩스   조지프, 오늘 저는 당신이 이렇게 말씀하시는 것을 들었어요. 새러 로렌스에서 여학생들을 가르치는 동안, 당신은 단순히 비교신화학의 관점에서만이 아니라 지시체의 견지에서도 신화를 이해해야 한다는 사실을 도리어 여학생들로부터 배웠다고 말이에요.

캠벨   감사합니다. 제가 그 말을 하는 번거로움을 당신이 대신해 주셨으니까요. 사실 지금 제가 하려던 말도 딱 그거였습니다. 즉 이 주제야말로 진짜 매우 넓은 학술 분야로서 사방에 사실들, 사실들, 또 사실들이 널려 있다는 겁니다. 어떤 사람은 순수하게 학술적인 방식으로 거기에 관심을 가질 수 있고, 그래서 여러 학술지에 논문을 발표할 수 있습니다. 하지만 여학생들을 가르치는 사이에 저는 그들이 항상 강의 내용과 자기 삶의 관계에 대해서 알고자 물어본다는 사실을 발견했습니다. '삶'에 대한 여성의 이러한 관심이야말로 주석에 대한 남성의 관심보다 훨씬 더 뚜렷한 것이었습니다. 남성 역시 흥미로운 기계적 세부사항에 관심을 가질 수 있습니다. 여학생들을 가르치는 동안에 저는 이런 사실을 알게 되었으며, 그리하여 (제가 이미 여러 번 말씀드린 것처럼) 이러한 형태의 삶의 가치가 무엇인지를 여학생들이 도리어 저에게 가르쳐 준 셈이 되었던 겁니다.

●

로잔 주케트 혹시 당신께서는 여성이 다시 스스로에 대해서 더 낮게 느끼기 시작할 필요가 있다거나, 또는 사회가 그 가치 가운데 일부를 변화시키거나 재평가할 필요가 있다고 생각하시지는 않으십니까?

캠벨 아닙니다. 여성이 해야 할 일이 있다면, 그건 단지 남자들을 바라보면서 자기네가 그들과 경쟁하고 있는지 따져보기를 중단하는 것뿐입니다. 대신 여성은 자기가 남자들에게 어떤 영향을 끼치는지를 깨닫기만 하면 됩니다. 저는 새러 로렌스에서 그런 깨달음을 얻었습니다. 저는 거기서 신화에 관한 강의를 담당했는데, 그곳에서의 마지막 해에 한 여학생이 찾아와서 앉더니 이렇게 말했습니다. "음, 캠벨 교수님. 당신께서는 지금까지 줄곧 남성 영웅에 관해서 말씀해 오셨죠. 그렇다면 여성은 어떻게 되는 건가요?"

에설런에서의 캠벨과 로잔 주케트, 1982년.

그래서 제가 대답했습니다. "여성은 바로 그 영웅의 어머니입니다. 여성은 영웅의 위업의 목표입니다. 여성은 영웅의 보호자입니다. 여성은 이것이고, 또 여성은 저것입니다. 당신은 더 이상 무엇을 원하는 겁니까?"

그러자 그녀가 말하더군요. "저도 영웅이 되고 싶다구요!"

그래서 저는 바로 그 해에 은퇴하게 되어서 더 이상은 학생들을 가르치지 않아도 된다는 것이 기뻤습니다. (웃음)

청중 사랑 때문에 자기 경력을 선택하는 여성에 대해서는 어떻게 생각하십니까? 또는 사랑 때문에 어떤 경력으로 진입할 동기를 부여받은 여성에 대해서는요?

캠벨 우리 문화에서 여성은 이미 오랜 세월 동안 그런 일을 해 왔습니다. 자기가 속한 경력 분야에서 삶의 의미를 얻는 여성의 능력은 정말이지 주목할 만합니다. 혹시 질문하신 분께서는 바로 그것에 대해서 말씀하시는 건가요?

청중 아닙니다. 제 말뜻은 자기가 어떤 일에서 사랑을 느꼈기 때문에 그 경력을 선택한 여성에 대한 것이었습니다. 예를 들어 어린이를 사랑하는 교사라든지, 또는 숫자 다루는 일을 그냥 좋아하게 된 누군가라든가, 또는 자기 일에 대한 애착을 지닌 누군가처럼 말입니다.

캠벨 제 생각에 그것 이외의 다른 이유로 경력을 선택하는 사람이 있다면 오히려 바보일 겁니다. 물론 그런 다른 이유도 우리의 삶을 선택하는 '한 가지' 방법이기는 합니다. 즉 단지 일자리를 얻기 위해서 뭔가를 하는 겁니다. 하지만 우리가 지금 하는 일을 사랑하지 않는다고 치면, 우리는 그 일에 전혀 전념하지 않는 셈입니다.

청중 하지만 사랑이라든지, 또는 인정이라든지, 또는 다른 뭔가를 겪는 상태에 있다고 치면, 예를 들어 성취의 층위라든지, 또는 경쟁의 층위라든지 하는 것도 경력을 추구하는 이유로서 괜찮지 않을까요? 그러니까 사랑이 이유라고 치면 말입니다.

캠벨 저는 성취에 반대하지 않습니다. 전혀요. 다만 문제는 여성 운동이 완벽하게 지당한 요구로 시작했다는 것입니다. 즉, 남성과 똑같은 일을 하는 여성이라면 동등한 임금을 받아야 마땅하다는 것이지요. 그 운동은 이렇게 시작했습니다. 하지만 그러다 보니, 남성이 주로 하지 않는 일, 즉 자녀를 양육하는 것을 비롯해서 가정생활에 대한, 자신의 가정적 잠재력에 대한 인정을 도리어 못 받게 되고 말았습니다. 그 모두를 국가와 학교에 떠넘기고 있으니까요.

주케트 그렇다면 창작 분야로 진출하는 여성들은 어떨까요?

캠벨 제 아내는 무용가인데, 그쪽 여성들은 아무 문제 없습니다. 저는 그쪽 여성들, 즉 예술 분야로 진출한 여성들을 많이 알고 있습니다. 그 세계에서는 다른 누군가와의 경쟁에 참여하기보다는, 오히려 스스로의 발전과 스스로의 관계에 참여하게 마련입니다.

애리엔　제 생각에는 남성도 그건 마찬가지일 것 같은데요.

타나스　그러니까 당신 말씀은 여성의 경우에는 성취에 대한 사랑보다는 오히려 예술에 대한 사랑이 더 효과적이라는 건가요?

캠벨　예술가는 뭔가를 성취하기 위한, 깨닫기 위한 분야에 있는 것이 아니라, 오히려 충족하기 위한 분야에 있는 것입니다. 그것은 삶의 충족으로서, 전혀 다른 구조입니다.

애리엔　그러니까 자신의 직관적 감각과의 접촉을 유지하면서요?

캠벨　바로 그겁니다. 당신이 대중의 눈에서 1등이 되건, 2등이 되건, 3등이 되건, 아무 상관 없습니다. 제가 알기로 각각의 예술가는 자기 나름대로의 방식으로 충족 상태에 있습니다. 그곳은 경쟁하는 분야가 아니니까요.

애리엔　그렇다면 자신의 예술이 곧 자신의 삶인 것이군요.

　　　　　　　　　　　　　　　　　　　영웅의 여정

캠벨   맞습니다. 상업 예술은 또 다릅니다. 제 말뜻은 직접적이고 창조적인 예술을 가리키는 겁니다.

브라운   하지만 어쩌면 스스로를 예술가로 생각하지 않는 일반인도 실제로는 예술가일 수 있겠습니다.

> ○ ○ ○ ○
>
> 만약 예술가로서 우리가 어떤 사람을 묘사하려고 한다면, 우리는 반드시 무자비한 객관성을 지니고 그 사람을 묘사해야 한다. 사람들에게 개성을 주는 요소는 바로 불완전성이다. 우리의 사랑을 요구하는 요소도 바로 불완전성이다.
>
> 조지프 캠벨, 『희열로 가는 길』 중에서[5]
>
> ○ ○ ○ ○

캠벨   예술가가 되는 일의 문제점은 그 기법을 연습해야 한다는 겁니다. 제 아내 진이 어느 해인가 이곳 에설런에 와 있을 때에 그렇다는 사실이 드러났습니다. 아내는 직업 무용가였고, 누군가를 가르칠 때에는 무용을 하고 싶어 하는 사람을 가르치게 마련이었지요. 무용에서는 다리를 주위로 움직이고, 바에 걸치는 동작 하나에도 상당한 연습이 필요하게 마련입니다.
　저는 신화에 대해서 강연했고, 진도 무용가들과 함께 뭔가를 하기로 되어 있었습니다. 그런데 어느 날 저녁, 아내가 무지막지하게 낙담한 상태더군요. 제가 물어보았습니다. "오, 여보, 도대체 무슨 일이 있었기에 그래?"

아내가 대답하더군요. "사람들은 그냥 '에설런'의 경험을 원할 뿐이야!"

그래서 다음날인가 다다음날인가, 저는 학생들과 함께 있는 진의 모습을 창밖으로 내다보았습니다. 아내는 학생들에게 해를 바라보며 양 팔을 벌리라고, 언덕 아래로 굴러 내려가라고, 주위를 뛰어다니라고 지시했습니다.

그 광경은 예술과 관련해서 한 가지 매우 중요한 문제를 지목하고 있었습니다. 즉 예술에는 두 가지 완전히 다른 국면이 있습니다. 진이 짜증을 느꼈던 까닭은, 사람들이 그런 동작들을 창조적이라고, 즉 창작 예술이라고 불렀기 때문이었습니다. 하지만 실제로는 그렇지 않았습니다. 그런 동작들은 오히려 '요법적'이었습니다. 정신이 나간 어떤 사람이 예술이라는 수단을 통해서 다시 정신을 온전히 갖추려고 시도한다고 쳐 봅시다. 그것은 예술 요법입니다. 하지만 예술가는 정신이 온전한 상태에서, 그런 느낌으로 작업을 합니다. 이럴 경우 전자와 후자는 완전히 다른 일입니다. 양쪽 모두 완벽하게 괜찮습니다만, 그 사실을 아는 것이 좋습니다.

우리는 직업 무용가를 향해 혹시 무용을 하고 싶어 하지 않는 사람들을 다루는 방법을 아느냐고 물어보지 않습니다. 무용가는 가장 대단한 예술가입니다. 제 생각에는 무용과 노래야말로 가장 어려운

영웅의 여정

예술인데, 왜냐하면 몸이 곧 악기이기 때문입니다. 따라서 몸이 완벽하게 다듬어진 상태라야 하기 때문에, 이를 위해서 항상 애써야 하는 것입니다.

청중 저는 종종 머릿속에서 '영웅'이란 단어와 '예술가'라는 단어를 나란히 놓곤 합니다. 양쪽 모두 이러한 영웅적인 경로에 있으며, 결국 스스로를 발견하기 때문입니다. 그것이야말로 양쪽 모두에게 목표이니까요. 그래서 단순히 기법을 아는 것을 넘어서, 예술가에게 매우 중요한 내적 영혼이 있습니다. 어쩌면 당신께서는 그것이 내부의 느낌이라고 말씀하실 수도 있을 겁니다. 설령 그것이 언덕을 달려 내려오는 것에 불과하더라도, 그것이야말로 기법 못지않게 예술가를 만드는 요소입니다.

캠벨 당신께서는 갑자기 이단적인 입장을 표명하셨군요. (웃음) 그런 종류의 일에서는 매우 엉성한 결과물만 나오게 됩니다.

케네드 과거의 매우 많은 사회에서 여성은 예술가가 되지 않았던 것으로 보입니다. 그들은 사회를 주도하지도 않았던 것으로 보입니다. 우리는 가모장제인 사회를 상당히 자주 보게 되는데, 어쩌면 그곳에서 여성은 100년 이상 전권을 장악하고 있었던 것으로 보입니다. 그런데 거기에서 만약 여성이 가만히 있고 남자가 설치고 다닌다고 치면 무슨 일이 일어날까요?

캠벨 예술 중에서도 우리가 기예라고 여기는 경우가 더 많은 분야들은 오히려 여성이 주도하고 있습니다. 예를 들어 직조와 바구니 만들기, 도예, 그리고 바느질이며 자수와 관련이 있는 일부 예술이 그렇습니다. 그런 것들은 여성의 분야입니다.

케니드 하지만 당신은 여성이 뭔가를 하는 대신에 오히려 가만히 있어야만 남성들이 여성들을 사랑하게 된다고 생각하지는 않으십니까?

캠벨 아, 그것은 단지 통계적인 문제일 뿐입니다. 전통 사회에서는 여성의 역할이 세 가지 이상이었습니다. 즉 어머니 겸 아내로서의 여성, 창부로서의 여성, 그리고 강인한 여전사로서의 여성, 이렇게 세 가지 이상이 있었던 겁니다.

●

애리엔 아르테미스는 어떤가요?

캠벨 신화에는 두 가지 종류의 여신이 있습니다. 하나는 주±여신으로서, 우주나 대지나 하늘이나 기타 등등의 상징입니다. 이런 여신은 총체적, 정말 총체적 존재이고, 총체적 신입니다.

또 하나는 남신의 배우자인 여신입니다. 남신 중심 신화가 나타나자, 전체 장면이 바뀌었습니다. 여신 중심 신화에서는 남성이 여성에게 종속되었지만, 남성 신화에서는 오히려 여신이 부차적으로 되었습니다.

방금 당신이 물으셨던 아르테미스는 둘 중에서 첫 번째 종류의 여신입니다. 이 여신은 청동기 시대부터 있어왔으며, 고전 종교 신화라는 분야 전체를 통틀어 주요 학자 가운데 하나인 마르틴 닐손은 이 여신을 총체적 여신으로 간주합니다.

각각 총체적 여신이었던 수많은 여신들이 하나로 합쳐지기 시작하면서(한 문화가 방대한 영토에 걸쳐 확산되면서 다른 종류의 민족을 받아들일 경우에는 이런 일이 일어나게 마련입니다) 이 여신은 세분화되고 말았습니다.

다시 말해서, 이 여신이 운영하는, 즉 다루는 영역에서 과거의 여

덴마크 코펜하겐 소재 국립미술관의 조각 공원에 있는 아르테미스상.

신들 각각이 특정한 몫을 부여받게 되었다는 것입니다. 아르테미스는 고전기인 5세기의 사냥 여신이었습니다. 즉 야생 동물의 여신이 낭만화된 결과물로서 숲의 여신일 뿐만 아니라, 숲속에 사는 모든 짐승의 여신이었던 것입니다.

아주 초창기에는 신과 동물이 똑같았으며, 아르테미스는 사슴과 결부되었습니다. 이 여신이 곧 사슴이었고, 사슴이 곧 아르테미스였습니다. 그러다가 더 나중에 가서, 그러니까 인간의 국면이 점점 더 강조되면서, 사슴은 오히려 여신의 동반자가 되었던 것입니다.

페르세포네와 데메테르는 본래 돼지의 여신이었습니다. 청동기 시대에 돼지는 어마어마하게 중요한 역할을 담당했습니다. 사람을 돼지로 변모시킨 키르케는 또한 입문시키는 자였습니다. 그녀는 오디세우스를 지하 세계의 지혜로 입문시켰고, 또한 자기 아버지인 태양의 빛의 영역의 지혜로도 입문시켰습니다.

따라서 여신의 이런 세분화는 사실상 환원인 것입니다.

●

하이워터 에로스와 로고스를 살펴보도록 하죠. 잠시 여기서 소크라테스인가 플라톤인가가 실제로 한 말을 기억해 보겠습니다. 즉 이 세상에는 두 가지 형태의 사고가 있다는 거였습니다. 하나는 영구적이고, 고정적이고, 논리적이고, 남성적이고, 훌륭한 것으로, 그 이름은 로고스입니다. 다른 하나는 직관적이고, 비영구적이고, 아주 좋지는 않고, 여성적인 것으로서, 그 이름은 에로스입니다. 제 생각에는 우리가 그 함의에 얽매인 것 같습니다.

애리엔 우리는 그 이중성에 얽매인 것이겠죠. 로고스는 논리적 정신이며 직관입니다. 그것이 이중성을 조성하기에, 제 생각에 정말로 필요한 것은 교량입니다. 즉 우리가 새로운 모델을 만들기 시작해야 한다는 겁니다.

로버트 블라이 그렇다면 당신께서는 삶의 양극성이야말로 에너지가 있는 곳이라는 조지프의 발상을 어떻게 다루시겠습니까?

하이워터 그게 문제입니다. 우리는 항상 심혼의 재결합에 관해서 이야기합니다. 하지만 우리는 항상 그것이 본질적으로 이중성을 또 다른 뭔가로 만드는 과정이라는 사실에 관해 이야기합니다.

핼리팩스 어디까지나 그것이 반대자의 쌍들이 아닐 때에만 그렇겠지요.

하이워터 맞습니다.

애리엔 제 생각에 여기서 진정으로 관여되고 있는 것은 바로 다음과 같은 아름다운 신화와 결부된 과정인 것 같습니다. 그 신화에서는 검은 머리카락을 지닌 한 남자가 퓨마 한 마리를 데리고 걸어가면서 자기가 누구인지를 발견합니다.

자기가 누구인지를 발견하기 시작하면서, 그의 머리카락은 검은색에서 갈색으로 변하고, 퓨마는 표범으로 변합니다. 자기가 누구인지를 완전히 깨닫게 되면, 그의 머리카락은 타오르는 붉은색으로 변합니다. 그러고 나면 그 사람은 표범이 아름다운 사자로 변모하면서 얻은 성장의 표식을 꼬집게 되는데, 왜냐하면 자기가 유래한 어두운 장소의 기억을 원하기 때문입니다.

제 생각에 그것은 우리가 관여되는 과정인 것 같습니다. 제 생각에는 대두하는 지금이 있고, 거기에서 우리는 이중성, 또는 양극성으로부터 멀어짐으로써, 또는 그것을 꼬집음으로써 뭔가 더한 존재가 되려고 시도하는 것이 아닐까 싶습니다.

캠벨 저는 이중성을 무척 좋아한다고 말하고 싶습니다. (웃음) 하지만 문제는 이중성이 어떻게 해석되느냐이겠지요. 청동기 시대부터 시작된 구세계의 신화의 웅장한 체계에는 상당히 반대되는 체계가 두 가지 있습니다. 이것은 예를 들어 음양의 발상에서, 그리고 남녀 관계에 대한 인도의 발상에서 나타납니다. 후자에서 여성은 원초적 힘인 삭티śakti입니다. 유럽과 중국, 일본에서 양陽, 즉 남성적인 것은 하늘, 태양의 삶, 온기, 활동과 결부되는 부분으로 간주되었습니다. 그리고 여성 원리인 음陰은 어둠, 습기, 물과 결부되었습니다. 이것은 실제로 개울의 두 측면, 즉 햇빛에 빛나는 부분과 그늘이 드리운 부

영웅의 여정

분에서 유래한 용어입니다. 하나는 건조하고, 다른 하나는 축축합니다.

하지만 일반적으로 남성은 능동적 존재로, 여성은 수동적 존재로 간주됩니다. 제 생각에는 이것이야말로 유라시아 세계에서 북부의 사고를 지배하는 뭔가이며, 이는 유럽에서나 중국에서나 마찬가지입니다.

청바지라는 물건이 나오기도 한참 전에 성장했고, 심리학적으로 조건화된 사람인 저는 다음과 같이 고찰했습니다. 예전에는 남성이 검은색 넥타이를 맸습니다. 남성은 과묵했습니다. 여성은 아름다웠고, (양보를 받아) 앞에 나서곤 했습니다. 이것이 최근 서양 문명의 특성입니다. 반면 동양 사회나 원시 사회를 돌아보면, 여성은 마치 암컷 새들처럼 상당히 과묵하고, 남성이 모든 영광을 차지합니다. 우리 사회에서 이런 현상을 볼 수 있는 장소는 군대가 유일합니다. 하지만 그럼에도 불구하고 여성은 깃털 장식을 걸치고 (양보를 받아) 앞에 나서는 사람들입니다.

이제 저는 이런 점에 어마어마하게 흥미를 느낍니다. 전통적인 방식에서(이것은 동물의 방식이며, 또한 이른바 전통 사회라고 일컬을 만한 곳의 방식이기도 합니다) 남성은 꽃피우는 것이자 영광스러운 것이었으며, 여성은 상당히 억제되었으면서도 협조적인 것으로서 땅이나 마찬가지였습니다. 인도에서 연주하는 북을 보면, 깊이 울리는 북이 곧 여성 북입니다. 반면 화려하게 울리는 북이 곧 남성 북입니다.

서양 사회에서 무슨 일이 일어났는가 하면, 성에 대한 사고의 조직 가운데 상당수가 여성을 앞에 내세우는 것에 근거한다는 점입니다. 우리는 (또는 최소한 과거의 우리는) 엘리베이터에서 모자를 벗어야 합니다. 또는 여성이 방에 들어오면 우리는 자리를 양보해야 합니다. 이제 여성은 남성처럼 옷을 입기 시작했고, 남성의 옷은 변화하지 않았습니다. 그건 단지 열화되어서 뒷배경으로 물러났을 뿐입니다. 도대체 우리는 지금 어디 있는 겁니까? 지금은 유니섹스 이발소도 있습니다. 그거야말로 우스꽝스러운 일입니다. 왜냐하면 삶의 전체 에너지는 양극성에 의존하고 있기에, 그걸 포기해 버리면 우리에게 남는 것은 얼룩뿐이기 때문입니다. (웃음)

여러분도 인도를 여행해 보시면 깜짝 놀라실 겁니다. 앞서 말씀드린 것처럼 에너지의 발상에서 적극적인 국면은 삭티, 즉 여성입니다. 그리고 남성은 비활성 상태입니다. 남성은 활성화되어야 하는 대상인 것입니다.

저는 이렇게 생각했습니다. 도대체 이런 체계는 어디에서 온 걸까? 왜 이처럼 완전한 대조가 이루어지는 것일까? 양쪽 국면 모두가 완벽하게 진실입니다. 하나는 물리적 관계와 연관되어 있으며, 다른 하나는 심리학적 관계와 연관되어 있습니다. 심리학적으로 남성은 한마디로 그냥 혼자 있기를 원하는 겁니다! 저는 그런 모습을 아주, 정말 아주 강하게 목격했습니다. 여성이 어떠한지는 저도 모르겠습니다만, 장담컨대, 최상의 때는 여성이 그냥 '거기' 있을 때입니다, 예. 그럴 때에 여성은 중요한 곳에 있는 셈이 됩니다.

그리고 나면 이 작고 반짝거리는 벌레가 지나가고, 조이스가 『피

영웅의 여정

네간의 경야』의 '안나 리비아 플루라벨' 에피소드를 통해 말한 것처럼, "작고 잔물결이 이는 강의 물결"이 있습니다.

그러면 여성은 이렇게 말합니다. "아, 세계를 다시 시작하는 게 좋지 않을까?"

그러면 남성은 이렇게 생각합니다. '아, 빌어먹을, 정말로 그럴 거야.' 그러고 나면 남성은 활성화되는 겁니다.

이제 저는 이것이 완벽하게 정확하다고 생각합니다. 여성은 활성화하는 원리이고, 그리고 나서는 남성이 활성화되어서 자기한테 그렇게 다가오는 것을 보고 놀라는 겁니다! 잘 아시겠지만요! (웃음)

하이워터 그렇다면 당신께서는 여성이 결코 공격적이 되지는 않는다고 말씀하시는 겁니까?

캠벨 여성도 물론 공격적입니다. 반짝이는 별 속에 그것도 이미 들어 있습니다. 하지만 그것은 또 다른 종류의 공격성입니다. 여성의 힘은 심리학적이고 마법적입니다. 아시겠습니까. 여성의 공격성은 마법적인 것입니다. 여성은 완벽하게 순수합니다. "이런, 세상에." 뭔가가 일어나고 있으면, 그들은 이렇게 말합니다. "아, 나는 책임이 없어, 아니야. 나는 어깨를 드러내고 여기 막 들어왔는데, 무슨 일이 일어났는지 좀 봐!"

청중 조지프, 언젠가 당신은 이런 말씀을 하셨습니다. 현대의 남성이 유년기에 너무 오래 머물다 보니, 30대 중반인데도 사랑을 받지도 못하고 짝을 이루지도 못한 여성이 대륙 전체에 가득하다고, 왜냐하면 남성이 여성에 걸맞게 자라나지 못했기 때문이라고 말입니다. 제 생각에는 그것이야말로 오늘날 우리 문명의 재난 가운데 하나인 듯합니다.

캠벨　우리가 하나의 사회적 세계에서 또 다른 세계로 넘어갈 때마다, 우리는 남녀 관계와 관련해서 진정한 문화 충격을 받게 됩니다. 인도에 갔을 때가 생각납니다. 저는 여러 해 동안 인도 철학을 공부했는데, 그 내용으로 말하자면 젊은 남녀가 함께 있는 것과는 아무 관련이 없었습니다. 인도에서 혼자 있으면서 저는 이렇게 생각하기 시작했습니다. '도대체 무슨 바람이 들어서 내가 이걸 상기하게 되었을까?' 그곳에서는 눈에 띄는 여성이 단 하나도 없었습니다. 예외가 있다면 거리의 여성들, 즉 거리에서 야채나 기타 등등을 파는 여성들뿐이었습니다. 저와 교우하는 누군가의 아내인 여성은 전적으로 눈에 띄지 않았습니다. 거기서는 차라리 남성 경찰관 두 명이 서로 손을 잡고 거리를 걷는 모습을 볼 수는 있어도, 남녀 한 쌍이 거리를 나란히 걷는 모습을 결코 볼 수는 없었습니다.

저는 이렇게 생각하기 시작했습니다. '이런, 세상에. 내가 이런 일을 마지막으로 경험한 것은 예비학교에 다닐 때였지. 그곳에는 주변에 여자가 전혀 없었고, 그저 남자만 있었으니까.' 그런데 여기 또 다른 세계가…… 또 다른 세계가…… 그곳 오리사에서 저는 크나큰 충격을 받고 말았습니다.

그래서 인도는 예비학교나 다름없었습니다. 여성은 다른 어딘가에 있었습니다. 오리사에서 머무는 동안 저는 한 호텔에서 인도인들과 함께 머물렀고, 어떤 젊은 인도인 신사로부터 접대를 받았습니다. 어느 날 오후, 나는 인도 남자 한 명과 나란히 손잡고 바닷가를 걷고 있었습니다. 순간 이런 생각이 들더군요. '지금 내 모습을 진이 본다면!'

저는 그에게 말했습니다. "음, 저 때문에 시간을 내 주셨으니 감사를 드리고 싶군요." 그러자 그가 말했습니다. "아, 아닙니다. 마침 운이 좋았지요. 제가 쉬는 날이니까요." 그래서 제가 말했습니다. "오늘이 쉬시는 날인데, 그 시간을 저와 함께 있으려고, 이렇게 바닷가를 거닐기 위해 쓰셨단 말인가요? 차라리 다른 곳에 가셔서 아내며 가족과 함께 즐거운 시간을 보내시지 그러셨습니까?" "아." 그가 말했습니다. "우리는 그런 일을 할 수 없습니다. 가족을 데리고 어딘가로 가려고 하면 상당히 복잡한 일이 될 테니까요."

순간 저는 이렇게 생각했습니다. '이런, 세상에, 이곳에서 남성과 가족의 삶 사이에는 완전한 불연속성이 있구나.' 그것이야말로 저에게는 놀라운 경험이었습니다.

●

블라이 조지프, 여기서 제가 질문을 하나 해도 될까요? 당신은 삶 자체에 대한 여성의 몰두에 대해 새러 로렌스의 여학생들로부터 많은 것을 배웠다고 말씀하셨습니다. 만약 당신이 미국의 젊은 남성들에게 이야기할 기회가 있으시다면, 각자의 여성적 측면을, 또는 남성적 측면을 발달시키도록 노력하라고 제안하시겠습니까?

캠벨 저는 이렇게 말하겠습니다. '당신의 삶의 경력이 장차 어떻게 될지를 찾아내고, 그렇게 하는 방법을 잘 배우십시오.' 제가 주는 정보는 그것일 겁니다. 그 남성이 남성적인지 여성적인지는 역시나 다른 뭔가입니다. 교수법에 대한 저의 전체 태도는 이렇습니다. 일을 배우라는 겁니다. 그건 일주일 안에 배울 수는 없을 겁니다. 우리 스스로를 거기에 쏟아 부어야만 합니다. 그 일을 하는 데 드는 대가야말로, 우리가 자기 삶을 살아가는 데 드는 대가입니다. 제 결정은 그러했습니다.

블라이 그래서 당신께서는 예이츠가 말한 "격정"에 도달하게 된 것이군요. 당신은 인간의 격정이 무엇인지를 찾아내고, 그것을 따라가는 일에 관심이 있는 겁니까?

캠벨 그렇습니다. 인간이 나아가서 그 일을 하게 두는 것이지요. 그것에는 남성적이거나 여성적인 관계가 관여할 수도 있고 아닐 수도 있습니다. 그런 관계는 그가 자신의 경력으로 선택한 것의 궤적과 관련해서 다루어야만 합니다.

영웅의 여정

타니스 당신께서 신화에서 남성과 여성의 역할 차이에 관해서 말씀하실 때, 저는 문득 이런 생각을 해 보았습니다. 우선 프시케와 에로스가 어떻게 만났는지를 생각했고, 그리스 신화에는 남성 영웅이 많은 반면 여성은 비교적 적다고 생각했으며, 프시케야말로 한 예외 사례가 된다고 생각했습니다. 이 둘의 차이를 당신께서는 어떻게 보시는지를 말씀해 주실 수 있겠습니까?

캠벨 신화는 항상 전통적인 사회 상황을 다룹니다. 그런데 지금 당장 우리는 완전히 새로운 국면에 있습니다. 여성은 이제껏 그들이 가진 모든 것을 흡수했던 가정생활의 일거리에서 해방되었습니다. 이제 여성은 스스로를 위한 경력을 제창할 수도 있게 되었습니다. 보통 우리 서양 문명에서는 남성이 이렇게

말할 수 있었습니다. '나는 이것을, 저것을, 그리고 다른 것을 하겠어.' 이제는 여성도 그런 종류의 일을 위해서 해방되었다고 말할 수도 있을 겁니다. 그런데 이것은 여러 가지 문제를 만들어 내는데, 왜냐하면 여성이 선택한 경력에서 갖고 있는 유일한 모범이 남성적 모범뿐이기 때문입니다. 그중 상당수는

〈에로스와 프시케〉. 고대 조각품. 로마.

자신의 가치를 존재의 가치가 아니라 오히려 성취의 가치라고 생각함으로써, 급기야 여성이 된다는 것이 무엇인지에 대한 감각을 잃어버리고 맙니다. 그리고 이는 매우 중요한 문제를 만들어냅니다.

타나스 당신 말씀은 그런 성취가 더 남성적이라는…

캠벨 당연합니다. 맨 처음부터 그랬습니다. 예를 들어서 우리가 가진 최초의 미술, 즉 선사시대의 미술을 바라보기만 해도 알 수 있습니다. 여성의 형상은 단순히 서 있는 여성의 나체입니다. 그들의 힘은 그들의 신체에, 그들의 존재에, 그들의 현존에 있습니다. 여러 전통 사회는 마법을 본래 여성의 소유물이라고 간주하며, 이처럼 애초에는 여성의 것이었다가 남성이 훔치거나 가져왔다고 간주합니다.

남성의 이미지를 봐도 그렇습니다. 남성은 항상 '뭔가를 하게' 마련이고, 항상 뭔가를 상징하게 마련입니다. 남성은 행동하고 있습니다. 보통 원시 문화의 맥락에서 여성은 종種을, 즉 자연을 가져오는 존재이고, 남성은 사회를 가져오는 존재입니다. 이 두 가지가 주된 양극성입니다. 그리고 이것은 그 계열을 따라 곧바로 내려오는 것입니다.

●

파브로 그렇다면 오늘날의 사회의 문제란, 일부 여성이 더 성취 지향적이려고 시도하는 과정에서, 사실상 동시에 뭔가를 성취하려고 시도하는 두 집단 사이의 경쟁을 만들고 있는 것일까요? 그리고 그것이야말로 이들의 연합이 어느 정도 오래 지속되지 못하는 이유인 것일까요?

캠벨 문제가 있다면, 성취에서의 경쟁이라기보다는 오히려 (굳이 말하자면) 테니스 네트 저편에 있는 또 다른 사람을 상대하는 남편의 문제라고 해야겠지요. 저는 여학생들을 가르치며 이런 경험을 해 보았습니다. 어떤 학생이 완전히 새로운 삶의 가능성에 대해서 각성하게 된 것이 제 눈에 보이는 겁니다. 그런 일이 벌어질 때야말로 교직의 멋진 순간입니다. 왜냐하면 한 삶의 경력, 한 삶의 궤적이 스스로 모습을 드러내기 시작하는 것을 보는 셈이기 때문이지요.

그러고 나서 저는 그 여학생을 5년 뒤에, 10년 뒤에, 20년 뒤에, 30년 뒤에 동문회에서 만나게 됩니다. 그럴 때면 아내를 인간으로서 발전하도록 한 남편을 둔 사람이 누군지를 알아볼 수 있지요.

여기서 다른 가능성은 결혼하면서 단지 아내를 기대한 남성이 누군지를 보게 되는 겁니다. 음, 우리는 아내가 무엇인지에 대한 원형을 갖고 있습니다. 그리고 이것은 매우 유용한 원형입니다. 양쪽 계열 모두 발전할 수 있지만, 그것은 주로 남성의 경력과 관련해서 그러할 뿐이며, 여성의 경력은 오히려 자녀와 관련됩니다. 하지만 우리가 가정에 두 가지 경력을 갖고 있고, 개인의 발전이 (항상 평행하지는 않은) 두 가지 경로로 이루어진다면, 그 가정에는 상당히 많은 사랑이 필요합니다. 제 말뜻은, 다른 사람을 인간으로서 발전하도록 도와주는, 그리고 그 관계를 계속 유지하는 진짜 교육적 참여를 가리키는 겁니다. 이들을 한데 붙잡아 주는 요소는 관계를 최우선으로 만듭니다. 관계를 통해서 각자의 발전이 일어납니다. 우리가 희생할 경우, 우리는 다른 사람을 위해서 희생하는 것이 아닙니다. 우리는 관계를 위해 희생하는 것입니다. 관계는 우리 자신의 삶의 발전과 관련되기 때문입니다.

따라서 결혼을 지속적이고 긴 연애로 생각하는 사람은 문제에 직면할 가능성이 있습니다. 왜냐하면 결혼은 연애가 아니기 때문입니다. 결혼은 오히려 시련이라고 말하는 편이 적절합니다. (웃음) 여기서의 시련은 곧 개인의 발전의 시련입니다. 만약 개인의 발전이 일어나지 않는다면, 음, 그게 무슨 소용이 있겠습니까?

스스로를 '아니무스'와 동일시하는 여성이 있을 경우, 그녀는 여성 중역의 일상적인 업무를 얻게 됩니다. 그녀는 스스로를 자기 삶의 남성적 국면과 동일시하고, 급기야 자신의 여성성을 잃어버립니다. 그녀는 오로지 성취에만 관심이 있게 됩니다. 이때 불운한 점은 그녀가 주위 환경에 끼치는 영향을 스스로 깨닫지 못한다는 것입니다. 그녀의 인간 관계는 줄줄이 악화되어 버립니다. 그러고 나면 그녀는 걱정하기 시작합니다. '도대체 무슨 문제가 있는 걸까? 내가 때때로 살펴보았는데도 말이야.'

우리가 '아니무스 여성'이라고 부르는 것, 즉 남성이 되려는 의도에 의해 활성화된 여성이 바로 이런 경우입니다. 이런 상황은 여성으

영웅의 여정

로서 그녀의 삶을 파괴합니다. 나아가 그녀의 다른 모든 관계까지도 파괴하고 맙니다.

●

케나드 트리스탄과 이졸데도 개인적 발전을 가졌을까요?

캠벨 트리스탄과 이졸데의 경우에는 이것이 12세기의 문제입니다. 세계 모든 사회에는 개인적인 결혼이 아니라 오히려 사회적으로 주선된 결혼이 있습니다. 초기 원시 부족 가운데 일부, 그리고 소농 사회의 일부도 이와 같은 종류의 것을 갖고 있을 겁니다. 하지만 구조화된 사회에서는 가족이 모든 주선을 합니다. 오늘날 세계의 대도시 가운데 하나인 뉴델리에서 발행되는 신문을 보면 아내를 구하는 광고가 실리는데, 그 광고는 결혼 중개업자나 가족이 낸 것입니다. 이때 젊은 여성은 자기가 누구와 결혼할지도 모르는 겁니다. 한번은 어느 가정의 딸들이 오빠에게 이렇게 묻는 것을 들은 적이 있습니다. "그 남자 어떤 사람이야?" 여성은 결혼하는 순간이 될 때까지는 자기랑 결혼할 사람을 보지도 못하기 때문입니다.

음, 이런 일은 계속되고 있습니다.

중세에도 이와 똑같은 상황이었습니다. 왕족과 귀족 신분의 젊은 여성은 단순히 정치적 장기판의 졸^卒에 불과했습니다. 온갖 종류의 가족 관계에 따라서 이곳으로, 저곳으로, 또 다른 어딘가로 끌려갔기 때문입니다.

파브로 정치적으로는 그게 더 수지맞았을 테니까요.

캠벨 맞습니다. 교회가 그런 관습을 용인하게 되자, 그때부터 '두 사람이 한 몸이 된다' 운운 하는 이야기가 나오게 되었습니다. 실제로는 두 은행 계좌가 하나로 되는 셈이었지만 말입니다. 급기야 귀족도 이런 관습을 진정으로 격하라고 느끼기 시작했습니다.

그러다가 사랑이, 즉 눈맞음이, 결혼보다도 훨씬 더 높고 더 영적인 경험으로 나타났습니다. 바로 '라무르l'amour(사랑)'의 개념이 나타난 것입니다.

케나드 그렇다면 사랑이란 12세기의 발명품이라는 건가요?

캠벨 아닙니다. 하지만 음유시인의 전통에서 사랑을 결혼보다 우월한 것으로 간주하는 사랑 예찬은 그렇다는 겁니다. 바로 그 시기에 프랑스 남부의 프로방스어 시에서 사랑에 관한 그 모든 문제가 나타났습니다. 우리의 심리학적 전통은 바로 거기서부터, 즉 사랑이 무엇인지를 분석하려 시도하면서부터 시작된 겁니다.

그러다가 12세기 중반경에 기로 드 보르넬이라는 위대한 시인이 나왔습니다. 사랑이 무엇인지에 관해서는 많은, 참으로 많은 논의가 있었습니다만, 기로 드 보르넬의 답변은 그 의미 모두를 진정으로 요

영웅의 여정

약한 답변이었습니다. 그는 이렇게 썼습니다. "눈은 가슴의 척후이니, 마음에 추천할 이미지를 찾으러 앞으로 나아간다." 눈이 어떤 이미지를 찾아냈을 때, 그 마음이 온화한 마음이라면(이것이 바로 핵심 단어입니다), 다시 말해서 단순히 욕정만이 아니라 사랑까지도 할 수 있는 마음이라면(욕정과 사랑은 완전히 다른 것이니까요), 사랑이 태어나는 겁니다. 제가 앞서 말한 것처럼, 욕정은 단순히 서로를 향한 사타구니의 열망이니까요.

고트프리트 폰 슈트라스부르크의 『트리스탄』은 사랑의 신비를 예찬하는 수준 높은 작품입니다. 마르크 왕은 이졸데를 본 적이 전혀 없었습니다. 이졸데도 마르크 왕을 본 적이 전혀 없었구요. 오히려 트리스탄이 먼저 그녀를 보았는데, 전투 중에 독이 묻은 검에 부상을 입은 까닭에, 애초에 그 독을 만든 장본인인 이졸데의 어머니에게(마침 그 어머니의 이름도 딸과 똑같이 이졸데였습니다) 찾아가서 치료를 받았던 것입니다. 바로 그곳에서 그는 이졸데와 사랑에 빠졌습니다. 하지만 그 어리석은 친구는 자기가 그녀와 사랑에 빠졌다는 사실조차도 몰랐습니다. 급기야 귀국한 트리스탄은 더블린에서 만난 멋진 여성 이야기를 숙부인 마르크 왕 앞에서 꺼냅니다.

그러자 귀족들이 말합니다. "음, 국왕 전하께서 혼인하신다면 경사이니, 어서 이졸데를 모셔 옵시다." 그리하여 트리스탄은 이졸데를 데리러 돌아가고, 이 과정에서 황당한 모험이 줄줄이 벌어집니다.

이때 이졸데의 어머니는 피차 초면인 남편과 아내가 서로 사랑할 수 있도록 사랑의 묘약을 만듭니다. 그런데 배를 타고 돌아오던 중에

트리스탄과 이졸데는 우연히 그 사랑의 묘약을 마시고 서로 사랑하게 됩니다. 하지만 이것은 사회적 상황이라기보다는 오히려 개인 대 개인의 연애입니다. 사랑 대 결혼의 모든 긴장이 여기에서 발전됩니다.

물론 다른 문제들도 있었습니다. 과연 이들이 죄를 범한 걸까요? 대죄를 범하기 위해서는 그에 걸맞게 중대한 문제, 충분한 숙고, 의지의 완전한 동의가 있어야만 합니다. 하지만 사랑의 묘약을 마신 상태이니, 일단 의지의 완전한 동의는 전혀 없는 셈이지요.

나중에 시인 두 명이 이 문제를 수정해서, 결국 사랑의 묘약의 힘은 겨우 이틀이나 사흘밖에는 지속되지 않았다고 여겨지게 되었습니다. 따라서 그 기한이 지난 뒤에는 두 사람 모두 죄를 범한 셈이지요. 그때부터는 두 사람도 대죄의 문제를 겪게 되는 겁니다. 하지만 이건 지금 우리의 문맥과는 상관없는 또 다른 이야기입니다.

그다음에 결혼과 사랑 사이의 긴장을 해소해야 하는 문제가 나타납니다. '아모르amor'는 사랑을 뜻하는 프로방스어입니다. '아모르'를 거꾸로 쓰면 '로마roma'가 되는데, 이는 결혼의 중요성을 강조한 로마 가톨릭을 뜻하지요. 따라서 결혼과 사랑은 정반대인 겁니다.[6]

알리에노르 다키텐[7]과 마리 드 프랑스와 블랑카 데 카스티야와 그 딸들과 그 후손의 시대인 12세기에만 해도 여성은 이런 사건을 매년 겪었으며, 우리는 음유시인의 보고를 통해 그 내용을 알고 있습니다. 예를 들어 한 청년이 궁정(사랑의 법정)을 찾아와서 이렇게 하소연합니다. "저는 이 부인께 저 자신을 바쳤건만, 그녀는 안 된다고, 자기한테는 이미 애인이 있다고 말했습니다. 그러면서 그 애인이 없어지면 저를 받아들이겠다고 말했습니다."

그런데 그 여성은 남편이 사망한 이후에 또 다른 애인과 결혼했습니다. 그러자 앞선 다른 애인 후보자가 나타나서 이렇게 말했습니다. "자, 이제는 가능하겠지요." 그러나 그 여성은 말합니다. "어, 안 돼요, 저는 지금의 남편을 사랑하니까요." 그러자 애인은 이렇게 말합니다. "말도 안 돼요! 이미 결혼한 부부 간에 사랑이 성립할 수는 없어요. 그건 형용모순이잖아요!" 결국 애인은 이 문제를 가지고 궁정을 찾아갔고, 궁정은 그녀가 약속한 이상 그를 애인으로 받아들여야 한다고 판결했습니다! 음유시인의 이야기는 정말 경이롭습니다.

●

브라운 당신께서는 대부분의 사람들이 이와 같은 사랑의 경험을 한다고 말씀하시는 겁니까?

캠벨 모두가 그렇다고 말하려는 것은 아닙니다만, 상당히 많은 사람들이 이런 경험을 한다는 겁니다. 사랑에 빠지는 일이 우리의 삶에서 벌어지는 사건들 중에서도 가장 신중한 형태의 사건과 항상 일치하는 것은 아닙니다. 사랑의 유혹이 암시하는 우리 삶의 인력과 우리 삶의 진행 사이의 그러한 연속성 때문에, 사람들은 『트리스탄과 이졸데』 같은 이야기에 관심을 가지는 겁니다. 중세에 이 긴장의 해소는 볼프람 폰 에셴바흐의 『파르치팔』로 가능했습니다. 바로 이 작품에서는 사랑과 결혼이 합쳐졌던 것입니다. 이것이야말로 걸작입니다. 그리고 제가 가장 좋아하는 사랑 이야기입니다.

케나드　어떤 이야기인지 좀 말씀해 주시겠습니까?

캠벨　상당히 긴 이야기랍니다. 여러분……

볼프람 폰 에셴바흐의 성배 로맨스는(그 출간 연도는 1215년입니다) 이 위대한, 정말 위대한 로맨스의 진정한 마무리입니다. 그는 이 문제에, 즉 '아모르'와 '로마' 사이의 긴장이라는 문제에 직면했습니다. 중세에는 그런 문제가 엄연히 있었으니까요. 사랑은 우리 삶에 찾아오는 재난이나 다름이 없었는데, 왜냐하면 그것에 대한 처벌은 바로 죽음이었기 때문입니다. 다시 말해, 사랑 때문에 죽음으로 처벌당할 수 있었다는 겁니다!

고트프리트 폰 슈트라스부르크의 『트리스탄』에는 한 가지 멋진 장면이 나옵니다. 주인공 남녀가 사랑의 묘약을 마신 직후, 원래 사랑의 묘약을 잘 간수해서 자칫 바다에 빠트리지 않게끔 하는 임무를 맡았던 시녀 브랑기엔은 깜짝 놀라 트리스탄에게 이렇게 말합니다. "당신은 자신의 죽음을 마신 겁니다!"

그러자 트리스탄은 이렇게 대답합니다. "당신 말이 무슨 뜻인지 모르겠습니다."

이러한 번민이야말로 중세가 관심을 가졌던 중요한 문제였습니다. 왜냐하면 사랑의 고통이란 곧 삶의 고통이었으니까요. 우리의 삶이야말로 우리의 고통이 있는 곳이라고도 말할 수 있을 겁니다. 바로 그러한 번민의 경험에 삶의 본질이 들어 있습니다.

따라서 트리스탄은 이렇게 말합니다. "당신이 말한 죽음이 혹시나 우리가 발각될 경우에 당할 처벌을 뜻한다면, 나는 그걸 받아들이겠습니다. 당신이 말한 죽음이 혹시나 지옥의 불길 속에서의 영원한 죽음을 뜻한다면, 나는 역시나 그걸 받아들이겠습니다."

이것이야말로 어마어마하고도 강력한 주장이었습니다. 왜냐하면 그 당시 사람들은 지옥이 있다고 믿었기 때문입니다.

이에 대해서 제가 생각할 수 있는 유일한 답변은, 마이스터 에크하르트의 다음과 같은 멋진 격언입니다. "사랑은 고통을 전혀 모른다." 따라서 비록 우리가 지옥에 있더라도, 사랑하는 사람이 곁에 있다면 괜찮으리라는 겁니다. 바로 이것이야말로 볼프람이『파르치팔』

〈트리스탄에게 부상을 입히는 모롤드〉. 영국 처트시 수도원의 타일. 1270년경.

〈이졸데에게 하프를 가르치는 트리스탄〉. 영국 처트시 수도원의 타일. 1270년경.

을 저술할 때에 직면했던 분위기였습니다. 결혼과 사랑의 양극성에 대한 중세의 극복은 『트리스탄과 이졸데』로 상징되었고, 결국 볼프람 폰 에셴바흐의 『파르치팔』에서 진정으로 성취되었던 것입니다.

○○○○

성배 로맨스는 우리 마음에 들어 있는 하느님의 로맨스입니다. 그리고 그리스도는 은유가 됩니다. 우리 삶의 지지와 존재인 초월적 힘의 상징인 것입니다.

조지프 캠벨, 〈미토스 III : 서양 전통의 형성〉 중에서

○○○○

캠벨 성배 로맨스의 문제는 바로 황무지라고 알려진 것입니다. 황무지란 무엇일까요? 우리는 T. S. 엘리엇의 시 『황무지』(1922)에서 그 단서를 얻을 수 있습니다. 질문은 이렇습니다. '어떻게 해야만 황무지를 만물이 번성하여 꽃이 만발한 땅으로 바꿀 수 있는가?' 황무지란 진정성 없는 삶을 살아가는 사람들의 땅을 말합니다. 그들은 단지 살기 위해서 일자리를 얻으며, 그것이야말로 쓰레기 같은 삶입니다. "이런 쓰레기 어디에서 삶이 나올 수 있는가?"[8] 시인은 어디선가 이렇게 묻습니다.

중세의 상황도 딱 그랬습니다. 그 당시 사람들은 자기가 믿지 않는 종교를 향한 믿음을 공언하도록 강요받았으며, 자기가 결혼했지만

영웅의 여정

사랑하지는 않는 사람을 향한 사랑을 공언하도록 강요받았기 때문입니다. 그 당시의 사람들은 자기 힘으로 얻은 것이 아니라 그냥 물려받은 지위를 유지했습니다. 따라서 이것이야말로 진정성 없는 삶의 맥락이었습니다. 볼프람은 바로 이것을 황무지라고 보았습니다.

볼프람은 파르치팔의 아버지 가흐무렛[9]의 이야기부터 시작합니다. 기사이자 모험가인 그는 바그다드의 칼리프를 섬기게 됩니다. 즉 기독교인 기사가 무슬림 군주를 섬기게 된 것입니다. 볼프람은 기독교 전통의 한계에서 비약해 이슬람교를 기독교의 자매 종교로 인식했습니다. 칼리프를 섬기던 중에 가흐무렛이 차차망크라는 곳에 가게 됩니다. 그곳은 벨라카네라는 흑인 공주가 다스리고 있었습니다. 그는 공주의 대리 전사가 되어서 적군의 공성을 물리치고, 결국 그녀의 남편이 됩니다. 결국 둘 사이에서 아들이 태어나지만, 남편은 아이가 태어나기도 전에 이른바 '야반도주'했습니다.

그는 다시 웨일스로 돌아가서 헤르체로이데라는 여왕을 만납니다. 그리고 마상 창시합에서 우승해서 그녀의 남편이 됩니다. 이로써 두 여왕의 남편이 된 셈입니다. 그는 여기서도 아들을 낳았지만, 훗날 칼리프에게 돌아갔다가 전사하고 맙니다.

근동에서 태어난 아들의 이름은 파이레피스이고 흑백 혼혈이었습니다. 웨일스에서 태어난 아들의 이름은 파르치팔이었습니다. 따라서 기독교인 기사인 파르치팔에게는 본인도 미처 몰랐던 무슬림 형제가 있었던 셈입니다.

파르치팔의 어머니는 아들이 기사에 관해서 털끝만큼도 모르게 하기로 작정했습니다. 그런 터무니없는 짓은 더 이상 안 된다는 거였습니다! 그래서 어머니는 코네티컷이나 뭐 그와 비슷한 곳으로, 그러니까 인적이 없는 오지로 가서, 자기 아들을 농가에서 키웠습니다. 그래서 이 아이는 기사도에 대해서 전혀 아는 게 없었습니다. 하지만 아버지에게서 물려받은 기개와 담력과 고귀한 마음을 갖고 있었습니다. 비록 본인은 몰랐지만 사실은 타고 난 기사였던 것입니다.

그러다가 열다섯인지 열여섯 살쯤 되었을 때, 밭에 나가 있던 그는 말을 타고 오는 기사 세 명을 보게 됩니다. 그는 이들을 천사라고 생각했습니다. 어머니가 예전에 그렇게 둘러댔기 때문이었습니다. 그래서 그는 무릎을 꿇었습니다. 그러자 기사들이 말했습니다. "일어서게. 우리한테 기도를 하면 안 되지. 우리는 기사들일 뿐이니까. 아서 왕 궁전의 기사라구."

그러자 파르치팔이 말했습니다. "기사가 뭔데요? 어떻게 해야 기사가 되어서 아서 왕 궁전에 갈 수 있습니까?"

"아, 궁전은 바로 저쪽에 있다네."

파르치팔은 어머니에게 달려가서 말했습니다. "저는 기사가 되고 싶어요." 이 말에 어머니는 기절하고 맙니다. 그리고 나서는 아들을 바로잡기로 작정하지요. 일부러 기사가 아니라 어릿광대 의상을 마련해 주었는데, 아들은 멋도 모르고 그걸 걸친 채로 출발했습니다. 어머니는 큰길까지 뒤따라갔다가, 아들이 모퉁이를 돌아가는 순간에 쓰러져 죽었습니다. 파르치팔의 경력은 그렇게, 즉 어머니를 죽임으로써 시작되었습니다. 그리 상서로운 출발은 아니었죠.

250
영웅의 여정

그는 하루 종일 말을 타고 갔습니다. 밤이 되자 말이 작은 시골 성 앞에 멈춰 섰습니다. 그 성의 주인은 기사였는데, 아들 셋이 마상 창 시합에 나가서 모두 죽었습니다. 마침 딸이 하나 남아 있었는데, 이쯤 되면 어떤 상황인지 이해하실 겁니다.

그러다가 파르치팔이 나타나자, 성 사람들은 그를 저 위대하고 유명한 붉은 기사라고 오해하고 반깁니다. 목욕을 하려고 갑옷을 벗게 되자, 그 속의 몸은 온통 녹투성이였습니다. 사람들이 녹을 제거했더니, 결국 어릿광대의 모습이 드러났습니다.

하지만 성의 주인 구르네만츠는 훌륭한 체격을 보고는 이 청년이 대단한 인물이라고 깨닫습니다. 그래서 그는 청년을 받아들여서 기사다운 전투의 규칙이며, 말 모는 방법이며, 다른 여러 가지 전투 규칙들을 가르칩니다. 그런 규칙들 가운데 하나는 이러했습니다. '기사는 불필요한 질문을 던지지 않는다.' 그런데 이 규칙은 오히려 좋지 못했던 것으로 뒤늦게 드러납니다.

구르네만츠는 이 청년을 아들로 삼고 싶은 마음이었습니다. 그래서 매우 귀여운 장면에서, 그는 딸을 파르치팔에게 아내로 주겠다고 제안합니다. 자기는 아들을 또 하나 얻고, 딸은 남편을 얻을 수 있을 테니까요.

파르치팔은 이렇게 생각합니다. '나는 아내를 남에게 하사받아서는 안 돼. 오히려 내 힘으로 아내를 얻어야 된다고.' 이것이야말로 새로운 철학의 시작이었습니다. 무슨 말인지 아시겠습니까? 그는 단순히 사회가 우리에게 부여한 것을 받아들인다는 발상에서 탈피했던 것입니다. 매우 섬세하게 다루어진 장면에서 이 두 가지는 서로 분리됩니다. 파르치팔은 이제 변화된 기사가 되어서 말을 타고 성을 떠납니다. 그는 고삐를 말 목 위에 느슨하게 내려놓습니다. 이것이야말로 중세 신화에서는 물론이고 다른 신화에서도 주된 이미지입니다. 여기서 말은 자연의 힘을 상징하고, 말에 올라탄 사람은 통제하는 정신을 상징합니다. 느슨하게 내려놓은 고삐는 이 사람이 자연에, 즉 자신의 본성에 올라타고 있음을 뜻합니다. 이 말도 주인과 똑같은 마음을 지닌 고귀한 말입니다.

말은 하루 종일 그를 태우고 갔고, 저녁이 되자 뭔가 곤경에 처한 어느 성에 도착합니다. 그곳에는 어린 나이에 고아가 된 여왕이 있었습니다. 그녀의 이름은 콘드비라무어스였고(사랑의 인도자를 뜻하는 '콩뒤르 아무르conduire amour'에서 온 이름입니다) 나이는 파르치팔과 똑같았습니다. 그는 도착하자마자 당연히 갑옷을 벗고, 기분 좋은 목욕을 하고, 부드러운 잠옷과 등등을 얻고, 곧이어 잠잘 때가 되자 침대도 얻게 됩니다.

그런데 한밤중에 파르치팔이 잠에서 깨어 보니, 여왕이 침대 옆에 무릎을 꿇고서 우는 겁니다. 그는 앞서 다른 기사들한테 들었던 것과 똑같은 말을 합니다. "저에게 무릎을 꿇어서는 안 됩니다. 무릎은 오로지 하느님께만 꿇으셔야지요. 혹시 이 침대가 필요하신 거라면, 제가 여기서 나가겠습니다." 그러자 여자가 이렇게 말합니다. "저를 건드리지 않으시겠다고 약속하신다면, 제가 옆에 누워서 자초지종을 설명드리겠습니다."

그런데 볼프람은 이렇게 설명합니다. "하지만 그녀는 전쟁을 위한 복장을 갖추고 있었다. 투명한 잠옷을 걸치고 있었던 것이다."

그리하여 여자는 침대에 눕더니, 울면서 자신의 사연을 설명했습니다. "제가 사는 성은 공격을 받고 있습니다. 클라미데라는 기사가 있는데, 세계에서 가장 뛰어난 기사로서, 저의 재산을 원할 뿐만 아니라 저를 아내로 원하기까지 합니다." 여기서 또다시 옛날 중세의 요소가 나타납니다. 보시다시피 앞서 파르치팔이 저항했던 것처럼 그녀 역시 저항하고 있는 겁니다.

여자가 말했습니다. "하지만 제 성의 탑이 얼마나 높은지는 당신도 보셨겠지요. 저로선 그 사람과 결혼하느니 차라리 이곳의 가장 높은 탑에서 해자로 뛰어내릴 겁니다." 그 기사는 연애를 성사시키기 위해서 자기 휘하의 뛰어난 장군에게 군대를 주어 파견했던 겁니다. 그러자 파르치팔이 말했습니다. "음, 그러면 제가 내일 아침에 그를 죽이겠습니다."

그러자 여자가 말했습니다. "그러면 딱이겠네요."

그래서 아침에 도개교를 내리자, '빠라밤' 하고 붉은 기사가 나타나서 말을 달렸습니다. 그가 적군의 대장과 맞붙자마자 상대방은 땅위에 큰 대자로 뻗어 버렸습니다. 파르치팔이 상대방의 가슴을 무릎으로 누르고 투구를 벗긴 다음, 이제 머리를 베려고 하자 상대방이 황급히 말합니다. "항복이오!"

파르치팔이 말했습니다. "좋소. 그러면 당신은 아서 왕 궁전으로 가시오. 그리고 당신이 내 부하이고, 내 명령에 따라 그곳에 왔다고 말하시오.”

　이런 일이 두 번이나 더 벌어지자, 아서 왕 궁전에서도 이렇게 생각하기 시작합니다. ‘이런! 우리가 미처 찾아내지 못한 인재가 있었군!’ 그래서 궁전에서는 뒤늦게야 그를 찾아 나서기로 작정합니다.

　파르치팔이 성으로 돌아오자 콘드비라무어스는 이미 기혼 여성이 하는 방식으로 머리를 올린 상태였습니다. 그리하여 영적 결혼이 이루어진 것입니다. 두 사람은 서로를 자발적으로 선택한 것입니다. 파르치팔도 실제로 아내를 선택한 것입니다. 그리하여 두 사람은 그날 밤에 한 침대를 쓰게 되었습니다.

　볼프람은 이렇게 말합니다. “오늘날의 여성이라면 그날 두 사람이 잠잤던 모습을 기뻐하지 않을 것이다.” 왜냐하면 파르치팔은 심지어 아내를 건드리지조차 않았기 때문입니다. 그는 이런 방면으로 아무것도 몰랐습니다. 이틀 밤낮이 더 지나는 동안, 두 사람은 이런 식으로 그냥 행복했습니다. 그러다가 세 번째 날이 되어서야 그는 어머니

성배의 성에서 왕이 하사하는 검을 받는 파르치팔. 중세 필사본. 1330년경.

영웅의 여정

가 포옹에 관해서 이야기했던 것을 기억해냅니다. 아울러 기사도의 조언자 구르네만츠도 남편과 아내가 하나라고 설명했던 겁니다.

볼프람은 이렇게 말합니다. "감히 말씀드리건대, 두 사람은 서로의 팔다리를 뒤얽었으며, 이것이야말로 줄곧 했어야 하는 행동이었다고 느꼈다."

여기에 들어 있는 발상은 이렇습니다. 즉 신체적인 것은 곧 사랑의 완성이고, 또한 신체적인 것의 성례화는 곧 사랑이라는 것입니다. 여기서는 성직자가 전혀 관여하지 않았습니다. 여기서 사랑은 결혼으로 완수되었으며, 결혼은 곧 사랑의 완성이었던 것입니다. 이로써 모든 것이 새로운 시야로 접어들게 되었습니다. 중세 기사에게는 다섯 가지 덕목이 있었습니다. 절제, 용기, 충성, 예의, 사랑이었습니다. 그리고 이 청년은 이 모든 덕목을 보유한 사람이었습니다.

●

파브로 당신이 말씀하신 이야기가 그 집필 당시의 유럽에는 어떤 영향을 끼쳤을까요? 과연 많은 사람들이 읽었을까요, 아니면 어디까지나 당신 혼자서 신화 연구를 통해서만 뭔가 영향을 끼쳤다고 느끼시는 걸까요?

캠벨 그 시절에는 아서 왕 로망스의 거대한, 정말 거대한 물결이 있었습니다. 그 시작은 몬머스의 제프리가 라틴어로 저술한 『브리튼 군주사』였습니다. 앵글로색슨족의 도래 이전 브리튼 왕들의 전설을 엮은 책이었는데, 그중 첫 번째 인물은 훗날 브리튼이라는 이름의 유래가 된 브루트였습니다. 거기서 아서 왕은 한창 도래하던 앵글로색슨족에 맞서 싸운 전사로 나옵니다.

이때부터 켈트족 영웅이며 켈트족 테마와 관련이 있는 이야기들의 물결이 일어났습니다. 여기서 중요한 점은 이 특정한 로망스가 사람들에게 영향을 주었다는 것이 아니라, 오히려 이 로망스가 그 시기의 사고에서 전체 유행의 징후를 나타냈다는 것이었습니다. 이 로망스들은 기독교에 동화하려는 유럽의 시도를 슬쩍 받아넘긴 셈이었습니다. 기독교는 세계의 또 다른 지역에서 온 것이었습니다. 즉 근동에서 외래 종교로 온 것이었고, 유럽에 강제로 부과된 것이었습니다. 11세기와 12세기, 그리고 13세기 초에 이르러 유럽은 기독교와 동화되기 시작했습니다. 1200년대 경에 피오레의 요아킴이라는 주교인지 수도원장인지는 「영靈의 세 시대」라는 선언문을 간행했습니다.

영의 첫 번째 시대는 유대교의 시대이자 성부聖父의 시대라고 했습니다. 이 시기에는 성육신의 그릇이 될 가치를 지닌 사제 집단의 준비가 이루어진다고 했습니다.

영의 두 번째 시대는 성자聖子와 교회의 시대로서, 그 메시지를 세계에 가져온다고 했습니다. 영의 세 번째 시대는 15세기에 대두할 예정이었는데, 그것이 바로 성령聖靈의 시대이자 성신聖神의 시대로서, 이때가 되면 성령이 직접 말해서 가르치고, 교회라는 제도는 점차 없어진다고 했습니다.

물론 이단적인 주장이었고, 실제로도 이단으로 단죄되었지만, 그래도 당시에는 인기를 끌었습니다. 성배의 성은 바로 이 새로운 경험에 참여하는 성입니다. 성배의 기사는(갤러해드이거나 파르치팔이거나 간에) 불타는 듯한 붉은색 갑옷을 입고서 오순절, 즉 성령강림절에 아서 왕의 성에 나타납니다. 그리하여 성배의 기사는 그리스도에 상응하는 것입니다. 즉 그는 성령의 그릇인 것입니다.

이 모든 일탈은 바로 그 책에 두드러진 것이었으며, 이것이야말로 정통 기독교의 패턴에서 벗어나는 일탈이었습니다.

●

캠벨 12세기 말, 그러니까 1160년에서 1170년 사이에 나온 『트리스탄』 이야기의 연대에는 흥미로운 점이 있습니다. 똑같은 시기에 인도에서는 크리슈나 신앙이 한창이었는데, 여기서는 크리슈나 신이 유부녀인 라다와 완전히 사랑에 빠져 버립니다.

이것 역시 규칙을 깨트리고 법칙을 깨트리는 사건이었습니다. 종교적 황홀이 합리성의 경계를 벗어나 비합리적인 것으로, 즉 스스로를 완전히 내어줌으로 나아갔기 때문이었습니다. 그리고 이 일에 관여한 것은 바로 신 자신이었습니다.

이를 예찬하는 주요 시가 「기타 고빈다Gītā Govinda」, 즉 '소치기의 노래'이며, 자기 스승의 딸과 사랑에 빠진 젊은 '브라만'이 지은 것이었

사랑의 황홀 속에 있는 크리슈나와 라다. 남인도. 18세기. "그 당시에
는 성애적 신비주의가 만연했습니다."

습니다. 저자는 스스로를 크리슈나로 묘사했고, 자기 애인을 라다로
묘사했습니다. 이 작품은 아서 왕 로맹스와 똑같은 시기에 나왔습니
다.

　그보다 한 세기, 또는 반세기 전에는 일본에서 무라사키 시키부의
『겐지 이야기』가 나왔는데, 이것 역시 사랑의 이야기인 동시에 '사물
의 한숨'의 경험에 관한 이야기였습니다. '사물의 한숨'이란 사물의

　　　　　　　　　　　　　　　영웅의 여정

미세한 한숨, 즉 "모든 삶은 고통이다"라는 붓다의 가르침입니다. 유럽에서 중국해에 이르는 귀족 세계 전체에 걸쳐서, 우리는 영적 경험으로서의 귀족적 사랑에 대한 문헌 증거들을 이렇게 갖고 있습니다. 이슬람에서는 수피가 있었습니다. 『아라비안 나이트』를 보면 절대적인 사랑에 관한 이야기가 많이 나옵니다. 예를 들어 5000디나르의 가치를 지닌 여자가 나오고, 그 여자에게 목숨을 거는 남자가 나오는 겁니다.

그 당시에는 온 세계가 이런 것으로 가득했었습니다.

이제 수피는 이렇게 말할 겁니다. '그렇다. 유럽은 우리한테서 절대적 사랑이라는 개념을 가져갔지만, 그만 오해하고 말았다.' 하지만 실제로는 그렇지가 않았습니다. 유럽은 아마도 수피한테서 그것을 가져왔겠지만, 그렇다고 해서 오해한 것까지는 아니었습니다. 그들은 그것을 다시 읽었을 뿐입니다. 동양에서 여성은 (실제로) 여성성의 상징입니다. 그런 사랑의 대상 중에는 더 열등한 카스트에 속한 여성도 종종 있었습니다. 반면 유럽에서는 사회적으로 동등한 위엄을 지닌 귀부인이 그런 사랑의 대상이었으며, 그녀는 여신으로서가 아니라 (특정한 인물로서 호칭되며) 그 여성으로서 남았습니다.

따라서 매우 중요한 차이가 나타났습니다. 그리고 프로방스의 음유시인 전통과 독일의 '민네징어Minnesinger'(이 이름은 '사랑의 가수'라는 뜻이므로 결국 음유시인과 같은 뜻입니다) 사이에도 차이가 나타났습니다. 프랑스에서는 사랑의 대상이 대개 높은 신분의 귀부인이었습니다. 하지만 독일에서는 중세의 가장 위대한 서정 시인인 저 놀라운 인물 발터 폰 데어 포겔바이데가 있었습니다. 그의 시는 그저 사랑스럽고 아름다운 여자들에 관한 이야기로 가득합니다. 어딘가에서 그는 '여성'이라는 단어가 '귀부인'이라는 단어보다 더 고귀하다고 말하기도 했습니다.

따라서 사랑에 관한 이 중세의 발상은 여러 가지 방식으로 굴절될 수 있습니다. 하지만 지상의 한쪽 끝에서 다른 한쪽 끝까지, 그 당시에는 성애적 신비주의가 만연했습니다.

제5장

◆

혜택

완전한 순환 주기인 단일 신화의 규범에 따르면, 이제 영웅
은 지혜의 룬 문자, 황금 양털, 잠자는 공주를 다시 인간의
왕국으로 가져오기 위한 노고를 시작하는 것이 필수이다.
인간의 왕국에서 그 혜택은 공동체, 국가, 행성, 또는 1만
개의 세계를 갱신하도록 반향을 일으킬 수 있다.

조지프 캠벨, 『천의 얼굴을 가진 영웅』 중에서[1]

1944년에 발행한 『피네간의 경야로 들어가는 열쇠』의 공저자인 헨리 모턴 로빈슨과 함께한 캠벨(왼쪽). 로빈슨은 이 사진을 캠벨에게 선물하면서 뒷면에 이렇게 적었다. "친애하는 조. 이건 자네 걸세. 액자에 넣기 딱이군. 자네가 아주 잘 생기게 찍혔으니까. 나는 아주 대머리로 찍혔고 말이야. 론도가."

1943년에 조지프 캠벨은 친구 겸 멘토인 하인리히 침머의 제안으로 볼링엔 재단의 최초 간행물인 모드 오크스의 『두 아들이 아버지에게 온 곳: 나바호족 전쟁 예식』의 편집과 주석 작업을 담당하게 되었다. 그는 이 작업을 통해 "완전한 원을 그리며 버펄로 빌로 돌아가게" 되었다고 회고했다. 이듬해에 그는 작가 헨리 모턴 로빈슨과 협업하여 최초의 주저인 『피네간의 경야로 들어가는 열쇠』를 출간했고, 『그림 형제 동화 전집』에 대한 민속학적 주석서도 출간했다.

1943년에 침머가 폐렴으로 사망하자, 캠벨은 고인의 미국 강연문을 책으로 편찬하는 힘겨운 작업을 떠맡았고, 이후 12년간의 작업 끝에 인도 미술과 신화에 관한 유고를 네 권으로 간행했다. 아울러 그는 훗날 학생들과 예술가들로부터는 추종을 얻어내는 동시에 여러 학자들로부터는 경멸을 얻어내게 될 저서 『천의 얼굴을 가진 영웅』의 집필에 돌입했다. 1949년에 간행된 이 책은 미국 문예협회 문예창작 기여상을 받았으며, 오늘날까지 볼링엔 총서에서 리하르트 빌헬름의 『역경』 번역본 다음으로 가장 인기 있는 책으로 남아있다.

1950년대와 1960년대에 캠벨은 새러 로렌스에서 강의를 지속하는 한편, 『아라비안 나이트 선집』, 『신의 가면』, 그리고 볼링엔이 개최한 융 학술대회의 산물인 에라노스 논문 선집 전6권 등의 편찬을 담당했다. 아울러 크리에이티브필름 재단의 대표를 역임하고, 수많은 학술 논문과 서평을 집필했다.

●

브라운　작가로서 당신의 초창기에 대해서 말씀해 주시겠습니까?

캠벨　저는 책을 무척 많이 읽었고, 그런 독서에서 무척 많은 것을 경험했기에, 예비학교에 다닐 때부터 평생 글을 가까이 할 생각은 했습니다만, 그렇다고 해서 직접 글을 쓰려는 야심까지는 없었습니다. 저는 그저 읽고, 읽고, 또 읽었을 뿐이니까요.

　그러다가 1939년에 『피네간의 경야』가 나왔는데, 사실 저는 이 작품을 파리에 있을 때에 이미 발견했었습니다. 그 작품의 초기 버전이 유진 졸라스의 잡지《트랜지션》에 "집필 중인 작품"이라는 제목으로 게재되었기 때문입니다. 저는 그 당시에도 그 내용에 매료되었는데, 왜냐하면 제게는 뭔가를 의미했기 때문이었습니다. 그래서 저는 단행본이 나오자마자 곧바로 한 부를 사서 다가오는 주말 내내 읽었습니다. 그런데, 아, 그 내용에 대해 어느 정도 준비가 되어 있는 상태에서 『피네간의 경야』를 읽는다는 것이야말로 대단한, 정말 대단한 경험이었습니다.

　컬럼비아 대학 시절에 저는 여기저기 돌아다니다가 헨리 모턴 로빈슨이라는 젊은 교수를 알게 되었습니다. 그는 종종 밖에 나와 운동장에서 풋볼을 하며 돌아다녔지요. 저는 그와 오래, 정말 오래 알고 지냈습니다. 그래서 제가 대공황 중에 우드스톡에 가 있는 동안, 마침 제 친구 '론도'도(그의 별명이었습니다) 일자리는 없는데 가족은 딸린 상태로 그곳에 와서 고생하고 있었습니다. 결국 그는 어찌어찌 해서 《리더스 다이제스트》에서 한 달에 서너 편의 기사를 대필하는 일자리를 얻었습니다. 그래서 그는 글쓰기 방면에서는 진짜 전문가가 되었지요.

그러던 어느 날, 론도가 우드스톡에서 저를 찾아왔고, 결국 우리 부부와 그쪽 부부가 함께 저녁 식사를 하게 되었습니다. 식사 자리에서 그가 이렇게 말하더군요. "『피네간의 경야』 읽기는 어떻게 되고 있나?" 그래서 제가 말했습니다. "음, 그냥 잘 되고 있어요." 그러자 그가 말하더군요. "누군가가 그놈의 책으로 들어가는 열쇠에 해당하는 책을 써야 한다면, 그건 아마 자네와 나일 거야."

그래서 제가 말했습니다. "아, 됐어요."

그러자 그가 말하더군요. "그러지 말고! 우리 둘이서 해 보자고."

그래서 우리는 입문서를 쓰기로 약속을 했습니다. 저는 본격적으로 작품을 파고 들어가서 낱낱이 분해했으며, 처음부터 시작해서 무려 4만 단어를 썼습니다. 그런데 그걸 로빈슨에게 가져갔더니만, 그가 대뜸 이러는 겁니다. "이런, 세상에. 자네 도대체 뭘 만들려는 거야? 『브리태니커 백과사전』이라도 만들려는 건가?"

●

캠벨   제가 여러분께 드리고 싶은 말씀이 있는데, 아마 학자이신 분이라면 누구나 이 이야기를 재미있어 하실 겁니다. 무슨 말인가 하면, 여러분이 다른 누군가와 협업을 하실 경우, 여러분의 권위가 시작되고 끝나는 부분과 협업자의 권위가 시작되고 끝나는 부분의 경계선을 아주 확실하게 그어 두시라는 겁니다. 훌륭하고도 명확한 경계선을 그어 놓으면, 두 사람은 마지막까지 친구로 남을 겁니다. 하지만 그어 놓지 못하면, 두 사람은 친구가 되지 못할 겁니다.

우리는 그렇게 했었습니다. 로빈슨은 뛰어난 조이스 연구자였지만, 막상 조이스의 말뜻이 무엇인지에 대한 논의로 접어들었다 하면, 우리 사이에는 의견이 갈렸습니다. 대개는 제가 맞았죠. 반면 책을 쓰는 방법에 대한 의문이 떠올랐다 하면, 대개는 그가 맞았습니다.

그래서 저는 처음 쓴 원고를 그에게 가져갔습니다. 론도는 이렇게 말하더군요. "조, 이렇게 말하자면 좀 우습지만, 여기서는 모든 게 거꾸로 되어 있어. 자네의 글에서는 앞에서 말했어야 할 내용이 뒤에 나와 있는데, 모든 문단이 그렇고, 심지어 모든 문장이 그런 식이라니까."

그날 밤에 저는 집에 돌아가서 그 문제를 생각하고 또 생각해 보았습니다. 그리고 이유를 알아냈습니다. 저는 학자로서 성장했고, 학자를 상대로 글을 썼던, 또는 학자를 상대로 글을 쓰고 싶었던 겁니다. 학자의 글을 보면, 항상 다른 동료가 이런 말을 했다고 먼저 소개한 다음, 한 문장으로 그걸 걷어차 버립니다. 곧이어 또 다른 누군가가 이런 말을 했다고 소개한 다음, 역시나 또 한 문장으로 그걸 걷어차 버립니다. 곧이어 자기 주장을 찾아내기 위해서 이때까지 겪은 온갖 어려움에 대해서 이야기합니다. 그러고 나서야 학자는 비로소 이 작은 '비둘기'를 모자에서 꺼내는 겁니다!

물론 이것도 글을 쓰는 한 가지 방법이기는 합니다.

그런데 제 친구 로빈슨은 이렇게 말했습니다. "이봐, 교양 있는 일반 독자를 위해서 글을 쓸 경우에는 자네가 곧 권위자야. 그러니까 처음부터 자네가 무슨 생각을 하는지 말해 주라고. 그런 다음에 자네의 생각에 대한 예시를 드는 거야. 즉 독자는 먼저 결론을 얻어야만 해. 그래야만 자네가 왜 나머지 내용을 썼는지를 독자도 알 수 있을 테니까."

음, 그의 말은 무척이나 계몽적이었습니다. 하지만 그 덕분에 저에게서는 이른바 학술적 위신이 상당 부분 떨어져 나가 버렸지요. 결국 저는 다른 종류의 저술가도 아닌 무려 '대중' 저술가가 된 겁니다.

●

캠벨   음, 우리가 『피네간의 경야로 들어가는 열쇠』를 집필한 기간은 아마 5년쯤이었을 겁니다. 당연히 우리가 그걸 완성했을 때에는 출판하겠다는 사람도 없었지요. 우리는 그 책을 어찌어찌 자비로 출판하려고 생각 중이었습니다. 왜냐하면 로빈슨의 책을 내고 있던 하코트브레이스 출판사에 보냈다가 거절당했거든요.

그 즈음 손턴 와일더의 희곡 『간발의 차이』가 나왔습니다. 저는 어느 토요일 저녁에 진과 함께 2층 좌석 맨 앞줄에서 그 연극을 관람했습니다. 그런데 이런, 세상에! 제 귀에 들리는 내용은 『피네간의 경야』였습니다. 그 내용이 줄줄이 이어졌습니다. 저는 그 작품을 워낙 훤히 꿰뚫고 있었으니까요. 그래서 저는 진에게 말했습니다. "혹시 연필 있어?" 아내는 별의별 물건을 다 들고 다녔으니까요. 그래서 저는 연필을 빌려서, 그 연극에 나오는 대사를 받아 적을 수 있었습니다! 그때 제가 『피네간의 경야』에서 가져온 인용문을 듣고 옮겨 적었던 공연 안내 책자를 지금도 갖고 있습니다.

다음날 저는 우드스톡에 살던 친구 로빈슨에게 전화를 걸어서 이렇게 말했습니다. "이봐요, 론도. 내 생각에는 우리가 《뉴욕 타임스》에 편지를 써야 할 것 같아요. 이건 정말 어처구니 없다고요. 이런 세상에, 『간발의 차이』가 『피네간의 경야』였다니." 그러자 그가 이렇게 말하더군요. "내가 월요일에 내려갈 테니까, 우리 같이 이야기를 해보자고."

그는 자초지종을 듣고 나서 《새터데이 리뷰》의 노먼 커즌스에게 전화를 걸었습니다. 그리고 우리는 바로 그날 기고문을 쓰기 시작해서, 저녁에는 《새터데이 리뷰》에 원고를 건네주었습니다. 커즌스는 원고를 보더니 이렇게 말하더군요. "이 제목을 뭐라고 해야 할까요?"

"희곡 제목에 빗대어서 '누구의 간발의 차이?'라고 하죠." 그래서 우리는 그 기고문을 간행했습니다. 하지만 그때는 전쟁 발발 직후이고, 그것도 진주만 직후였으며, 마침 와일더는 군 복무 중이었습니다. 무려 대위 계급으로요. 그러다가 그는 소령으로 진급했고, 나중에는 그보다 더 대단한 뭔가가 되었죠. 그랬더니 언론계 종사자들이 마치 급강하 폭격기마냥 사방에서 우리를 공격하는 겁니다. "도대체

저 아일랜드 놈들은 뭐야? 우리가 지키기 위해서 싸우는 문명은 이런 게 아니잖아."

"일단 냉정을 유지하죠." 저는 로빈슨에게 말했습니다. "조만간 와일더가 그 희곡을 단행본으로 간행하면, 그때 가서 다시 문제를 제기하면 되니까요."

결국 그 희곡이 단행본으로 간행되자, 저는 참빗을 가지고 샅샅이 훑었습니다. 그랬더니 최소한 400개의 유사한 인용문이 나왔습니다. 등장인물 모두는 『피네간의 경야』에서 그대로 가져온 거였고, 제기된 문제도 『피네간의 경야』에서 그대로 가져온 거였습니다. 제가 발견한 4행짜리 인용문은 글자 하나하나까지 똑같았습니다. 그래서 우리는 "누구의 간발의 차이? 제1부"를 썼고, 곧이어 "누구의 간발의 차이? 제2부"를 썼습니다. 하지만 반향은 없었죠.

●

캠벨 『피네간의 경야로 들어가는 열쇠』를 완성하고 나서, 저는 애그니스 마이어 여사께 한 권을 증정했습니다. 여사께서는 토마스 만에게도 한 권을 보냈다더군요. 그러자 그는 여사께 편지를 써 보냈는데, 훗날 『토마스 만 서한문집』에도 수록되었습니다. 저도 그 서한문집을 갖고 있습니다. 그런 책을 보면 색인에서 제 이름을 찾아보곤 하는데, 덕분에 저에 관한 편지가 거기 들어 있다는 걸 알았죠. 바로 『피네간의 경야로 들어가는 열쇠』를 보내 주어서 고맙다는 내용의 편지였습니다.

우리가 콩고의 눈이 붉게 충혈된 무의巫醫의 마치 꿈과 같
은 중얼거림을 들으며 초연한 재미를 느끼건, 아니면 신비주의
자 노자의 시 번역본을 읽으면서 세련된 환희를 느끼건 간에. 아
니면 아퀴나스의 논증의 단단한 껍질을 때때로 깨건, 아니면 황
당무계한 에스키모의 민담의 빛나는 의미를 갑자기 파악하건 간
에. 거기서 우리는 비록 형체를 바꾸면서도 경이로울 정도로 일
관적인 하나의 이야기를 발견할 것이다. 아울러 우리가 평생 알
거나 듣게 될 것보다도 훨씬 더 많은 것이 경험되어야 하는 상태
로 남아 있으리라는 도전적이고 꾸준한 암시를 발견할 것이다.

조지프 캠벨, 『천의 얼굴을 가진 영웅』 중에서[2]

저는 토마스 만과 만난 적이 있기 때문에, 그 역시 제가 누구인지
알고 있었으리라 생각합니다. 애그니스 마이어 여사에게 보낸 편지
내용은 이러했습니다. "조지프 캠벨의 책을 보내 주셔서 감사합니다.
저로선 그 책이 무척 고마운데, 왜냐하면 제가 직접 『피네간의 경야』
를 읽을 수는 없을 터이기 때문입니다. 대신 이 책을 읽음으로써, 저
는 이미 여러 해 동안 품고 있던 추측에 대한 확답을 얻게 되었습니

영웅의 여정

다. 즉 제임스 조이스야말로 20세기 최고의 소설가라는 추측에 대한
확답을 말입니다."

•

브라운 『천의 얼굴을 가진 영웅』의 기원은 무엇이었습니까? 제가 알
기로 그 책은 이전부터 줄곧 형태를 갖춰 왔지만, 실제 집필은 당신
께서 새러 로렌스에 재직하실 때에 시작했다던데요.

캠벨 그 당시에 로빈슨은 사이먼앤드슈스터 출판사에서 단독 저서
를 출간하려고 작업 중이었는데, 그쪽에서 이렇게 물어보더랍니다.
"이 캠벨이라는 사람은 누굽니까?" 그래서 로빈슨은 이렇게 대답했
답니다. "아, 그 친구, 정말 최고죠." 그러자 그쪽에서 이렇게 말하더
랍니다. "그렇다면 그 사람한테 신화에 관한 책을 하나 써 달라고 의
뢰하고 싶은데요."

그래서 제 친구 로빈슨이 저한테 전화를 걸어서 이렇게 말하더군
요. "조, 사이먼앤드슈스터가 신화에 관한 책에 관심이 있다네. 혹시
자네가 거만을 떨어서 이 제안을 걷어차 버리기라도 하면, 나는 평생
다시는 자네랑 말도 안 할 거야." 그래서 우리는 출판사 관계자와 식
사 자리를 가졌는데, 그쪽에서는 이렇게 말했습니다. "그렇습니다.
우리는 신화에 관한 책을 내고 싶습니다."

"정확히 어떤 종류의 책을 원하시는 겁니까?"

"그러니까 현대판 『불핀치 신화집』과 비슷한 것을 원하는 겁니다."

그래서 제가 말했습니다. "그건 불가능합니다. 그런 책이라면 절대 손도 대지 않을 겁니다."

그러자 그쪽에서 묻더군요. "그러면 어떤 책을 쓰고 싶으신 겁니까?"

제가 말했습니다. "저는 차라리 신화 읽는 방법에 관한 책을 쓰고 싶습니다."

"일종의 자기계발서로요?"

"그렇게 볼 수도 있겠죠."

"개요서를 작성해 주시면 구체적으로 이야기를 나눠 보죠."

당시에 진은 순회공연 중이어서, 저는 집에 돌아가자마자 하룻밤을 꼬박 새며 개요서를, 즉 책에 관한 아이디어를 작성해서 그들에게 보냈습니다. 그 덕분에 저는 경이로운 출판 계약을 맺을 수 있었습니다. 계약서 작성과 동시에 250달러, 원고 절반 탈고 시에 250달러, 그리고 완성 원고 인도 시에 250달러씩 받기로 한 것이었습니다. 그렇게 해서 저는 4년 내지 5년 동안 집필 작업에 몰두했습니다.

○○○○

제가 쓴 이 작은 책이 결국 제가 바라던 일을 하고 있다는 사실을 알게 되니 무척이나 만족스럽습니다. 그 일이란 바로 세계를 실제로 움직이는 작품을 내놓는 예술가들에게 영감을 제공하는 일입니다. 『천의 얼굴을 가진 영웅』은 두 군데 출판사에서 거절당했던 책이었습니다. 특히 두 번째 출판사에서는 제게 이렇게 물어보기도 했습니다. "글쎄요, 이걸 누가 읽겠습니까?" 이제 우리는 그 질문에 대한 답변을 알고 있습니다.

조지프 캠벨, 『희열로 가는 길』 중에서[3]

○ ○ ○ ○

그 책이 바로 『천의 얼굴을 가진 영웅』이었습니다. 그리고 그 내용은 새러 로렌스 대학에서 제가 학생들에게 했던 첫 강의였습니다. 그리하여 저는 제안서를 작성하고, 계약서를 작성하고, 그 책을 쓰는 작업에 착수했습니다. 서론을 쓰던 중에 저는 그 내용을 진에게 읽어 주었습니다. 평소에도 제가 쓰는 모든 글을 아내에게 읽어 주었기 때문입니다. 그랬더니 진은 이렇게 말했습니다. "이렇게 되면 너무 긴 서론이 될 것 같은데." 그래서 저는 책상에 돌아가서 원고를 다시 살펴본 다음, 그걸 두 장(章)으로 나누었습니다. 그렇게 하자 『천의 얼굴을 가진 영웅』의 전반부가 순식간에 완성되고 말았습니다.

5년쯤 지나서 저는 완성 원고를 사이먼앤드슈스터 출판사에 보냈습니다. 그런데 몇 달이 지나도 아무 소식이 없는 겁니다. 전화를 걸어 보았더니, 출판사에서는 이렇게 대답했습니다. "출판 계약을 맺은 이후로 우리 쪽 담당자가 바뀌었습니다. 그래서 지금 우리는 그 책에 별로 관심이 없습니다. 물론 책을 출간해 드릴 수는 있습니다만, 우리가 별로 관심이 없는 책을 부득이하게 출간한다면 그 책에게도 썩 좋은 일까지는 아니겠지요."

그래서 제가 말했습니다. "제가 한번 찾아가서 상의를 드리고, 제 원고는 도로 가져오도록 하겠습니다." 그래서 저는 원고를 도로 가져와 버렸습니다.

저는 친구 로빈슨에게 전화를 걸었습니다. 아시다시피 그 당시에 저는 아직 젊고 무지했던 반면, 그는 노련했기 때문이지요. 저는 이렇게 물었습니다. "결국 원고를 도로 가져와 버렸어요. 계약하면서 받았던 돈도 조만간 출판사에 돌려줘야겠네요."

그러자 그가 이렇게 말하더군요. "어디 돈을 돌려주기만 해 봐. 내가 자네를 가만 안 둘 테니까. 자네는 그냥… 어휴, 그 멍청이들이 진짜! 무려 5년 동안 일을 시켜놓고 나서 결국 퇴짜를 놓은 셈이로군."

○○○○

나는 다음번 볼링엔 업무도 교정쇄 상태에서 작업에 착수하게 되었는데, 마침 원래의 편집자가 출간 마무리 단계에서 갑자기 해외로 떠났기 때문이었다. 그 책은 바로 조지프 캠벨의 『천의 얼굴을 가진 영웅』이었다. 나는 집으로 가는 지하철에 올라서부터 그 교정지를 열심히 읽기 시작했다. 정신분석과의 만남 덕분에 나는 모든 이미지의 중요성을 알아볼 수 있었다(그 만남은 다름 아닌 프로이트 쪽과의 만남이었다. 어느 정도 시간이 지나서야 나는 볼링엔 재단이 폴 멜론[4]과는 물론이고 심지어 C.

G. 융과도 관련이 있음을 알게 되었다). 무어 풍風의 커피 테이블을 사이에 두고 캠벨과 만났을 때, 그는 이 세상에서 가장 즐겁게 해 주기 쉬운 사람인 것처럼 보였다. 당시에 내가 부여받은 과제인 색인 제작 때문에 그를 만나게 된 것이었는데, 정작 그 색인은 일반적인 색인의 모습과는 영 딴판으로 되어 있었다. 예전 편집자가 출간일을 어기고 저자를 무시하는 등의 업무 태만을 범한 까닭에, 캠벨로서는 글을 읽을 줄 알고 적극적이까지 한 후임자라면 거의 누구라도 환영할 태세였다. 내 열성에 그도 고무된 듯했다. 한편에는 여러 신화와 민속에서 가져온 상징적 사례들을 놓고, 또 한편에는 개인의 꿈과 환상을 놓은 다음, 이 두 가지 사이에서 저자가 추적한 유사성의 적절함에 대해서 내가 언급하자, 그는 이렇게 말했다. "맞습니다! 아시다시피, 그게 모두 들어맞는답니다!"

윌리엄 맥과이어, 『볼링엔: 과거를 수집하는 모험』 중에서

○ ○ ○ ○

그러다가 팬시언 출판사의 쿠르트 볼프가 그 책의 원고를 보고 싶다고 하더군요. 그래서 제가 원고를 건네주었더니, 그가 이렇게 말했습니다. "이걸 누가 읽겠습니까?" 하지만 그는 품위 있는 사람이었기 때문에, 몇 년 뒤에 저를 만나서는 그 원고를 거절했던 것을 사과하면서 이렇게 말하더군요. 자기는 무려 슈펭글러의 『서구의 몰락』 원

고가 들어왔을 때에도 거절했던 사람이었다고 말입니다.

그래서 저는 그 원고를 볼링엔 재단에 보냈는데, 그쪽에서는 이런 전보로 답장했습니다. "영웅은 꿀맛임." 그렇게 해서 『천의 얼굴을 가진 영웅』이 나오게 된 겁니다. 1949년에 출간된 책이 지난해에는(즉, 1984년에는) 기쁘게도 1만 부나 팔렸습니다. 무려 두 군데 출판사에서 거절당한 책 치고는 상당히 좋은 기록입니다. 그때부터 저는 본격적으로 집필을 하게 되었습니다.

●

청중 혹시 당신께서 말씀해 주실 수 있는 기본 패턴이, 또는 인생에 유용한 책략의 목록이 있습니까? 왜냐하면 우리는 때때로 책략을 통해서라도 올바름으로 향할 필요가 있기 때문입니다. 혹시 당신이 보시기에 반복되는 패턴이 있음을 알게 된다면 좋을 것 같습니다만.

캠벨 그런 것들의 훌륭한 목록은 바로 야곱 이야기에서 나타나며, 거기에 대해서 다룬 가장 뛰어난 논의는 바로 조지프 캠벨의 『천의 얼굴을 가진 영웅』이라는 책에 들어 있습니다. (웃음) 그게 바로 목록입니다. 제가 장담하건대, 그런 일들이 우리에게 일어난다면(실제로 그런 일들은 매일같이 일어나니까요) 우리는 신화의 견지에서 읽을 수 있고, 그렇게 함으로써 우리가 어디에 있는지 알게 됩니다. 그것이야말로 신화에 주입되기의 이점입니다. 우리는 그 이야기가 일어날 때

영웅의 여정

우리가 어디 있는지를 압니다. 그 이야기는 실제로 일어납니다. 그 이야기들을 저 바깥에서 일어난 뭔가로 읽는 것이 아니라, 오히려 훗날 우리에게 일어날, 그리고 현재 우리에게 일어나는 뭔가로 읽는 겁니다. 그것이야말로 이 내용을 영적 양식으로 변모시키는 것입니다.

●

커즈노　하인리히 침머와의 첫 만남은 언제였습니까?

캠벨　아, 저의 경이로운 친구 하인리히 침머 말이군요. 그에 관해서라면 아무리 말해도 부족하기만 합니다. 그의 아버지는 한 세대 전의 주도적인 켈트학자 가운데 한 명이었고, 하인리히도 주도적인 인도학자로 활동하다가 히틀러가 집권하자 독일을 떠나게 되었습니다. 히틀러가 상징하는 모든 것을 차마 견딜 수 없었기 때문이었죠. 그래서 그는 가족을 데리고 이곳으로 건너왔는데, 막상 여기서는 일자리를 구할 수가 없었습니다. 그 당시에 미국 대학에는 동양학 관련 학과가 극소수에 불과했기 때문이지요. 또 모두들 아시다시피, 대학마다 이미 교수가 된 사람들은 계속 그 자리에 머물고 싶어 하고, 경쟁을 원하지 않지요. 결국 그는 융 재단의 관계자들 덕분에 컬럼비아 대학의 도서관 맨 위층에 연구실을 하나 얻게 되었습니다. 거기서 그는 학생들을 모아 놓고 강의도 했지요.

　저도 첫 번째 강의에 참석했는데, 그때 하인리히 침머의 강의에는

볼링엔 재단의 공동 창설자 폴 멜론과 함께 한 인도학자 하인리히 침머(오른쪽). 폴의 아내 메리는 침머에 관해서 이렇게 말했다. "신이 났을 때, 또는 이탈리아산 와인을 한 잔 들고 있을 때면 그는 마치 간헐천처럼, 또는 제임스 조이스처럼 어휘를 뿜어냈다. 그의 말을 듣고 있으면, 마치 샹카르 춤을 구경하는 것 같았다. 정말이지 관현악으로 편곡된 신화였다."

수강생이 겨우 '넷' 밖에 없었습니다. 그런데도 그는 마치 강당에 모인 청중을 향해서 강의하듯이 강의했습니다. 그는 '탁월한' 강사였습니다. 한 번은 그가 저에게 이렇게 말하더군요. "자네가 이 내용을 배우게 되어서 나도 기쁘군." 수강생 가운데 한 명은 그가 그곳에 머물도록 주선한 융 재단 소속의 아담한 사서였습니다. 또 한 명은 폴란드 출신의 여성 조각가였는데, 방에 들어왔다 하면 졸지에 모든 신들을 극락으로 보내 버릴 것 같은 향수 냄새를 풍겼지요.

영웅의 여정

그렇게가 다였습니다.

○○○○

　침머는 조용한 와중에도 볼링엔을 도울 만한 유망한 인물들
에 메리가 관심을 갖도록 계속 독려했다. 그중 하나가 조지프 캠
벨이었다. "영리하고도 직관적인 아일랜드계 인물로, 정력적이
고 건전하며 생기가 충만하고, 인디언 관련 자료를 많이 알고 있
습니다."

윌리엄 맥과이어, 『볼링엔: 과거를 수집하는 모험』 중에서

○○○○

　다음 학기에 침머는 더 큰 강의실이 필요해졌고, 그다음 학기에는
정말 어마어마한 강의실이 필요해졌습니다. 그러다가 갑자기 그가
사망하고 말았습니다. 감기에 걸렸는데 그만 폐렴으로 번졌던 것이
지요. 아무도 정확하게 진단을 못했던 겁니다. 정말 부조리한 일이지
요. 갑자기 침머가 떠나 버린 겁니다. 저는 모든 면에서 침머에게 빚
을 졌습니다. 그 미망인은 남편이 갖고 있던 일본제 보리달마상像을
제게 선물하면서, 고인이 남긴 미국 강연문을 편집해 달라고 부탁했
습니다. 그래서 저는, 세상에, 무려 12년 가까이 침머의 자료를 편집
한 끝에, 그의 유고를 위풍당당한 저서 네 권으로 발행했습니다.

호놀룰루의 자택에서 집필 중인 캠벨. 1985년. 하인리히 침머의 미망인이 선물한 보리달마상이 책상 위에 놓여 있다.

●

캠벨　그 일을 하는 동안 저는 볼링엔 재단과도 잘 알게 되었습니다. 볼링엔 사람들은 물론이고 융 학파의 세계 전체를 알게 되었죠. 저는『천의 얼굴을 가진 영웅』을 마침내 완성했지만 무려 두 군데 출판사에서 거절을 당했는데, 결국 볼링엔이 그 원고를 가져갔습니다. 그쪽에서 원고를 가져가지 않았더라면, 제 생각에 오늘날 조 캠벨의 이름을 들어 본 사람은 아무도 없었을 겁니다. 저는 그렇다고 확신합니다. 볼링엔에서는 제가 침머의 저술을 편집하는 동안에는 물론이고,

『에라노스 연감』의 선집을 편집하는 동안에도 계속해서 지원금을 주었습니다. 그런 종류의 자료에 누군가가 관심을 보이는 날이 올 때까지, 급기야 그런 종류의 자료에 모두가 관심을 보이는 날이 올 때까지, 볼링엔은 그런 일을 꾸준히 해 왔던 겁니다.

아시다시피, 아무런 일자리 없이 자신만의 길을 개척하며 내던져지는 것도 멋진 일입니다. 저는 다른 사람들이 역시나 길을 잃었을 때 필요하게 될 것들을 발견했습니다. 우리가 중년의 말기에 있음을 알게 해 주는 격언이라며 친구가 들려준 말이 있습니다. 고생 끝에 사다리 꼭대기에 도착해 보니, 애초부터 엉뚱한 벽에 세워져 있더라는 겁니다.

음, 저는 그 벽을 뚫고 나가기 위해 우리에게 필요한 것을 발견했다고 생각합니다. 이것이야말로 제 경험의 기쁨들 가운데 하나입니다.

●

캠벨 침머는 가웨인 경의 이야기에 나오는 '위험한 침대'[5]를 거론하면서 이렇게 물어보았습니다. "과연 그런 종류의 모험이 어떤 의미를 갖고 있을까요? 그 자체에는 아무런 이유도 없는 것처럼 보이는데, 도대체 여성적 기질에 대한 남성적 경험이 무엇인 걸까요?" 그가 내놓은 답변은 이러했습니다 "그냥 인내하세요! 인내하시고, 또 인내하세요! 그리고 계속하세요. 그러면 마침내 여성성의 모든 축복은 당신 것이 될 겁니다."

저는 어떤 일 때문에 이 이야기를 마음에 새기게 되었습니다.

제가 인도 예술에 관한 방대한 책을 쓸 때의 일이었습니다. 침머의 유작인 『인도 아시아의 예술』에 기초한 두 권짜리 책이었죠. 그 책에 필요한 도판을 거의 모두 모았는데, 딱 네 점을 찾을 수가 없었습니다. 저는 마침 2년 전에 타계한 인도 출신의 미술사가 아난다 K. 쿠마라스와미[6]의 자료 중에 그게 들어 있다는 사실을 알고 있었습니다.

그래서 저는 그 미망인에게 전화를 걸어서 물어보았습니다. "혹시 제가 댁에 가서 박사님의 자료를 살펴보면서 제가 필요한 그림을 몇 점 찾아봐도 될까요?"

"오세요." 미망인께서 말씀하시더군요. 그래서 저는 어느 더운 여름날 보스턴에, 그러니까 케임브리지에 가게 되었습니다. 저는 도판이 보관된 서재에 들어섰습니다. 도판이 어마어마하게 많았지만, 1시간도 되기 전에 그 모두를 살펴보고, 분명히 거기 있을 네 점을 찾아낼 수 있을 거라고 생각했습니다. 실제로 네 점 모두 거기 있었습니다.

○○○○

무사이(뮤즈들)에게 귀를 기울이는 사람이라면 누구나 듣게 되듯이, 우리는 스스로의 의도에서 비롯되어서, 또는 영감에서 비롯되어서 글을 쓸 수 있습니다. 이 세상에는 그런 것이 있습니다. 그것은 나타나서 말합니다. 신들의 박자와 찬양에, 즉 신들의 말에 깊이 귀를 기울였던 사람이라면, 심지어 신들조차

영웅의 여정

도 매력을 느낄 법한 방식으로 그 찬양을 낭송할 수 있습니다.

조지프 캠벨, 에설런의 강연 중에서, 1983년.

○○○○

그래서 저는 자리에 앉아서 도판을 살펴보기 시작했는데, 30분 뒤에 미망인께서 들어오시더니 이렇게 말씀하셨습니다. "아, 날씨가 덥군요. 오렌지 주스라도 좀 드시겠어요?" 저는 이렇게 대답했습니다. "좋죠." 미망인께서 자리에 앉으셔서 우리는 이야기를 나누기 시작했는데, 무려 1시간 반이나 계속되었습니다. 이후 미망인께서는 밖으로 나가시고, 저는 계속해서 도판을 살펴보았습니다. 그런데 일을 다시 시작하자마자, 미망인께서 들어오셔서 말씀하시더군요. "저기, 이제 저녁 시간이 다 되었거든요." 제가 말했습니다. "알겠습니다."

그래서 우리는 저녁식사를 함께 했고, 그러다 보니 벌써 밤이 되고 말았습니다. 제가 일을 계속 하니까, 미망인께서는 이렇게 말씀하시더군요. "조, 저는 정말 괜찮으니까, 밤에도 여기서 일하시다가 저기 있는 소파에서 주무세요. 저는 정말 괜찮으니까요." 그런데 그 작업은 무려 사흘이나 계속되었습니다!

내내 저는 속으로 이렇게 말했습니다. '바로 여기 위험한 침대가 있군! 떨어지지 않게 꽉 붙들고 있어야 해!' 아마 그 건물 경비원은 우리 둘이 불륜 관계라고 오해했을지도 모르겠습니다. 여하간 저는 결국 필요한 도판을 찾아냈습니다.

이것 역시 신화적인 정보가 삶의 여러 상황에서 얼마나 귀중한지를 보여 주는 작은 사례라고도 할 수 있겠지요.

●

브라운 그 시절에 이 모든 원고를 집필했던 조 캠벨의 상황은 어떠했었는지 저희에게 약간 설명해 주실 수 있겠습니까?

캠벨 그 당시에 저는 강의를 하고 있었는데, 새러 로렌스에서 가르치는 일에만 하루가 꼬박 걸렸습니다. 거기서는 단순히 강의만 하고 떠날 수 있는 것이 아니었습니다. 전업 교원은 일주일에 나흘을 꼬박 일해야 했습니다.

제가 글을 쓰기 시작했을 때에는 4분의 3에 해당하는 일정을 잡아서 일주일에 사흘만 꼬박 일했고, 나머지 나흘 동안에는 글을 썼습니다. 그렇게 균형을 맞추었지요. 그러다 여름 방학이 되면 저는 줄곧 글만 썼습니다. 『피네간의 경야로 들어가는 열쇠』를 출간한 1944년부터 시작해 새러 로렌스에서 은퇴할 때까지 출간한 책은 모두 열다섯 권입니다. 하나같이 분량이 많았습니다. 우리가 많은 일을 하고 싶다면, 일단 그 일에 끈질기게 매달리면서 일이 아니라 놀이라고 생각하며 기뻐하면 됩니다. 실제로 저는 그 기록에 만족하는 편입니다. 글쓰기는 계속되었습니다. 침머의 유고를 편집하는 임무를 담당하던 시기, 제 친구인 스와미 니킬라난다가 벵골어로 된 『스리 라마크리슈나 복음서』의 영어 번역을 도와달라고 부탁했습니다. 여기 제 책장 어디엔가 꽂혀 있는 커다란 책입니다. 저는 밤낮으로 일했습니다.

저는 오전에 이 책을 집필했고, 오후에 저 책을 집필했으며, 저녁에 또 다른 책을 집필했습니다. 실제로 세 가지 책을 동시에 집필한 경우가 있었습니다.

○○○○

침머에게서 얻은 또 다른 영감이 있다면, 모드 오크스의 주술용 모래 그림과 나바호족의 의례에 관한 제프 킹의 구술 녹취에다가 침머의 제자 조지프 캠벨이 비교 신화의 관점에서 집필한 나바호족 신화에 대한 학술적이면서도 흥미진진한 주석을 덧붙인다는 아이디어였다.[7] …… 캠벨은 볼링엔 총서와 만나게 될 운명이었던 것처럼 보였다.

윌리엄 맥과이어, 『볼링엔: 과거를 수집하는 모험』 중에서

○○○○

볼링엔 재단이 맨 처음 간행한 책은 나바호족의 전쟁 의례에 관한 연구서였습니다. 침머는 제가 그 책의 편집을 담당하고, 해제와 주석까지 집필하도록 재단 쪽에 추천했습니다. 그리하여 그것 역시 저의 또 다른 일거리가 되었습니다. 정말이지 글쓰기 풍년이었습니다. 그리고 정말, 진짜 정말 흥미진진하고, 놀라운, 정말 놀라운 내용이었

모드 오크스. 과테말라. 1946년.

습니다.

　『피네간의 경야』이건, 아니면 나바호족 관련 자료이건, 아니면 힌두교 관련 자료이건, 아니면 하인리히 침머의 유고이건 간에, 모두 똑같은 내용이었습니다. 그때 저는 이 세상에는 단 하나의 신화만 있

영웅의 여정

다는 사실을 깨달았습니다. 어느 누구도 그렇지 않다는 사실을 제게 말해 줄 수는 없었지요. 그러니까 여러 문화와 문화마다 각각의 역사적이고 사회적인 환경과 필요의 견지에서, 그리고 특히 국지적 윤리 체계의 견지에서 굴절되기는 했습니다만, 그 모두는 '하나의 신화'였던 겁니다.

●

캠벨 역사학자와 민족지학자는 세계 각지의 신화와 종교 체계의 차이에 관심을 갖습니다. 또한 우리는 그런 차이에 방점을 찍어서 세계의 신화와 철학에 대해서 연구할 수도 있습니다. 그런데 한편으로 바스티안이 말한 '원소적 발상'에서는 문제가 대두합니다. 왜 이런 것들이 어디에나 있을까? 이것은 심리학적 문제입니다. 아울러 비교 형태에 주목하는 우리의 논의, 그리고 차이에 주목하는 연구 전체, 이 두 가지를 갈라놓는 문제이기도 합니다.

특히 아리스토텔레스의 시대 이후에 서양에서는 신화의 발상에 대한 공격이 점차적으로 이루어졌고, 이런 비판으로 인해 서양은 원소적 발상에서부터 분리되어 버리고 말았습니다. 하지만 서양의 사고 전체에는 어떤 저류가 있었습니다. 이 저류는 영지주의며 연금술이며 기타 여러 가지 의심을 샀던 사고의 태도에 수반되었는데, 이런 것들은 이른바 '영속'이라고 부를 만한 것에 대한 관심을 이어나갔습니다.

제가 생각하는 '영속의 철학'이란 특히 아난다 K. 쿠마라스와미가 상술했고, (제 생각에는 아마도 1940년대에) 올더스 헉슬리가 받아들여 『영속의 철학』이라는 저서에 담은 내용입니다. 제 생각에 '영속의 철학'이란 개념은 신화의 이미지의 함의를 언어적 담론으로 번역한 것입니다. 전 세계 신비주의 철학에서 똑같은 발상을 발견할 수 있는 이유도 그래서입니다. 우리가 신화에서 인식할 수 있는 연속성은 철학으로 넘어갔습니다. 영속의 철학의 기본 발상은 신이 우리 자신에 관한 이미지 그 자체의 상징적 의인화라는 것이었습니다. 그리고 우리 자신에 관한 이런 에너지는 곧 우주의 에너지라는 것이었습니다. 그리하여 신은 저 바깥에 있는 동시에 이곳에 있는 것입니다. 하늘 왕국은 우리 내면에 있는 것입니다만, 예, 또한 어디에나 있는 것입니다.

이제 이런 영속의 전통에 있는 신의 관념이 우리가 가진 신의 관념과 크게 다른 것처럼, 의식의 관념도 역시나 다릅니다. 이처럼 신화에 근거한 전통들에서 더 적절한 용어로 신에 관해서 이야기하자면, 저는 신이 곧 에너지의 의인화라고 말하겠습니다. 즉 삶에 충만한 에너지의 의인화인 것입니다. 그 에너지는 모든 삶, 우리의 삶, 세계의 삶에 충만합니다. 그리고 의인화의 성격은 역사적 상황에 의해서 결정될 것입니다. 의인화는 민중적이며 에너지는 인간적입니다. 따라서 신들은 에너지에서부터 나온 것입니다. 신들은 말하자면 에너지의 전언자이자 매개체입니다.

「브리하다란야카 우파니샤드」에는 다음과 같이 놀라운 구절이 나옵니다. "이 신을 예배하고, 저 신을 예배하고, 한 신에 이어서 또 다른 신으로, 이런 법칙을 따르는 사람은 뭘 모르게 마련이다."[8] 신들의 출처는 우리의 가슴에 들어 있기 때문입니다. 그 중심으로 가는 발걸음을 따르면, 신들이 태어나는 곳에 우리가 있음을 알게 됩니다.

꿈, 선견, 신은 밀접한 관계를 맺습니다. 천국과 지옥의 신들은 꿈의 우주적 국면이라고 부를 수 있는 것들입니다. 그리고 꿈은 신화의 인격적 국면입니다. 꿈과 신화는 똑같은 범주에 속해 있습니다. 당신의 신과 당신은 하나입니다. 이것은 곧 당신의 꿈의 신과 바로 당신입니다. 그리고 당신의 신은 저의 신이 아닙니다. 그러니 당신의 신을 저에게 강요하려 시도하지 마십시오. 모두가 저마다의 신과 의식을 갖고 있습니다.

○○○○

우리가 만다라를 묵상할 때, 우리는 내적으로 조화롭습니다. 종교적 상징은 조화롭게 만드는 힘입니다. 그 힘들은 돕습니다. 이것이 바로 신화의 전체 의미입니다. 즉 개인의 삶을 사회의 삶과 조화시키도록 우리를 돕는 것입니다.

조지프 캠벨, 〈미토스 II: 동양 전통의 형성〉 중에서

○○○○

이것이 바로 '영속의 철학'이라고 알려진 것입니다.

『린디스판 복음서』. 여러 개의 패널이 흩어져 있는 융단형 페이지. 17세기 말.

이제 신화는 꿈과 똑같은 영역에서 나타나는데, 이 영역은 바로 제가 '지혜의 몸'이라고 부르는 것입니다. 우리가 잠들고 나면, 그때에는 몸이 말을 합니다. 몸을 움직이는 것은 에너지인데, 몸은 이 에너지를 통제하지 못합니다. 오히려 에너지가 몸을 통제합니다. 이 에너지는 거대한 생물학적 배경에서, 즉 원형질에서 오는 것입니다. 그것은 거기 있습니다. 그것은 에너지이며, 또한 의식의 물질입니다. 하지만 우리는 또한 이 몸의 위쪽에 머리를 갖고 있으며, 그 머리에는 나름대로의 사고 체계가 들어 있습니다. 이 머리 장치에서 의식의 전체 방식이 유래하며, 의식의 지식은 신체의 지식과 다릅니다.

아기가 태어나면, 그 어머니의 몸을 가지고 무엇을 해야 하는지를 압니다. 즉 자기가 태어난 환경에 대한 준비가 되어 있는 셈입니다. 아기는 지시를 받을 필요가 없습니다. 그런 일은 그냥 일어나는 것이며, 이것이야말로 '지혜의 몸'의 작용입니다. 이와 똑같은 지혜가 그 어머니의 몸에 그 작은 아기를 형성했습니다. 아기는 우리 안에 놓여 있는 그 에너지에 의해서 형성되었으며, 우리는 그 에너지의 육체적 현현입니다.

영웅의 여정

이러한 꿈의 지혜, 즉 선견의 지혜는 곧 '영속의 철학'의 지혜인 것입니다.

그렇게 된 겁니다. 저는 이제 전업으로 글을 쓰고 있습니다. 아쉬운 점이 있다면 그로 인해서 책을 읽을 시간이 줄어든다는 점입니다.

부탄의 정부 청사인 타쉬초 종에 있는 드룩파 카규파 불교 종파의 만다라 벽화.

아직 배울 것이 많이 남아 있는데 말입니다.

●

브라운 당신의 긴 경력 동안에 걸쳐서, 당신의 저술에서 가장 만족스러운 국면은 무엇입니까?

캠벨 제 입장에서 보자면, 신화에서 가장 흥미진진하고도 진정으로 감동적인 부분은 바로 어떤 것들의 보편성입니다. 우리가 예를 들어 콩고의 피그미족처럼 매우 단순한 사람들을 살펴보고, 이어서 티에라델푸에고의 야간족이나 오나족처럼 역시나 매우 단순한 사람들을 살펴보았는데, 양쪽 모두에서 똑같은 형태소가 나타난다는 사실을 발견하면 특히나 충격적입니다. 우리가 거대하고 수준 높은 문화 체계 가운데 어떤 것의 현장에 있을 때에는 이런 유사성도 아주 놀랍지는 않은데, 왜냐하면 한 장소에서 다른 장소로 기술 및 기타 등등이 이전되는 대규모 무역과 확산이 있었음을 우리가 알기 때문입니다.

하지만 콩고와 티에라델푸에고의 경우, 이것은 또 다른 문제입니다. 우리는 과연 이 사람들이 원시 시대부터, 즉 맨 처음 시작부터 이런 종류의 형태소를 줄곧 가져 왔는지 여부가 궁금해지는 것입니다.

제가 확인한 바에 따르면, 그중에서도 가장 흔히 반복 등장하는 형태소는 바로 남성의 비밀 결사, 즉 남성의 비밀 의례입니다. 여기에는 보통 일종의 울림널, 즉 소음을 내는 장치, 또는 일종의 나팔이

동원됩니다. '우후후!' 소리를 내고, 이 장비를 숲에 감춰 놓는 것이지요. 여성은 이에 대해서 전혀 알면 안 된다고 간주됩니다. 그런 다음에 남성이 그 장비를 꺼내서 예식을 거행하면, 여성은 도망쳐서 숨어야만 하고 그 예식을 목격해서는 안 된다고 간주됩니다. 일부 사례에서는 그 예식을 목격한 여성에게 남성이 매우 가혹하게 굴기도 합니다. 우리는 콩고의 피그미족에서도 이런 관습을 발견했고, 브라질우림에서도 역시나 발견했습니다. 티에라델푸에고에서도 이와 똑같은 종류의 테마가 발생합니다.

제가 최근에 브라질 우림에서 연구하던 어떤 사람들로부터 들은한 가지 설명에 따르면, 나팔에 들러붙어 있는 마법의 힘에 대한 발상은 본래 여성에 수반되던 것이라고 합니다. 우리는 『오디세이아』에서 여신 키르케를 통해 이를 살펴본 바 있습니다. 그녀는 마법의힘을 갖고 있는 반면, 남성은 단지 물리적 힘만 갖고 있지요. 그런 장소들 가운데 서너 군데에서, 또는 어쩌면 모두에서 발견되는 작은 전설이 하나 있는데, 바로 남성이 마법의 힘에 관한 지식을 과거에 여성으로부터 빼앗았고, 따라서 이제는 여성이 손대지 못하게 남성이지킨다는 것입니다. 오늘날의 우리는 이 전설을 여성의 입장에서 자주 듣지는 못하는데, 왜냐하면 남녀 구분이 엄격한 부족 사회에서 남성 인류학자는 여성의 생각을 실제로 접하지 못하기 때문입니다. 하지만 예외 사례도 있습니다. 브라질에서 바라사나족을 연구하던 부부가 있었는데, 그중 부인은 여성을 상대로 연구를 했습니다. 그 부인으로부터 들은 내용에 따르면, 사실 그곳 여성은 남성의 힘 때문에 자기네 힘이 오염되지 않도록 도망쳐서 숨는 거라고 합니다. 이들의 발상은 여성이 힘을, 즉 자기 몸의 힘을, 즉 자기 몸의 마법을 갖고 있는 반면, 남성은 그런 힘을 갖고 있지 못하다는 것이었습니다.

여성의 힘의 징후는 바로 월경입니다. 월경이 일어나는 까닭은 여성이 어떤 힘, 즉 자연의 힘, 즉 생명 작용에 압도되기 때문입니다. 남성은 입문 과정에서 가혹 행위를 당하는데, 그렇게 해야만 남성도 열릴 것이기 때문입니다. 남성의 악기는 여성의 월경에 상응합니다. 즉 개인의 의도를 초월하는 뭔가가 개입한다는 뜻입니다. 바로 그 장場에서 신화적 에너지, 또는 생명의 에너지, 또는 그 어떤 종류의 에너지건 간에 의해 개인이 압도당하는 것입니다. 하지만 그런 압도의 순간이야말로 의례가 개입하고 신화적인 것이 형성되는 곳입니다.

●

케나드 그토록 많은 문화에서 나타나는 이미지와 의례의 유사성을 당신께서는 어떻게 설명하시겠습니까?

하이워터 이 세계는 생물학적 불평등이 가득합니다만, 저는 일종의 영적 단일체를 만드는 것들이 이 세상에 있다고 생각하지는 않습니다. 다만 저는 그런 개념이 우리를 워낙 압도한 까닭에, 우리도 적합성과 평등을 혼동하기 시작한 것은 아닐까 하고 생각합니다. 저는 이것이야말로 끔찍한 실수라고, 즉 서양 제국주의의 또 한 가지 형태라

영웅의 여정

고 생각합니다. 저는 우리 모두가 자기 내면의 '오렌다orenda'⁹를, 일종의 불길을 일말이나마 갖고 있다는, 그리고 그 모두가 똑같은 불이라는 캠벨의 의견에 분명히 동의합니다. 하지만 제가 흥미를 갖는 부분은 바로 그 불이, 즉 서로 다른 그 이미지들이 우리가 사는 이 세상에 투사되는 방식들입니다.

기유맹 두뇌 구조에 관해서 우리가 아는 내용을 모두 종합해 보면, 신경생리학자가 어느 부분을 절단하든지 간에 두뇌의 기본 배선이 서로 다르다는 증거는 전혀 없었습니다. 예를 들어 우리가 호텐토트인, 또는 멜라네시아인, 또는 코카서스인으로 태어나든 간에, 어디서 태어나든 간에 전혀 상관이 없었다는 겁니다. 두뇌의 배선은 절대적으로 똑같았습니다.

하이워터 제 생각에는 오스트레일리아의 몽환시¹⁰ 사람들의 벽화와 알타미라의 벽화 사이에 똑같은 것이 전무했다는 데에는 의심의 여지가 없습니다. 하지만 외양은 피상적인 것일 뿐이지, 근본적인 것까지는 아닙니다. 초기 예술을 살펴볼 때에 우리는 피상적으로 살펴볼 뿐, 근본적으로 살펴보는 것까지는 아닙니다. 왜냐하면 제 생각에 차이란 매우 이른 시기에 문화 간에 일어나기 시작하는 것이기 때문입니다.

캠벨 음, 이 세상에는 사람이 반드시 거쳐 가야 하는 몇 가지 기본적인 생물학적 경험이 있습니다. 예를 들어 대부분의 문화 환경에서, 개인이 태어난 직후의 첫 번째 대상이자 첫 번째 주체는 바로 어머니의 몸입니다. 그리고 여성 신체의 지시체 체계 모두는 세계 여러 신화에 걸쳐서 상당히 일관적입니다.

그리고 문화적 변모라는 것이 있습니다. 예를 들어 수렵과 채집을 하는 사람들이 먼저 나오고, 농사를 짓는 부족이 그다음에 나오는 겁니다. 여성의 위치는 땅의 생산성에 비례해서 변화할 것이며, 신화도 변화할 것이고, 이미지 형성도 변화할 것이지만, 그래도 여전히 기본적인 것들이 있습니다.

특히 어린 소년들의 입문 의례에서는 그 소년의 리비도를 어머니의 몸과 단절시키는 것이 문제 가운데 하나입니다. 비록 구체적인 방법은 문화마다 다르지만, 소년의 입문 의례에서는 이것이야말로 모두가 직면하는 똑같은 문제이기도 합니다. 인간의 삶에서 처음 12년 동안은 권위에 의존하는 위치에 있게 됩니다. 그때의 모든 심리학은 권위에 대한 존중, 인정에 대한 기대, 불인정, 이런 종류의 온갖 것들에 대한 심리학입니다. 다시 말씀드리지만, 의례의 기능 가운데 하나는 바로 이런 유아적 자아를 죽이는 것입니다. 그러고 나면 우리는 죽음과 환생의 형태소를 갖게 됩니다. 그리하여 개인은 자기 자신의 존재의 땅으로 떨어졌다가 어른이 되어서 나옵니다. 즉 어떤 변모를 거치고 나서 책임감 있는 어른이 되는 것입니다.

입문 의례에서 신체 절단의 방식은 집단마다 다르지만, 신체 절단이라는 행위 그 자체는 계속됩니다. 훗날 우리는 또 다른 상황에 놓이게 되는데, 이때에는 인간이 젊어서 입문했던 사회에서 단절되어서 노년으로 접어듭니다. 인간이 반드시 직면해야 하는 또 한 가지 항상적인 상황이 있는 겁니다. 이런 것들은 항상성을 상징합니다. 이런 항상성이 그 현현 과정에서 변조된다는 사실을 인식하기는 늘 쉬운 것이 아닙니다. 저는 아돌프 바스티안의 말을 인용해서 이를 원소적 발상(즉 보편적 형태소, 또는 보편적 형태)과 그 국지적 현현 사이의 차이라고 부릅니다.

예를 들어 북극에 사는 사람들과 정글에 사는 사람들 사이의, 또는 매우 단순한 채집 부족과 페르시아 제국 사이의 국지적 현현은 어마어마하게 차이가 클 것입니다. 그 이미지도 상당히 차이가 클 것입니다. 서로 매우 가까이 있는 안데스 산맥의 두 부족 사이에서 우리가 인식하는 갈등 가운데 상당 부분은 이들이 다른 어디에선가 가져온 배경 경험의 결과입니다. 이들은 서로 가까이에서 살고 있습니다만, 똑같은 문화 형태가 그들을 찾아오자, 각자 나름대로의 이용을 위해 변모시켰던 것입니다.

●

청중 저는 당신의 책 『신화 따라 살기』의 제목에 대해서 궁금한 것이 있습니다. 오늘날 우리가 어떤 신화를 따라 살 수 있으며, 어떤 삶의 영역에서 신화는 실행가능한 일상 수준에서 진정으로 우리에게 적용될 수 있을까요? 그리고 어떻게 해야만 다른 사람들의 삶을 (또는 우리 자신의 삶을) 더 낫거나 더 못하게 조종하는 데에 사용될 수 있을까요? 제 생각에는 어느 대목에서 제가 요점을 놓친 모양입니다만.

캠벨 신화를 이용해서 사람들을 조종하는 방법을 배우는 것이야말로 저로서는 그닥 관심이 없는 주제로군요.

하지만 그 방면에서 가장 최근에 가장 성공한 사람이 있다면 바로 히틀러입니다. 아울러 그는 의례를 다루는 법도 알고 있었습니다. 네덜란드 출신으로 강제수용소를 경험한 제 친구가 두 명 있습니다. 한번은 이들이 살던 동네 근처에서 히틀러가 연설을 했는데, 이들도 그곳에 불려 나가서 연설 내내 차렷 자세로 서 있어야 했답니다. 그런데 한 친구 말이, 자기는 그 와중에도 히틀러의 선동이 어찌나 그럴듯하던지, 얼떨결에 오른손을 치켜들고 "하일(만세)!"이라고 외치고 싶은 마음을 억누르느라 애를 먹었다는 겁니다.

우리의 개인적이고 의도적인 통제의 중심지 너머에 있는 또 다른 중심지에서 우리를 감동시키기 위해서 잘 구축된 의례의 힘은 정말 무시무시합니다. 우리는 그런 힘의 감각을 모두 잃어버린 상태였습니다. 우리는 그것에 대해서 아무 것도 모르는 상태였습니다. 그런데 그런 종류의 일에 재능을 지닌 한 남자가 나타나자, 무슨 일이 일어났는지 보십시오.

방금 전의 질문으로 돌아가 보자면, 『신화 따라 살기』는 제가 여러 해 동안(1958년부터 1971년까지) 뉴욕 시의 쿠퍼 유니언 포럼에서 했

영웅의 여정

던 25회가량의 연속 강연을 토대로 한 책입니다. 그 연속 강연의 기획자인 존슨 페어차일드가 제안한 주제를 다룬 강연이었죠. 하나같이 그 당시 사람들의 삶과 관련된 주제들이었습니다. 참으로 오래 전 일이로군요. 저는 심지어 그 책에 어떤 장들이 들어 있는지도 까먹어 버렸습니다. 다만 사랑에 관련된 신화, 전쟁에 관련된 신화, 사춘기의 변모와 관련된 신화, 뭐 이런 것들과 관련된 신화의 문제를 다루었던 기억은 납니다. 그런 주제에 대해서라면 신화의 자료가 풍부하니까요.

저는 지금 우리가 사는 시대야말로 신화의 최종 빙퇴석의 일종에 해당하는 시기라고 간주합니다. 마치 신화적 허섭스레기가 사방에 잔뜩 펼쳐진 것 같습니다. 문화를 만들었던 신화, 그리고 더 이상 그런 방식으로 작동하지는 않는 신화가 그저 우리 주위에 흩어져 있는 것입니다.

따라서 자신의 상상력 넘치는 삶을(즉 외부의 정보와 명령에 반응해서 나오는 삶이 아니라, 오히려 내면에서 분출되는 삶을) 활성화하려는 과제를 스스로에게 부여한 개인이 있다면, 그 사람은 도서관마다 잔뜩 쏟아져 들어오는 이 놀라운 문헌에서 자극을 찾을 수 있습니다. 이제 세계는 이 놀라운 것들로 다시 가득하게 되었습니다.

따라서 아무런 규칙도 없습니다. 개인은 자기 마음을 감전시키고 활기차게 만드는 것을, 그리고 자기를 깨우는 것을 반드시 찾아내야 하는 겁니다.

청중 그렇다면 우리 자신의 내면에서 차오르는 것이 느껴지는 시적인, 또는 영적인 감정을 실제로 시험 삼아 따라가야 하는 겁니까?

캠벨 제 생각에 예술과 문학의 세계, 즉 우리가 자유교양이라고 부르는 것의 세계는 바로 이 모두를 찾기 위한 세계입니다. 그 분야의 사람은 반드시 그와 비슷한 뭔가를 추구해야 하는 겁니다.

○○○○

이 책에 바라는 것이 있다면 …… 이미 우리를 매혹시킨 세헤라자데의 저 유서 깊은 기술이 부디 …… 우리 자신을 올바르게 바라봄으로써 세계에 대한 우리의 경험을 크게 증폭시키는 것, 그리하여 우리 가운데 일부가 인류에 재가담하려는 소망을 갖게 되는 것이다. 그렇다면 실제로 『천일야화』 전체를 읽는 것은 우리의 죽음일 것이다. 즉 독재자로서의 죽음이자, 인간으로서의 원기회복일 것이다.

조지프 캠벨, 『아라비안 나이트 선집』 서문 중에서

○○○○

오늘날 종교가 하는 일, 즉 정통파 교회에서 일주일에 한 시간쯤 하는 일도 마찬가지입니다. 우리는 바로 그 체계를 재각성시키기로 되어 있는 환경으로 찾아가서 거기로 들어갑니다. 그런 다음에 우리

영웅의 여정

는 거기서 나와서 일상 업무를 수행하며, 또 다시 교회로 가거나 아침저녁으로 기도를 하는데, 이것은 결국 우리가 앞서 말한 것과 같은 중심지와 접촉한다는 뜻입니다. 하지만 만약 우리의 종교가 우리를 그런 중심지와 접촉시키지 않는다면, 그것은 다른 누군가의 종교입니다. 그렇다면 우리는 중심지와 단절된 것이고, 그것이 바로 우리의 문제 가운데 하나입니다.

●

브라운 최근에 당신께서는 저서인 『동물의 힘의 길』을 홍보하러 토크쇼를 순회하시던 중에 곤경을 겪으셨지요.

캠벨 그 은유 이야기 말씀이시군요.

브라운 그렇습니다. 그 사건이야말로 마치 이후의 작품에 대한 영감을 얻도록 도와줄 수도 있을 법한 매혹적인 삽화였습니다.

캠벨 그렇습니다. 저도 기꺼이 그 이야기를 하고 싶습니다. 삶에 대한 신화의 기능과 타당성이라는 이 문제 전체와 관련해서, 저는 작년에 한 가지 단순한 깨달음을 얻었습니다.
　『동물의 힘의 길』이 발행되었을 때, 출판사에서는 저를 홍보 여행에 내보냈습니다. 그야말로 최악의 여행이었는데, 왜냐하면 제가 무려 책을 한 권이나 써낸 바로 그 주제에 대해서는 전혀 모르는 사람들과 이야기를 나누어야 했기 때문이지요. 사람들을 만나면 맨 처음 나오는 질문은 대개 이런 거였습니다. "신화란 무엇입니까?"

급기야 저는 이 질문에 답변이 될 만한 정의를 궁리하게 되었습니다. 물론 그게 뭔지는 이 세상에 아무도 모를 터이지만, 적어도 얼핏 '듣기에는' 정의 같을 테니까요.

그러다가 홍보 여행 막바지에 가서 저는 어떤 곳의(물론 정확한 도시 이름이나, 또는 사람 이름을 대지는 않겠습니다만) 토크쇼에 나갔습니다. 30분짜리 라디오 생방송이었죠. 제가 스튜디오에 들어갔더니, 방송 중임을 알리는 빨간 불이 아직 들어오지 않은 상태여서, 일단 가벼운 대화를 나눌 수 있었습니다. 그런데 탁자 맞은편에 앉아 있는 그 젊은이가 다짜고짜 저한테 이렇게 말하는 겁니다. "저는 성격이 거친 편입니다." 그가 말하더군요. "저는 당신께 곧장 들이댈 겁니다. 봐주지 않구요." 그가 말하더군요. "저는 법학을 전공했거든요."

그래서 좋다고, 저야 아무래도 좋다고 했습니다. 드디어 빨간 불이 들어오자, 그는 다음과 같은 통념으로 이야기를 시작했습니다. 그가 말하더군요. "신화는 거짓말입니다. 신화는 사실이 아니라는 뜻이니까 결국 거짓말이라고요. 그렇지 않습니까?"

그래서 제가 말했습니다. "아닙니다. 당신은 전래 신화에 관해서 말씀하셔야 합니다. 즉 사람들이 따라 사는 신화 전체 말입니다. 신화는 특정 시기에 특정 사회에서의 인간 경험과 성취의 가능성을 은유적으로 표현한 상징 서사와 이미지의 체계입니다."

영웅의 여정

물론 이런 정의는 이미 안중에도 없는 상황이 펼쳐졌지요.

"그건 거짓말입니다."

"그건 은유입니다."

"그건 거짓말이라니까요."

그렇게 5분쯤 지나자, 저는 이 젊은이가 은유가 무엇인지를 모르고 있다는 사실을 깨달았습니다. 그래서 저 역시 좀 거칠게 굴어야 되겠다고 생각했습니다. 비유하자면 저는 그 친구의 팔을 뒤로 꺾었는데, 그 친구는 항복하려 들지 않는 거였으니까요.

그래서 제가 말했습니다. "아닙니다. 저는 신화가 은유라고 말씀드리고 있는 겁니다. 어디 은유의 사례를 하나만 들어 보시죠."

"은유의 사례라면 '당신이' 저에게 들어 보셔야죠."

저는 무려 38년 동안 학생들을 가르쳐 온 사람입니다. 그래서 제가 말했습니다. "아닙니다. 이번에는 제가 질문을 드리는 겁니다. 어디 은유의 사례를 하나만 들어 보시죠."

음, 그 딱한 젊은이는 당혹스러워 했습니다. 솔직히 저도 부끄럽더군요. 사람한테 그런 짓을 하면 안 되는 법이었으니까요.

『차라투스트라는 이렇게 말했다』에서였는지, 아니면 『권력에의 의지』에서였는지, 기억이 정확하지는 않습니다만, 니체는 이른바 창백한 범죄자에 관한 격언을 남겼습니다. 그로 말하자면 칼을 휘두를 용기는 있지만, 피를 흘릴 용기는 없는 자라고요.[11] 지금 저로서도 자기 토크쇼에서 자기 청취자에게 생방송을 하던 그 젊은이에게 제가 했던 일을 직면할 만한 용기까지는 없습니다. 무려 자기 이름을 걸고

하던 토크쇼였으니 말입니다.

그는 당혹스러워 하더니 결국 이렇게 말했습니다. "어떻게 해야 할지 모르겠군요. 잠시만 기다려 주시죠." 곧이어 그는 정신을 추스리고(이제 우리에게 남은 방송 시간은 1분 30초에서 2분 정도뿐이었습니다) 이렇게 말했습니다. "그럼 제가 한 번 말해 보겠습니다."

그는 이렇게 말했습니다. "아무개는 무척 빨리 달린다. 사람들은 그가 사슴처럼 달린다고 말한다."

그래서 제가 말했습니다. "그건 은유가 아닙니다." 째깍, 째깍, 째깍 시간이 흘렀습니다. "은유란 건 이런 겁니다. '아무개는 사슴이다.'"

"그건 거짓말입니다!" 그가 말하더군요.

"그게 바로 은유입니다!" 제가 말했습니다.

그러자마자 토크쇼는 끝나고 말았습니다.

그리고 저는 깨닫게 되었습니다. 무척이나 간단했습니다.

사람들은 하느님을 믿는다고 말합니다. 여기서 하느님은 인간의 모든 사고 범주를 절대적으로 초월하는 신비에 대한 은유입니다. 심지어 존재와 비존재의 범주조차도 초월하는 겁니다. 그런 것들은 사고의 범주이니까요. 제 말뜻은 그만큼 간단하다는 겁니다. 단지 우리가 거기에 대해서 얼마나 많이 생각하기를 원하느냐에 따라 달라질 뿐입니다. 즉 과연 그것이 우리 자신의 존재의 기반인 신비와 접촉하도록 해 주느냐 여부인 것입니다. 그렇게 해 주지 않는다면, 음, 그건 정말 거짓말일 뿐입니다.

결국 이 세상 사람의 절반은 각자의 은유가 사실이라고 믿는 종교적인 사람들인 셈입니다. 우리는 그런 사람들을 유신론자라고 부릅니다. 나머지 절반은 은유가 사실이 아니므로 거짓이라고 아는 사람들입니다. 그런 사람들은 무신론자입니다.

●

캠벨　저는 마르틴 부버와 재미있는 경험을 한 적이 있습니다. 당시에 그는 뉴욕에서 지금 이 정도 규모의 청중을 놓고 3주 연속으로 수요일마다 강연을 하고 있었습니다. 부버는 말솜씨가 뛰어났습니다. 첫 번째 강연에서 그는 하느님에 관해 이야기하고 있었는데, 저는 문득 그가 무슨 말을 하고 있는지 모르겠다는 생각이 들었습니다. 오늘날 은하와 아원자 입자 배후에 놓여 있는 신비에 관해서 이야기하는 것일까? 아니면 구약에서 야훼의 발전 가운데 한 시기, 또는 다른 한 시기에 관해서 이야기하는 것일까? 아니면 자기와 친밀한 대화를 나누는 누군가에 관해서 이야기하는 것일까?

어느 대목에서 부버가 이야기를 멈추고 이렇게 말했습니다. "제3자의 입장에서 하느님에 관해 이야기하자니 힘들군요."(훗날 제가 게르숌 숄렘에게 이 발언을 전했더니만 이렇게 말하더군요. "그 양반이 가끔은 너무 멀리 나가기도 한다니까.")

그래서 저는 거기 앉아 있다가 손을 들었습니다. 부버가 매우 공손하게 말하더군요. "무슨 질문이시죠?" 그래서 제가 말했습니다.

"오늘 강연에서 사용되는 단어 가운데 제가 이해하지 못하는 게 하나 있습니다."

그러자 그가 말했습니다. "어떤 단어를 말씀하십니까?" 그래서 제가 말했습니다. "하느님이요."

"그러니까 당신은 하느님이 무슨 뜻인지를 이해하지 못하시겠다는 겁니까?"

"저는 '당신께서' 하느님이라는 단어로 뜻하는 바를 이해하지 못하겠다는 겁니다. 당신께서는 하느님이 얼굴을 숨기고 있다고 우리한테 말씀하셨습니다. 그런데 제가 얼마 전에 인도에 가 보니, 그곳 사람들은 하느님의 얼굴을 항상 경험하고 있었습니다."

그 순간 부버는 마치 제가 휘두른 벽돌에 머리를 얻어맞은 듯한 표정을 짓더군요.

그가 말했습니다. "당신은 그 두 가지를 비교하겠다는 겁니까?" 이것이 바로 일신론입니다. 즉, 우리는 그걸 갖고 있다는 겁니다. 하지만 우리가 아닌 다른 누구도 그걸 갖고 있지 못하다는 겁니다.

다음 주에 이 작지만 놀라운 인물, 정말 경이로운 인물은 페니키아인을 아주 나쁘게 말했습니다. 왜냐하면 그곳에는 장남을 죽여서 몰록 신에게 바치는 풍습이 있었기 때문이지요. 즉 각자의 장남을 몰록신에게 희생 제물로 바치는 것입니다. 정말 끔찍한 일이지요. 그로부터 15분 뒤에 그는 아브라함이 이삭을 하느님에게 희생 제물로 바치기 직전까지 간 이야기로 접어들었습니다. 그런데 이번에는 그거야말로 이 세상에서 그 누가 한 행동보다도 더 위대한 행동이라는 거

영웅의 여정

였습니다. 그거야말로 아브라함이 얼마나 놀라운 사람인지를 가리키는 핵심적인 행동이라는 거였지요.

이쯤 되자 저도 참을 수가 없었습니다. 다시 손을 들고 이렇게 말했지요. "부버 박사님. 그렇다면 신의 권유와 악마의 권유를 우리가 어떻게 구분할 수 있습니까?"

그러자 그가 말하더군요. "방금 하신 말은 무슨 뜻입니까?"

제가 말했습니다. "지금으로부터 15분 전쯤에 당신께서는 페니키아인이 각자의 장남을 신에게 희생 제물로 바친다는 이유로 비난하셨습니다. 그런데 지금 당신께서는 똑같은 일을 했다는 이유로 아브라함이 세상 모든 사람보다 더 훌륭하다고 칭찬하고 계시지 않습니까."

그러자 이런 대답이 나왔습니다. "우리는 하느님께서 아브라함에게 말씀하셨다고 믿습니다."

여기서의 '우리'는 결국 특정 집단을 의미했고, '하느님'도 특정 집단의 신을 의미했습니다. 그의 답변은 이러했습니다. 그렇다면 저는 어디 있었던 걸까요? 일신론 공동체에서 신화를 다룰 때의 문제가 바로 이것입니다. 신화가 아니라는 겁니다. 그저 사실이라는 겁니다. 이런 식의 해석은 상징을 구체화한 것이며, 그리하여 그 상징의 메시지를 잃어버리는 것입니다. 그들은 메시지를 잃어버린 겁니다. 그들은 상징밖에는 갖지 못한 셈입니다.

그리하여 "나와 아버지는 하나이다"라고, 또는 무슬림 신비주의자 할라지의 말마따나 "나와 내 사랑하는 자는 하나이다"라고 말하는 모든 사람은 십자가에 달려 죽었던 것입니다. 제 생각에는 할라지가 그런 말을 했던 것 같습니다. 정통파 공동체의 기능이란 신비주의자에게 열망을 선사하는 것이라고요. 여기서 말하는 열망이란 바로자신의 하느님과의 합일을 말합니다. 그를 죽이면, 비로소 그는 결합하는 겁니다. '리베스토트', 즉 사랑에서 비롯된 죽음인 것입니다. 그가 사랑하는 자와 합일한 것입니다.

이것은 워낙 어마어마한 주제이며, 여러 세기에 걸쳐서 요란한 소리를 냈습니다. 신성한 것과의 동일시를 축하하기 위해서 불타 죽은사람은 무수히 많습니다.

우리가 수에즈 운하를 지나서 동양에 들어서게 되면, 그곳에서는내가 알고자 추구하는 바로 그 존재가 바로 나 자신이라는 사실을 깨닫는 것이 종교의 전체 목표입니다. 내가 바로 그것인 겁니다. 동일시의 종교와 관계의 종교의 차이가 바로 여기서 나타납니다. 전자는신성한 것과의 동일시, 후자는 신성한 것과의 관계를 말합니다.

●

캠벨 한 번은 어떤 사람이 저에게 이런 말을 했습니다. 아주 똑똑한사람이었고, 우리 문단에서 상당한 위신을 지닌 인물이었으며, 불가지론자였습니다. 그는 이렇게 물었습니다. "혹시 당신도 불가지론자가 아닐까요?"

그래서 제가 말했습니다. "저는 '아는' 게 너무 많아서 불가지론자

영웅의 여정

가 될 수 없습니다."

여기서 제가 아는 것이란, 바로 이런 이미지 모두가 은유라는 사실입니다. 그렇다면 무엇에 대한 은유일까요? 은유는 함의를 지니고 있으며, 신화의 은유는 개인의 내면에 있는 영적 힘의 함의를 지니고 있습니다. 누군가가 종교를 설교할 때, 그 은유의 함의를 설교하지 않는다면, 그 사람은 유사 역사나 사회학을, 또는 그와 비슷한 뭔가를 설교하는 셈입니다. 따라서 이 세상에는 진정한 종교가 극소수에 불과합니다.

음, 그렇다면 저는 어떻게 할 수 있을까요? 그저 책을 한 권 더 쓸 수 있을 뿐입니다. 결국 저는 『세계 신화 역사 지도』라는 대작을 작업하다 말고 또 다른 책을 쓰게 되었습니다. 그러면서 그 책이 언젠가는 나와야 한다고, 가급적이면 조만간 나와야 한다고 생각했습니다.

브라운　그렇게 해서 나온 책이 『외부 우주의 내면 범위』였던 겁니까?

캠벨　저처럼 책을 쓸 경우에, 일단 가슴에 있던 말을 쏟아내 버리고 나면, 그 책 안에 뭐가 있는지를 어찌어찌 잊어버리게 마련입니다. 그래서 제가 말씀드릴 수 있을지는 자신이 없습니다. 여하간 제가 그 책에 쏟아 넣은 내용은 은유가 사용되는 방법과 관련이 있었습니다. 저는 나바호족의 주술적 모래 그림의 상징체계가 인도의 '쿤달리니'

요가의 상징체계와 거의 일대일대응으로 똑같다는 사실을 발견했거나, 이전부터 알고 있었던 겁니다.

이 사실은 이 세계의 완전히 다른 두 지역에서 나온 것입니다. 양쪽 사이에는 그 어떤 유포나 영향도 있을 수가 없었습니다. 그런데 양쪽 모두 상징적 용어를 통한 인간의 체계의 심리학에 대한 상징체계를 나타냈던 것입니다. 나바호족은 이를 상징적으로 이해함으로써 거기에 참여하는 방법이며, 상징이 우리에게 실제로 작용하는 방법을 우리에게 말해 줍니다.

○○○○

우리의 가장 높은 신은 우리의 가장 높은 장애물입니다. 이는 우리가 가질 수 있는 가장 높은 생각과 느낌의 극치를 상징합니다. 그것을 넘어서 나아가십시오. 마이스터 에크하르트는 이렇게 말했습니다. "궁극적인 버리고 취하기는 신을 하느님으로 버리고 취하는 것이다." 다시 말하자면 국지적 신을 전능한 신으로, 다시 말하자면 원소적 발상으로 바꾸는 것입니다.

조지프 캠벨, 〈미토스〉 중에서

○○○○

그 책에서 맨 처음으로 나오는 긴 장은 외부 우주의 내부 범위를 다룹니다. 저는 달 탐사며 그와 관련된 모든 일들을 일종의 실마리로 삼았습니다. 우리는 지금 우리가 가진 우주의 사진을 보았습니다. 즉 수십만 개의 은하가 있고, 그 각각의 은하는 은하수만큼 큰 것입니다. 그 거리는 수백 광년에 달합니다. 그러다가 우리는 예수의 승천 신화를, 성모의 승천 신화를 마주하게 됩니다. 그다음 우리는 그걸 내던지면서 거짓말이라고 말하거나, 또는 그걸 가리켜 뭔가의 상징이라고 말하거나, 둘 중 하나를 하게 됩니다. 그것은 바로 내부 우주로의 여행에 대한 상징입니다. 비록 외부를 향한 것으로 묘사되기는 했지만, 우리는 삶이 유래한 장소로, 우리 자신의 깊은 존재의 공간으로 가는 것입니다. 따라서 저는 그런 의미에서 신화의 이미지의 해석을 다루었습니다.

그 책의 서론은 "신화와 몸"이라는 제목인데, 신화야말로 생물학의 기능이라는 제 기본적인 느낌을 포착해서 기초로 삼았습니다. 그 내용은 의식을 움직이는 에너지에 관한 것입니다. 그 에너지는 모두 몸의 기관으로부터 비롯됩니다. 그 에너지는 모두 똑같은 의도를 지닌 것까지는 아니므로, 갈등과 부조화가 있습니다. 하지만 신화는 자연에서 존재의 자리와 관련된 우리 의식의 조화와 관련이 있습니다. 여기서의 자연은 곧 몸이며, 그 자체로 '신비'의 현현입니다.

이것은 상당히 큰 주제입니다. 이쪽으로 돌아서서 그 가운데 어느 한 국면만 건드려 보아도, 앞이 탁 트이면서 새로운 신비가 나타납니다. 물론 우리가 단순한 원의原意 대신에 함의의 견지에서 그것을 따라갈 경우에는 그렇다는 겁니다. 원의는 한마디로 유효하지 않기 때문입니다. 제 생각에 종교적인 사람들은 그게 유효하지 않다는 사실을 알고 있는 듯합니다. 그렇기 때문에 그토록 지독하게 의도적이고 교리적으로 말하는 것이겠지요. '너는 내가 믿는 것을 반드시 믿어야 해. 네가 믿지 않는다면 혹시나 내가 틀렸을 수도 있으니까.' 그들은 한마디로 상징 읽는 방법을 모르는 겁니다.

제가 자라난 바탕이었던 가톨릭이라는 종교와 관련해서 제 삶에서 일어난 일이 딱 그거였습니다. 가톨릭의 모든 묵상은 지금으로부터 2000년 전에 다른 어딘가에서 다른 누군가에게 일어난 일과 관련이 있었습니다. 그 내용을 결국 내게도 일어나야 마땅한 뭔가의 은유로서(즉, 나 역시 죽었다가 부활해야 한다고, 다시 말해 내 자아는 죽고 내 신성은 부활해야 한다고) 읽지 못하는 한, 그 내용은 유효하지 않습니다.

그 책의 마지막 장은(저로서는 그 책의 절정에 해당하는 장이라고 간주합니다만) 제 아내 진의 어떤 발언에서 영감을 얻었습니다. 어느 날 우리가 이와 같은 이야기를 나누고 있을 때, 아내가 말했습니다. "신비주의자의 길과 예술가의 길은 아주 많이 비슷한데, 차이가 있다면 신비주의자는 기예를 지니고 있지 못하다는 것뿐이야." 저는 그 발언을 실마리로 사용해서 신비주의자의 삶과 예술가의 삶이라는 두 가지 길을 병행시켰습니다. 기예를 지닌 예술가는 세계와 접촉을 계속 유지합니다. 반면 신비주의자는 떨어져 나가서 접촉을 잃을 수 있으며, 종종 실제로도 그렇게 합니다. 따라서 예술이 더 높은 형태인 것처럼 보입니다. 저는 진이 정확한 지적을 했다고 생각합니다.

○○○○

신화는 특정 시기에 특정 사회에서의 인간 경험과 성취의
가능성을 은유적으로 표현한 상징 서사와 이미지의 체계입니다.
신화는 은유입니다. 하느님, 천사, 연옥, 이런 것들은 모두 은유
입니다.

조지프 캠벨, 《뉴욕 타임스》 인터뷰 중에서, 1985년 2월.

○○○○

제6장

◆

마법의 도주

승리한 영웅이 신이나 여신의 축복을 얻고, 사회의 회복을
위한 일종의 영약을 가지고 세계로 돌아오라는 부탁을 명
시적으로 받았을 경우, 모험의 마지막 단계에서는 초자연
적 후원자들이 전력으로 그를 지원한다. 반면 그의 노획물
이 그 수호자의 반대를 무릅쓰고서 얻은 것이거나, 또는 세
계로 돌아가려는 영웅의 소원에 대해 신이나 악마가 분개
할 경우, 신화의 순환 주기의 마지막 단계는 쾌활하고, 종
종 우스꽝스럽기까지 한 추격전이 된다. 이 도주는 마법의
방해와 회피의 장관으로 인해서 복잡해질 수도 있다.

조지프 캠벨, 『천의 얼굴을 가진 영웅』 중에서[1]

일본의 천리교에서 마련한 식사를 즐기는 캠벨. 1955년 여름.

1950년대 중반에 조지프 캠벨은 2년 동안 워싱턴 D.C. 소재 미국 국무부에서 동양 철학을 강의했다. 해외 근무를 준비하는 외교관들로 이루어진 수강생들로부터 얻은 큰 호응과, 아시아에서 여러 해 동안 공부했던 자신의 경험이 합쳐지면서, 캠벨은 학생과 학자 이외의 사람들에게도 자신이 가르쳐야 할 중요한 내용이 있음을 확신하게 되었다.

1968년에 마이클 머피가 캘리포니아 주 빅서의 에설런 연구소에서 강연해 달라고 초빙한 것 역시 또 하나의 단서가 되었다. 이후 19년 동안 캠벨은 그곳에서 작가 샘 킨, 태극권 사범 충량 앨 황, 심리학자 존 위어 페리 등과 함께 강사로 활동하면서, 신화에 대한 자신의 접근법의 범위를 계속해서 넓혀 나갔다.

1972년에 새러 로렌스 대학에서 퇴임하고 명예 교수가 된 캠벨은 한동안 하지 않았던 여행을 시작했고, 이후 여러 해에 걸쳐 아이슬란드, 터키, 이집트, 그리스를 여행하고 동남아시아에서도 오랫동안 머물렀다.

1968년에 무려 20년에 걸친 프로젝트인『신의 가면』가운데 네 번째이자 마지막 권이 출간되었다. 신화의 역사적 발전과 인류의 종교적 차이에 관한 연구인 이 저술은『천의 얼굴을 가진 영웅』에서 보여준 세계 신화와 종교의 흥미로운 유사성에 관한 내용을 보완하기 위해 고안된 것이었다. 4년 뒤에는 뉴욕 소재 쿠퍼 유니언 포럼에서 행한 강연문을 엮은『신화 따라 살기』가 출간되었다. 같은 해에『융 선집』도 발행되었다. 1974년에는 볼링엔 총서를 완간하는 관석冠石에 해당하는 저서 『신화의 이미지』를 출간했다.

●

브라운　조, 당신도 기억하시겠지만, 저는 당신과 함께 차를 타고서 캘리포니아 북부의 이 해안을 오르내린 적이 있었습니다. 카멜에 갔을 때 우리는 당신이 젊은 시절에 머물렀던 구석구석을 돌아다니고 추억을 회고하며 많은 시간을 보냈지요. 하지만 애초에 당신이 이곳 에설런에 어떻게 오셨는지는 저도 전혀 모르고 있더군요.

캠벨　제 생각에는 지금으로부터 16년이나 17년 전쯤이었던 것 같습니다. (1968년에) 앨런 와츠가 마이크 머피에게 저를 이곳으로 불러오라고 제안했던 겁니다. 제 생각에는 그 당시에 에설런은 갓 시작한 직후였을 겁니다.

　저는 마침 비행기로 밀워키에 가던 참이었는데, 비행기를 갈아타기 전 샌프란시스코에서 한 시간쯤 여유가 생겼습니다. 그때 마이크가 리처드 프라이스와 함께 그곳으로 저를 찾아와서는 혹시 이곳에 올 수 있느냐고 물어보았습니다. 에설런에서 제가 한 것은 모두 신화에 관한 강의였습니다. 바로 이 방에서 했지요. 그 당시에만 해도 청강생은 지금 이 정도뿐이었습니다. 제가 한 강연을 사람들이 좋아하는 것이 분명했기에, 저는 이후에도 계속 이곳을 찾게 된 겁니다.

20년이 넘도록 조지프는 에설런에 새로운 생명을 불어넣었다. 세미나 참가자들, 스태프, 방문 학자 모두가 그와의 세미나를 마치고 나올 때의 모습은 마치 부흥회를 마치고 나오는 것과도 비슷했다. 다만 이들은 부흥사가 묘사한 지옥불의 광경(선견)으로부터 영감을 얻은 것이 아니라, 오히려 갤러해드나 칼리나 헤르메스로부터 영감을 얻었다는 점이 달랐다. 어느 누구도 캠벨처럼 청중을 매료시키지는 못했다. 에설런의 역사상 어느 누구도 열정과 학술과 지혜를 이처럼 완전하게 조합하지는 못했다.

마이클 머피

그러다가 한번은 샘 킨이 뉴욕으로 저를 만나러 왔다가, 우리 둘이서 이곳에서 뭔가를 해 보기로 작정하면서부터 커다란 진전, 커다란 변화가 이루어졌습니다. 우리는 이론을 갖고 있었습니다. 샘은 사람들이 오도가도 못할 때, 그러니까 사람들이 곤란을 겪을 때에 그들의 현재 위치를 파악하는 실력이 매우 뛰어났습니다. 제 생각에는 우리가 굳이 깊은 정신분석을 거치지 않아도 충분히 그럴 수 있을 것 같습니다. 그건 단지 어떤 생각이 우리를 딱 가로막고 있을 뿐이니까요. 따라서 그 생각을 치워 버리고 나면, 그 사람은 해방되는 겁니다.

영웅의 여정

이것이야말로 훌륭한 신화적 원리였습니다. 인도인에게 악마란 단순히 의식의 장애물, 즉 의식을 가로막은 뭔가일 뿐입니다. 우리 생각은 이랬습니다. 우선 샘이 면담과 대화를 통해 사람들이 오도가도 못하는 곳이 어디인지를 파악하는 겁니다. 그러고 나면 저는 그들의 문제에 대한 신화적 유비를 찾아내고 인식시키는 겁니다.

이것이야말로 훌륭한 이론이었고, 어느 누구에게도 해를 끼치지 않을 것이었으며, 실제로도 효과가 있었습니다. 우리에게는 정말로 장관이었던 사건도 서너 가지 있었습니다. 바로 그때에야 저는 단순히 신화에 관한 것뿐이었던 저의 학술이 실제 심리학적 문제와 어떤 관계가 있는지를 난생 처음 제대로 이해하게 되었던 겁니다.

그리하여 그때 이후로는 만사형통이었습니다.

브라운 정말 그랬습니다.

●

브라운 정신의학자로서 저는 당신과 존 페리의 작업이 각별히 궁금합니다. 두 분은 언제 처음 만나셨습니까?

캠벨 그거야말로 경이로운 만남이었습니다. 한 번은 마이크가 저에게 편지를 써서는 언제 한 번 나와서 샌프란시스코의 정신의학자 존 페리와 함께 정신분열증에 대해서 이야기를 나눠 보라고 하더군요.

저는 정신분열증에 관해서 아는 게 전혀 없다고 대답했습니다. 그러자 그가 말하더군요. "음, 여하간 그는 당신께서 한 번 강연을 해 주셨으면 하던데요." 그래서 제가 말했습니다. "음, 그렇다면 차라리 제임스 조이스에 관한 내용은 어떨까요?" 그러자 그가 말하더군요. "그것도 좋겠습니다."

그래서 저는 한 번 나가서 존 페리와 이야기를 나누기로 동의했습니다. 그러자 페리가 정신분열증의 상징체계에 관한 자신의 모노그래프와 논문 몇 편을 보내 왔더군요. 깊은 정신분열적 붕괴 상태에 있는 화자의 정신에서 나타나는 이미지들의 순서에 관한 내용이었습니다. 그런데 그 순서는 한 단계 한 단계가『천의 얼굴을 가진 영웅』에 나온 내용과 똑같았습니다.

그 순간, 저는 과거에만 해도 신화에 대한 학술적 관심에 불과했던 뭔가가 실제 삶의 문제와 연관되어 있음을 다시 한 번 이해하게 되었습니다.

그리고 이후로는 무척이나 흥미진진했지요.

브라운 제가 당신과 알게 된 것도 사실은 그래서였습니다. 1970년대 중반에 저는 당신의 저서인『신의 가면』연작 가운데 하나인『원시신화』를 읽었는데, 그 내용은 정신분석 과정에서 환자들이 제게 해 준 이야기와 비슷했으니까요.

캠벨 그렇습니다. 정말로 경이롭지요. 사실 저는 1960년대에 저의 대중 저자로서의 경력에 큰 위기가 왔다고 생각했었습니다. 사람들이 LSD를 복용하기 시작하면서, 제 저서 『천의 얼굴을 가진 영웅』이 졸지에 히피들을 위한 일종의 신화적 로드맵이 되었기 때문이었지요.

●

케나드 강연이 끝난 뒤에 당신을 찾아와서 뭔가를 물어 본 사람들 중에서, 혹시 당신으로 하여금 이런 말이 나오게 한 사람이 있습니까? "아, 이런 세상에. 고작 30초 안에 삶의 진정한 의미를 그들에게 설명해야 한단 말인가?"

캠벨 (웃음) 아니, 아닙니다. 저는 그런 문제를 겪은 적이 없었습니다.

케나드 그렇다면 사람들 중 누군가에게 다가가셔서 뭔가를 물어보셨던 기억은 있으십니까?

캠벨 아닙니다. 저는 그런 식으로 질문을 던지지는 않습니다. 오히려 대개는 질문을 받는 쪽이지요. (웃음) 하지만 최악의 일 가운데 하나는 제가 강의를 하고서 청중의 질문을 받은 다음, 갑자기 그 주제에 자기 온 영혼을 담은 누군가가 저에게 다가오는 겁니다. 그거야말

워싱턴 D.C. 소재 외교관 연수원에서 열정적으로 강의하는 캠벨. 1957년.

로 가장 다루기 힘든 일입니다. 그다음으로는 박사 논문을 쓰는 사람들이 있는데, 그들은 구체적인 책의 출전을 물어보려는 것이지요. 그런 것들입니다. 그런 사람들이야말로 이 일을 하는 데에서 유일하게 진짜 성가신 요소들입니다.

타나스 그러니까 박사들과 영혼 탐색자들이 문제란 거군요! 그나저나 그 박사 양반들은 무슨 논문을 쓰고 있었답니까? 진지한 내용이었나요, 아니면 외골수인 내용이었나요?

캠벨 음, 그 사람들이 어떤 논문을 쓰고 박사학위를 얻는지 알고 나면 모두들 놀라실 겁니다! (웃음) 어떤 친구는 밀턴의 소네트에 나오는 세미콜론의 용법에 관한 주제를 가지고 논문을 쓰더군요.

케나드 그 사람은 그 내용에 관해서 당신께 물어보던가요?

캠벨 아닙니다. 저한테는 단지 그렇다고만 이야기했을 뿐이었습니다. 실제로도 우스운 일이었지요.

케나드 조, 당신의 강의 이후에 당신이 받은 질문 중에서도 각별히 흥미로웠던 것이 있었다면 무엇이었을까요? 혹시 강의 말미에 사람들이 뜬금없이 던진 질문 가운데 뭔가를 통해서, 당신께서도 새로운 뭔가와 만나신 적도 있었습니까?

캠벨 제가 지금까지 받은 질문 중에서도 가장 흥미로웠던 것은 1967년에 바로 이곳 에설런에 있는 에이브러햄 매슬로실[室]에서 강연할 때에 나왔습니다. 누군가가 이렇게 묻더군요. "타로 카드의 웨이트 덱[2]에 나오는 상징체계는 어떻습니까?"

음, 저도 그것까지는 생각해 본 적이 없었습니다. 물론 타로 팩을 본 적이야 있었고, 제 스승인 하인리히 침머가 카드에 관해 강연을 하셨던 기억도 났고, 그때 그분이 말씀하신 몇 가지도 기억이 났습니다. 그래서 제가 말했습니다. "음, 타로 팩을 빌려주시면 제가 돌아가서 살펴본 다음, 내일 아침에 제가 발견한 내용을 말씀드리겠습니다."

그거야말로 상당히 흥미로운 물건이었습니다. 운 좋게도 저는 거기서 두 가지 순서를 알아보았습니다. 하나는 '인간의 네 시기'라는 것이었는데, 바로 '청년', '장년', '노년', 그리고 단테가 말한 '노쇠'였습니다. 단테는 또한 그 시기를 '노후'라고도 불렀습니다. 그의 저서 『향연』을 보면 그 내용이 자세히 서술됩니다.

곧이어 저는 또 다른 순서를 알아보게 되었습니다. 한 여성이 파란색 그릇에 담겨 있는 물인지 뭔지를 붉은색 그릇에 쏟아붓는 그림인데, 이 카드는 '절제'라고 합니다. 그다음에는 '악마', 즉 지옥이 있습니다. 그다음은 번개가 탑을 때리는 그림인데, 이 카드는 '파괴의 탑'이라고 합니다. 아시다시피, 이것은 속죄(정화)를 가리키는 전통적인 상징입니다. 왜냐하면 하느님의 번개가 악의 탑을 때리는 것은 우리의 단단한 자아 체계 관계 모두가 파괴되었다는 뜻이기 때문입니다.

그리고 네 번째 카드는 '별'로서 생명의 시작, 즉 '낙원'을 말합니다. 여기에는 두 개의 붉은색 그릇이 저 아래 있는 세계로 물을 쏟고 있습니다. 단테의 『새로운 삶』에서 말하는 '새로운 삶'이 몸의 그릇에서 영靈의 그릇으로 쏟아져 들어가는 것입니다.

마르세유 타로 덱의 메이저 아카나. 에설런 연구소에서 웨이트 덱을 살펴본 캠벨은 중세 이미저리의 풍부한 혈맥을 지닌 또 다른 종류의 타로인 마르세유 덱에도 매료되었다.

이 네 가지 카드를 여기에 두고, 다른 네 가지 카드를 여기에 두면, 그 전체가 아름다운 체계로 딱 떨어지게 됩니다. 이것은 일생의 네 가지 단계를 거쳐 가는 과정에서 심리학적 관계의 변모를 설명하고 있으며, 또한 순수하게 세속적인 관념에서 고도로 영적인 관념으로의 강조 변화에서도 심리학적 관계의 변모를 설명하고 있습니다.

'마이너 아카나' 카드의 네 가지 수트가 흥미로운 까닭은 중세의 팩이기 때문입니다. 오늘날 우리가 가진 타로에 관한 최초의 역사적 증거 가운데 하나는 1392년경에 프랑스의 샤를 6세를 위해 제작된 카드 팩이라는 것입니다. 그때로 말하자면 단테가 사망한 직후였으니, 우리도 이 카드를 통해서 단테와 똑같은 장場에 있는 셈입니다. 그때 역시 중세였으니까요. 네 가지 수트에서 검은 귀족을 뜻합니다. 컵은 가톨릭 미사를 거행하는 성직자를 뜻합니다. 주화는 부유한 장원莊園을 뜻합니다. 지팡이, 또는 막대기는 농부를 뜻합니다. 결국 중세 전통의 네 가지 계급을 뜻하는 겁니다.

이제 일생에는 두 가지 단계가 있습니다. 하나는 삶에 들어서는 단계로서 35세 내지 40세 즈음에 절정에 도달합니다. 또 하나는 삶에서 떠나는 단계입니다. 네 가지 수트는 우리가 그 직업들 가운데 어느 한 가지를 가지고 삶에 들어서는 것과 관계가 있습니다. 우리의 과제가 무엇이든지 간에 말입니다. 그리고 마지막에 있는 커다란 세트인 '우위의 수트', 즉 '메이저 아카나'는 신비의 길과 관계가 있습니다. 그 작동 방식이 딱 그거였습니다. 제 눈에 보였던 겁니다. 그것은 매혹적인 경험이었고, 제가 이곳에서 겪은 것 중에서도 가장 흥미

영웅의 여정

로웠습니다.

케나드 여기서 제가 관심을 갖게 되는 부분은 누군가가 당신께 다가와서, 단지 질문을 던짐으로써 당신이 타로 카드를 돌아보게 만들었다는 점입니다. 당신께서는 '우위의 수트'를 설명하시면서, 그것이 우리가 삶에서 어디에 있는지를 말해 준다고 설명해 주셨습니다. 그래서 어떻다는 겁니까? 그 누군가의 덕분에 당신은 그것을 돌아보시고, 삶에서 당신이 어디 있는지를 확인하셨는데, 그것에 각별히 흥분하셨던 이유는 무엇이었나요? 혹시 그것이 지금 우리에게도 영향을 주는 걸까요? 왜 당신께서는 갑작스러운 깨달음을 얻으시고 스스로 '아, 그래?' 하고 말씀하셨던 걸까요?

캠벨 아시다시피 그것은 성격을 읽어낸다든지 하는 운세 점치기에 사용되는 카드 팩입니다. 제가 들여다보는 사이에 스스로 본색을 드러냈듯이, 그것이 상징하는 바는 중세 유럽의 의식에서 비롯된 삶을 위한 프로그램입니다. 아울러 그 상징 형태 속에는 단테의 철학의 함의 가운데 상당수가 실제로 들어 있습니다. 제 머릿속에 퍼뜩 떠오른 것도 바로 그것이었습니다.

단테는 1321년에 사망했는데, 이런 종류의 카드에 관해서 우리가 가진 최초의 역사적 증거 가운데 또 하나가 바로 그 시기에 나온 한 설교에 들어 있습니다. 그 카드에 반대하는 내용의 설교였는데, 이쯤 되면 우리는 궁금해지게 됩니다. '왜 굳이 카드에 반대했을까?' 그 카드를 자세히 살펴보면 그 이유를 알 수 있습니다. 기본적으로 거기에는 무신론 철학이 들어 있기 때문입니다. 단적으로 말해서 정통파 기독교에는 세계의 종말이 다가오고 있다는 개념이 들어 있습니다. 세계의 종말이란 신화적 상징을 역사적 사건의 견지에서 해석했기 때문입니다. 정통파 기독교인의 입장에서는 그것이 역사적 사건이어야만 했지요. 하지만 신화적 상징은 역사적 사건에 관해서 이야기하는 것이 아닙니다. 신화적 상징은 영적 사건에 관해서 이야기할 뿐입니다. 즉 세계의 종말은 역사적 사건이 아니라 영적 사건인 것입니다.

오늘날에는 '다섯 번째 복음서'로 알려진 「토마스의 복음서」란 것이 있습니다. 1945년경에 이집트의 사막에서 발굴된 것이지요. 그 복음서의 끝자락에서 제자들은 이렇게 묻습니다. "주여, 왕국은 언제 오는 것입니까?" 이때 예수가 내놓은 답변은 「마르코의 복음서」 13장에 나오는 내용, 즉 구름이며 온갖 것들과 함께 왕이 도래해서 전쟁이며 온갖 일들이 벌어진다는 내용과는 아주 대조적입니다. 「토마스의 복음서」에서 예수는 이렇게 말합니다. "왕국은 기다린다고 해서 오지는 않을 것이다. 그들은 '여기를 보라, 저기를 보라' 말하지 않을 것이다. 아버지의 왕국은 지상에 펼쳐져 있건만, 사람이 보지 못하느니라."

이것은 이른바 연금술적 영지주의입니다. 산스크리트어로는 '보리菩提, bodhi'라고 합니다. 즉 우리 눈의 시각을 바꾸면, 지금 우리 앞에서 온 세계가 광채를 발하는 모습을 볼 수 있다는 겁니다. 여러분도 보이십니까?

이 타로 카드에 나오는 가르침도 바로 그것입니다. 마지막 그림인 '세계'에서는 후광이 달린 연금술사들이 춤추는 여성의 형상으로 나옵니다. 그 카드의 네 귀퉁이에는 복음서 저자들, 즉 사도 마태오, 마르코, 루가, 요한의 상징이 있습니다. 달리 말하자면, 왕국의 도래는 바로 이곳에서, 여기에서, 이 세상에서 일어나는 것이며, 결코 기다릴 뭔가가 아니고, 또한 역사적 경험도 아닌 것입니다.

이런 내용이 타로를 보는 순간 제 머릿속에 퍼뜩 떠올랐던 것입니다.

애리엔 그렇다면 당신께서는 타로를 믿으시는 건가요? 당신께서는 카드를 읽으실 수 있지요. 그렇다면 타로를 사용하시면서 당신께서 읽으신 내용을 믿으시는 건가요?

캠벨 아닙니다. 저는 그런 일은 전혀 하지 않습니다. 저는 그저 알아볼 뿐입니다. 저는 그것의 작동 방식을, 그리고 그것이 얼마나 아름다운지를 여러분께 보여드릴 수 있을 뿐입니다.

애리엔 그렇다면 그것이 당신께 뭔가를 말해 줄 수 있다고는 믿으시지 않는 건가요?

캠벨 그것은 우리에게 삶을 위한 프로그램을 줍니다. 즉 삶의 여러 단계마다 어떤 관심사가 있는지를, 그리고 삶의 여러 단계마다의 경험을 대하는 영적으로 더 낮은 태도와 영적으로 더 높은 태도가 무엇인지를 알려 주는 것입니다. 정말 놀라운 물건이죠.

애리엔 당신께서는 여기 있는 왕국을 보실 수 있다고 느끼십니까?

캠벨 물론 우리는 그럴 수 있습니다. 대공황 당시에, 그것도 대공황의 절정 무렵에, 디바인 신부라는 연세 지긋하신 설교자가 계셨습니다. 그분은 놀라운 설교를 하시고 나면 이렇게 덧붙이곤 하셨습니다. "여러분은 이 신비를 볼 수 없는 겁니까? 여러분은 기쁘지 않은 겁니까?" 그러면 모두들 이렇게 대답했습니다. "맞습니다, 주여!"
　음, 여러분은 볼 수 '없는' 겁니까?

애리엔 맞습니다! 맞습니다! 경이롭게도……

캠벨 맞습니다. 다만 그게 바로 그것이라고 우리가 배우지 못했기 때문입니다. 그것은 큰 문제입니다. 제 생각에는 그 배후에 어떤 악의가 있지는 않은 것 같습니다. 다만 이것이 우리 문화사에 들어 있는 관념이 아니어서 그런 것뿐입니다. 그것을 이런저런 이유로 걸러 냈기에, 우리도 그것을 얻지 않는 한에는 스스로 깨달음에 이르지 못합니다. 단지 작은 실마리를 얻을 수 있을 뿐인데, 이 타로 카드도 그 가운데 하나이고…… 그러고 나면 전혀 어려울 것이 없습니다.

영웅의 여정

애리엔　당신께서는 타로 카드가 쉽게 접근가능하다고 말씀하셨지요. 그렇다면 그것이야말로 교회에게는 위협이 아니었을까요?

캠벨　그것에 대해선 저도 모르겠습니다. 실제 상황이 어땠는지 저도 모르니까요. 다만 뭔가가 오고 있음을 우리에게 알려 주는 이 몇 안 되는 실마리가 (제가 알기로는) 14세기에 나왔던 것뿐입니다. 이와 관련된 또 다른 이야기에 따르면, 타로 카드가 이집트에서 왔다는 생각을 갖고 있는 사람들도 제법 됩니다. 하지만 그것은 전적으로 중세적이고, 그 상징체계도 중세적입니다. 타로 카드는 유럽의 발상인 겁니다.

브라운　지금 여기 있는 왕국을 보지 못하는 무능력이야말로 자연과 우리가 맺은 불운한 관계와 뭔가 관련이 있지 않을까요?

켐벨　어디 봅시다. 우리 서양의 전체적인 종교 전통에는 형이상학적 통찰보다는 오히려 윤리학적 통찰로, 즉 선과 악이라든지, 뭐 그런 모든 것들로 향하는 경향이 있습니다. 서양의 전통에서는 자연을 믿지 않는데, 왜냐하면 자연은 '타락한' 것이기 때문입니다. 이 세상에는 창조의 신이 있고, 곧이어 타락이 있기 때문에, 삶은 선과 악이 혼합되었다는 것입니다. 따라서 우리는 자연에 의존할 수 없고, 오히려 항상 자연을 바로잡으며, 항상 악에 대항하는 선이라는 윤리적 관점에 서는 것입니다. 그렇지 않습니까?
　이와 완전히 대조적인 도가道家의 경우를 생각해 봅시다. 거기서 우리는 자연에 양보하고, 우리 자신을 자연에 내어줍니다. 원시 문화도 마찬가지여서, 거기서 사람들은 자연 속에서 잘만 휴식했습니다.

자연이 좋다는 사실을 깨닫기 위해서는 의식의 완전한 변모가 필요합니다. 제가 일본에서 느끼고 배운 바가 바로 그것이었습니다. 일본의 종교 신도神道에는 이런 금언이 있습니다. "자연의 과정은 사악할 수 없다."

이번에는 헤라클레이토스를 살펴봅시다. 그는 이렇게 말했습니다. "신에게는 모든 것이 좋고, 옳고, 바르지만, 어떤 사람들에게는 어떤 것은 옳은 반면 어떤 것은 옳지 않다." 그렇게 해서 형이상학이 있는 것입니다.

○ ○ ○ ○

예배, 예배, 예배. 인도 전역에서 온 사람들이 거대한 순례 장소로 모입니다. 이곳에서 순례라는 발상 전체는 문자적이고도 물리적인 행동으로 번역되고, 우리 자신의 마음 한가운데로 들어가는 순례가 됩니다. 만약 우리가 순례를 하는 동안 지금 우리가 하는 일에 대해서 묵상하고, 우리가 지금 우리의 내면의 삶 속으로 들어가고 있다는 사실을 알 수만 있다면, 순례를 하는 것은 좋은 일인 것입니다.

조지프 캠벨, 〈미토스 II: 동양 전통의 형성〉 중에서

○ ○ ○ ○

영웅의 여정

애리엔　당신께서는 그걸 어떻게 배우셨습니까? 어떤 사건을 통해서 깨달으신 겁니까?

캠벨　저는 불교와 신도를 공부하기 위해서 (1955년에) 일본에 갔었습니다만, 그런 내용들이야 텍스트에서 배웠을 뿐입니다. 저는 그곳에 있었을 때의 느낌을 기억합니다. 성서 전통에서 말하는 타락에 관한 이야기를 전혀 들어 본 적이 없는 사람들이 사는 장소에 있다는 것이 얼마나 즐거웠는지 모릅니다. 저는 친구들에게 이렇게 말하곤했습니다. '혹시 정신분석을 받아볼까 생각하는 참이라면, 그 돈을 아껴서 일본으로 가게나. 그곳은 끔찍하리만치 많은 잡념을 싹 없애줄 거야. 나는 정말 일본에 대한 사랑에 푹 빠졌다네. 자네도 그렇게 사랑에 푹 빠지고 나면, 아무런 고통도 느끼지 못할 거야.'

파브로　하지만 그곳 사회는 워낙 (경직적으로) 구조화되었기 때문에, 당신께서도 개인으로서는 그것을 깨고 나와서 독립적인 상태가 되기 위해서 힘든 시간을 가지셨을 것 같은데요.

캠벨　거기에 대해서는 저도 답변할 수가 없군요. 제가 거기 머문 시간은 겨우 7개월쯤이었으니까요. 게다가 제 생각에는 구조를 갖는 것이 사람에게 아무런 해악도 끼치지는 않을 것 같습니다. 최소한 자신의 고통은 자기 혼자서 간직하는 것이니까요! 거기서는 사람들이 행복하거나 말거나 간에 미소를 짓는데, 그거야말로 아주 훌륭했습니다. 어쩌면 개인의 자유도 어느 정도까지는 아주 많이 바람직한 것은 아닐 수 있습니다.

또 한 가지 놀라운 것은 일본의 철도였습니다. 열차가 2분 연착하면 안내 방송을 통해서 2분 연착한 것에 대한 공개 사과가 나왔습니다. 고속 열차를 타면 무려 시속 150마일 내지 200마일로 달리게 되는데, 그런데도 '얼마나' 안정적인지 모릅니다. 상상이 가십니까?

당장 미국에 있는 열차를 한 번 타 보십시오. 이런, 세상에! 한번은 제가 뉴욕 시에서 북쪽 스탬퍼드까지 열차를 타고 가는데, 식당 칸에 앉아 줄곧 덜컹거리고 가다 보니, 스탬퍼드로 접어들었을 무렵에 열차가 기울어지면서 식탁 위에 있는 것들이 모조리 바닥에 떨어지는 겁니다. 그러자 나이 많은 짐꾼 양반이 다가와서는 이렇게 말하더군요. "우리가 스탬퍼드로 접어들기만 하면 매번 이 사단이 난답니다."

●

파브로 당신께서는 혹시 우리의 문화에 자유가 너무 과도하다고 생각하십니까?

캠벨 아닙니다. 저는 그런 이야기를 하는 게 아닙니다. 다만 일본이 얼마나 훌륭한지를 이야기하는 것뿐입니다. 저는 그곳에서 자연에 대한 신뢰에 관해 배웠습니다. 자연에서는 예술이 시작되고 자연이 떠나는 곳이 어디인지를 분간할 수가 없습니다.

영웅의 여정

일본에서는 사물들이 하나에서 다른 하나로 이어져 있었으며, 사원과 사당은 항상 그 지역의 자연과 합치되어 있었습니다. 일본의 정원은 교토에 있는 것들처럼(예를 들어 산젠인三千院, 고잔지 高山寺, 료안지龍安寺의 경우처럼) 배열되어 있어서, 우리가 정원으로 들어서서 위로 걸어 올라가다 보면, 갑자기 완전히 새로운 풍경이 열립니다. 단지 그 경험을 겪는 것만으로도 우리가 의식의 증

스즈키 다이세츠. 카마쿠라 소재 마츠가오카 도서관에서. 1959년.

폭을 얻을 수 있도록 배열되어 있는 겁니다.

후쿠오카의 성 유적에서 일본인 친구와 함께 한 조지프 캠벨. 왼쪽에 지나가는 사람은 종교사가 겸 신화학자 미르체아 엘리아데와 그의 아내 크리스틴이다. 1958년.

영적인 강렬함과 물리적인 강렬함의 이런 결합은 무척이나 대단합니다. 저는 대학 시절에는 물론이고 이후로도 2년 동안 육상 선수로 활동했습니다. 하지만 그것은 단지 육상이었을 뿐입니다. 가라데나 그와 비슷한 뭔가를 배우다 보면, 우리는 그 영적이고 심리학적인 태도를, 즉 배치를 깨닫게 되는데, 그것이야말로 무척이나 중요합니다. 전 세계에서 유독 그 나라에서는 모든 것이 그런 식으로 작동합니다. 그들은 종교의 지시체가 심리학적인 것임을, 즉 우리에게 일어나는 뭔가임을 깨닫고 있습니다.

○○○○

일본의 선사禪師 스즈키 다이세츠 박사가 이런 말을 했습니다. "이 세계는, 그 모든 잘못과 그 모든 범죄와 그 모든 공포와 그 모든 진부함과 그 모든 어리석음까지도 아울러, 황금 연꽃의 세계이다." 하지만 우리는 그 차원에서 그런 사실을 바라보는 방법을 배워야만 합니다.

조지프 캠벨, 『빛의 신화』 중에서

○○○○

우리는 서기 30년에 예루살렘에서 무슨 일이 일어났는지에 대해 의문을 갖고 있습니다. 그 일은 실제로 일어났을까요? 그 일은 다른 뭔가와 무슨 관련이 있을까요?

영웅의 여정

선禪 철학자 스즈키 다이세츠가 선에 관해서 이야기하던 어떤 자리에서 꺼낸 작지만 경이로운 이야기가 있습니다. 한 청년이 스승에게 이렇게 물었습니다. "저에게도 불성佛性이 있습니까?" 그러자 스승이 대답했습니다. "아니다." 그러자 청년이 말했습니다. "음, 제가 듣자 하니 세상 만물이 불성을 보유하고 있다던데요. 돌도, 나무도, 꽃도, 새도, 동물도 모든 존재가 말입니다."

"그렇다." 스승이 말했습니다. "네 말이 맞다. 만물은 불성을 보유하고 있지. 돌도, 꽃도, 벌도, 새도. 하지만 너는 아니다."

"왜 저만 아니죠?"

"왜냐하면 네가 굳이 의문을 품고 물어보았기 때문이지."

다시 말해서, 이 청년은 그 초월적 원천에서 비롯된 자기 자신에 대한 지식 속에서 살아가는 대신, 별개의 단위로서 자기 자신에 대한 지식 속에서 살아갔던 것입니다. 그리하여 그것이 그를 내던졌던 것입니다. 그래서 그는 자신의 불성에 근거하여 살아가지 않았던 것입니다.

이것은 예술가에게 유용한 요령이기도 합니다. 예술가가 작품을 선보일 때에는, 작품이 스스로의 주위에 울타리를 둘러놓음으로써 관람객과 동떨어져 있지는 않게끔 만드는 방식으로 선보입니다. 그러면 관람객인 우리는 어떤 예술 작품을 보는 순간 실제로 머리를 탁 치는 '아하!' 하는 깨달음을 얻습니다. '내가 바로 그것이로구나!' 내가 바로 이 작품을 통해서 내게 말을 거는 그 광휘와 에너지라는 겁니다. 순수하게 경험적인 용어로는 이를 가리켜 참여라고 합니다. 하지만 실제로는 그 이상입니다. 이것은 '동일시'입니다.

여러분도 아시다시피, 인도인은 이렇게 묻습니다. '나는 누구인 가?' 이 질문을 던지는 것이야말로 커다란 교훈입니다. '나는 이 몸 인가?' 한 번은 제가 예비학교 남학생들에게 불교에 대해 가르친 적 이 있었습니다. 문득 이런 의문이 들더군요. '과연 내가 어떻게 해야 만 이 내용을 이들에게 가르칠 수 있을까?' 왜냐하면 이른바 불성(즉, 붓다의 의식)으로 말하자면, 우리 모두가 그 의식의 현현이기 때문입 니다. 우리 모두는 붓다인 존재입니다. 우리 모두는 우주 전체에 충 만한, 이 거대한 의식의 별개인 현현입니다. 식물에게도 의식이 있습 니다. 돌에게도 의식이 있습니다. 만물은 의식이 있습니다.

그래서 저는 남학생들에게 말했습니다. "천장을 보세요. 여러분은 복수형으로 '불들'이 켜져 있다고, 또는 단수형으로 '불'이 켜져 있 다고 말할 수 있을 겁니다. 완전히 똑같은 것에 대해서 말하는 두 가 지 방법이 있는 겁니다. '불들'이 켜져 있다고 말할 때에는 그 개별 매개체인 전구를 강조하는 셈이고, '불'이 켜져 있다고 말할 때에는 일반적인 빛을 강조하는 셈입니다. 하지만 이 두 가지는 완전히 똑같 은 것에 대해서 말하는 두 가지 방법인 것입니다."

다시 일본 이야기로 돌아가자면, 거기서는 개별적인 것에 대한 강 조를 '지호카이事法界', 즉 개별적 영역이라고 하고, 일반적인 것에 대 한 강조를 '리호카이理法界', 즉 일반적 영역이라고 합니다. 거기에서 '지리무게事理無碍'라는 격언이 나왔는데, '개별적인 것과 일반적인 것에 아무런 막힘이 없다'는 뜻입니다. 즉 '차이가 없다'는 뜻입니다.

만약 전구 하나가 고장 났을 경우, 시설 관리인이 나타나서 이렇게 말할까요? "아, 나는 저 전구를 각별히 좋아했었는데. 이게 중요한 전구였는데. 정말이지 재난이 아닐 수 없군." 아닙니다. 단지 고장 난 전구를 빼고, 새로운 전구를 끼울 뿐입니다.

과연 무엇이 중요하겠습니까? 빛이겠습니까, 아니면 그 매개체겠습니까? 여러분은 머리입니까, 아니면 의식입니까? 여러분은 무엇과 스스로를 동일시하겠습니까? 그 수단과 동일시하겠습니까, 아니면 그것에 의해 운반되는 것과 동일시하겠습니까? 만약 여러분이 그것에 의해 운반되는 것과, 즉 의식과 스스로를 동일시할 수 있다면, 그 모든 전구 속에 들어 있는 것은 바로 그 의식입니다. 이렇게 해서 우리는 통일하는 원리와 스스로를 동일시하는 것이며, 이것이야말로 어떤 사람이 또 다른 사람을 자발적으로 구하러 가는 누군가와 스스로를 동일시하는 이유입니다. 이것이야말로 개별성은 부차적이라는 깨달음, 그리고 개별성은 시

일본 교토 소재 카츠라 궁전의 정원에 있는 판석. "일본의 정원에서 우리는 예술이 시작되고 자연이 끝나는 곳이 어디인지를 알 수 없습니다."

간과 공간 속의 경험의 기능이라는 깨달음에 도달하는 두 가지 접근법입니다.

제가 어렸을 때에, 숲을 거닐다 보면(모두들 그래 보셨겠지만) 때때로 철조망 울타리가 나오곤 했습니다. 철조망에서 어떤 부분은 나무에 바짝 붙어 지나가는 바람에, 급기야 계속 자라난 나무 속에 파묻혀 버리기도 했습니다. 말 그대로 나무가 철조망을 포용한 셈이지요. 우리 몸에 상처가 나면 백혈구가 등장합니다. 우리는 이런 것들도 기계적으로 해석할 수도 있고, 그렇지 않으면 실제 의지의 견지에서 해석할 수도 있습니다.

●

타니스 불교 전통과 비교해 볼 때, 기독교 전통은 신화적 상징에 대한 어떤 이해를 결여한 것처럼 보입니다. 지금 저는 과연 이것이 오로지 정통적이고 제도화된 기독교에서만 사실인지 여부가 궁금해지는 한편, 마치 힌두교나 불교의 경우에 타당했던 신화적 이해에 관한 일종의 핵심이 기독교 그 자체에도 들어 있는지가 궁금해지는군요.

캠벨 여기서의 문제는 이런 겁니다. 힌두교나 불교에서는 상징에 관한 역사적 해석이, 예를 들어 붓다의 삶에 대한 지시체가 매우 부차적이라는 것입니다. 힌두교와 불교에서는 상징 형태가 우리의 삶에 대해 갖는 타당성을 강조합니다. 즉 우리는 이런 지시체를 우리 자

신의 내면으로 이해하는 것입니다. 예를
들어 붓다 대부분은 역사적 존재가 전혀
없습니다. 어느 누구도 그들이 역사적으
로 존재했다고 생각하지 않습니다. 예를
들어 중국과 일본에서 말하는 관음觀音이
라는 끝없는 동정심을 지닌 위대한 보살
은 순수히 신화적 인물이면서도 뭔가를
상징합니다.

〈열리는 성모상〉[3]. 프랑스. 15세기.

　반면 기독교 전통에서는 용어나 이미
지의 역사적 이해를 강조합니다. 예를 들어 우리가 어떤 기독교인 앞
에서 대뜸 예수는 죽은 자 가운데서 물리적으로 살아난 것이 아니라
고, 또한 하늘로 올라간 것도 아니라고 말한다고 치면, 그거야말로
그 사람이 자기 신앙에서 중요하다고 간주하는 뭔가에 대한 도전일
것입니다.

　유대인의 경우도 마찬가지입니다. 만약 우리가 유대인 앞에서 출
애굽과 모세에 관한 이야기 모두에 의문을 제기하기 시작한다면 어
떨까요. 예를 들어 모세가 산에 올라간 것이며, 율법판을 얻어서 내
려온 것이며, 율법판을 깨트린 것이며, 그리하여 다시 가서 또 하나
를 얻어온 것까지 모두 말입니다. 만약 우리가 이 모두에 대해서 의
심을 표현한다면, 그것이야말로 유대인에게는 직격이 아닐 수 없을
겁니다.

　반면 인도인에게는 지금으로부터 2000년인지 3000년 전에 다른

어디선가 일어난 일이 중요한 게 아니라, 오히려 지금 우리에게 일어나는 일이 중요한 겁니다. 즉, 상징이 지금 우리에게 무엇을 하고 있느냐는 겁니다.

유대교와 기독교는 신화적으로 구조화된 상징체계이기 때문에, 기존의 방식과 다른 방식으로 읽기가 쉽습니다. 이런 일은 때때로 선지자나 신비가가 등장함으로써 돌파구가 열리게 되는데, 이런 사람은 그 상징이 뭔가 완전히 다른 것을 말하고 있다고 갑자기 깨닫게 되는 겁니다. 그리고 그 내용은 '삶'에 대한 우리의 즉각적인 태도와

조토 디 본도네의 〈예루살렘 입성〉. 1305년경.

영웅의 여정

〈금관에서 다시 일어난 석가〉[4]. "그리스도의 발상과 붓다의 발상은 완벽히 동등한 신화적 상징입니다. 즉 똑같은 것을 말하는 두 가지 방법인 것입니다. 즉 초월적 에너지 의식이 온 세계를 채우고, 우리를 채운다는 것입니다."

관계가 있는 뭔가입니다.

예를 들어 십자가 처형의 경우, 우리는 이것을 재난으로 생각할 수도 있습니다. 즉 이것이야말로 우리의 죄와 아담의 죄와 기타 등등의 결과이며, 하느님의 아들 예수 그리스도가 세상에 내려와 십자가에 달려 죽어서 슬픈 표정을 짓고 있다고 말입니다. 이것 역시 상징을 읽는 방법 가운데 한 가지입니다.

하지만 우리는 또 다른 방식으로 상징을 읽을 수 있습니다. 즉 시간 속에서의 체화를 향한 영원의 열의로서, 이는 하나가 여럿으로 깨어지는 것과 관련되어 있으며, 유기적 기쁨이자 (인도에서 말하는) '지혜의 쌈지'이자 환희이자 희열의 일부로서 의지의 고통을 수용하는 것과도 관련되어 있습니다. 예수는 희열을 느끼는 것입니다. 성 아우구스티누스도 어디선가 이렇게 말했습니다. "예수께서는 마치 신랑이 신부에게 가듯이 십자가로 가셨다." 이것이야말로 완전한 발상의 전환인 것입니다.

또 한 가지가 있습니다. 바로 시간의 종말이라는 발상입니다. 즉, 역사적 사건으로서의 시간의 종말입니다. 이는 터무니없습니다. 그런데 그게 왜 중요합니까? 시간의 종말의 중요성은 심리학적 사건으로서의 중요성입니다. 그렇다면 우리는 이것을 바로 그런 방식으로 각색해서 경험해야 합니다.

시간의 모든 형태를 관통하는 영원의 광휘를 보았을 때(바로 이것을 우리가 볼 수 있도록 만드는 것이 예술의 기능입니다만), 우리는 오로지 역사적인 견지에서만 생각하는 사람들이 살아가는 이 세상에서의 삶을 진정으로 끝내게 됩니다. 이것은 신화의 기능입니다. 이것은 달리 보면 신화적 진술이었던 것의 신화적 읽기입니다.

타나스 그렇다면 어떤 면에서 기독교라는 제도화된 종교는 역사적 구체화라는 측면에서 과실을 범한 셈이로군요?

캠벨 실제로 그렇습니다.

타나스 그리고 그것은 단지 종교의 측면에서 구축된 것뿐이고요.

캠벨 음, 오늘날에는 서양으로 찾아오는 수많은 구루며 린포체活佛며 로시老師와 경쟁하는 상황을 맞이하여, 기독교인도 이렇게 생각하기 시작했습니다. '그래, 어쩌면 사회학이라든지, 가난한 자를 돕는 것이 전부만은 아닐 수도 있어. 오히려 자기 내면의 성스러움을 찾아내고, 나로서 살아가는 것이 아니라 내 안의 그리스도로서 살아가자.' 결국 종교에서의 개인적 경험의 국면에 관해서 배우기 위해서, 서양에게는 동양이 필요했던 셈입니다.

그리스도의 발상과 붓다의 발상은 완벽히 동등한 신화적 상징입니다. 즉 똑같은 것을 말하는 두 가지 방법인 것입니다. 즉 초월적 에너지 의식이 온 세계를 채우고, 우리를 채운다는 것입니다.

이 사실을 자각하는 것, 그리고 이 정신의 중심이 아니라 저 정신의 중심에서 살아가는 것이야말로 우리의 삶의 구원입니다. 이것은 우리 자신을 자연과 합치시킨다는 뜻입니다. 또한 이것은 우리가 반드시 자연을 조화롭다고 이해해야 한다는 뜻입니다. 우리의 성서 전통에서는 타락이 있습니다. 즉 선하신 하느님이 선한 세계를 창조하셨지만, 사악한 침입자가 이를 망가트렸고, 따라서 자연은 타락했다는 것입니다. 그러므로 우리는 이것과 저것을 구분해야만 하는 겁니다. 그런 식으로 자연에 '양보'하고서는 이것이야말로 내가 반드시 양보해야 하는 곳이라고 말할 수가 없습니다. 그들의 모든 옳고 그름의 규범, 죄와 속죄의 규범, 그 모든……

저로선 그것에 대한 제도적 고집 배후에 뭐가 있는지 모르겠습니다. 저는 그것을 매우 자주 생각합니다. 음, 혹시 예전의 구강청결제

광고에서 이렇게 말한 것을 기억하십니까? "비록 당신의 가장 친한 친구조차도 말해 주지는 않겠지만, 혹시 당신은 입 냄새가 나지 않습니까?" 이때 우리를 구해 주는 유일한 방법은 구강청결제를 구입하는 것뿐입니다.

교회는 우리에게 이렇게 말합니다. "당신의 가장 친한 친구조차도 말해 주지는 않겠지만, 사실 당신은 죄에 빠져 있습니다. 그리고 우리는 바로 여기 당신을 위한 치료제를 갖고 있습니다."

우리가 눈에 보이지도 않는 질병을 고치는 눈에 보이지도 않는 치료법을 갖게 된다면, 그건 결국 누군가에게 강매당한 물건을 갖게 되었다는 뜻입니다.

●

브라운 어째서 서양에 사는 우리는 당신께서 "자연과의 합치"라고 말씀하신 것의 감각을 잃어버리고 말았을까요?

캠벨 우리는 라마르크적인 견해의 일종으로 돌아가고 있습니다. 라마르크는 다윈보다 더 먼저 살았던 사람이죠. 그리고 괴테의 견해의 일종으로 돌아가고 있다고도 할 수 있습니다. 괴테도 자기 나름의 진화론을 갖고 있었으니까요. 쇼펜하우어도 「자연 속의 의지」라는 훌륭한 논고를 남겼는데, 거기서 바로 이런 것들에 관해 이야기합니다.

파브로 그러면 당신께서는 원형질 층위에서도 어떤 의도가 있다고 생각하시는…

캠벨 반드시 있어야만 합니다! 언젠가 제 친구 스탠리 켈러먼이 생生 원형질을 현미경으로 관찰하는 모습을 담은 영화를 본 적이 있는데, 아마도 펜실베이니아 대학에서 만든 것이었다고 기억합니다. 그걸 보면 그것은 흐름으로서 행동하고, 그러다가 눈 깜짝할 사이에 그 흐름은 스스로 작은 수로를 만들며, 스스로를 위한 집을 짓습니다.

그 영화를 보고 나서 제가 샌프란시스코에서 이곳 에설런까지 차를 몰고 왔을 때, 운전하는 내내 제 눈에는 각종 원형질이 보였습니다. 풀을 뜯는 소떼의 모습을 한 원형질, 풀의 모습을 한 원형질, 머리 위의 원형질이 있었습니다. 그것이야말로 일종의 '사토리悟り', 즉 깨달음이자 일종의 계시였습니다. 온 세상을 의식과 에너지를 지닌 의도적인 원형질로서 바라본 것이었습니다.

그때부터 저는 에너지와 의식이야말로 똑같은 것의 두 가지 측면이라는 느낌을 갖게 되었습니다.

파브로 오늘날에는 물리학자들도 그런 이야기를 합니다.

캠벨 저도 그렇다고 알고 있습니다. 하버드의 생물학자이며 명예교수인 연세 지긋한 양반이 저한테 편지를 보냈습니다. 그러면서 국제 학술 대회 가운데 한 곳에서 자기가 했던 강연문을 동봉했더군요. 그는 이렇게 말했습니다. "저의 과학적 의식에는 충격적인 일입니다만, 저로선 자연에 어떤 의도가 있다는 결론을 내리지 않을 수 없었습니다."

○○○○

신화는 사실 사회를 움직이고 형성하는 대중의 꿈이며, 역으로 개인의 꿈은 사실 자기 자신을 움직이고 형성하는 내밀한 신, 악신, 인도하는 권능자에 관한 작은 신화이다. 그 사람의 삶에 잠재의식적으로 명령을 내리는 실제 공포, 욕망, 목표, 가치의 계시인 것이다.

조지프 캠벨, 『신화의 이미지』 중에서[5]

○○○○

브라운   하지만 그런 발언은 자신의 기질과는 배치되는 것이 아닙니까? 아마도 그는 단지 영적으로 그런 느낌에 도달했을 겁니다. 왜냐하면 물리 이론은 그런 종류의 사고를 허락하지 않으니까요.

캠벨   훌륭한 과학자의 위대한 점 가운데 하나는 자신의 기질에 배치되거나 말거나 간에, 자기가 증거로서 발견한 것에 대해서는 발언한다는 것입니다. 그것이야말로 가장 종교적인 사람들조차도 하지 않는 일입니다. 그런 사람들은 자기 종교의 사고를 고수하고, 제아무리

영웅의 여정

많은 증거가 있어도 거기서 이탈하지 않으니까요.

하지만 과학적 태도는 이렇습니다. '우리는 진실을 발견하지는 못했다. 다만 우리는 새로운 사실을 설명해 주는 유효한 가설을 발견했다. 우리는 모든 것을 바꿔야만 할 수도 있다. 이게 나타났으니까.' 사람들은 과학에 대해서 이런 점을 이해하지 못합니다.

이제 저는 생물학적인 것에 관심이 있는데, 왜냐하면 제가 생각하는 신화란 생물학의 한 가지 기능이기 때문입니다. 몸의 모든 기관이 에너지 충동을, 즉 행동하려는 충동을 가지고 있다고 가정하고, 내부의 이런 서로 다른 에너지 간의 충돌의 경험이 심혼을 형성한다고 가정해 봅시다.

이것은 자연의 말하기입니다. 신화는 이런 에너지가 의인화된 이미지로서의 표현입니다.

●

브라운 그렇다면 우리는 어떻게 해야 이런 에너지를 우리의 일상생활로 끌어올 수 있겠습니까?

캠벨 그게 바로 지금 우리 이야기의 주제입니다. 신화나 신화 연구가 오늘날의 삶과 맺는 관계인 것이지요. 제 요점은 영감을 주는 예술 분야의 경력에서 그것이 작동하는 모습을 제가 실제로 봤다는 겁니다. 신화는 상상력이 기능하며 나오는 층위에 우리를 놓아두며, 또 신화는 상상력에서 나오는 것입니다. 반드시 두뇌에 설명되어야만 하는 신화의 이미지는 효과가 없습니다. 우리에게 영 낯선 까닭에 아무런 반응이나 인식도 촉발하지 못하는 이미지를 지닌 어떤 문화의 장場을 지나갈 때, 우리는 뭔가 잘 안 맞는 느낌을 받게 됩니다.

이것이야말로 서양 문화의, 즉 우리가 물려받은 신화의 문제 가운데 하나입니다. 예를 들어 유대교-기독교 전통은 기원전 첫 번째 밀레니엄의 근동과 관련이 있는 것입니다. 그 내용은 이곳에서의 우리 삶과 아무런 관계가 없습니다. 모든 것이 반드시 설명을 거쳐야만 합니다.

예를 들어 "어린 양의 피로 씻은"이라는 성서의 구절을 봅시다.[6] 우리가 어린 양을 실제로 본 적이 전혀 없다면, 이게 도대체 무슨 의미가 있겠습니까?

기유맹 문화적 차이 이야기가 나왔으니 말입니다만, 저는 메데이아와 이아손의 신화를 생각할 때에, 거기서 메데이아가 노인을 회춘시키기 위한 탕약을 제조하는 모습이며, 그 마녀의 탕약에 들어가는 재료를 찾아다니는 모습을 그저 상상만 해 볼 수 있을 뿐입니다. 물론 당신께서는 제가 추출한 엔돌핀 가운데 최초의 것을 가리켜 그런 생각의 궁극적인 결정화라고 말씀하실 수 있겠지만요.

캠벨 마녀의 탕약 말이군요!

영웅의 여정

기유맹   그렇습니다. 물론 제가 두뇌의 엔돌핀을 찾게 된 계기가 바로 그 메데이아와 이아손의 이야기라고 말씀드린다면, 저로선 영 솔직하지 못한 셈이겠지만 말입니다.

케나드   혹시 당신께서도 연구하실 때에 이런 신화적 사고를 생각하셨습니까?

기유맹   막상 두뇌에서 이런 분자들 가운데 하나를 추출하고 그 특성을 기술할 때에는 메데이아와 이아손에 관해 생각할 시간이 별로 없게 마련입니다.

캠벨   저 역시 그때만큼은 생각하지 말아야 한다고 봅니다!

케나드   저는 유대교-기독교 전통에 속해 있습니다만, 정작 근동에서는 상당히 멀리 떨어져 있습니다. 제메이크, 아메리카인디언 출신인 당신의 전통은 이에 비해 훨씬 더 가까이 있는 셈이지요. 그렇다면 거기서 어떤 차이가 생겨날까요?

하이워터   정말 어마어마한 차이가 생겨납니다. 조지프 캠벨께서 "어린 양의 피로 씻은"이라는 표현에서 드러나는 문화적 차이에 관해서 말씀하실 때, 저는 한 가지 재미있는 사실을 생각하고 있었습니다. 이누이트족, 즉 흔히 말하는 에스키모인은 우리의 문화에서 나쁜 사

람들이 죽어서 간다는 저 끔찍한 장소가 '뜨겁다'는 사실을 도무지 이해할 수 없어 한다더군요. (웃음)

그들의 사후세계는 대개 아주 춥고 황량한 곳입니다. 그렇다면 그 것은 단지 온도를 다르게 설정하는 것의 문제일 뿐일까요? 저는 그 렇게 생각하지 않습니다. 제 생각에 여기에는 기본적인 종류에 해당 하는 인간의 시詩가 있습니다. 저는 시 창작이 예술가에게만 한정된 다고 생각하지는 않습니다. 제가 이해한 바에 따르면, 아인슈타인은 위대한 과학자가 아니었습니다. 오히려 그는 위대한 시인이었습니 다. 그는 유능했습니다. 그가 직관한 내용을 훗날에 가서야 과학자와 기술자가 증명했으니까요. 하지만 그의 연구 대부분은 19세기의 과 학에서 결코 아주 멀리 떨어진 것도 아니었습니다. 그야말로 20세기 과학의 달인이었다고 제가 생각하는 이유도 바로 그래서입니다.

케너드 과학자들은 항상 예술에 뭘 하라고 말하지 않습니까? 과학자 들은 신화를 갖고 있지 않다고 항상 비난을 받지 않습니까?

캠벨 음, 이것은 완전히 다른 두 가지 시각입니다. 과학의 문제는 우 리에게 우주의 이미지를 제공한다는 것입니다. 즉 그것이 무엇과 비 슷한지, 그것이 실제로 무엇과 비슷한지를 말입니다. 그런데 이런 이 미지는 10년 단위로 변합니다. 그 어떤 과학자도 "내가 진리를 발견 했다"고 말하지는 않습니다. 단지 유효한 가설이 있고, 다음 시즌에 는 또 다른 구조가 나오게 되는 것뿐입니다.

기유맹   음. 저 역시 거기에 적격이겠군요. '어마어마하게.' 정말 어마어마하게요. (웃음)

캠벨   좋습니다. 그들은 자기들이 진리를 발견했다고 생각합니다! 그리하여 신화의 문제는 발견된 진리를 실제 생활에 관련시키는 것입니다. 신화는 우리의 삶을 어떻게 살아갈 것인지와 관련이 있습니다.

●

캠벨   괴테의 『파우스트』 끝부분에는 유명한 구절이 등장합니다. "현상적인, 또는 일시적인 것은 모두 단지 지시체에, 단지 은유에 불과하다."[7] 그로부터 몇 년 뒤에 니체는 한 술 더 떠서 이렇게 말했습니다. "영원한 것은 모두 단지 지시체에, 단지 은유에 불과하다."[8]

이제 신화의 기능은 우리가 일시적인 모든 것을 지시체로 경험하게 돕는 것입니다. 아울러 이른바 영원한 진리조차도 단지 지시체로 경험하게 돕는 것입니다. 신화는 세계를 열어 주며, 그리하여 신화는 언어 너머에, 말 너머에 있는 뭔가가 드러나게끔 투명하게 됩니다. 여기서 그 뭔가란 바로 우리가 초월이라고 부르는 것입니다. 초월이 없으면, 우리는 신화를 갖지 못합니다. 그 어떤 사고 체계도, 또는 이런저런 종류의 이데올로기조차도, 초월에 대해서 열려 있지 못하다면 신화적으로 분류되거나 이해될 수 없습니다.

그렇다면 신화의 최우선 기능은 모든 것을 초월에 대한 은유로서 보여 주는 기능입니다. 이런 방식으로 반드시 초월되어야만 하는 첫 번째 장場은 우리가 속해 있는 환경의, 즉 우리가 살아가는 세계의 장입니다. 그렇게 함으로써 우리는 경이와 신비의 차원을 향해 열린 것으로서 온 세계를 바라볼 수 있습니다. 세계 속의 모든 대상은 이런 신비, 즉 생명의 신비에 관해서 이야기하며, 우리 주위의 다양한 몸과 존재를 통해서 의식이 쏟아져 들어옵니다. 그러고 나면 그것은 우리도 이와 유사하게 초월이 드러나게끔 투명하다는 사실을 우리 자신에게 보여주어야 합니다.

그리하여 마침내 신화적으로 조직된 사회에서는 모든 의례가 이렇게 신비스러운 방식으로 우리 자신을, 세계를, 우리를 포함한 사회질서를 경험할 수 있도록 우리를 돕는 방식으로 조직됩니다.

에설런 연구소의 정원에서 친구인 조지프 캠벨의 연구의 타당성에 관해서 논의하는 로버트 블라이, 스타니슬라브 그로프, 로제 기유맹. 1982년.

제가 생각하기에 신화가 봉사하는 네 가지 주된 기능 중에서 첫 번째는 '신비적' 기능입니다. 두 번째는 '우주론적' 기능으로 이름 그대로 우주와 관련됩니다. 세 번째는 '사회학적' 기능이고, 네 번째는 '교육적' 기능으로 개인이 그 삶의 여러 단계를 거치도록 안내합니다.

신화는 우리가 여러 가지 의례

영웅의 여정

를 거치도록 안내합니다. 입문 의례, 풍요 의례, 사춘기 의례, 매장 의
례 등입니다. 이런 의례들은 개인이 일생의 불가피한 과정을 거쳐 가
도록 안내하기 위한 것이며, 이런 점에서 인간의 생애는 구석기 시대
이후로 전혀 변하지 않았습니다.

첫 번째로 '신비적' 기능은 초월을 열어 주는 것이고, 마음과 정신
을 열어 주는 것이고, 인간의 사고나 명명의 범위 너머에 놓여 있으
며 우리 모두가 해결하려 시도하는 궁극적 신비를 지목하는 것입니
다. 우리가 그 신비에 이름과 사고를 부여하면, 우리는 차마 미치지
못하고 맙니다. 즉 우리는 더 이상 신비적 전통에 있지 않은 셈이 됩
니다. 예를 들어 유대교에서는 하느님이 이름을 갖고 있으며, 또한
무엇이 선하고 무엇이 옳은지를 우리에게 말해줍니다. 이런 것들은

조지프 캠벨과의 촬영을 마치고 에설런 연구소에 있는 절벽에 앉아서 휴식을 취하는 안젤레스 애리엔,
제메이크 하이워터, 베티 앤드리슨. 1982년.

불의 언어이며, 신화를 윤리학으로 감소시킵니다. 거기에는 숭배의 순간이, 제가 하는 말로는 예배의 순간이 있는데, 여기에서 우리는 마치 경전에서 거론된 뭔가에 상응하는 것처럼 보이는 경험을 하게 됩니다. 하지만 이것은 신비주의가 아닙니다. 신비주의는 사실 나와 너라는 이러한 분리의 모든 장을 넘어서는 것이기 때문입니다. 따라서 신이 "나는 그것이다"라고 말할 때, 그 신은 졸지에 장애물이 되고 맙니다. 2세기와 3세기에 신비주의자들이 꼬집었던 것처럼, 야훼의 문제는 그가 스스로를 하느님이라고 생각한다는 것입니다! 최종적 지시체는 반드시 신을 지나쳐 가야만 합니다. 신은 (은유로서) 반드시 투명하고도 초월적이어야만 합니다. '초월적'이라는 단어야말로 신화에는 핵심 단어입니다. 이 모든 형상은 깜박이고 있으며, 이는 세상에 있는 우리 스스로와 마찬가지입니다. 아메리카인디언 부족의 것과 같은 신화에서는 온 세계를 이런 방식으로 이해합니다. 동물은 스스로를 인간에게 줍니다. 몸을 가진 동물은 이른바 '먼저는 내가 너를 먹었으니, 이제는 네가 나를 먹는다'라는 놀이에 참여하는 기꺼운 희생자로서 스스로를 인간에게 주는 것입니다.

삶의 에너지가 죽음을 넘어선다는 사실, 그리고 일시적인 경험을 초월한다는 사실을 알고 있다면, 동물이 장차 돌아올 것이고 우리는 내년에도 동물과 적절하게 관련될 수 있다는 믿음이 생깁니다.

혹시 이 대목에서 제 말이 틀렸습니까?

하이워터 조금 많이 벗어난 것 같습니다만, 제 생각에는 이것이야말로 서양 사람들이 가장 이해하기 힘든 부분인 듯합니다. 사실 대부분의 아메리카인디언 부족에는 한 가지 개별화된 목표가 없습니다. 이로쿼이족은 이를 가리켜 '오렌다orenda', 즉 부족의 영혼이라고 부릅니다. 아메리카인디언의 관점에서 보자면, 그것은 에너지이고, 또한 힘이며, 돌 속에도 존재하고, 개와 고양이 속에서도 존재하고, 당신과 저의 속에도 존재합니다. 그것은 우리 속에서 어느 순간 깜박이지만, 우리는 그것이 밝게 불타게 만들거나, 아니면 거의 불타지 않게 만들 고전적인 방법을 갖고 있습니다.

캠벨 맞습니다, 맞습니다. 여하간 방금 그것이 신화의 기능 네 가지 가운데 첫 번째인 '신비적' 기능입니다. 두 번째 기능을 저는 '우주론적' 기능이라고 부릅니다. 신화는 당대의 과학이 제시하는 대로, 또는 당대의 지식이 스스로를 제시하는 대로, 이 초월적 에너지를 방사하며 이 세상에 있습니다. 온 세계를 하나의 상징으로 변모시켜서 방사하게 만드는 것입니다. 그것은 예술의 기능입니다. 즉 세계를 취함으로써 세계를 방사하게 만드는 것입니다. 그것이 바로 예술에서의 '아하!' 하는 순간입니다. 그것이 바로 미적 사로잡힘입니다. 이것은 우리가 예술가에게 "이것은 무슨 뜻입니까?" 하고 굳어 물어보지 않아도 되는 방식으로 대상이 제시되었을 때에 나타납니다. 물론 우리를 모욕하고 싶어 하는 예술가라면 그런 질문에 기꺼이 대답하겠지요. 예술 작품은 반드시 먼저 우리에게 다가와서 탁 때리며 '아하!' 하는 반응을 끌어내야만 합니다.

하이워터   또는 거꾸로 그림이 우리에게 물어보겠지요. "당신은 무슨 뜻입니까?" 하고요.

기유맹   당신께서 이른바 공동체의 영혼이라는 견지에서 구체적인 개별성이 전혀 없다고 묘사하신 것이야말로, 어떤 면에서는 현대 과학에 대한 묘사와 정확히 똑같습니다. 과학은 모두에게 속한 것입니다. 그 어떤 주제도, 그 어떤 발견도 실제로 한 개인의 업적까지는 아닙니다. 이것이야말로 당신께서 이야기하신 영혼의 개별성에 관한 이야기를 다른 말로 이야기하는 셈입니다. 즉, 영혼은 오히려 부족의 영혼, 또는 공동체의 영혼, 또는 무리의 영혼이라고 하셨는데, 그것이야말로 과학이 말하는 것과 똑같습니다. 제 이름으로 이루어지는 기여는 극소량에 불과합니다. 거기에 덧붙여서 더 많은 기여가 다른 사람들의 이름으로 이루어지면, 결국에 가서는 현대 과학 운동이 나타나는 것입니다.

하이워터   예술은 마치 워낙 일시적이고 워낙 하찮은 것처럼 보이며, 마치 인간의 창조적 활동 중에서도 가장 초월적인 것처럼 보입니다. 과학은 마치 가장 가변적인 것처럼 보이고, 마치 앞으로 나아가기 위해서는 스스로를 비판할 필요가 있는 것처럼 보이며, 실제로도 스스로를 역전시킵니다. 제 생각에 최근 10년 내지 20년 사이에는 모든 과학자가 그런 말을 실제로 했던 것 같습니다.

기유맹 과학이 진보하는 방식이 딱 그렇습니다. 철학과는 대비되는데, 왜냐하면 철학은 한 시기에 스스로 가진 것을 고수하기를, 또는 지키기를 원하는 것처럼 보이기 때문입니다. 과학도 우리에게 이 세계의 이미지를 제공합니다. 하지만 그것은 부차적인 것일 뿐입니다. 그런 이미지를 믿고 바라보는 것, 그리고 어떤 분자의 구조는 앞으로 2000년 뒤에도 여전히 똑같으리라는 사실을 아는 것. 저는 이 두 가지가 전혀 다르다고 생각합니다. 후자는 일반적인 의미의 사실로서, 오래 전부터 존재해 온 것입니다만 단지 우리가 들춰내지 못했을 뿐입니다. 분자는 관찰자가 태어나기도 훨씬 전부터 존재했습니다. 이것이야말로 과학의 발견이라기보다는 오히려 들춰냄인 것입니다.

청중 우리는 관찰자와 관찰 대상을 구분할 수 없습니다. 그것이야말로 현대 과학이 몰두하는 주제이죠. 바로 그런 방식으로 우리는 신화를 만들고, 또 과학을 만듭니다. 즉 그 과정이 궁극적으로는 모두 같다고 말함으로써 말입니다.

하이워터 방금 질문하신 분께서 '신화'라는 단어를 사용하시는 것을 들으니, 누군가가 자연을 바라보면서 '야생'이라는 단어를 사용하는 것을 듣는 것 같군요. 제가 감히 단언하건대, 자연에는 야생적인 것이 없습니다. 제 생각에 방금 질문하신 분께서는 신화를 일종의 '실화에 근거한 소설'로, 그리고 과학을 일종의 사실로 생각하시는 것 같군요.

캠벨   제가 말씀드리려는 바는, 신화의 구축이 당대의 과학에 의해 한정된다는 것입니다. 따라서 고대의 과학에 근거하여 현대의 신화를 구축해봐야 아무런 쓸모가 없습니다. 저야 현대 과학에서 말하는 원자를 가지고 뭘 해야 할지 모릅니다만, 대신 프톨레마이오스의 우주론을 살펴보면 신화화된 여러 서로 다른 우주의 층들과 지상의 관계에 대한 해석 전체가 들어 있다는 사실은 인식하고 있습니다. 그 우주론이 하는 일이 무엇인가 하면, 윤리적이고 도덕적인 가치를, 즉 심혼의 단계들을 상징하는 하늘 사다리의 단계들을 제공하는 겁니다.

음, 어쨌거나 신화는 반드시 오늘날의 우주론을 다루어야만 하며, 이미 시대에 뒤떨어진 신화나 우주론에 근거한다면 아무런 이득이 없습니다. 바로 이것이야말로 우리의 문제 가운데 하나입니다. 저로서는 과학과 종교 사이에 아무런 갈등의 이유도 찾아볼 수가 없기 때문입니다. 종교는 반드시 당대의 과학을 받아들이고, 당대의 과학을 관통해야 합니다. 그렇게 해서 신비에 도달해야 합니다. 오늘날의 갈등은 종교와 과학 사이에서가 아니라, 어디까지나 기원전 2000년의 과학과 서기 2000년의 과학 사이에서 벌어지는 셈입니다.

하이워터   과학자의 추구 그 자체가 신화적인 형태라고 말하는 것도 가능하지 않을까요?

캠벨   과학자의 탐색은 오히려 선견의 탐색입니다. 모든 사람이 참여하게 마련인 선견의 탐색을 과학자로서 한 것입니다. 우리는 어떻게 해서 자기 자신의 존재에 관한 진실을 발견하고, 그것에 관여하는 겁니까? 그것은 사실이 아닙니까?

하이워터 그것이야말로 이 모든 외관상의 다양성에 근본적인 것입니다.

캠벨 분명히 그렇습니다.

하이워터 그것은 신화적인 과정입니다. 그렇지 않습니까? 하지만 제 생각에 영어에서 '신화'라는 단어는 사실이 아니라는 뜻의 '허위'라는 단어와 너무나도 완전하게 혼용되기 때문에, 우리는 매우 부적절한 정서적 반응을 가지고 거기에 다가가게 됩니다.

캠벨 이로써 우리는 이제 신화의 세 번째 기능인 '사회학적' 기능에 도달하게 되었군요. 모든 신화가 지닌 여러 가지 기능들 중에는 어떤 특정한 사회 체계를 확인하고 유지하는 기능이 있습니다. 도덕 체계는 문화적으로 수립된 것이어서, 지역마다 매우 달라질 것입니다. 모든 기본적인 신화에서 우리는 온 세계가 현현이고 발산임을 발견하게 되는데, 왜냐하면 그 에너지의 일종의 의인화로서 신 그 자체가 존재하게 되기 때문입니다. 여기서의 신은 결코 외적인 존재가 아닙니다.

이어서 신화의 네 번째 기능인 '교육적' 기능이 등장합니다(이것이야말로 우리가 오늘날 갑자기 신화의 결여를 느끼게 되는 부분입니다). 즉 개인이 일생의 불가피한 재난을 거쳐 가도록 조화로운 방식으로 안내하는 기능인 것입니다. 이것이야말로 신화의 주된 기능입니다. 즉 개인을 사회와 연결시켜 줌으로써, 스스로를 사회의 유기적인 일부로서 느끼게 만드는 것입니다. 개인은 매우 깊은 참여적 방법 속에서 신화에 의해 운반되어 사회로 들어서며, 나중에 가서는 사회가 그를 도로 풀어 줍니다.

그렇다면 그의 모든 에너지에는 무슨 일이 일어날까요? 에너지는 반드시 그 자신 속으로 깊이 내려가야 하는데, 이것이야말로 신비적인 부분이고, 삶의 이유에 대한 상호연관입니다. 우선 개인을 사회로 유도하는 겁니다. 이어서 그를 도로 풀어 주고, 신비적 묵상과 상징에 대한 이해를 통해서 자기 내면에 있는 자기 삶의 자리로 데려가는 겁니다. 여기서 삶의 자리란 무엇일까요? 저는 에르빈 슈뢰딩거의 아주 예쁘고 작은 책을 기억합니다. 제 생각에 거기서 그는 '브라만', 또는 '아트만'이라는 이야기를 사용했던 것 같습니다.[9] 바로 여기 중요한 현대 과학자가 있습니다. 궁극적으로 개인과 모두의 관계에 대해서 이야기할 때가 되자, 그는 우리의 결정화된 전통에 속하지 않은 이런 단어들을 반드시 사용해야만 했습니다. 우리 서양의 전통을 가리켜 '결정화되었다'고 표현한 까닭은 그 내용상 하느님이 저기 있고, 인간은 여기 있으며, 이것이야말로 훌륭한 사회이고, 나머지 모두는 쓰레기 사회라고 여기기 때문입니다. 우리가 조화로운 우주를

영웅의 여정

살펴볼 때, 그 우주의 배후에 있는 신비는 단지 사람들이 그 장소에 있는 데에만 관심을 가질까요? 아니면 거기 있는 사람들을 어찌어찌 그 이면으로 데려가는 데에 관심을 가질까요?

이것이야말로 우리가 가진 환상적인 이야기입니다.

●

브라운 당신께서는 오늘날 세계 각지에서 나타나는 극심한 근본주의 종교 운동을 어떻게 설명하시겠습니까?

캠벨 그것은 상징의 구체화의 결과입니다. 즉 상징적 진술이 어떤 역사적 사실을 지시한다고 생각하는 것이지요. 우리의 세계를 괴롭히는 주된 사례가 두 가지 있습니다. 첫째는 '동정녀 출산'의 이미지인데, 실제로는 생물학적 문제와 아무 관계가 없는 것입니다. 둘째는 '약속의 땅'의 이미지인데, 실제로는 부동산과 아무 관계가 없는 것입니다.

이 두 가지는 영적 삶의 핵심에 있는 탄생의 상징입니다. 생물학적 삶과 대조적으로 영적 삶에서는 생물학적 삶의 모든 가치들이 갑자기 부차적인 지위로 내려 가고, 우리는 영적 궤적을 따라서 움직이게 됩니다. 그 영적 궤적의 목적은 조화의 땅이며 개인이 세계와 맺는 관계입니다. '그것'이 바로 '약속의 땅'입니다. 그것은 우리가 죽이려고 무기를 들이댄 사람과 관련이 있는 것이 아니라, 오히려 우리가 자기 내면에서 하는 일과 관련이 있습니다. 그 이행은 극적입니다.

따라서 우리는 역사야말로 단지 오해된 신화의 작용일 뿐이라고 말할 수 있습니다.

●

코크럴 그렇다면 어떤 이미지 체계가 초월의 경험을 위한 최선의 창이 될까요?

캠벨 제 경우에는 우파니샤드 텍스트라든지, 또는 불교의 '수트라 sūtras, 經' 가운데 하나를 읽으면 그렇게 되더군요. 그런 전통들은 예나 지금이나 진정으로 초월을 중심으로 한 전통들입니다. 그런 전통들은 삶의 모든 현상학이 결국 그 모습을 완전히는 드러내지 않는 어떤 힘들의 그림자 모습이라는 사실을 깨닫습니다.

○ ○ ○ ○

(나의 노력의) 주된 결과는 내가 오랫동안 충실하게 개진했던 생각의 확증임을 발견했다. 그것은 인류의 통일에 관한 생각으로, 단순히 생물학에서만이 아니라 그 영적 역사에서도 그러했다. 이 생각은 단일한 교향곡의 방식으로 사방에서 펼쳐지고 있었으며, 그 여러 가지 테마가 선포되고, 발전되고, 증폭되고, 전환되고, 왜곡되고, 재주장되고, 오늘날에는 모든 악기가 함께

소리를 내서, 일종의 강력한 절정으로 차마 저항할 수 없이 전진하여, 그 절정에서 다음번의 위대한 악장이 나오는 것이었다. 나는 이미 들은 것과 똑같은 모티프가 미래에는 들리지 않으리라고 가정해야 할 이유를 전혀 발견할 수 없었다. 실제로 새로운 관계에서도 여전히 똑같은 모티프가 있는 것이다.

조지프 캠벨, 『신의 가면』 중에서[10]

○ ○ ○ ○

우리 몸 안에서 움직이는 에너지가 있습니다. 그것이 어디서 오는지는 아무도 모릅니다. 그것은 우리의 의식을 초월하는 뭔가로부터 옵니다. 우리는 심지어 그것을 상상할 수조차 없습니다. 아원자 입자의 모습에서 나타나는 에너지로 말하자면, 여러분도 아시겠지만, 나타났다 사라지고, 또 나타났다 사라집니다. 삶은 이런 형태들을, 이런 형태들을, 또 이런 형태들을 토해내고, 그러면 우리의 의식은 거기 있는 다른 뭔가에 관심을 갖게 되거나, 또는 자연과는 반대되는 어떤 윤리적인 발상을 얻게 됩니다.

신화적 이미지는 초월이 드러나게끔 투명한 것입니다. 모든 신화적 이미지는 그 자체의 너머를 가리킵니다. 모든 신은 신비를 열어줍니다. 여러분도 아시겠지요. "아버지의 왕국은 지상에 펼쳐져 있건만, 사람이 보지 못하느니라."

음, 여러분은 반드시 그런 눈이 열려야만 하는 것입니다.

코크럴   우리 서양의 전통은 불투명하게 변한 반면, 그들의 전통은 계속해서 투명할 수 있었던 어떤 독특한 요소가 있다면 무엇일까요?

캠벨   우리 서양의 전통은 불투명하게 '변한' 것이 아니라, 애초부터 불투명한 '상태'로 시작한 것뿐입니다. 그리고 그런 상태는 사람들이 신화의 형상을 시적 영감의 결과물로 읽은 것이 아니라 오히려 산문으로서 읽었다는 사실로부터 유래했습니다. 우리가 신화를 산문으로 읽게 되고, 특정한 집단이나 사회의 확대에 적용하게 되면, 결국 길에서 벗어나게 되고 맙니다. 저는 이를 가리켜 병리적 신화라고 부르고 싶습니다. 예를 들어 성서 전통에서 말하는 선택 받은 민족이라는 관념 전체는 병리적입니다. '모든' 민족은 선택 받은 민족입니다. 우리가 선택 받았다는 깨달음이 우리를 다른 모든 사람과 차별해 주지는 않으며, 오히려 다른 모든 사람의 놀라운 점이 무엇인지를 우리에게 말해 줄 뿐입니다. 즉 우리 자신과 마찬가지로, 다른 모든 사람 역시 신비롭고 초월적인 근거를 지니고 있다는 겁니다.

'모든 존재'는 곧 붓다인 존재입니다. 오늘날 우리는 현자들의 이름을 기껏해야 하나, 둘, 또는 셋밖에는 모르고 있습니다. 즉 우파니샤드를 전달한 청취자들의 이름을 말입니다.[11] 하지만 우파니샤드는 기원전 9세기와 10세기부터 이미 시작되었습니다. 그들은 세계의 현상학 전체가 신비의 근거의 투사임을 깨달았습니다. 그 신비의 근거는 바로 우리 자신의 존재의 바탕이었습니다.

내가 알고자 추구하는 그 신비는 바로 '나'입니다. 하지만 이것은

영웅의 여정

내가 상상하는 그 '나'가 아닙니다. 그것은 내 친구들이 즐기는 '나'의 한 가지 국면이 아니며, 움직이는 현상 세계에 있는 뭔가가 아닙니다. 지금 내가 지시하는 것은 과거에도 거기 있었고, 미래에도 거기 있을 바로 그 존재의 근거입니다.

어떤 사람은 (오로지 세계라는 현상학하고만 접촉하고 있을 뿐인) 의식적인 정신을 그 현상의 근거와, 특히 우리 자신의 행동의 근거와 접촉시키는 것이 바로 의례의 기능이자 신화의 기능이라고 말할 수도 있을 겁니다. 그 과정에서 우리는 자아로서 행동하는 것이 아니라, 초월적인 과정의 운반자로서 활동합니다. 예를 들어 신화가 우리를 사회와 연결시킬 경우, 그 신화는 우리를 자신보다 더 큰 뭔가와 연결시키는 셈입니다. 하지만 사회도 충분히 크지는 않습니다. 사회 그 자체는 반드시 그보다 더 큰 뭔가와 연결되는 것으로서 봐야만 하는데, 여기서 그 뭔가란 바로 환경으로 이루어진 세계입니다. 만약 우리가 세계를 고수할 경우, 그것 역시 충분히 크지는 않게 됩니다. 그것은 반드시 투명해져야만 합니다. 칼프리트 그라프 뒤르카임의 말에 따르면 그렇습니다. 즉 "초월이 드러나게끔 투명하게" 되는 것이 핵심입니다. 그것이야말로 핵심 단어입니다. 신화를 은유 대신 사실로서 읽는 순간에 우리는 투명성을 잃어버리게 되고, 신화는 탈선이 되고, 미혹시키는 안내자가 되고 맙니다.

지금 진행 중인 문제들 가운데 하나는, 생물학보다 오히려 사회학이 어마어마하게 강조된다는 것입니다. 저는 (러시아의 생물학자) 바빌로프[12]에 관해서 읽으면서 그런 생각을 떠올렸습니다. 그의 이력은 사회가 자연을 형성할 수 있다는 발상을 지지했던 리센코[13]의 이력과 달랐습니다.

물론 사회는 자연을 형성할 수 없습니다. 하지만 바빌로프는 시베리아로 쫓겨났습니다. 그가 언제 죽었는지조차 아는 사람이 없습니다. 이 세기의 위대한 생물학자 가운데 한 명이었는데도 말입니다. 그의 견해가 스탈린의 견해와는 달랐던 까닭이었습니다.

저는 미국의 여러 대학에서도 우리가 어떻게 살아야 하는지를 해석하는 과정에서 오로지 사회학, 사회학, 사회학, 또 사회학만이 강조된다는 점이 문제라는 것을 발견했습니다. 왜냐하면 '우리의' 사회학은 생물학적 근거에서 멀어져 버렸기 때문입니다. 지금 우리를 조종하는 것은 바로 경제학입니다. 경제학과 정치학이야말로 오늘날의 삶을 지배하는 힘들이며, 만사가 비뚤어진 이유도 바로 그래서입니다. 우리는 반드시 자연과의 합치로 돌아가야만 합니다. 이런 신화들의 내용이 바로 그것입니다. 19세기에 사회학적 인류학자들은 신화와 의례가 자연을 통제하려는 시도라는 발상을 품고 있었습니다. 이것은 완전히 틀린 발상입니다. 신화는 자연을 통제하기 위한 것이 아니라 오히려 사회를 통제하기 위한 것이며, 사회를 자연과 합치시키기 위한 것이었으니까요. 계절의 영역이라든지, 인간의 발달 단계라든지, 전쟁 준비며 귀환의 단계 등과 관련이 있는 축제는 그 생물학적 근거와 접촉함으로써 우리가 자연과 항상 합치되게 합니다. 반면 경제적 동기는 단지 그 모두를 파괴할 뿐입니다.

영웅의 여정

코크럴 혹시 에덴동산의 나무, 십자가의 나무, 붓다의 깨달음의 나무에 관해서 조금만 말씀해 주실 수 있을지 모르겠군요. 초월의 경험을 열어 주는 길로서 그 상징을 읽을 수 있는 방법에 관해서 말입니다.

캠벨 지금으로부터 몇 년 전에 어느 계곡에서 자라는 나무를 본 적이 있었는데, 그 뿌리는 계속해서 바깥으로 자라나는 대신에 오히려 돌아서서 다른 방향으로, 즉 협곡을 옆으로 파고들면서 자라났습니다. 순전히 기계론적인 용어로는 그것을 설명할 수 없을 겁니다.

우리는 인간의 진화에 관한 이미저리를 갖고 있지 않습니까? 인간 진화의 네 가지 커다란 단계들은 바로 '호모 파베르', '호모 에렉투스', '호모 사피엔스', '호모 사피엔스 사피엔스'입니다. 이런 변모들 각각은 빙하의 최대 운동 이후에 발생했습니다. 즉 완전히 새로운 환경이 따라오자, 갑작스러운 적응이 이루어진 것입니다. 그 일은 너무 빨리 일어났기 때문에 더 이전에 있던 종류의 이론은 유효하지 않았습니다. 비록 수천, 수만 년이며, 뭐 그렇게 오랫동안 있었던 것조차도 말입니다.

그리고 나서는 마이오세 말기에 이르러, 커다란 바다를 사이에 두고 유럽과 아시아와 분리되어 있었던 아프리카와 아라비아가 위로 움직이기 시작했고, 히말라야 산맥이 솟아오르기 시작했습니다. 완전히 새로운 환경이 나타난 것입니다. 그로부터 수백 년도 지나지 않아서, 그 환경에서 이득을 얻은 완전히 새로운 동물 종이 나타났고, 그렇게 진화한 동물을 먹는 다른 동물이 나타났습니다.

이 일은 너무 빨리 일어나는 바람에 다윈주의적인 원리가 미처 작동하지 않았습니다. 그렇다고 해서 이 일로 진화가 논박되었다는 뜻까지는 아닙니다. 다만 진화를 해석하는 기계론적인 방식이 논박되었다는 뜻일 뿐입니다. 그리하여 우리는 일종의 라마르크적인 견해로 돌아가게 되었습니다. 라마르크는 다윈보다 먼저 살았던 사람입니다.

곧이어 괴테도 『식물의 변모』에서(제 생각에는 바로 이 책에서 읽은 것 같습니다) 생명의 진화에 관해서 이야기했습니다. 물론 괴테는 다윈보다 반세기 전에 살았기에, 그의 해석은 유기체의 내부에서 비롯되는 역학이 진화를 초래한다는 식의 기계론적 상호작용으로 이루어진 다윈주의적 진화론이 아니었습니다. 오히려 그 원리가 원형질에 내재되었기 때문에 분화되고 진화해야 마땅한 것이라고 해석했습니다. 괴테는 진화의 두 가지 커다란 노선에 대해서도 이야기했는데, 하나는 동물이고 또 하나는 식물이었습니다. 그는 동물 진화의 누적이 바로 인간이라고 했습니다. 그리고 식물 진화의 누적이 바로 나무라고 했습니다.

그리하여 나무와 식물계는 형상의 자연적 생산의 파괴되지 않은 단순성과 직접성을 상징합니다. 나무는 고향을 상징한다고 말할 수도 있을 겁니다. 우리는 나무에 명백히 드러나는 자연으로 돌아갑니다. 따라서 에덴동산은 식물계의 자연적 영역이며, 인간은 자연적 존

영웅의 여정

재로서 거기 놓인 것입니다. 이렇게 한편으로는 자연적으로 남아 있으면서도, 또 한편으로는 높은 의식과 분화된 의식이라는 다음 단계로 움직여야 하는 것이 바로 인간의 문제입니다. 인간은 의식 속에서 스스로를 잃어버릴 수 있지만, 나무가 그를 다시 끌어서 데려옵니다.

성서에 등장하는 에덴동산의 나무의 문제는 거기 두 가지 나무가

〈죽음과 삶의 나무〉. 잘츠부르크 대주교의 기도서에 수록된 베르톨트 푸르트마이어의 세밀화. 1481년. "우리가 에덴동산으로 돌아가기 위해서는 모든 것이 하나임을 반드시 깨달아야만 합니다. 아시겠습니까?"

있다는 점입니다. 우리는 시간을

〈영혼의 나무〉.『야콥 뵈메 저작집』에 수록된 윌리엄 로의 그림.

초월한 존재의 동산에 있다가, 거기서 시간의 영역으로 옮겨가게 되었습니다. 시간의 영역에서는 모든 것이 이원적입니다. 과거에나 미래에나 이원적이고, 이원적이었고, 이원적일 것입니다. 거기에 '너'가 있고, 거기에 '나'가 있습니다. 따라서 우리가 대립자의 영역으로 옮겨가면 에덴동산의 나무는 '선과 악을 알게 하는 나무'가 되며, 이것이야말로 밖으로 나가는 문

〈나무를 끌어안은 여자〉. 세밀화. 굴러화, 인도 펀자브 주, 19세기 초.

영웅의 여정

입니다. 따라서 하느님이 최초의 남녀를 굳이 에덴동산에서 쫓아낼 필요까지는 없었습니다. 그들은 이미 스스로를 쫓아낸 셈이었기 때문입니다. 그들의 수치와 옷 입기는 남성과 여성이 분화되었음을 인식한 데에서 비롯되었습니다. 따라서 우리가 에덴동산으로 돌아가기 위해서는 모든 것이 하나임을 반드시 깨달아야만 합니다. 아시겠습니까?

○○○○

(수문장) 하나는 죽음에 대한 공포를 상징하고, 다른 하나는 삶에 대한 욕망을 상징한다. 하지만 이 두 가지 유혹은 붓다를 흔들지 못했다. …… 붓다는 이렇게 말한다. "그 수문장들을 두려워하지 마라. 들어와서 나무의 과실을 먹으라."

조지프 캠벨, 『신화와 인생』 중에서

○○○○

두 번째 나무인 '영원한 생명의 나무'는 귀환의 나무입니다. 하지만 「창세기」에 따르면 하느님은 인간의 귀환을 원하지 않았습니다. 그는 정말로 특이한 하느님, 독특한 하느님입니다. 그는 우리가 불멸임을 스스로 깨닫기를 원하지 않기 때문입니다. 그는 이렇게 말합니다. "인간이 이제 '불멸하는 생명의 나무'를 먹어서 우리처럼 되지 않도록, 그를 내쫓도록 하자."[14]

캠벨 제가 이런 것들을 이해하게 되었을 때는 제2차 세계대전 도중이었는데, 당시 우리가 일본과 전쟁을 하다 보니 한 가지 재미있는 일도 있었습니다. 뉴욕의 신문 가운데 하나에서 사원의 수문장 가운데 하나의 사진을 실었던 것입니다. 일본의 교토에서 멀지 않은 나라에 있는 사원의 수문장이었습니다.

바로 이것이 그 수문장입니다. 에덴동산의 문을 지키는 케루빔이나 마찬가지입니다. 사원에서 수문장이 지키는 문으로 들어가면, 불멸하는 생명의 나무 아래에 붓다가 앉아 있는 겁니다. 하지만 뉴욕의 신문에 실린 사진 밑에는 이렇게 적혀 있었습니다. "일본인은 이렇게 생긴 신들을 숭배한다!"

음, 그건 '전혀' 사실이 아닙니다! 그것은 우리 자신의 공포의 상징으로, 우리의 자아를 붙들고 있는 것입니다. 우리를 동산 밖에 남아 있게 만드는 것입니다. 그런데 붓다는 동산 안에 있는 나무 밑에 앉아서, 오른손을 들어서 이렇게 말합니다. "그 친구들을 두려워하지 말고, 안으로 들어오라."

저는 문득 이런 생각이 들기도 합니다. '우리의' 하느님이야말로 문을 지키는 수문장이 분명하다고 말입니다. 왜냐하면 하느님은 문에 수문장을 두면서, 그들이 단호하게 거기 있으므로 우리가 지나가서는 안 된다고 말했기 때문입니다. 이 조치가 모든 것을 바꿔놓았습니다.

따라서 서양의 종교는 기본적으로 유배의 종교입니다.

〈금강역사〉. 일본 나라의 도다이지 소재.

　기독교 전통에서 예수는 말 그대로 그 문을 지나가서, 그 나무의
과실을 먹고, 결국 그 나무가 되었으니, 이것이 바로 십자가 처형입
니다. 다시 말해, 이것이 바로 십자가 처형의 의미인 겁니다. '포기한
다'. 놓아 버린다. 우리의 정신에 이것을 합치는 것이 아니라, 우리 안
에 있고 만물 안에 있는 신성한 불멸성을 합치는 것입니다.

　따라서 예수는 십자가에 달렸으며, 이 십자가야말로 동산의 두 번
째 나무였으며, '불멸하는 생명의 나무', 즉 '보리수菩提樹' 아래 앉은
붓다에 해당하는 것입니다. '보리'는 '자기가 알려고 추구하던 것이
바로 자기 자신이라는 사실에 대해서 자각한 자'란 뜻입니다. 즉, 영
원한 존재라는 뜻입니다. 이 두 종교의 차이가 흥미로운 까닭은, 기
독교에서 우리는 예수와 하나가 아니라는 이야기를, 즉 그는 우리의

모범이므로 우리는 그를 따라야 한다는 이야기를 듣기 때문입니다. 하지만 「토마스의 복음서」에서 예수는 이렇게 말합니다. "내 입에서 나오는 것을 마시는 사람은 나처럼 될 것이고, 나는 그가 될 것이다."

바로 이것이 정통파 기독교와 불교의 시각 차이입니다. 따라서 우리는 또다시 유배 상태에 놓인 셈이 됩니다. 우리는 예수가 될 수 없습니다. 하지만 불교에서 우리는 이미 붓다이며, 다만 그 사실을 미처 모르고 있을 뿐입니다.

○○○○

예전에 스위스의 아스코나에서 스즈키 다이세츠의 경이로운 강연을 들은 기억이 납니다. 제 생각에는 에라노스 재단에서 가진 그의 최초 강연이었을 터인데, 객석에는 유럽인 한 무리가 앉아 있었고, 강사는 선禪 철학자인 (그 당시의 나이가 91세 즈음이었던) 일본인이었던 겁니다. 그는 양손을 옆구리에 대고 서서, 청중을 바라보며 이렇게 말했습니다. "하느님을 적대시하는 자연. 자연을 적대시하는 하느님. 인간을 적대시하는 자연. 자연을 적대시하는 인간. 하느님을 적대시하는 인간. 인간을 적대시하는 하느님. 참으로 재미있는 종교로군요."

조지프 캠벨, 〈미토스〉 중에서

○○○○

한 번은 제가 이런 요점에 대해서 강연하면서, 기독교인이라면 우리 '안에 있는' 그리스도의 견지에서 살아야 마땅하다고 말했습니다. 그랬더니 몇 주 뒤에 한 여자 분이 저를 찾아오셔서 하시는 말씀이, 그때 당신 옆에 앉아 계시던 사제 분이 이렇게 말씀하시더라는 겁니다. "신성모독이군."

음, 그게 만약 신성모독이라면, 도대체 우리는 무슨 이야기를 하고 있는 걸까요?

●

캠벨 제가 어려서 학교에 다닐 때에, 한번은 교리문답을 외우고 있었습니다.

"질문: 하느님께서는 왜 당신을 만드셨을까요?"

"답변: 하느님께서 저를 만드신 까닭은 이 세상에서 당신을 사랑하고, 당신께 봉사하고, 당신께 영광을 돌리게 하시기 위해서이며, 천국에서 영원히 당신과 행복하게 하시기 위해서입니다."

이것은 하느님과 맺는 관계에 대한 내용입니다. 하느님께서 저를 만드신 까닭은 '저 자신의 신성神性'을 깨닫도록 하기 위해서가 아니었던 겁니다.

한 번은 젊고 아리따운 여성이 한 분 계셨는데, 원래는 수녀였지만 제 강연을 한 번 듣고 나서는 수녀로서의 삶을 그만 두고 말았습니다. 한 번은 강연이 끝나자 그분이 저를 찾아와서 말했습니다. "당신께서는 예수 그리스도가 하느님의 아들이라는 사실을 믿으시나요?"

그래서 제가 말했습니다. "그걸 믿으려면, 우리 모두가 하느님의 아들이라는 사실을 먼저 믿어야만 하겠지요."

이것이 바로 차이입니다. 제 말뜻이 무엇인지 아시겠습니까? 우리가 계시를 특별화하면, 거기에서 인간성을 제거하게 됩니다. 그러한 특별화가 일어나는 한, 우리는 인류에서 스스로를 제거하게 됩니다. (기적이나 현현 같은) 특별한 계시를 고집하는 것이야말로 끔찍하다는 것이 제 개인적인 생각입니다. 이것은 반동적인 체계입니다. 그리고 시간의 역학에도 반대됩니다. 이것은 나쁜 것입니다.

세계의 모든 특별화된 전통들이 '충돌'을 겪고 변화하는 지금 이 순간에는 특히나 그렇습니다. '전 지구'가 우리의 고국인 셈입니다.

●

캠벨 구세주의 신성한 삶은 구세주의 가르침의 의미를 상징합니다. 이것은 칼 샌드버그[15]의 『링컨 전기』와는 다른데, 그 책에서는 링컨의 삶의 실제 세부 사항에 관한 기록을 얻을 수 있기 때문입니다. 구세주의 삶은 삶에서 실제로 일어났던 일과는 아무 관계가 없습니다. 오히려 삶의 함의와 관계가 있습니다.

붓다는 기원전 563년부터 483년까지 살았습니다. 붓다의 최초 전기는 기원전 80년경에 스리랑카에서 작성되었습니다. 우리는 붓다에 관해서 아무 것도 모르는 것입니다. 마찬가지로 우리는 그리스도에

영웅의 여정

관해서 아무 것도 모릅니다. 마찬가지로 우리는 조로아스터에 관해서 아무 것도 모릅니다. 우리가 아는 것이라고는 그들의 삶이 어떤 의미를 가졌는지 말해 주는 전설뿐입니다. 무슨 말인지 아시겠습니까?

그렇다면 붓다는 무슨 말을 했을까요. 또 그리스도는 무슨 말을 했을까요. 네 가지 복음서를 읽어 보고, 다섯 번째 복음서를 읽어 보십시오. 즉 「토마스의 복음서」를 읽어 보십시오. 거기서 예수는 뭐라고 말할까요?

이 세상에 어느 교사가 오로지 학생들의 필기를 통해서만 세상에 기억되기를 바라겠습니까?

○ ○ ○ ○

보살菩薩이라는 발상은 초월에 대한 깨달음에서 벗어나 세상에 참여하는 자를 말한다. 그리스도를 모방한다는 것은 곧 세상의 슬픔에 기쁘게 참여하는 것이다.

조지프 캠벨, 〈미토스〉 중에서

○ ○ ○ ○

제7장

◆

귀환의 문턱

　　수천 년에 걸쳐 인류가 행해 온 신중한 어리석음 속에
서 이미 천 번이나 정확하게, 또는 부정확하게 가르쳐진 것
을 어떻게 해야만 다시 가르칠 수 있는가? 그것이야말로 궁
극적으로 어려운 영웅의 임무이다. 어떻게 해야만 말들에
저항하는 어둠의 선언을 빛의 세계의 언어로 옮길 수 있는
가? …… 수많은 실패 사례는 이 삶을 긍정하는 문턱의 어
려움을 입증하는 셈이다.

조지프 캠벨, 『천의 얼굴을 가진 영웅』 중에서[1]

1985년 내셔널아츠클럽의 문학 분야 수훈상을 수상한 직후의 조지프 캠벨. "이것이야말로 제가 찾아낸 하나의 웅장한 노래였습니다."

조지프 캠벨은 1970년대와 1980년대에 미국 전역의 대학 캠퍼스와 인간 잠재력 관련 기관에서 가장 많이 찾는 강사가 되었다. 여러 저명한 예술가와 학자가 그의 저술에 대한 감탄을 공개적으로 표현했다. 뉴욕과 샌프란시스코에서 그의 80세 생일과 아울러 영웅의 여정이라는 테마를 축하하는 심포지엄이 열렸다. 이 자리에서 조각가 이사무 노구치, 안무가 마사 그레이엄, 작가 리처드 애덤스, 시인 로버트 블라이, 인류학자 바버라 마이어호프[2]와 마리야 김부타스[3]를 비롯한 여러 사람이 각자의 삶과 작품에 깃든 신화적 차원에 대한 그의 일깨움에 대한 감사를 표현했다. 하지만 캠벨의 문화적 영향력이 가장 큰 명성을 얻게 된 분야는 바로 영화였다.

"그 어떤 책도 조지프 캠벨의『천의 얼굴을 가진 영웅』만큼 현대 영화에 널리 침투하는 영향력을 발휘하는 데에는 미치지 못했다." 영화 평론가 마이클 벤투라의 말이다. 스티븐 스필버그, 조지 밀러, 조지 루카스 같은 영화인들은 모두 각자의 이야기의 신화적 토대가 캠벨로부터 영감을 얻은 결과물이라고 말했다. 루카스는 1985년에 특히 작가 리처드 애덤스와 낸시 윌러드, 심리학자 제임스 힐먼과 함께 뉴욕 내셔널아츠클럽 개최 행사에 참석해서 문학 분야 수훈상을 받은 캠벨을 축하해 주었다. 이듬해에 82세였던 캠벨은 록 밴드 그레이트풀 데드의 초청을 받아 난생 처음 로큰롤 공연에 참석했다. "제 저술이 조지 루카스와 그레이트풀 데드 같은 사람들에게 영향력을 발휘했다고 생각하면 정말이지 기쁩니다." 그는 1986년에 기자들에게 이렇게 말했다.

영웅의 여정

캠벨 (문학 분야 수훈상을 수상한 것이야말로) 제 삶에서 중요한 순간이 아닐까 생각합니다. 『천의 얼굴을 가진 영웅』을 쓰기 시작할 때, 저는 뭔가를 발견했음을 알았습니다. 그 책은 매우 천천히 완성되었습니다. 집필에 5년 내지 6년이 걸렸으니까요. 그 책은 제가 새러 로런스 대학에서 학생들에게 가르친 비교 신화 강의의 산물이었습니다.

에우리피데스는 이런 말을 했습니다. "신화는 내 것이 아니다. 나도 어머니로부터 신화를 얻었기 때문이다."[4] 제 생각에는 저 역시 이렇게 말할 수 있을 것 같습니다. "신화는 내 것이 아니다. 나도 학생들로부터 신화를 얻었기 때문이다." 그 학생들은 모두 여성이었는데, 정작 신화를 쓴 사람이 누구인지, 또는 신화를 쓴 시기가 언제인지

내셔널아츠클럽에서의 행사에 참석한 조지프 캠벨. (왼쪽에서 오른쪽으로) 아내 진 어드먼, 영화 제작자 조지 루카스, 당시 루카스의 연인이었던 가수 린다 론스태트가 동석했다. 1985년.

에 대해서는 전혀 관심이 없었습니다. 대신 그 학생들은 신화가 각자에게 무슨 의미가 있는지, 그리고 자신들이 장차 갖게 될 아이들에게 무슨 의미가 있을 수 있는지를 알고 싶어 했습니다.

오늘 밤, 우리로선 이야기를 들을 수 있다는 것만 해도 놀라운 특권이라 할 만큼 훌륭하신 예술가 여러분의 이야기를 듣고 있자니, 그리고 그분들의 작품과 관련되어 거론되는 제 이름을 듣고 있자니, 저로선 차마 자리에서 일어나 말하기조차도 어렵습니다. 이것이야말로 대단한, 정말 대단한 경험입니다. 왜냐하면 제가 글을 쓰며 바랐던 결과가 바로 이것이기 때문입니다. 글을 쓴다는 것은 다시 말해 무사이(뮤즈들)의 영역으로 들어가는 열쇠를 독자에게 건네주는 일이고, 무사이의 영역이야말로 바로 신화가 있는 곳이기 때문입니다.

저로선 이렇게 내셔널아츠클럽의 상을 받게 되었다는 것이, 즉 어떤 과학 협회나 학술 공동체에서 받은 것도 아니고 무려 문학에 대해서 받게 되었다는 것이 기쁠 수밖에 없습니다. 제가 학술 분야가 아니라 문학 분야에서 공헌했다고 생각하니, 뭔가 대단히 출세한 느낌이기 때문입니다.

언젠가 앨런 와츠가 저에게 이런 질문을 던졌습니다. "조, 당신은 어떤 종류의 명상을 하십니까?"

저는 이렇게 대답했습니다. "나는 좋은 문장에 밑줄을 긋는다네."

제가 노발리스의 책에서 발견한 그런 문장을 하나 소개하자면 이렇습니다. "내면 세계와 외부 세계가 만나는 그곳이 바로 영혼의 자리이다." 여기서 말하는 외부 세계란 곧 여러분이 학술에서 얻는 것

영웅의 여정

이고, 내면 세계란 곧 외부 세계에 대한 여러분의 반응입니다. 이 두 가지가 합쳐지는 바로 그곳에서 우리는 신화를 얻습니다. 외부 세계는 역사적 시간과 함께 변화하고, 내면 세계는 곧 인간의 세계입니다. 신화의 체계는 항상적이며, 거기서 여러분이 인식하는 바는 곧 여러분의 내향적 삶이고, 그와 동시에 역사에 대한 굴절입니다. 오늘날 내면 세계와 외부 세계의 만남을 만들어내는 문제는 당연히 예술가의 역할입니다. 저의 저술이 그 일을 하는 사람들에게 어떤 영향력을 발휘했다고 생각하면서 제가 무척이나 자부심을 느끼는 이유도 그래서이며, 지금 이 순간 저는 실제로 무척 자부심을 느낍니다.

이와 관련된 또 다른 경험은 제가 예술가와, 즉 무용가인 진과 결혼한 것, 그리고 한 예술가가 이 놀라운 재료들을 가공해서 무용으로 변모시키고, 나중에는 〈여섯 개의 좌석을 지닌 역마차〉라는 놀라운 작품으로 변모시키는 모습을 지켜본 것이었습니다.『피네간의 경야』를 토대로 한 이 작품은 1962년에 첫 선을 보였고, 우리는 3년 내지 4년 동안 이탈리아와 파리와 다른 여러 곳에서 상당히 생생한 경험을 했습니다. 이후 아내의 다른 공연들도 있었습니다. 저야 물론 멀찍이서 참여했을 뿐이었습니다. 심지어 저는 이 공연을 처음 본 날 이렇게 말했습니다. "아, 그 사람들이 너무 말을 빨리 해서 무슨 소리인지 알아들을 수가 없던데." 그 공연들에 대한 저의 비평과 공헌은 기껏해야 이 정도에 불과했습니다. 하지만 그 공연들 덕분에 저는 창조적 삶과 신화적 세계의 관계를 계속 주목하는 데에 도움을 얻었습니다.

이 행사에 대해서 제가 얼마나 감사하게 생각하는지는 차마 다 설명할 수가 없을 지경입니다. 이 행사 덕분에 저는 비록 학계 바깥의 경력의 소유자임에도 불구하고, 오늘 제가 만나 경청한 여러분들에게 영향을 줄 정도로 뭔가 옳은 일을 하고 있었음이 분명하다는 사실을 깨닫게 되었습니다. 또한 저를 거론해 주신 이 아름다운 분들의 말씀 덕분에 제가 얼마나 깊은 감명을 받았는지도 차마 다 설명할 수가 없을 지경입니다. 지금이야말로 제 삶에서 정점에 도달한 순간입니다.

○ ○ ○ ○

신사 숙녀 여러분, 오늘 저녁에 우리는 조지프 캠벨의 영예를 위해서 이 자리에 모였습니다. 저는 방금 '그에게 영예를 주려고'라고 말하는 대신, 오히려 '그의 영예를 위해서'라고 말했는데, 왜냐하면 그는 이미 그런 영예를 얻었기 때문입니다. 즉 저 방대하고도 충분한 학술성과 아울러 확신과 유쾌한 매혹을 지닌 여러 권의 저술을 통해서 이미 얻었고, 또한 그가 평생을 통해 우리 문화에 기여한 바인 영혼의 신화 속 침잠을 통해서 이미 얻었습니다. 우리 문화와 우리 영혼에 기여한 이 선물은 미국 전역에 걸쳐서, 다시 말해 서점과 교실에서, 극장과 요법사의 일터에서, 작가와 몽상가의 상상력 속에서, 계속해서 그에게 영예를 주고 있습니다. 우리 세기의 어느 누구도, 심지어 프로이트나 토마스 만이나 레비스트로스조차도, 세계의 신화적 의미와 그 영원한 형상을 일상의 의식 속으로 가져오는 일에서 이만큼 성공을 거두지는 못했습니다. 이는 캠벨 본인의 말마따나, "미녀

영웅의 여정

와 야수의 지속적인 로맨스가 오늘 오후 뉴욕 42번가와 5번가 교차로에서 신호등 불빛이 바뀌기를 기다리며 서 있는 것"을 바라보는 것입니다. 신화는 우리의 일상생활 속에 있습니다. 욕망 같은 격정은 (아울러 욕망이 항상 부과하는 힘겨운 관심도) 인간이 이 지상에서 어떻게 존재하며 어떻게 살아갈지에 대한 조지프 캠벨의 금언으로 압축될 수 있습니다. 이 금언은 신과 여신과 동물과 소인과 연관되었던, 그리고 각자의 희열을 영원히 따르는 과정에서 우리를 도와주는 수호신과 연관되었던 삶으로까지 거슬러 올라갈 수 있습니다.

제임스 힐먼, 내셔널아츠클럽, 1985년.

○ ○ ○ ○

○ ○ ○ ○

그의 발견으로부터 나타난 일종의 연쇄 반응은 소설 창작에, 정신의학에, 인류학에, 신화학에, 영화 제작에, 기타 창의적 활동에 반향을 일으켰습니다. 그리고 이 모두와는 별개로 그는 더럽게도 멋진 사람입니다. …… 셰익스피어가 조지프 캠벨을 읽지 않았다니, 정말 믿을 수 없는 일입니다.

리처드 애덤스, 내셔널아츠클럽, 1985년.

○ ○ ○ ○

코크럴　지금부터 제가 하고 싶은 일은 일종의 우파니샤드적 대화, 즉 그 어원대로 '가까이 다가와 앉은' 상태에서 나누는 대화입니다. 르네상스 시대에 그랬던 것처럼, 미술가들은 기독교의 힘과 해석을 수립하기 위해 많은 일을 했습니다. 당신께서는 현대 미술가들도 각자의 역량을 통해서 우리의 현재 상징들을 재해석할 수 있다고 생각하십니까?

캠벨　르네상스 시대에 일어났던 일은 정말 매혹적입니다. 코지모 데 메디치는 어느 그리스인 수도사가 마케도니아에서 가져온 필사본을 하나 입수했습니다. 그것은 『코르푸스 헤르메티쿰』의 필사본으로, 기독교의 형성기인 처음 두 세기 동안 사용된 고전 세계의 상징체계의 의미에 관한 후기 고전 시대의 텍스트를 엮은 문헌이었습니다.

　마르실리오 피치노의 번역을 거친 이 텍스트 덕분에, 사람들은 기독교 신앙의 상징물과 후기 고전 시대의 신화의 상징물이 결국 똑같은 이야기를 하고 있음을 깨달았습니다. 그리고 이 깨달음이 르네상스 미술에 영감을 제공했습니다. 보티첼리도 그런 영감으로 가득했고, 미켈란젤로도 마찬가지였으며, 수많은 미술가들이 그러했습니다. 이는 기독교의 이미저리 그 자체에도 새로운 활력을 제공했습니다. 왜냐하면 이들은 그 역사적 지시체가 아니라 그 영적 의미를 이해했기 때문입니다. 무슨 말인지 이해하시겠습니까? 여기서 지시체는 우리를 죄에서 해방시킨 어떤 역사적 사건에 대한 것이 아닙니다. '그것'은 우리를 죄에서 해방시키지 않습니다. 예수의 십자가 처형이 해낸 일이란, 우리가 '스스로를' 죄에서 해방시킬 수 있도록 일종의 모범을 제시한 것입니다. 이것은 큰 차이입니다. 그리고 이것은 르네상스 미술에 큰 영감이 되었습니다.

○○○○

뉴욕의 42번가와 브로드웨이에 있는 정신 사나운 극장들 가운데 한 곳에서, 한번은 〈외계에서 온 화염 여인들〉이라는 영화 광고를 보았습니다.[5] 그건 신화적인 발상이었습니다. 티베트 불교에는 '도첼레'라는 존재가 있는데, 그들이 바로 외계에서 온 화염 여인들입니다! 그 영적 능력을 통해서, 그들은 여러분을 약간 흥분시킬 수도 있습니다. 그래서 저는 이렇게 생각했습니다. '음, 우리는 예전으로 돌아가고 있군. 그것도 상당히 우스꽝스러운 방식으로 말이야.'

인간의 상상력이 찾아가는 곳 어디에서나, 상상력은 신화가 이미 다루었던 분야들에서 작업해야 하게 마련입니다. 그렇게 해서 상상력은 신화를 새로운 방식으로 만들어 냅니다. 단지 그것뿐입니다.

조지프 캠벨, 에설런의 강연 중에서, 1982년.

○○○○

이제 현대 미술가들의 문제는 현대의 삶의 조건 속에서 그 조건들을 초월할 수 있는 투명성의 가능성을 인식하는 것이 됩니다. 미술가의 기능은 우리가 살아가는 세계의 형태들을, 그리고 우리가 관여하는 사회적 활동들을 '각색하는' 것이며, 그것들을 초월이 드러나게끔 투명하게 각색하는 것입니다. 즉, 그것들을 투명성으로 변모시키는 것입니다.

코크럴 조이스도 이렇게 말했죠. "그 어떤 물체든지 간에 적절하게 바라보기만 한다면 신들에게 가는 관문이 될 수 있다."[6] 그러니까 우리가 세잔의 사과를 바라본다면(저도 당신께서 말씀하시는 식으로 설명해 보죠) 우리는 세잔의 사과를 먹고 싶어 하지 않는데, 왜냐하면 그 사과는 우리를 조이스의 말마따나 "미적 사로잡힘" 상태에 붙잡아 놓을 것이기 때문인 겁니다.

캠벨 맞습니다. 『율리시스』에서 산부인과 장章에 나오는 구절이죠.[7]

코크럴 만약 당신이 세계의 예술가들에게 말할 기회를 얻게 되어서, 우리가 가진 숱한 신화들을 가지고 무엇을 할지에 관해서 그들에게 올바른 방향을 가리킬 수 있게 된다면, 당신은 그들에게 뭐라고 말씀하시겠습니까?

캠벨 저는 이렇게 말하겠습니다. (웃음) "『천의 얼굴을 가진 영웅』을 한 권씩들 사세요!" 또 이렇게 말할 겁니다. "사물을 보이는 그대로 바라보지 마시고, 신비의 현현으로 바라보세요. '신비'의 발상이야말로 전부이니까요. 그리고 이런 것들의 신비야말로 곧 여러분의 신비입니다."

언젠가 누군가가 저에게 이렇게 말하더군요. 어떤 사물을 '그것'이 아니라 '그대'라고 생각하기만 해도 우리의 경험은 변화한다고요.

●

브라운 우리 가운데 당신을 아는 사람들이, 아울러 지난 2년 동안 일어난 여러 가지 일을 지켜본 사람들이 관심을 가진 주제 가운데 하나는 바로 당신과 조지 루카스의 관계, 그리고 인간 대 기계라는 주제였습니다.

캠벨 제가 지금까지 겪은 크나큰 기쁨, 그리고 놀라운 기쁨 가운데 하나는 제 저서가 여러 다른 사람들을 도와주었다는 사실을 알게 된 것이었습니다. 미술 분야에서 그랬고, 무용 분야에서도 그랬는데, 예를 들어 마사 그레이엄의 작품이라든지, 진의 작품이라든지, 머스 커닝엄[8]의 초기 작품 등이 그러했습니다. 거기 들어 있는 신화적 테마는 바로 무사이(뮤즈들)의 영역이니까요.

제가 사람들에게 뭘 하라고 말해 준 것까지는 아닙니다만, 제 저

조지 루카스의 영화 〈스타워즈〉(1977)의 한 장면에 나온 C-3PO(앤서니 대니얼스), 루크 스카이워커(마크 해밀), 오비완 케노비(알렉 기네스)의 모습.

술은 영감이 있는 곳이 어디인지를 지목해 주었습니다. 우리는 예술가로서 그곳에 직접 들어가서 영감을 끄집어내면 되는 겁니다. 그렇기 때문에 최근에 리처드 애덤스는 저서인 『워터십 다운』을 들고 저를 찾아와서는, 『천의 얼굴을 가진 영웅』을 통해서 자기가 얻은 것에 대해서 감사의 뜻을 표했던 겁니다. 곧이어 갑작스럽게도 조지 루카스가 〈스타워즈〉를 내놓았지요.

물론 저는 영화를 보지 않은 지가 벌써 여러 해나 되었습니다. 무슨 뜻인가 하면, 책을 읽고 또 읽다 보면, 각자가 하고 싶은 일을 모두 다 할 시간까지는 없게 마련이라는 거죠. 그래서 영화는 제 삶에서 오래 전에, 아주 오래 전에 떨어져 나가게 된 겁니다. 뿐만 아니라 제가 유럽에 있는 동안에 무시무시한 변화가 일어나고 말았습니다.

영웅의 여정

제가 미국을 떠났을 때에만 해도 오로지 흑백 무성 영화만 있었거든요. 그 당시에만 해도 마임이라든지 기타 등등 훌륭한 예술적 발전이 있었습니다. 그런데 제가 미국에 돌아와 보니 유성 영화가 있더군요. 저는 단 한 번도 유성 영화를 흥미로운 예술이라고 생각하고 거기 매료된 적이 없었습니다. 너무나도 자연주의적이니까요. 아시겠습니까? 자연주의는 곧 예술의 죽음입니다. 그리고 이것이야말로 우리 미국 예술의 큰 문제 가운데 하나라고 저는 생각합니다. 즉 미국 예술은 은유를 이해하지 못하는 거예요. 온통 자연주의뿐입니다.

○○○○

지금으로부터 10년쯤 전에, 저는 어린이 영화 대본 집필에 착수했는데, 그러다가 현대의 동화를 써 보자는 발상이 떠올랐습니다. 주위의 친구들은 모두 이렇게 말했습니다. "도대체 뭐 하는 거야? 너 미쳤구나. 너도 뭔가 중요한 일을 해야 한다고. 너도 뭔가 사회적으로 유의미한 일을 해야 한다고. 너도 순수 예술을 해야 한다고. 너도 우리가 지금 하고 있는 일을 해야 한다고." 당시에 저는 베트남에 관한 (〈지옥의 묵시록〉이라는) 프로젝트를 작업하고 있었는데, 결국 그걸 포기해 버렸습니다. 즉 그걸 제 친구(프랜시스 코폴라)에게 넘겨주고, 저는 이 어린이 영화를 하겠다고 말했죠.

그 당시에만 해도 제가 뭘 하고 있는지는 저조차도 몰랐습니다. 저는 작업을 시작했고, 자료 조사를 시작했고, 글쓰기를 시작했고, 그렇게 1년이 지났습니다. 이 작품의 초고를 여러 번 고치고 나서, 저는『천의 얼굴을 가진 영웅』이라는 책을 우연히 접하게 되었습니다. 제가 진짜로 초점을 잡기 시작한 것은 그때가 처음이었습니다. 한 번은 그 책을 읽으면서 이렇게 혼잣말도 했습니다. 지금 내가 하고 있는 일이 이거야. 이게 바로 그거야. 저는 집필을 위해 다른 의사들의 저술을 읽기도 했습니다. 프로이트 학파 사람들이었죠. 그리고 도널드 덕과 스크루지 맥덕을 비롯해서 우리 시대의 다른 신화적 영웅들 모두를 잔뜩 살펴보기도 했었습니다. 하지만『천의 얼굴을 가진 영웅』에 와서야 비로소 처음으로, 한 권의 책이 지금껏 제가 직관적으로 해 왔던 일에 초점을 맞추기 시작했습니다. 저는 여러 가지 유사성을 발견하기 시작했고, 이 과정에 매료되기 시작했으며, 그 결과로 『야생 기러기의 비행』과『신의 가면』같은 캠벨의 다른 책들도 여러 권 집어 들게 되었고, 그러면서 계속해서 집필을 해 나갔습니다.

이 과정 전체에는 여러 해가 걸렸습니다. 앞서 말씀드린 것처럼, 저는 이야기를 만들어내기 위해서 오랜 시간 동안 빙빙 돌았으며, 두서없는 이야기를 늘어놓은 형국이었던 대본은 무려 수백 페이지 분량으로 늘어난 상태였습니다. 그런데 500페이지 남짓한 내용에 불과했던『천의 얼굴을 가진 영웅』은 이렇게 말했습니다. 여기에 이야기가 있다. 여기에 결말이 있다. 여기에 초점이 있다. 여기에 그 모두가 닦아 놓은 길이 있다. 그 모두가 거기 있었고, 캠벨의 지적처럼 무려 수천, 수만 년 동안 거기 있어 왔던 겁니다. 그래서 저는 이렇게 말했습니다. "바로 이거야." 조의 저서를 더 읽고 난 뒤에, 저는 이 일을 어떻게 할 수 있는지를 깨달았습니다. 그 순간 저는 조가 저에게 해 준 기여가 얼마나 중요했는지를 깨달았습니다. 저는 그 책들을 읽고 이렇게 말했습니다. 한평생의 학술, 한평생의 연구를 몇 권의 책으로 증류해 놓은 결과물이 여기 있다고 말입니다. 그리고 이 책들을 불과 몇 달 만에 독파한 덕분에, 저는 하려던 일에서 진전을 볼 수 있었으며, 작품에 대한 초점을 얻게 되었다고 말입니다. 이것이야말로 위대한 업적이며 매우 중요한 일이었습니다. 만약 캠벨을 우연히 만나지 못했더라면, 저는 아직까지도 〈스타워즈〉 대본을 쓰고 있었을 겁니다.

아마 다른 저자라면 그들의 작품이 그들 자신보다 더 중요하다고 말할 수 있을 겁니다. 하지만 조의 경우는 다릅니다. 물론 그의 작품도 위대합니다만, 저로선 그의 저술 전체가 그라는 사람만큼 위대하지는 못하다는 사실을 추호도 의심하지 않습니다. 그는 정말로 놀라운 인물이며, 저의 요다가 되어 주었습니다.

조지 루카스, 내셔널아츠클럽, 1985년.

○ ○ ○ ○

그래서 저는 영화에 관한 일을 전혀 모르고 있었던 상황이었는데,

갑자기 조지 루카스가 찾아와서 이런저런 이야기를 하면서 제 저술이 자기에게 얼마나 큰 의미를 지녔는지를 설명했습니다. 그는 저와 진을 샌프란시스코 근교의 자기 집에 이틀 동안 초대해서, 자기가 지금까지 해 놓은 일을 보여주었습니다.

음, 이런, 세상에, 우리는 오전에 〈스타워즈〉를 봤고, 오후에 〈제국의 역습〉을 봤으며, 저녁에 〈제다이의 귀환〉을 봤습니다. 솔직히 저는 정말로…… '짜릿' 했습니다.

은유를 이해하는 사람이 거기 있었습니다. 제가 본 것들은 이미 제 저서에 나온 내용이었지만, 거기서는 인간과 기계라는 현대적인 문제의 방식으로 표현되어 있더군요. 기계는 인간의 삶에서 종 노릇을 하게 될 것인가? 아니면 기계는 주인이자 명령자가 될 것인가? 여기서 말하는 기계에는 전체주의 국가도 포함됩니다. 파시스트이건 공산주의이건 간에 여전히 똑같은 국가인 겁니다. 그리고 거기에는 미국에서 벌어지는 일도 포함됩니다. 관료제라든지 기계공 같은 일이요.

기계가 우리에게 주는 힘은 얼마나 놀랍습니까. 하지만 혹시 기계가 우리를 지배하게 되지는 않을까요? 이것이 바로 괴테의 『파우스트』에 나온 문제였습니다. 『파우스트』 제2부의 마지막 두 막에서 그 내용이 나옵니다. 파우스트는 메피스토펠레스와 계약을 맺습니다. 메피스토펠레스는 파우스트가 원하는 일은 무엇이든지 해낼 수 있는 수단을 제공합니다. 즉 메피스토펠레스는 기계 제조업자입니다. 그는 폭탄을 제조할 수 있지만, 과연 인간의 영혼이 원하고 필요로

영웅의 여정

하는 것까지도 줄 수 있을까요? 그럴 수는 없습니다.

그 원함과 필요가 무엇인지에 관한 설명은 우리로부터 나오는 것이지, 기계로부터 나오는 것이 아닙니다. 또한 우리를 가르치는 정부로부터 나오는 것도 아니고, 심지어 성직자로부터 나오는 것도 아닙니다. 그건 각자의 내면으로부터 나와야 하는 것입니다. 그런데도 우리가 그걸 거부하고, 각자의 영원의 명령 대신에 시간의 명령을 받아들이게 되는 순간, 우리는 결국 악마에게 항복한 셈이 됩니다. 우리는 지옥에 있는 셈이 됩니다.

제가 생각하기에는 조지 루카스가 밝혀낸 사실이 바로 이것입니다. 저는 그가 해낸 일을 어마어마하게, 정말 어마어마하게 존경합니다. 그 젊은이는 한 가지 전망을 열어 놓았고, 그걸 따라가는 방법을 알았으며, 그건 전적으로 신선했습니다. 제가 보기에는 그가 그 일을 아주, 정말 아주 잘 해낸 것 같습니다.

●

커즈노 신화와 꿈과 영화 사이에는 기묘한 평행 관계가 있는 듯합니다. 마법적인 변모, 몽환시, 영웅의 여정, 선견의 탐색 등이 그렇습니다. 혹시 당신께서는 이른바 '꿈의 공장'인 할리우드에서 일하는 영화 제작자들이 현대의 신화 제작자라고 보십니까?

캠벨 만약 그들이 신화를 만들 수 있다면 그렇게 볼 수도 있겠지요.

하지만 실제로 그들이 하는 일은 사람들을 침대에 눕혔다가, 다시 침대에서 일으키는 것뿐입니다. 우리 예술계의 이런 자연주의는…… 모두 진부한 산문일 뿐입니다. 진부한 산문에는 흥미로운 것이 오로지 두 가지뿐입니다. 하나는 폭력이고, 또 하나는 성性이지요. 결국 두 가지에 도달하게 되는 겁니다. 만사가 거기로 귀결되고, 또 거기서 나오는 셈이지요.

커즈노 당신의 저서 같은, 특히 『천의 얼굴을 가진 영웅』 같은 책들 때문에 작가들(시나리오 작가들을 포함해서) 사이에서도 고전적인 구조로 돌아가자는, 즉 신화와 동화를 이용함으로써 한동안 매우 자유로운 형태를 취하고 있었던 매체에 어떤 구조를 시험하고 부여하자는 운동이 생겨난 것 같습니다. 혹시 당신께서는 이런 동향이 신화로의 초대로서 영화계에 어떤 운동을 야기할 수 있다고 보십니까?

그리니치 빌리지 소재 아파트의 서재에 있는
캠벨. 1960년경.

캠벨 이 세상에 영화보다 더 나은 매체는 없을 겁니다. 제 말뜻은, 참으로 놀랍게도 영화를 가지고는 뭐든지 할 수 있다는 겁니다. 다만 그렇게 할 만한 가치를 지닌 주제가 무엇인지를 찾아내는 게 문제일 뿐입니다.

하지만 대중 공연에는 워낙 많

은 돈이 걸려 있기 때문에, 대중적인 주제를(다시 말해 감상적이고 진부한 주제를) 다루려는 유혹을 극복하기가 매우 어렵습니다. 미국 예술의 문제들 가운데 하나는 바로 돈의 유혹인데, 이것은 특히 소설에서 유난히 두드러진 문제이기도 합니다. 오래 전에, 그러니까 학창시절에 저는 제 유년기에 해당하는 1920년대의 미국 소설에 관심이 있었습니다. 그 시기의 작가들은 하나같이, 예를 들어 드라이저, 싱클레어 루이스, 헤밍웨이 같은 작가들은 하나같이 초창기에만 해도 뭔가를 '찾기' 위해서 글을 썼습니다. 이들의 작품은 시간이 지날수록 점점 더 흥미진진해질 것만 같았습니다.

○○○○

성공은 일종의 덫이 될 수 있습니다. 미국에서는 이것이 진짜 사실입니다. 제 생각에 다른 나라에서는 이렇지 않을 것 같습니다. …… 무슨 말인가 하면, 이미 자기가 그렸던 회화의 반복이었던 그림을 왜 굳이 하나 더 그린단 말입니까? 회화의 메시지는 그림 속에 있는 대상에 들어 있는 것이 아니라, 오히려 형태의 탐색에 들어 있습니다. 한 가지 형태를 고수하다 보면 경직될 수밖에 없습니다. 거기서는 생명이 빠져나가 버립니다.

조지프 캠벨, 『회열로 가는 길』 중에서[9]

○○○○

그러다가 성공을 거두자 그들에게 갑자기 돈이 쏟아져 들어오기 시작했습니다. 그리고 나면 다음번 작품은 지난번 작품의 내용과 똑같아져 버리고 말았습니다. 그리고 이후로도 마찬가지 상황이 이어졌습니다.

이제 우리 자신의 발견에서 비롯된, 우리 자신의 깨달음에서 비롯된 글을 쓴다고 해서, 과연 누가 그걸 원하겠습니까?

음, 당신께서는 놀라실 지도 모르겠습니다. 실험이자 창조인 이런 일을 하기로, 그리하여 이전까지는 아무도 내놓지 않았던 어떤 형태를 내놓기로 결정하기는 매우 힘들게 마련입니다.

이제 저는 문장을 쓰는 가운데 그걸 발견했습니다. 우리는 작년에 썼음직한 방식으로 또다시 문장을 쓸 수 있습니다. 또는 지금 우리의 머릿속에서 글을 쓰고 있는 정교한 뉘앙스의 방식으로 문장을 쓸 수 있습니다. 하지만 그러려면 오랜 시간을 들여가며…… 올바른 단어가 떠오를 때까지 기다려야 합니다.

그러고 나면 우리는 그걸 출판사에 보내서 교정자가 수정하게 합니다.

우리는 반드시 그런 방식으로 용감하게 행동할 예술가를 가져야만 합니다. 저는 앞에서 조지 루카스를 언급했었습니다. 제 생각에 그 청년은 어떤 전망을 열어 놓았고, 그걸 따라가는 방법을 알고 있었습니다. 그거야말로 완전히 신선한, 정말 완전히 신선한 일이었습니다.

커즈노 언젠가 당신은 일본인이 "형태"를 알고 있기 때문에 서양을

영웅의 여정

앞서 나아가는 것이라고 말씀하셨습니다. 제 생각에 당신의 저서를 읽으면서 느끼는 진정한 기쁨 가운데 하나는 인지의 짜릿함이 아닐까 합니다. 당신의 책들은 사람들이 대중문화의 상징들을, 예를 들어 슈퍼맨을, 마이클 잭슨을, 〈스타워즈〉의 다스 베이더를 보면서 원형의 나타남을 깨달을 수 있도록 돕는 것 같습니다. 혹시 당신께서는 글을 쓰실 때 처음부터 그러려는 계획을 갖고 계셨던 겁니까? 당신께서는 옛날이야기를 부활시킴으로써 우리가 스스로의 삶에서도 그것을 부활시킬 수 있기를 시도하셨던 겁니까?

캠벨   아닙니다. 저는 옛날이야기에서 원형이 들어 있는 곳에 관한 정보를 뽑아냈을 뿐입니다. 제가 한 일은 단지 우리가 물려받은 전통을 통해서 무사이(뮤즈들)의 영역이 실제로 어디 있는지를 보여주려고, 그리고 진짜 예술가가 그것을 파악하면 무슨 일이 일어나는지를 보여주려고 시도한 것뿐이었습니다. 앞서 말했던 것처럼, 저는 무용에서 그것을 보았습니다. 예를 들어 진의 작품에서, 마사 그레이엄과 머스 커닝엄 같은 다른 무용가의 작품에서, 그리고 다른 여러 조각가와 화가의 작품에서도 말입니다. 그들은 자기에게 주어진 뭔가를 베끼려고 시도하지 않았습니다. 그들은 자기 삶의 경험을 바로 이러한 견지에서 바라보았으며, 그러기 위해서는 원형이 무엇인지를 알아야 하고 또 '잊어야' 했으며, 그러고 나서 비로소 되튀는 그 뭔가를 읽어내야 했습니다. 제 기억에 1940년대와 1950년대에만 해도 아주 중요한 예술가 가운데 두 명은 그저 상투적 표현만 하고 있었습니다.

온갖 원형이 다가오자 이들은 단지 원형을 '베낀' 것입니다. 원형은 그러기 위해 있는 것이 아닙니다. 원형은 살아 있는 순간의 원형성을 바라보고 경험하기 위한 것입니다. 예술가가 반드시 만들어야 하는 것은 어찌어찌 살아 있는 순간, 즉 실제로 활동하는 '살아 있는' 순간 이거나, 또는 내적 경험입니다.

커즈노 그런 사실을 염두에 두고 보면, 이런 원형에는 폭발력이 들어 있지 않습니까? 관객이 그중 하나를 보면, 예를 들어 영화 〈오즈의 마법사〉에서 마녀가 하늘을 날아가는 모습을 보면, 마치 전기가 몸을 흐르는 것 같은 본능적인 느낌이 듭니다. 이것은 예술가가 스스로 사용하는 원형에 대해서 책임을 지녀야 한다는 사실을 시사합니다.

캠벨 아, 그 거기에 대해서는 의심의 여지가 없습니다. 원형의 힘은 매우 깊다고, 정말 매우 깊다고 할 수 있습니다. 우리가 원형을 더 많이 이해할수록 더 깊이 얻을 수 있습니다. 제 말뜻은 그것이 생물학의 근거까지 내려간다는 겁니다. 우리가 살면서 지니는 에너지가 바로 그것입니다. 거기에 대해서는 의심의 여지가 없습니다.

커즈노 당신의 저술이 예술에 끼친 영향력을 바라보면서, 저는 문득 당신도 그 영향력에서 일종의 이행기가 있음을 아셨는지 궁금한 생각이 들었습니다. 처음에는 학생들에게 영향력을 발휘했고, 곧이어 예술가들에게 영향력을 발휘했으며, 나중에는 사회 전체에 영향력을 발휘했으니까요.

캠벨 제 저술은 실제로 많은 사람들에게 영향력을 발휘하게 되었습니다. 그 '사람들' 중에는 예술가도 포함되어 있지요. 그 외에도 예를 들어 보험 외판원이라든지, 또는 그와 비슷한 다른 누군가의 일에 그게 어떻게 영향력을 발휘할 수 있는지까지는 저도 잘 모르겠습니다만, 그래도 실제로 그렇게 되는 모양이더군요. 이 세상에는 저도 모르는 방향들이 있습니다. 하지만 예술하고는 뚜렷한 관계가 있음이 분명한데, 왜냐하면 저에게 신화는 예술의 여신들인 무사이(뮤즈들)의 고향이기 때문입니다. 신화란 바로 그런 것입니다. 당신이 그곳과 접촉하면, 무사이는 당신의 언어로 당신에게 말을 겁니다. '저의' 언어가 아니라, 어디까지나 당신의 언어로 말입니다. 앞서도 말씀드렸습니다만, 저는 예술에서 이것이 유효한 것을 보았고, 이것이 사람들에게 무슨 일을 하는지도 보았습니다.

커즈노 그 모든 신화 중에서도 세월이 흐르면서 유독 사람들에게 더 많이 영향력을 발휘한 것처럼 보이는 각별히 두드러진 신화가 있다면 무엇입니까?

캠벨 글쎄요. 신화에서 영감을 얻는 일에서의 핵심은 이 경이로운 문학으로 들어서는 것입니다. 그것이야말로 찬란한 장場입니다. 저로서는 거기 들어가서 즐기라는 것 밖에는 말씀드릴 수 없겠습니다. 방대한 범위의 독서가 되겠지요. '그곳에 들어가서' 즐기고 또 읽지 않는다면, 우리는 신화를 발견하지 못할 것입니다. 만약 누군가가 단지 매일 아침 신문만 읽는다면(즉 신문 이외의 것은 읽지 않다가, 주말에 가서야 주간지인《뉴스위크》라든지 그 비슷한 것을 하나 읽을 뿐이라면) 그 사람은 뭔가를 얻지 못할 겁니다. 우리는 '읽어야' 합니다. 아니면 그 뭔가와 접촉하기 위해서 다른 매체를 발견해야 합니다. 그러고 나면 나에게 말을 거는 뭔가를 혼자 힘으로 발견할 수 있고, 바로 그것이 나를 흥분시킨다는 사실을 알 수 있습니다. 만약 그것이 나를 흥분시키지 않는다면, 음, 꽝입니다. 그것은 내 것이 아닌 겁니다.

따라서 저는 신화라는 이 경이로운 문학에 들어서는 것이 핵심이라고만 말하고 싶습니다. 그건 정말 방대합니다. 만약 영어 이외에 다른 언어도 두어 가지 읽을 수 있다면, 훨씬 더 방대한 내용을 얻게 될 것입니다. 그거야말로 찬란한 장場입니다.

●

블라이　한 번은 샌프란시스코에서 아름다움을 주제로 하는 학술 대회가 열렸는데, 거기서 조의 강연을 듣는 순간 제게 뭔가가 일어났습니다. 그는 우선『젊은 예술가의 초상』에 나오는 조이스의 묘사에 관해 설명한 다음, 이른바 적절한 예술과 부적절한 예술의 차이가 있다고 말했습니다. 즉 부적절한 예술은 우리가 그 감상을 마치는 순간에 뭔가를 욕망하게 만들거나, 또는 혐오하게 만들거나, 둘 중에 하나를 하는 예술이라는 것이었습니다.

그리고 조는 이렇게 말했습니다. 만약에 한 여성이 "이 냉장고를 사세요" 하고 말하는 광고가 있다면, 우리는 '저 냉장고를 사고 싶어' 하고 마음속으로 말할 거라고요. 이것이야말로 외설적인 예술인 겁니다. 왜냐하면 그것이 우리를 원하기 때문에, 그것이 우리를 욕망하기 때문에, 그것이 그 물건을 갖고 싶어 하는 욕망을 우리에게 남겨주기 때문에 그렇습니다. 정치적 예술이 설교조인 까닭은 예술이 여전히 감동적이면서도, 우리를 정치인으로부터 도망치고 싶게 만들기 때문입니다.

곧이어 캠벨은 지난 수백 년 동안 나온 소설과 소설가 모두가 설교조의 외설 작가라고 단언했습니다. 청중 가운데 그 말을 듣고 박수를 친 사람은 저 하나뿐이었습니다! 그러자 그는 나를 바라보고 미소를 짓더군요. 나머지 모든 사람은 그 어마어마한 일반화에 깜짝 놀란 상태였습니다.

코크럴 캠벨의 말에 따르면, 그가 맨 마지막으로 읽은 신작 소설은 무려 1939년에 나온 『피네간의 경야』였답니다. 그때 이후로는 소설을 읽지 않았다더군요.

블라이 예, 음, 적절한 예술과 부적절한 예술의 차이란 결국 이런 겁니다. 적절한 예술은 중심을, 즉 그 한가운데를 따라 내려가는 침묵의 실마리를 갖고 있다는 것입니다. 따라서 그 감상을 마치는 순간에

<영웅의 여정> 촬영 중에 잠시 사적인 대화를 나누는 오랜 친구 조지프 캠벨과 시인 로버트 블라이. 캘리포니아 주 빅서. 1982년.

우리는 자기 자신의 한가운데에 있게 되고, 어느 한쪽으로도 움직이지 않는다는 겁니다.

가장 재미있었던 사실은 그가 이런 말을 하는 동안, 그리고 제가 적절한/부적절한 예술에 관한 그의 말에 찬동하는 동안, 한 여성이 자리에서 일어나서 이렇게 말한 것이었습니다. "오늘 밤에 여성 센터에서 반핵을 주제로 한 로버트 블라이의 작품 낭독회가 열릴 예정입니다!"

코크럴 결국 '당신도' 정치적 목적을 이행하신 것이로군요.

블라이 그렇습니다. 베트남 전쟁 기간에 내놓은 저의 예술 가운데 상당수는 부적절한 예술이었던 셈이고⋯⋯

코크럴 그렇죠. 하지만 때로는 그게 오히려 적합하기도 합니다.

블라이 그런 뜻이 아닙니다. 물론 저라면 당신 말씀처럼 전쟁 동안에는 부적절한 예술이 오히려 적합하다고 말하고 싶습니다만, 그럼에도 불구하고 어느 누구도 저에게 그 두 가지 예술의 차이를 설명해 준 적이 없었습니다. 따라서 캠벨의 말에서 각별히 저에게 중요했던 부분은 이 개념이 극도로 중요하다는 사실이었습니다. 그것은 시인 사이에 대대로 전해 내려왔으며, 사실 원래는 아퀴나스에게서 유래한 것이었습니다. 즉 아퀴나스가 시작했고, 조이스가 받아들인 것이었습니다. 하지만 저의 세대로 전해지지는 않았던 것이었습니다. 조지프는 그 지식을 운반한 사람이었습니다. 제가 그 내용을 그로부터 전해 받았을 때, 저는 저보다 더 젊은 시인들에게 그게 얼마나 중요할지를 곧바로 깨달았던 겁니다.

따라서 저는 조지프로부터 그것을 건네받아서, 젊은 시인 일부에게 전하려고 했습니다.

코크럴 그러니까 미적 평형을 달성하는 방법에 관한 지식을 말입니까?

블라이 예, 그렇습니다. 적절한 예술과 부적절한 예술 사이에는 차이가 있습니다. 항상 똑같지는 않다는 겁니다. 정치적 예술은 상당 부분까지 부적절할 수 있습니다. 그래도 우리는 여전히 그것을 존중할 수 있으며, 동시에 그것을 더 명료하게 볼 수 있습니다. 저는 두 가지 모두를 해 보았습니다. 저는 적절한 예술과 부적절한 예술을 모두 해 보았습니다만, 정작 그 차이를 모르고 있었습니다. 신화의 이런 기능에 대한 조지프의 설명은 정말로 중요했습니다. 따라서 그에게는 뭔가 놀라운 것이 있었습니다. 왜냐하면 그야말로 문명에 관한 지고한 발상을 가지고, 그런 발상을 운반하며, 그런 발상이 나타나도록 허락하는 고전적인 연장자였기 때문입니다.

코크럴   지혜를 체화한 현명한 노인이라는 거군요. 그야말로 원형입니다. 그것이 그의 원형인 겁니다.

블라이   바로 그겁니다.

코크럴   그는 안내자인 겁니다.

블라이   어느 정도까지는 엘리엇과 파운드도 문화에 대한 존중을 실제로 지니지는 못했습니다. 비록 파운드는 위대한 문화 영웅으로 묘사되지만 말입니다.

   ○○○○
   전체적인 발상은 우리가 회복하기 위해서 갔던 바로 그것을, 즉 미실현되고 미사용된 잠재력을 다시 꺼내야만 한다는 것이다.

   조지프 캠벨, 『희열로 가는 길』 중에서[10]
   ○○○○

영웅의 여정

코크릴 저는 예술에 전체성, 조화, 광휘가 필요하다는 아퀴나스의 정의에 관해서 그가 말했던 게 생각나는군요.

블라이 예, 바로 그겁니다. 그건 대단했어요. 믿을 수 없었죠. 바로 그겁니다.

코크릴 전체성, 조화, 광휘. 그 세 가지를 가진 작품이라야 비로소 예술의 지위를 달성할 수 있다는 거였습니다.

●

블라이 조지프, 이른바 예술에 들어 있는 의례란, 다시 말해 시에 들어 있는 의례란 무엇일까요? 저는 여러 해 동안 자유시를 쓰지 않았습니다만, 점점 의구심이 들고 있어서요.

캠벨 순수하게 학술적인 관점에서 바라보자면, 의례는 개인을 스스로의 의도와는 무관한 어떤 힘의 대행자와 접촉시킬 뿐만 아니라, 심지어 개인을 어떤 힘의 대행자로 대체시키기까지 하는 행동입니다. 또한 개인은 자신의 개별적인 생명 형태보다 더 큰 힘에 반드시 순종해야 합니다. 예를 들어 동물의 의례는 주로 구애와 관련해서 발생하며, 또한 수컷들 사이의 충돌과 관련해서 발생합니다.

블라이 그것이야말로 더 큰 힘이지요.

캠벨 그것이야말로 종種의 충동이라는 견지에서 작용하는 더 큰 힘이라고 말할 수 있을 겁니다. 그리하여 모든 것이 경이롭게도 의례화됩니다. 예를 들어 새들의 구애하는 춤을 누가 만들었을까요? 과연 누가 그 춤을 만들었을까요? 그것은 개별적으로 창안된 것이 아닙니다. 새들이 갑자기 종種의 관계에 있게 된 것입니다.

　예술의 형식성은 개인을 해방시켜 종種의 관계로 들어서게 합니다. 또한 예술의 형식성은 개인을 그 욕망과 의도의 개별 체계에서 해방시켜 다른 뭔가로 연결시키며, 이때 개인은 자기 자신에 속한 것이 아니라 오히려 자연에 속한 뭔가의 독특한 표현이 됩니다. 그러다가 이것이 시에서 빠져 버리게 되면, 당신이 갖게 되는 이 예술의 출처는 모두…… 음, 당신도 분명히 그걸 받고 있을 겁니다. 사람들이 써서 보내는 시가 있을 테니까요.

블라이 당신께서 말씀하시는 내용은 결국 의례를 이해하고 나면, 고백시는 생겨나지 않을 거라는 뜻이로군요. 왜냐하면 고백시조차도 …….

캠벨 고백적이지 않을 테니까요! 누가 고백을 원하겠습니까? 혹시나 자기 교회의 지출을 충당하기 위해서 우리를 신도로 낚으려고 시도하는 어떤 목사라면 또 모르겠지만요.

블라이 무척이나 흥미롭군요. 따라서… 여기 또 한 가지 질문이 있습니다. 이건 제가 파스테르나크와 아흐마토바처럼 형식의 전통을 매우 강하게 지키는 러시아 시인들을 읽으면서 깨닫게 된 것입니다만, 어째서 소리에 대한 그런 존중이 있는 걸까요? 당신께서 말씀하시는 성질은 러시아 작가의 시에, 즉 개별 작가보다 더 커다란 힘을 건드리는 시에 들어 있습니다.

또한 당신께서는 더 자연적인 환경과 비교했을 때에 도시의 이점 가운데 하나는 그곳이 인간 속에, 그러니까 예술가 속에 강력한 뭔가를 육성할 수 있다는 점이라고 생각하지 않으십니까?

캠벨 음, 저도 뉴욕이 일하기에는 좋은 장소라고 생각합니다만, 제 생각에 우리는 도시를 '너'라고가 아니라 오히려 '그것'이라고 호칭하는 듯합니다. 그렇게 되면 우리는 상당히 다른 뭔가와의 전투 겸 관계의 상황에 있게 됩니다. 아시다시피 저도 얼마 전에 뉴욕에 있다 왔습니다만, 이런 빅서 해안 같은 장소는 또 다른 전체 의식을 각성시킵니다. 더 아래로 내려가는 겁니다. 그러면 우리 몸이 이렇게 느낍니다. '그래, 이게 나의 세계야. 나는 이걸 그리워했었어.' 제가 보기에는 바로 이 몸으로부터, 그리고 이런 경험과 몸의 관계로부터 신화의 상상력이 나오는 듯합니다. 반면 도시의 다른 경험은 훨씬 더 합리적이고, 윤리적이고……

블라이 음, 혹시 당신께서는 이렇게 말씀하시는 겁니까? 예를 들어

도시에서는 생물이 그리 많지 않기 때문에, '나와 너'의 관계를 가질 만한 대상이 충분하지 않은 반면, 이런 시골에서는 그럴 만한 대상을 더 많이 갖게 된다고 말입니다. 혹시 당신께서 말씀하시려는 뜻이 그겁니까?

캠벨 도시에서는 '나와 너' 관계가 사람에 대한 것이니까요.

블라이 흐음……

캠벨 도시의 환경은 기하학적이고 직사각형일 뿐이어서, 곡선이라고는 전혀 없습니다. 인간이 고안한 것이기 때문입니다. 전체 환경 역시 인공적입니다. 이에 비해 여기서 우리는 인간과 자연 스스로가 현현이 되는 원초적 존재 경험이 있음을 발견합니다. 반면 도시에서 우리는 그런 것을 얻지 못합니다.

블라이 당신께서도 아시겠지만, 저로서는 상당히 놀라운 일이었습니다. 왜냐하면 제가 배운 바에 따르면 시에서는 오히려 인간과의 '나와 너' 관계를 가져야 하기 때문입니다. 그런데 우리가 고풍스러운 시, 옛날 시, 예를 들어 호메로스 등을 살펴보면, 예를 들어 돌과의 관계에 대해서조차도 정말 어마어마한 양의 감탄이 쏟아집니다.

캠벨 와인 빛 검은 바다며, 장밋빛 손가락의 새벽과의 관계에 대해서도 마찬가지이지요. 여기서 우리는 바로 그런 환경에 놓여 있습니다.

블라이   하지만 제 경우에는 어떠했는지를 당신께서도 아실 겁니다. 저는 미네소타 주 출신입니다. 그래서 식물과의 '나와 너' 관계를 맺고 있지요. 제가 무슨 일을 하는 걸까요?

캠벨   저도 모르겠습니다. 지금 이곳의 모습이야말로 일본이라든지 아시아 동부 해안 지역의 환경과 똑같습니다. 그곳에는 바다에 대한 관계의 오랜 전통이 있습니다. 당신도 아시겠지만, 중국에는 예술과 시를 위해서 물과 산이 필요하다는 발상이 있습니다. 물은 원천입니다. 태초에는 모든 것이 물이었습니다. 신화에서는 줄줄이 우리에게 그런 이야기를 합니다. 그러다가 거기에서 형체가 나타나고, 생명이 산출됩니다.

오래 전에 저는 에드 리케츠와 함께 캘리포니아 주 카멜에서 출발해 알래스카 주 시트카까지 갔습니다. 바닷가를 따라 가면서 조간대 생물 채집을 했는데, 그러다 보니 바다야말로 산출의 장소라는 생각이 들었습니다. 바다야말로 우리 삶의 세균 배양기였던 겁니다.

블라이   신화의 견지에서 이걸 바라보시면 도대체 뭐가 보이십니까?

캠벨   신화의 견지에서 저는 곧바로 고래들이 헤엄쳐 지나가는 세계를 봅니다. 이 세계는 무의식의 어두운 깊이를 지닌 신비이며, 바로 그 어둠에서 만물이 유래합니다. 그리고 여기서 저는 지속의 안정성을 보는데, 그것은 바로 광물계가 상징하는 바입니다. 또 저는 나무의 아름다운 삶을 봅니다.

괴테의 멋진 인용문이 있습니다. 진화의 원리를 설명하던 중에 그는 식물계와 동물계라는 두 가지 계를 따라 누적된 인간의 신비와 나무의 신비를 이야기합니다. 우리는 여기서 자연의 고귀함을 발견하고, '미스테리움mysterium(신비)'의 힘을, '트레멘둠tremendum(무서운 것)'을, '파스키난스fascinans(매력적인 것)'를 발견합니다.

블라이　잠깐 앞으로 돌아가도 될까요? 저는 당신으로부터, 그리고 시와 관련해서 당신이 하신 일로부터 배우려고 노력하는 중입니다. 저는 시가 좋은 소리의 중요성을, 좋은 분절된 박자의 중요성을, 어떤 형식의 중요성을 그 속에 갖고 있음을 믿으라고 배웠습니다. 하지만 제가 배우지 못한 것 가운데 하나는 바로 시 속의 신화, 즉 이야기였습니다.

그런데 옛날 시를 보면, 시는 항상 이야기로 귀결되고, 이야기는 또다시 인간의 마음을 사로잡아서 멀리 이런 세계로, 멀리 초월적인 세계로, 멀리 이런 곳으로 데려갑니다.

따라서 제게 놀라웠던 점은, 형식 속에 뭔가 인간적인 것이 들어 있어야 한다는 점뿐만이 아니라, 심지어 신화 세계도 들어 있어야 한다는 점이었습니다. 충분히 기이한 일이지만, 신화는 인간을 사로잡고, 이 믿기 힘든 재료 가운데 일부를 외관상 순종적인, 또는 일상적인 인간 속으로 가져옵니다.

캠벨 신화가 하는 일이란, 칼프리트 그라프 뒤르카임이 초월이라고 부른 것을 향해서 인간을 열어 주는 동시에, 자연 환경을 열어 주는 것입니다. 신화의 의미는 우리 모두가 신비에 올라타고 있다는 것, 그리고 우리 모두가 신화의 현현이라는 것입니다. 자연계이건 인간계이건 마찬가지입니다. 그 두 가지는 서로 떨어져 있지 않으니까요.

블라이 하지만 구체적으로 신화가 어떻게 그렇게 한다는 겁니까?

캠벨 항상 개인을 지나치는 지시체를 제공함으로써 그렇게 한다는 겁니다. 그런데 현실은 영 딴판이어서, 오늘날의 신학적 상황에서는 오히려 하느님이 구체화되고 맙니다. 즉 하느님이 닫혀 버려서, 졸지에 바리케이드가 되는 것입니다. 이와는 반대로 하느님이 신화화되면(즉 괴테의 말마따나 "일시적인 것은 모두 단지 지시체에 불과"한 것이라면) 하느님은 열리게 되고, 뭔가의 지시체가 됩니다. 여기서 말하는 뭔가란 궁극적인 초월적 신비, 즉 우리 안에 있고 만물 안에 있는 내재적 신비입니다. 따라서 참여가, 즉 참여에 대한 깊은 깨달음이 있는 것이며, 이것이야말로 예술의 광휘입니다.

블라이 그렇다면 여호와는 사실상 어떤 면에서 우리가 그걸 느끼지 못하게 막아서는 셈이로군요?

캠벨　그렇습니다. 이로써 우리는 그와의 관계에 들어서게 되는데, 이때의 관계는 원죄며 속죄와 관련이 있습니다.

블라이　그렇다면 이것은 우리가 오랫동안 여호와를 예배하기 시작할 경우, 우리의 신화의 의미가 와해되고 만다는 뜻입니까?

캠벨　그것은 '이미' 와해된 셈입니다. 유대교-기독교 전통에는 신화의 의미가 전혀 없습니다. 온통 역사적인 것뿐이니까요. 사실인 내용뿐이지요. 이것 때문에 우리는 자연으로부터 떨어지기를 원하고, 우리의 의례가 사회 참여와 관련이 있도록 만들기를 원하는 겁니다. 유대교 전통은, 그리고 기독교 전통 중에서 상당 부분은 우리를 사회로 이끌어 갑니다. 우리는 자연 속에서가 아니라, 오히려 그리스도 속에서 하나라는 겁니다.

　반면 우리가 도道로 눈을 돌려서 이를 살펴보면, 거기서 계시가 나타납니다. 과연 무엇에 대한 계시일까요? '미스테리움'에 대한 계시입니다. 신비 말입니다. 여기에는 두 가지 국면이 있습니다. 하나는 '트레멘둠', 즉 무서운 것이고, 또 하나는 '파스키난스', 매력적인 것입니다.

　예술의 기능은 이런 것들을 보여 주는 것이며, 그리하여 이런 것들은 조이스의 말마따나 광휘의 현현이 됩니다.

블라이   저는 프로테스탄트입니다만, 당연히 프로테스탄트 교회에서 우리는 '트레멘둠'을 제거하는 일에서 그보다 더 멀리까지 나아갔습니다. 즉 우리는 성모의 조상彫像을 전혀 갖고 있지 않습니다. 언젠가 캘리포니아 주에 있는 어느 교회에 가 보았는데, 교회 어디에도 살아 있는 것은 전혀 없었습니다. 그런데도 우리는 의미의 거룩함에 관해 이야기하는 텍스트를 읽고 있었습니다.

캠벨   제가 종교 연구에 관한 학술 대회에 참석하러 일본에 갔을 때, 우리는 이세伊勢에 들렀습니다. 아시다시피 왕족의 아름다운 신궁神宮이 있고, 아마테라스 여신의 전통이 있고, 기타 등등이 있는 곳이었지요. 참으로 아름다웠습니다. 나무가 우거진 환경 속에 있어서, 자연계 전체에 참여하는 경험을 할 수 있었습니다. 그 여신 자체도 원래 태양의 여신이었으니까요.

그런데 마침 제 옆에 덩치 큰 스웨덴 학자가 있었습니다. 키가 큰 사람이었지요. 저는 그곳의 풍경을 둘러보면서, 지금 제가 여기서 느끼는 방식으로 , 즉 이 모든 것을 지닌 사람으로서 느껴 보려고 노력하고 있었는데, 갑자기 그가 저에게 이렇게 말했습니다. "이건 너무 심하지 않습니까? 저는 프로테스탄트입니다. 이런 걸 감상할 수가 없군요."

우리가 그곳에서 보고 있는 그 놀라운 세계에 대한 참여로부터 그런 식으로 성큼 물러서겠다는 거였습니다! 우리 서양의 전통에는 타락이라는 것이 있고, 자연은 좋지 못하므로 비판의 대상이 되어야 한다는 생각이 있으며, 선을 위해서 악에 대항해야 한다는 생각이 있습니다. 그렇다면 선하신 하느님이 왜 이런 종류의 세계를 만들었을까요? 참 이상한 질문이지요!

블라이　흠…… 제가 괴테의 짧은 시를 하나 외워 볼까요?

캠벨　말씀해 보시죠. 저도 좋아할 것 같습니다.

블라이　괴테는 언덕 위에 올라갔습니다. "모든 언덕의 꼭대기에는 침묵이 있다. 나무 꼭대기에서 당신은 숨소리조차도 느끼지 못한다. 작은 새 한 마리가 아무 소리 없이 나무에 앉는다. 그저 기다리라. 머지않아 당신 역시 아무 소리 없어질 것이다."[11]
　저자가 자연이라는 다른 세계를 이 시에 가져왔음을 당신도 느끼실 겁니다.

캠벨　그는 신화의 유기적 경험을 인용하는 겁니다.

블라이　그는 그걸 어떻게 손에 넣었을까요?

캠벨　우선 그는 독일인입니다. 독일인은 자연과 가깝게 살아갑니다. 아시다시피 융은 시골에서 자라난 경험에서 이를 가져왔는데, 시골에서는 이 모든 것들을 당연하게 여기기 때문입니다. 그러한 독일의 세계에서는 과거의 신화시대로부터 이어지는 연속성이 있습니다. 어찌어찌 도시가 독일을 장악하지는 못했던 겁니다. 저는 파리에서 유학할 때에도 그런 사실을 목격했습니다. 파리, 파리, 파리. 정말 놀라운 도시입니다.

블라이 조지프, 저는 이 말씀을 꼭 드리고 싶습니다. 제 생각에는 당신의 가르침이야말로 미국 시에 얼마나 중요한 것인지 모릅니다. 왜냐하면 시인들이 갖고 있는 것은 이전 세대에게서 물려받은 것이기 때문입니다. 우리에게 전해진 시는 엘리엇과 파운드를 통해서 전해진 것인데, 이 두 사람이 차마 우리에게 전달해 주지 않은 것이 두 가지나 있습니다.

첫 번째는 적절한 예술과 부적절한 예술의 차이인데, 원래는 조이스가 아퀴나스에게서 가져온 것입니다. 그리고 이것을 차이라고 말하는 사람은 오로지 당신 혼자뿐입니다.

캠벨 고맙습니다, 로버트.

블라이 두 번째는 이겁니다. 즉 시에서의 신화와 이야기의 힘입니다. 이걸 전달하는 사람 역시 당신 혼자뿐입니다. 엘리엇은 『황무지』에 그걸 가져다 넣었지만, 워낙 조각난 상태였으며, 어디까지나 상징적 의미로 사용했을 뿐이었습니다. 어떤 면에서 그는 『황무지』에서 자기가 사용했던 실제 이야기를 존중하지 않았습니다. 파운드 역시

『칸토스』에서 파편으로 조각내 사용한 이야기들을 존중하지 않았습니다.

신화와 이야기가 거룩한 것이라는 고대의 견해를 전달하는 사람은 당신 혼자뿐입니다. 즉 그것이야말로 예술의 자연스러운 일부분이며, 파편화되거나 상징화되거나 합리화되어서는 안 된다는 견해를 말입니다.

그래서 저는 당신께서 평생 동안 이 주제에 대해서 하신 일에 대해서 매우 감사드립니다.

캠벨 참으로 듣기 좋은 이야기로군요, 로버트. 특히 당신으로부터 들은 이야기이다 보니 더욱 각별합니다. 정말 감사드립니다.

블라이 지난 3~4년 동안 당신과 교제하면서, 두 번째 것에 관한 당신의 가르침 덕분에 저의 시는 어마어마하게 변했습니다.

캠벨 그것이야말로 처음의 제 생각이었습니다. 즉, 이 내용은 시인과 예술가를 위한 내용이라는 것이었지요. 제 아내 진은 무용가였습니다. 그녀도 이 내용을 체득했지요. 저는 이 내용이 어떻게 작용하는지 압니다. 하지만, 이런, 당신으로부터 그런 이야기를 들은 것이야말로 큰 경험이었습니다. 그래서 당신께 감사드리는 겁니다.

영웅의 여정

제8장

◆

두 세계의 주인

현대의 영웅, 즉 감히 부름을 유념하여 우리의 전체 운명의 속죄를 함께할 누군가의 저택을 찾은 현대의 개인은 자신의 공동체가 그 오만, 공포, 합리화된 탐욕, 신성화된 몰이해의 나락을 스스로 벗어날 때까지 기다릴 수 없고, 사실상 기다려서도 안 된다. 니체는 말했다. "마치 그날이 여기 있는 것처럼 살아가라." 사회가 창조적인 영웅을 인도하고 구원하는 것이 아니라, 오히려 그 반대다. 그리하여 우리 각자는 자기 부족의 위대한 승리의 찬란한 순간 속에서가 아니라, 오히려 자신의 개인적 절망의 침묵 속에서 궁극의 시련을 공유하는(즉 구원자의 십자가를 운반하는) 것이다.

조지프 캠벨, 『천의 얼굴을 가진 영웅』 중에서[1]

80세의 조지프 캠벨이 어린 시절 아메리카인디언에게 매료되어 찾아갔던 전시실에 있었던 콰키우틀족의 토템 기둥 옆에 서 있다. 뉴욕 자연사박물관. 1984년.

인생의 황혼기에 조지프 캠벨은 이단적 학자로서의 명성을 만끽하게 되었다. 수많은 청중에게 강연을 하고, 라디오 프로그램에 자주 출연하고, 야심만만한 마지막 프로젝트인 네 권짜리 『세계 신화 역사 지도』의 작업에 지칠 줄 모르고 열중했다. 이 저서는 그가 대학원 시절에 집필한 『만물의 개요』라는 미완성작에서 다룬 테마의 확장에 해당했다. 1983년에 『세계 신화 역사 지도』의 첫 번째 권이 출간되었다.

1983년에 유난히 강행군이었던 신간 홍보 여행을 다녀온 이후, 캠벨은 신화의 의미와 기원에 관해서 더욱 깊어지는 자신의 깨달음을 일목요연하게 서술하기에 나섰다. 그 결과물이 1986년에 출간된 『외부 우주의 내면 범위: 신화와 은유로서의 종교』였다. 이 저서는 외부 우주와 내면 우주의(즉 인간 신체 내부의 상상력의) 법칙이 결국 하나이고 똑같다는 그의 발상을 융합한 것이었다. 새롭고도 전 지구적인 신화의 진정한 원천은 오늘날의 창조적 예술가의 심혼 속에, 즉 과학과 영혼의 종합 속에 들어 있다.

1987년 2월에 뉴욕 소재 현대미술관에서 개최된 '새로운 감독/새로운 영화 축제'에서 〈영웅의 여정: 조지프 캠벨의 세계〉가 상영되었다. 4개월 뒤인 1987년 5월에는 할리우드 소재 디렉터스길드에서 이루어진 서부 연안 첫 상영 행사에서 조지프 캠벨이 아내 진 어드먼과 함께 참석해 공개 석상에서 최초로 이 영화를 관람했다. 상영 이후에 벌어진 패널 토론은 캠벨의 삶에서 끝에서 두 번째에 해당하는 공개 석상 참석이었다.

조지프 캠벨은 1987년 10월 30일에 호놀룰루에서 사망했다. 그는 사망 당일까지 『세계 신화 역사 지도』의 작업에 몰두하고 있었다. 오랫동안 그를 담당한 편집자 로버트 월터가 저자 사후에 제2권 집필을 마무리했다. 이듬해 봄에 〈조지프 캠벨과 신화의 힘: 빌 모이어스와의 대담〉이 TV로 방영되어 캠벨과 그의 사상을 수백만 시청자에게 소개했다.

●

브라운　만약 당신께서 젊은 시절에 정보를 모으며 보낸 시간을 단축할 수 있도록 컴퓨터를 갖고 계셨다면, 당신의 삶에서는 어떤 종류의 차이가 생겨났으리라 생각하십니까?

캠벨　만약 제가 글을 쓰고, 책을 읽고, 메모를 하기 시작했을 무렵에 컴퓨터가 있었더라면…… 지금 저한테는 서류철 보관장이 여러 개 있습니다. 하나, 둘, 셋, 넷, 다섯, 여섯, 일곱, 여덟, 아홉, 열, 열하나, 열둘, 열세 개의 일반 사무용 서류철 보관장, 그 캐비닛 형태의 보관장에 제가 직접 쓴 메모가 잔뜩 들어 있는 겁니다. 그 작업을 컴퓨터로 했더라면, 저는 필요한 정보를 즉시 찾아낼 수 있을 겁니다. 하지만 지금은 그럴 수가 없습니다. 그게 어디 있는지를 기억해야만 하고, 한참 들쑤시고 다녀야만 비로소 찾아낼 수 있습니다. 말하자면 서류철 보관장 속에 깊이 가라앉아 있기 때문입니다. 컴퓨터와 관련

칼 융의 저서를 번역한 R. F. C. 헐과 그 아들 제레미와 함께 한 조지프 캠벨과 진 어드먼. 스위스 아스코나의 광장에서. 1954년.

해서 제가 느끼는 유일한 상실감은 그것뿐입니다.

정보와 관련해서, 그리고 제가 정보를 얻은 방식과 관련해서 중요한 사실은 정보 그 자체가 아니라, 오히려 정보에 대한 '경험'이었습니다. 그것이야말로 사실상 사고의 세계와 접촉하는, 그리고 단순히 정보를 공급하는 것으로부터는 얻을 수 없는 뭔가를 경험하는 일종의 연애였습니다. 물론 글을 쓰려면 제가 이미 알고 있는 정보도 필요하지만, 나아가 그 정보가 어떤 책의 어떤 페이지에 있는지도 알아야만 합니다.

불과 5주 전까지만 해도, 저는 모든 글을 펜이나 연필로 썼었습니다. 그러다가 이 물건을 보면, 그리고 아시다시피 이런 종류의 물건에 드는 비용을 떠올려 보면, 문득 이런 생각이 드는 겁니다. '이런,

세상에. 참으로 대단한 연필 대용품이군.' 달랑 이것뿐입니다. 진짜로. 하지만 이 물건이 무슨 일을 할 수 있는지 좀 보십시오! 저는 매료되고 말았습니다. 이것이야말로 마법이 작용하는 세계이며, 이 재미있고도 작은 물건 안에 작은 사람들이 잔뜩 들어 있어서 내가 원하는 일을 대신 해 주는 것 같습니다.

브라운　　언젠가 당신께서 1950년대의 아이젠하워와 컴퓨터에 관해 재미있는 이야기를 해 주신 것이 기억나는군요.

캠벨　　아, 그렇습니다. 아이젠하워에 관한 이야기가 있지요. 그의 시대에 들어서 우리는 컴퓨터가 얼마나 중요한 것인지를 깨닫기 시작했던 겁니다. 전하는 이야기에 따르면, 하루는 아이젠하워가 컴퓨터로 가득 찬 방에 들어가서 질문을 던졌습니다. "하느님은 있는가?"

그러자 컴퓨터가 작동하면서 불빛이 번쩍거리고 바퀴가 돌아가는 등 온갖 소동이 펼쳐졌습니다. 곧이어 어떤 목소리가 이렇게 말했습니다. "이제는 있습니다."

결국 저는 이 방에 신을 하나 데려다 놓은 셈입니다. 저는 신들에 관해서 많이 알고 있기 때문에, 이 물건이 작동하는 방식으로 미루어 어떤 종류의 신인지를 알아냈습니다. 이놈은 구약성서에 나오는 신입니다. 즉 지배는 많이 하지만, 자비는 전혀 없습니다. 혹시 제가 (일을 하면 안 되는 유대교의 안식일인) 토요일에 지팡이라도 집어들다가 걸리면 그대로 끝날 겁니다.

커즈노 혹시 이 컴퓨터에 이름을 지어 주셨습니까?

캠벨 하! 제가 사용하는 소프트웨어를 제작한 IBM의 젊은 여성은 제가 쓴 책을 몇 권 가져가서 읽어보고는, 결국 제게 필요할 것이라고 생각되는 멋진 프로그램을 만들어 주었습니다. 그런 다음에 모든 것을 설치해 놓고 이렇게 말하기에 저는 깜짝 놀라고 말았습니다. "음, 선생님의 컴퓨터 '이름'은 어떻게 되나요?"

갑자기 저는 이름을 궁리해야 하는 입장이 되었고, 결국 제가 생각하는 서양의 위대한 영웅의 이름을 따서 '파르치팔'이라고 지었습니다. 그가 등장하는 성배 로망스로 말하자면, 공감으로 마음을 여는 경험을 통해서 자아 체계를 초월하는 내용이기 때문입니다. 그게 바로 파르치팔의 이야기입니다.

음, 물론 '이 친구'는 공감을 갖고 있지 못하지만요(컴퓨터를 손으로 가리킨다).

커즈노 그게 정확히 무슨 뜻인지, 이 파르치팔의 뒷이야기를 좀 해 주시겠습니까?

캠벨 결국 이런 내용입니다. 영웅 파르치팔은 성배의 성을 찾기 위해서, 한때 그 성이 있었지만 지금은 없는 장소를 이리저리 돌아다닙니다. 성은 어느 순간 그곳에 있었다가, 또 다음 순간 그곳에 없기 때문입니다.

이 망할 물건이 작동하는 방식도 딱 그렇습니다. 제가 이놈에게 뭔가 일을 시키고 싶어서, 그럴 경우에 제가 해야 된다고 생각되는 일을 하면, 전혀 엉뚱한 결과가 나옵니다. 그러면 저는 아까와 똑같은 일을 다시 한 번 하는데, 그러면 이번에는 올바른 결과가 나옵니다. 그래서 저는 마법의 영역에, 성배 신비의 일부분에 있는 셈이고, 시간이 흐르면서 그 법칙을 점점 정확하게 알아가고 있습니다. 한편으로 제 생각에는 여기 있는 것이 『아라비안 나이트』에 나오는 병 속의 마신魔神이 아닐까 싶기도 합니다. 마신은 종종 주인공을 위해서 등장해 일하고, 일하고, 또 일해 주지만, 매우 성격이 까다롭습니다. 그래서 여차하면 마신이 주인공을 죽일 수도 있습니다.

●

코크럴 당신의 삶에서 지금의 지점에 이르신 소감은 어떠하시며, 이제 무엇을 성취하고 싶으십니까?

캠벨 이제 저는 삶을 즐기고 싶습니다. 마치 배가 항구에 도착한 것과도 비슷한 기분입니다. 저는 그 배에 타고 있었을 때를 기억합니다. 항구에 들어와서 주위를 구경하고…… 계속 거기 머문다는 것은 멋진 일입니다. 제가 바로 거기에 있는 셈입니다.

저는 노년을 위한 포기라는 인도인의 발상이 매우 좋은 발상이라는 것을 점점 더 많이 발견하고 있습니다. 즉 모든 헌신의 체계를 포기하고 단지 이 순간을, 그리고 이 순간의 필요를 살아가는 것입니다. 왜냐하면, 세상에, 우리는 이미 필요한 모든 것을 주었고, 우리의 삶은 그 시점에 이르러 할 말을 다 했기 때문입니다. 이제 와서 우리가 그 위에 덧붙이는 것은 단지 주석에 불과합니다.

따라서 이것은 주석을 위한 시간이 아닙니다. 이것은 성취의 경험을 즐기기 위한 시간입니다. 다시 말해 성취의 순간입니다. 그리고 이것은 풍부하고 아름다운 순간입니다.

누군가가 제게 묻더군요. "당신은 더 젊어지고 싶으십니까?"

그래서 제가 말했습니다. "예, 딱 일흔한 살이 되었으면 좋겠습니다!"

저는 예전으로 돌아가고 싶지 않습니다.

코크럴 당신의 삶을 돌아보시면서 큰 영감을 준 인물이 누구인지를 살펴보신다면, 과연 누구를 생각하시겠습니까? 제가 알기로는 슈펭글러로부터 큰 영향을 받으셨다고 알고 있습니다만……

캠벨 아, 그렇습니다. 제 생각에는 슈펭글러를 읽은 것이야말로 제 삶의 커다란 지적 위기였습니다.

코크럴 슈펭글러가 당신께 무엇을 열어주었습니까? 그 영향은 무엇이었습니까?

캠벨 사회의 성장, 개화, 쇠퇴는 유기적인 과정이자 불가피한 과정이라는 깨달음이었습니다. 사회 발전의 특정 단계에 이르러 우리는 예를 들어 청년의 시기에 있게 됩니다. 그다음에는 성숙의 시기가 오고, 그다음에는 쇠퇴와 와해, 그리고 강조 변화의 시기가 옵니다. 영적 에너지라고 부를 만한 것에서 변화가 생기는 겁니다.

이제 저 정도의 나이에 이르면, 여차 하면 제가 오로지 간접적으로만 이야기할 수 있었을 법한 뭔가를 직접적으로 경험할 수 있게 됩니다. 그리고 이것이야말로 질량 대 에너지의 비율에 관한 삶의 문제입니다. 아시다시피 아이들은 이 에너지를 지니고 사방을 뛰어다닙니다만, 지금 저는 훨씬 더 나이 많은 사람들과 함께 이곳 호놀룰루에 살고 있다 보니, 여기에는 '질량'이 있지만 정작 에너지는 없습니다. 이런 상황은 사회에서도 마찬가지로 일어납니다. 우리 삶의 조건들의 '거대함'과 거기에 활기를 제공할 에너지를 우리는 결여하고 있는 것입니다.

슈펭글러에 관한 또 다른 사실은 그가 대단한 직관력을 지닌 인물이었다는 점입니다. 그는 우리의 영적이고 문화적인 삶에서 무슨 일이 일어날지를 '일일 단위로' 예견했습니다. 제가 1932년에 슈펭글러를 읽었으니까, 그때로부터 지금까지 50년이 흐른 셈입니다만, 저는 일일 단위로 그가 자기 이름을 그 위에 적어 놓았다고 말하고 싶습니다.

코크럴 나이에도 실제로 보상이 따르는 셈이라고……

영웅의 여정

캠벨   아, 그 보상은 정말 '어마어마하게' 큽니다.

코크럴   그건 결국 현재의 경험이군요. 미래는 더 이상 아주 중요하지가 않고, 현재는 젊은 시절에만 해도 갖지 못했던 생생함을 가지고 다가오는 셈이니까요.

캠벨   젊은이가 내리는 결정은 하나같이 '인생을 좌우하는 결정'입니다. 실제로 그렇습니다. 마치 작은 문제처럼 보이는 것이 실제로는 큰 문제입니다. 예를 들어 폭포가 이쪽으로 6인치 떨어지느냐, 아니면 저쪽으로 6인치 떨어지느냐, 아니면 반대편으로 떨어지느냐처럼 사소해 보이지만 중요한 결과를 가져오는 겁니다. 삶에서도 이와 마찬가지입니다. 젊은 두 사람이 서로를 바라보고 있을 때, 이들의 삶의 운명이 거기서 기다리고 있는 겁니다. 따라서 삶의 초기에 했던 모든 일은 함수처럼 삶의 궤적과 관계되어 있습니다. 그러다가 미래가 전혀 없는 때가, 즉 살아갈 '목적'이 없는 때가 옵니다. 그 삶은 다 살아버린 것입니다. 그러면 정신은 이미 살았던 뭔가의 풍요와 부 속에, 그리고 자기가 있는 그 순간에 머물게 됩니다. 여기서 말하는 '그 순간,' 즉 가소적인 현재의 순간은 단순히 다른 뭔가에 봉사하는 뭔가가 아니라, 단지 그것뿐인 것입니다.

이것은 참으로 대단한 경험입니다.

제 생각에는 우리가 삶의 초창기에 고결하게 살기 위해서 신중을 기하는 것이 중요한 듯합니다. 왜냐하면 제가 머릿속에서 발견한 바에 따르면, 제가 했던 일들 중에서도 약간 빗나갔던 일들, 즉 계속해서 제 머릿속에 남아 있었던 일들은 실제로도 비난할 만한 행동들이었기 때문입니다. 예전에는 그렇다고 간주되지 않았더라도, 저 자신의 고결함의 감각의 견지에서 보자면, 그 기억이야말로 도전으로서 돌아옵니다. 그 기억이야말로 함께 살기 좋은 것까지는 아닙니다. 제 생각에는 연옥과 지옥이 있는 이유도 그래서인 듯합니다. 즉 우리가 하지 말았어야 했던 일을 기억하도록 만들기 위해서인 것이지요.

코크럴   오늘날의 말썽 많은 세계를 돕기 위해서 신화가 할 수 있는 역할은 무엇이라고 생각하시는지요…

캠벨   앞서 당신은 신문에 관해서 물어보셨지요. 음, 거기에 대해서

영웅의 여정

말씀드리자면, 우리가 신문에서 필요로 하는 것은 그저 약간의 정직함일 뿐입니다. 단순히 신문을 팔기 위한 선정주의만 있어서는 곤란합니다.

오늘 우리는 남아프리카에서의 아파르트헤이트를 일소하는 것에 대한 우리의 관심에 대한 기사를 읽습니다만, 정작 이 나라에 있는 아메리카인디언에 대해서는, 즉 우리가 과거에 그들에게 한 일에 대해서나 지금 그들에게 하고 있는 일에 대해서는 생각하지 않습니다. 이처럼 우리 눈의 들보는 못 보면서 이웃의 눈의 티는 잘 보는 것이야말로 문명의 역사와는 맞지가 않습니다. 그런데 저 사람들은, 우리나라의 토착민은, 여전히 자기들에게 부과된 문명 이하의 상태에서 살아가고 있습니다. 저는 아메리카인디언의 권리를 찾아주기 위한 이 나라 야심만만한 젊은이들의 피켓 시위를 전혀 본 적이 없습니다.

코크럴 "역사란 내가 깨어나려고 애쓰는 악몽"이라고 했던 조이스의 말은 무슨 뜻이었을까요?

캠벨 그의 말뜻은 있는 그대로입니다. 악몽은 합리적인 통제를 벗어난 힘에 의해 움직이고, 공포와 두려움을 상징하는데, 역사가 딱 그렇다는 것입니다. 역사를 '차크라cakras' 체계의 견지에서 판정하자면, 역사는 세 번째 '차크라'의 위치입니다. 즉 공격성의 '차크라'입니다. 옆집 남자를 때려눕히는 것이지요. 바로 거기에서 시작되는 겁니다. 그게 자연스러운 법이죠.

코크럴　당신께서 생각하시기에, 자기실현을 위한 탐색에 나선 모든 개인들, 즉 세계 모든 사람들을 위한 신화의 진정한 보고는 어디에 있습니까?

캠벨　신화가 삶에 통합되는 방식은 곧 의례라는 방식입니다. 반드시 의례화되어야 하는 어떤 것이 있다면, 그것이야말로 그 당시의 삶에 본질적이게 마련입니다. 만약 우리가 현대 세계에서 신화적 사고를 '행동'으로 가져오려고 시도한다면, 지금 하는 일과 삶의 피상성의 관계가 아니라, 오히려 지금 하는 일과 삶의 본질의 관계를 반드시 이해해야 합니다. 삶의 본질은 여전히 예전과 똑같이 남아 있습니다. 그것은 구석기 시대의 동굴 이후로 줄곧 똑같았습니다. 즉 먹는 것, 번식하는 것, 어렸다가, 성숙했다가, 늙는 것입니다. 우리가 하는 이런 일들이 개인적으로 주도한 행동이 아니라 오히려 우리 내면에서 생물학적으로 현존하는 세계의 작용임을 깨닫는다면, 우리는 스스로가 지금 일어나는 모든 일의 의지적 주도자라고 느꼈을 때와는 매우 다른 방식으로 살아가게 됩니다.

　예를 들어, 나이가 들어가는 일도 마찬가지입니다. 젊음을 고수하려 시도하고, 정말로 화려했던 20년 전을 고수하려 시도하다 보면, 우리는 완전히 엉뚱한 길로 벗어나게 됩니다. 우리는 나이를 품고 나아가서, 이 새로운 것 속에 들어 있는 '풍부함'을 찾아야 합니다. 만약 우리가 옛것만 고수하다 보면, 새로운 것은 경험하지 못할 것입니다. 전통 사회에서, 예를 들어 인도의 전통 사회에서는 정말 모든 것을 의례화했으며, 삶의 여러 다른 단계들을 명료하게 구분했습니다. 개인은 실제로 때때로 이름이 바뀔 것입니다. 즉 한 단계에서 그다음 단계로 넘어가는 동안 그의 이름은 바뀌게 될 것입니다.

몬태나 주 페더드파이프랜치에서 열린 세미나 중간의 쉬는 시간에 함께 한 조지프 캠벨과 진 어드먼. 1978년.

또 하나 말씀드리자면, 어떤 사람이 정부의 일을 하게 될 때, 또는 어떤 사람이 어떤 場을 감독하게 될 때, 그 사람은 자기 자신으로서 행동하지 않는다는 사실을 반드시 알아야 합니다. 즉 그 사람은 기능인으로서 행동하는 것입니다. 판사가 법정으로 들어오면 사람들이 자리에서 일어납니다. 그 사람이 대장이어서가 아니라, 단지 그가 어떤 기능을 상징하기 때문입니다. 우리는 그를 향한 존경 때문에 자리에서 일어나는 것이 아닙니다. 우리는 단지 그의 역할에 대한 존중 때문에 자리에서 일어나는 것입니다. 우리의 역할이 사회적인 방식으로 우리에게 중요한 것처럼 행동하고 살아가는 것이야말로, 신화적 근거를 지닌 삶이 우리에게 가능하도록 해 주는 것입니다.

만약 자기 존재의 위엄이 뭔가를 상징하는 데에서 비롯된다는 것을 개인이 깨닫는다고 치면, 개인주의도 완전히 좋습니다. 심지어 세계와 환경의 나머지가 갖고 있지 못한 이상과 이미지의 체계를 개인이 상징하는 경우에도 그렇습니다. 그래도 여전히 그는 뭔가의 대리자이고, 그는 현존입니다. 하지만 개인이 오로지 자기 자신, 또는 자기 가족, 또는 자기 팀을 위해서만 행동하면, 그때에는 혼돈만이 벌어질 뿐입니다.

의례로 번역된 신화는 장場을 조직합니다. 이제 당신은 오늘날의 세계가 곤경을 겪는 이유를 아실 수 있을 겁니다. 오늘날 사회적 장은 무엇입니까? 사회적 장은 바로 지구입니다만, 정작 지구와 관련이 있는 단 하나의 행동 체계도 없습니다. 거기엔 단지 한 이익 집단이나 또 다른 이익 집단과 반드시 관련이 있는 행동 체계가 있을 뿐입니다. 우리가 속한 집단의(각자의 사회 계급이 아니라, 각자의 부족의) 총합으로서의 인간성에 관한 감각을 신문에, 또는 이런저런 매체에 드러내기 위해서는 그런 행동 체계야말로 필수적입니다.

저는 교육의 힘이 어떤지를 잘 아는데, 왜냐하면 민주주의의 발상이 있었던 시기에 자라났기 때문이었습니다. 저는 학교에서의 가르침에서 민주주의적 이상들이 와해되고 제거되는 것도 보았는데, 왜냐하면 사회야말로 만물의 형성자라는 발상을 가진 사람들이 교직으로 많이 진출했기 때문이었습니다. 앞서도 말씀드렸습니다만, 제가 학생들을 가르치러 처음 갔을 때에만 해도 새러 로렌스에서는 학생들이 원하고 또 필요로 하는 것이 무엇인지를 찾아내는 일이며, 그 요구에 맞추는 정보를 제공하려 노력하는 일에서 크나큰 기쁨이 있었습니다. 그러다가 저는 교수진 가운데 무려 50퍼센트 이상이 제가 생각하는 바의 교육, 즉 끌어내기를 하지 않는다는 사실을 발견했습니다. 그들은 단지 '주입하고만' 있었습니다. 머지않아 캠퍼스에서 신조가 되어 버린 특정한 사회학적 시각을 훈련시키고 있었던 것입니다. 미국의 모든 대학 캠퍼스에서 그런 일이 벌어지고 있었습니다. 그 결과, 제가 어렸을 때에만 해도 당연시되던 관점 전체가 완전히 파괴되어 버리고 말았습니다.

이전까지만 해도 우리 캠퍼스에서는 현대 소설을 전혀 읽지 않았고, 일간 신문을 전혀 읽지 않았고, 당대의 언론으로부터는 물론이고 오늘날 벌어지는 일로부터도 완전히 밀폐되다시피 있었습니다. "어, 이런. 이건 어떻게 되었고, 저건 어떻게 되었고, 다른 건 또 어떻게 되었지?" 하는 식으로 시시각각 반응하는 대신에, 영원한 문제들과 접하고 있었습니다.

이런 일은 가능합니다. 저는 교육의 힘이 무엇인지를…… 교육이 그렇게 하리라는 것을…… 교육이 그렇게 해 왔다는 것을 알고 있습니다.

커즈노   당신께서는 신화 연구가 개인에게 무엇을 할 수 있는지에 관해서 상세히 말씀하셨습니다. 그리고 우리는 신화 읽기가 예술가, 학자, 과학자에게 끼치는 영향력에 관해서 이야기합니다. 그렇다면 어린이와 젊은 학생에게는 어떨까요? 지금으로부터 몇 년 전 노스다코타 주에서 열린 서기 2000년도의 교육 관련 학술 대회에 로버트 블라이와 함께 참석하셨을 때, 당신께서는 신화를 필수 과목으로 만들자고 제안하셨다고 들었습니다. 과연 당신께서는 어린이들이 신화적으로 사고하도록 배우며 성장했을 때, 사회에 어떤 효과가 있으리라고 생각하시는 겁니까?

캠벨   그렇게 하면 아이들에게는 확실히 영향력이 있을 겁니다. 아이들의 삶이 변화될 겁니다. 삶에 대한 아이들의 태도가 변화될 겁니다. 물론 사회는 아이들로 구성되므로, 어떤 면에서 그런 사회는 단지 정신과 취향이 피상적으로 '가치 있다'고 지시하는 것을 위해 살아가는 사람들뿐만이 아니라, 오히려 그보다 더 깊고 더 내적인 가치로서 스스로가 발견한 뭔가를 위해 살아가는 사람들로 이루어진 사회가 될 겁니다.

이와 비슷한 뭔가는 지금 우리가 겪는 반전 운동 속에서 나타나고 있으며, 그것은 실제로 사회학적 사실이 되었습니다. 저는 전쟁으로 얼룩진 한 세기를 살았습니다. 매번 전쟁이 끝날 때마다 우리가 느낀

영웅의 여정

것은 실망뿐이었습니다. 즉 그 전쟁에 대해서 사람들이 하는 말은 그 전쟁의 실제 모습과 달랐던 겁니다. 그리고 반대편의 사람들 역시 우리가 품었던 충동만큼이나 자기 나름대로의 충동을 품을 권리가 있었던 겁니다. 사람들은 이 사회학적이고 병리학적인 광기를 거쳐서 성취되는 것보다 더 깊은 어떤 가치가 있다고 생각하기 시작했습니다.

아울러 지금은 생태학 운동도 등장하고 있습니다. 우리는 반드시 자연과 관계하여 살아가야만 합니다. 성서에서 명령하는 것처럼 자연을 정복해서는 안 되는 겁니다. 우리는 자연과 함께 살아야 합니다.

○○○○

(어느 날 밤에) 내가 시애틀에서 강연을 마치자, 젊은 여성 한 명이 다가와서는 매우 진지하게 말했다. "아, 캠벨 선생님. 당신께서는 현대의 세대를 전혀 모르고 계세요. 우리는 유년기에서 곧바로 지혜로 건너갔거든요." 그래서 내가 말했다. "대단하군요. 하지만 당신네는 삶을 빠트렸어요."

조지프 캠벨, 『희열로 가는 길』 중에서[2]

○○○○

커즈노   그렇다면 당신께서는 어떤 종류의 교과 과정을 제안하시겠습니까?

캠벨 새러 로렌스에서 가르칠 당시에 저는 신화에 관한 강의를 했는데, 이 강의는 캠퍼스 내의 다른 모든 강의와 연결되어 있었습니다. 그런 관계를 갖게 된 까닭은, 그것이야말로 핵심 강의였기 때문이죠. 캠퍼스 내에서 가장 인기 있는 강의였습니다. 제 강의가 학생들이 각자 하는 공부에 대한 이해를 온통 풍부하게 만드는 것을 지켜볼 수 있었습니다.

그렇게 해서 모두가 각자의 과목을 최고라고 생각하게 되었습니다. 제 생각에는 이런 방식으로 한 과목을 만들 수도 있겠습니다! 그리고 이 과목은 1학년 때 듣는 것이 좋을 수 있습니다. 신화의 원형에 대한 강의인 겁니다. 그야말로 멋진 강의가 될 겁니다.

●

커즈노 만약에 공통의 이야기를, 즉 공통의 신화를 더 이상은 갖고 있지 못한 것이 우리 서양 문화의 분열적인 힘들 가운데 하나라고 치면, 현대 매체의 힘을 이용해서 그 상황을 오히려 좋게 바꿀 수도 있을까요? 예를 들어 〈스타워즈〉를 태국의 정글이나 필리핀의 마을에서 보여준다고 치면, 그 직접적인 전달 방식 때문에 그들의 지식과 전통이 전수되는 방식도 바뀌게 될까요?

캠벨 현재의 순간에 관한 제 생각은 사실 사회학적인 것입니다. 모든 신화는 특정 사회에 봉사하기 위해서 예정되거나 저술된 것입니다. 모든 사람은 특정한 지평 내에서 발달합니다. 그 지평 속의 사회에 대한 경험이야말로 신화 속의 살아 있는 요소이며, 사람들을 사로잡음으로써 각자가 거주하는 사회 속에 붙잡아 두는 요소입니다.

○ ○ ○ ○

2년 전에 노스다코타주의 여러 대학에서 서기 2000년의 교과 과정에 관한 조언을 제공해 달라며 조지프와 함께 저를 초청했었습니다. 조지프는 자기 생각에 신화야말로 훗날의 교과 과정이 중심에 놓여 있어야 마땅할 것 같다고, 왜냐하면 신화야말로 과학과 인문학을 통합할 수 있는 유일한 주제이기 때문이라고, 그리고 신화는 고대에도 그런 작용을 했기 때문이라고 말했습니다.

곧이어 우리는 이 발상을 발전시켰습니다. 즉 학생들이 대학에 들어오면 30편 내지 40편의 신화를 각자 읽는 겁니다. 그러고 나면 학생들이 그중 한 가지 신화를 고르는 겁니다. 왜냐하면 그 발상에 따르면, 우리는 너무 어리석은 나머지 신화를 정식으로 공부하지 않았을 뿐이지, 어쩌면 부지불식중에 한 가지 신화에 의해서 연결되었을 수도, 또 한 가지 신화를 따라 살아가고 있을 수도 있기 때문입니다. 뭔가를 의식하며 살아가는 것과 뭔가에 의해 살아간다는 것에는 아주 큰 차이가 있습니다.

그러고 나면 학생들은 자기에게 가장 끌렸던 한 가지 신화를 선택하고, 대학에서 보내는 시간 내내 자기가 그 신화를 얼마나 멀리까지 살아가는지, 그 신화가 자기를 얼마나 멀리까지 살아가는지 살펴봅니다. 이는 과학자에게도 역시나 귀중할 것입니다. 과학자조차도 무의식적으로 신화를 살아가고 있으면서도 미처 몰랐을 수 있기 때문입니다.

로버트 블라이, 에설런 연구소에서의 강연 중에서, 1982년.

○ ○ ○ ○

신화는 수출할 수 없습니다. 공간을 통해서도, 시간을 통해서도 마찬가지입니다. 이것이야말로 우리의 성서 전통 전체의 문제들 가운데 하나입니다. 여기 있는 신화로 말하자면, 우리가 지금 갖고 있는 사회적 맥락으로부터 워낙 멀리 떨어진 또 다른 사회적 맥락에서 자라난 것이어서, 우리의 심혼에 봉사하지 못합니다. 이 신화는 항상 해석되어 우리에게 전달되어야만 합니다. 미술도 마찬가지여서, 그 의미를 설명해 줄 누군가가 반드시 있어야만 하는 미술 작품은 우리에게 유효하지 않습니다. 하지만 '아하!' 하는 느낌은 그것이 바로 우리라고 말해 줍니다. 신화에서도 이런 것이 필수적입니다.

따라서 우리가 따라 산다고 생각하는 신화는 사실 우리에게 작용하지 않는 셈입니다. 그래서 혼란이 생깁니다. 그래서 긴장감이 생깁니다. 그래서 불안감이 생깁니다. 우리가 가진 신화가 졸지에 우리가 하는 모든 일, 우리의 삶의 본성 그 자체를 깡그리 부정하는 것입니다. 앞서 말한 것처럼, 모든 자연적인 행동이 죄스러운 행동이며, 다

영웅의 여정

만 세례받거나 할례받은 경우만이 예외인 것입니다. 삶의 격하야말로 우리의 이상과 관련해서 끔찍한 일들 가운데 하나인데, 왜냐하면 그 이상은 우리의 삶에서 비롯된 것이 아니기 때문입니다. 『권력에의 의지』에 수록된 격언에서 니체는 이런 종류의 모든 이상을 반드시 거부해야 한다고, 왜냐하면 그런 이상은 있는 그대로의 삶을 격하시키기 때문이라고 말했습니다. 무슨 말인지 아시겠습니까? 이상이란 반드시 경험에서 성장해 나와야만 하는 것입니다.

이제 그것이야말로 예술가의 기능입니다. 즉 경험을 취하는 것입니다. 사회학과 연관 지어 말하자면, 우리는 어떤 사회(공동체)에 속할까요? 지구라는 사회는 오늘날 유일하게 타당한 사회입니다. 이것이야말로 유일하게 타당한 사회인 겁니다. 그런데 우리 눈에 보이는 광경이라곤 모두가 소집단에 대한 충성으로, 계급에 대한 충성으로, 심지어 학교에 대한 충성으로 퇴행하는 모습뿐입니다. 주요 장場에 있는 사람 가운데 어느 누구도 행성 차원의 헌신이라는 견지에서 생각할 만큼 충분히 용감하지 않습니다. 신화의 테마는 지금으로부터 100년 뒤에도 똑같을 터인데, 왜냐하면 지금으로부터 4000년 전에도 똑같았던 기본 테마들이기 때문입니다. 하지만 '현재의' 상황이란, 신화가 봉사하는 공동체가 단 '하나'에 불과한 반면, 또 한편에는 그와 별개로 자연적이고 과학적인 경험의 장場이 있는 겁니다. 기원전 4000년에는 진실이었지만, 지금은 더 이상 진실이 아닌 뭔가에 대해서 이야기하는 신화를 가져 보았자 아무 쓸모가 없는 것입니다.

파브로   당신께서는 한 개인이 집단 신화를 창조할 수 있다고 생각하십니까? 예를 들어 붓다 같은 누군가라면 자신의 힘과 내적 감각을 이용해서 집단 전체를 위한 신화를 묘사할 수 있지 않을까요?

캠벨   신화의 기원이라든지, 또한 신화가 예언과 가르침을 전달하는 방법에 관한 문제 전체는 상당히 미묘합니다. 따라서 지금부터 제가 말씀드릴 내용 가운데 어떤 것도 최종 진술로 받아들여서는 안 되리라고 생각합니다. 하지만 제 느낌에 따르면, 원시적인 층위에서 신화는 전체 속屬의 경험을 지닌 극소수의 집단으로부터 나온 것이 아닐까 싶습니다. 그들은 모두 본질적으로 똑같은 경험을 갖고 있으며, 똑같은 내면의 삶을 가지고 있기 때문에, 그 자발성이 그 행동을 지시하는 것입니다.

마침내 질문은 다음과 같은 문제와 관련됩니다. '이 집단은 무엇인가?' 초창기의 신화는 극소수의 집단에서 유래했습니다. 모든 신화는 경계가 있는 지평 내부에서 성장하고, 그 지평 내부의 사람들은 다소간 동등한 경험을 갖습니다. 따라서 이와 같은 신호는 그 집단에 속한 모든 사람에게서 똑같은 반응을 자아낼 것입니다. 그렇게 할 수 없는 사람이 있다면, 그 사람은 제대로 작용하는 신화를 갖고 있지 못한 셈이 됩니다. 교사와 대변인이 된 사람도 있는데, 바로 무아지경 상태로 진입하는 사람들이 그러하며, 이들은 그 집단에서 다른 사람들의 무의식의 체계를 경험합니다. 그들 모두는 대략 똑같은 심리학적 상황을 갖고 있습니다. 그런 사람이 대변자가 되기 때문에, 그런 종류의 집단적 필요와 접촉하는 유형의 사람을 우리가 갖고 있지 않은 한, 우리는 진정한 집단 신화를 갖지 못할 것입니다.

파브로 그렇다면 당신 말씀은 신화가 집단 속에서 발전할 수 있게끔 반드시 비옥한 토양에 투사되어야만 한다는 뜻입니까?

캠벨 신화는 먼저 선견자, 즉 샤먼, 즉 나갔다가 돌아온 사람이라는 수단을 통해 비옥한 토양에서 '나온' 것입니다. 그런 다음에야 신화는 똑같은 비옥한 토양에 떨어지게 되고, 그리하여 우리는 집단의 상황을 갖게 되는 것입니다.

세상 모든 신화에 있는 기원 신화를 생각해 보십시오. 히브리 신화의 경우, 모세가 산에 올라갔다가 율법 판을 들고 내려와서, 모두 똑같은 신앙을 가진 사람들에게 그걸 건네줍니다. 제 말뜻이 뭔지 아시겠습니까? 그들은 그런 상태였습니다! 그리고 이것은 새로운 신앙이었습니다. 예전까지 있었던 것과는 다른 신앙이었습니다. 금송아지를 만든 불쌍한 아론은 그 사람들이 유래한 다른 상황을 상징합니다. 왜냐하면 그것이야말로 '달 황소'라는 상징을 통해서 신성한 달의 힘을 숭배하는 전형적인 모습이기 때문입니다.

이제 모세는 머리에 돋아난 빛의 뿔을 가지고, 또한 이 작은 메시지를 가지고 산에서 내려옵니다. 그는 실제로 그 메시지를 반드시 강제해야 했습니다. 그런 일도 때때로 일어납니다. 이른바 엘리트적이고 특별한 교리라고 부를 만한 것을 가져와서 사람들에게 강요하는 것입니다. 기독교가 유럽으로 전래되는 과정이 딱 그러했습니다.

붓다가 나타나기도 전에(붓다는 기원전 563년부터 483년까지 살았습니다) 인도에서는 어떤 발전이 이루어졌는데, 바로 우파니샤드의 발전이었습니다. 우파니샤드라는 테마 전체는 사실 궁극적 신비가 우리 내면에 있다는 것입니다. '타트 트밤 아시Tat tvam asi'. 네가 바로 그것이다. 너 자신이 바로 신비이다.

그렇다면 그걸 어떻게 찾아야 할까요? 이런 탐색을 위한 기술이 있습니다. 불교도의 방법은 똑같은 장場, 관심, 의식에서 작용하는 대여섯 가지 다른 방법들 가운데 하나입니다. 즉 붓다가 이야기한 내용은 이제 불교 교리를 이해하고 받아들이는 것이 가능해진 엘리트 집단의 결과물이었습니다. 바로 거기서부터 불교가 퍼져 나갔던 것입니다.

기독교와 이슬람의 선교와는 상당히 다른 선교인 셈입니다. 무슬림과 기독교의 방식은 폭력을 통해서, 즉 쳐들어가서 개종시키는 것이었습니다. 이제 불교와 힌두교에서는 그냥 기다립니다. 왜냐하면 이미 거기 있기 때문입니다.

●

브라운 하지만 만약 자기 자신이 따라 사는 신화가 무엇인지를 모른

영웅의 여정

다면 어떻게 될까요? 우리는 그걸 어떻게 알 수 있을까요?

캠벨 자기 자신의 신화에 관해서 궁금해 한다면, 스스로에게 물어볼 수 있습니다. 내가 속한 집단은 어디인가? 나는 어떤 집단과 스스로를 동일시하는가? 오늘날의 필요는 점점 더 명백해지고 있습니다. 그것은 세계가 워낙 작고 워낙 단단하게 뒤얽혀 있기 때문에, 공동체, 즉 실제 공동체는 곧 세계 공동체라는 인식입니다. 이런 상황까지 받아들인 신화는 전혀 없습니다. 총체 사회에 대한 이런 필요에 대한 반응으로서, 우리는 수많은 소집단을 갖고 있으며, 사람들은 각자의 '선택 받은 민족' 집단, 또는 '블랙 파워' 집단, 또는 자본가 집단, 또는 블루칼라 집단으로 퇴행하며, 그 전체성의 일부를 지향하는 신화적 집단을 얻게 됩니다. 따라서 이것은 지속될 수가 없습니다.

파브로 당신께서는 현대의 신화가 발전하는 모습을 인식하십니까, 아니면 우리가 옛날의 신화에 근거해 살아간다는 사실을 발견하십니까?

캠벨 우리는 당연히 옛날의 신화에 근거해 살아가야만 합니다! 바스티안이 말한 원소적 발상은 항상적입니다. 그것은 계속 남아 있고, 계속 남아 있고, 계속 남아 있는 겁니다.

문제는 굴절입니다. 신화를 어떻게 상징해야 할까요? 예술가의 기능은 이런 영원한 신비를 동시대의 삶의 맥락이라는 견지에서 제시하는 것입니다. 이렇게 하는 사람이 많지 않다는 것은 분명합니다. 다만 일부 예술가와 문인이 그렇게 했을 뿐입니다. 저는 조이스를 꼽습니다. 저는 토마스 만을 꼽습니다. 저는 프루스트를 꼽습니다. 저는 엘리엇을 꼽습니다. 저는 예이츠를 꼽습니다. 이들은 선견자이자 시인이자 현대인이었습니다. 예를 들어 저는 조이스의 작품이야말로 동시대의 사람들을 위한 일종의 '푸라나Purana, 聖典'라고, 즉 일종의 신성한 텍스트라고 생각합니다. 여기까지는 괜찮습니다.

하지만 대중 신화의 경우, 우리는 단순히 지식인만 상대하는 것이 아니라, 나아가 민초까지 내려가야만 하며, 훌륭한 신화는 그 노선을 따라 위아래로 오가며 작용합니다. 전성기의 기독교가 그렇게 했으며, 불교 전통은 여전히 그렇게 하고 있습니다. 우리는 신과 권능에 대한 매우 단순한 자연주의적 해석을 거쳐서, 거기에 대한 고도로 정교한 해석까지 쉼 없이 나아가야만 합니다. 우리는 뭔가를 달성하기 위해서 반드시 어린 시절의 신화를 잃어버려야 하는 것까지는 아닙니다. 하지만 서양의 전통에서는 그런 연속성이 상실되고 말았습니다.

애리엔 당신께서는 문명의 역사에서 지금 우리가 어디쯤 있다고 생각하십니까?

캠벨 문명의 역사를 생각해 보면 상당히 흥미롭습니다. 초기 문명이건, 유럽의 고딕 문명이건 간에 사정은 마찬가지입니다. 그때에는 여

영웅의 여정

캠벨 교수와 학생들. 1960년대 말.

행자가 어떤 도시에 들어서면 맨 먼저 종교의 중심지가, 즉 높은 대성당이 보였습니다.

더 시간이 지나, 그러니까 16세기나 17세기에 이르면, 여행자가 보게 되는 가장 중요한 건물은 오히려 궁전이 됩니다.

그리고 지금 우리가 어떤 도시에 이르면 과연 무엇이 보일까요? 바로 경제적 특권이 서린 사무용 건물과 주택입니다. 이 모두를 위풍당당한 방식으로 보여 주는 곳이 있다면 바로 솔트레이크시티입니다. 몰몬교의 창시자 브리검 영은 종교의 중심지라는 발상을 품고서 그 도시를 건설했습니다. 성전을 도시 한가운데 둠으로써, 구조화된 도시를, 즉 아름답게 구조화된 도시를 만든 것입니다. 머지않아 의사당이 세워졌는데, 성전이 있는 곳보다 약간 더 높은 언덕에 세워졌습니다.

　그곳에 있는 가장 높은 건물은 성전의 주요 업무를 수행하는 사무용 건물입니다.[3] 따라서 문명 전체가 그곳에 있는 것이며, 물론 그것이야말로 끝, 정말 끝입니다.

　따라서 문제는 그 경로를 따라 달리는 문명에 다시 활기를 불어넣을 수 있느냐는 겁니다. 괴테는 「정신의 여러 시대」라는 놀라운 논고를 내놓은 바 있습니다. 그 시대는 시詩적인 '신화시대'로 시작해서, '종교시대'를 거쳐서 '철학시대'로 접어들며, 그다음에는 (논고 말미에서 괴테가 말한 것처럼) 단순한 "자연주의적 산문"의 시대로 이어집니다. "하느님 본인조차도 그것을 가지고는 또 하나의 세계를 생성할 수 없다."[4]

　이것이야말로 매우 비관주의적인 견해이기는 합니다만, 그래도 저는 우리가 문명의 종말에 도달해 있다고 실제로 생각합니다. 또한 저는 우리가 전 지구적 시대의 시작에 있다고 실제로 생각합니다. 다시 말해서 이제는 다시 한 번 지구인 겁니다. 더 이상 우리는 각자의 경계를 지닌 지평 내에서 서로 다른 문화를 지닌 채, 서로에 대해서 무지하고 서로에 대해서 무관심한 채로 있지는 않은 겁니다. 모든 지평이 깨진 겁니다.

　이것이야말로 블랙 엘크가 내놓은 또 한 가지 주장입니다. 혹시 그 구절을 아십니까? "나는 세계에서 가장 높은 산 위에 서 있었고, 내가 보는 것보다 더 많이 알았으며, 내가 아는 것보다 더 많이 이해했다. 왜냐하면 나는 신성한 태도로 바라보고 있었기 때문이다. 내 눈에 보인 광경은 여러 부족들의 테들이 하나의 커다란 원 속에서 뒤얽힌 것이었다." 결국 그도 보았던 것입니다.

따라서 이것이야말로 새로운 시대인 것입니다.

드리센 가슴을 재생시키는 시대라는 거군요.

캠벨 그렇습니다. 제 생각에도, 그 의미를 제대로 파악하자면 그렇습니다.

음, 바다가, 우리의 모든 삶이 유래한 이 우유 바다가, 고래들이 지나가고, 항상 고래들이 지나가는 이 바다가 다음번에 무엇을 생산할지 누가 알겠습니까.

●

캠벨 예를 들어 결혼의 경우처럼, 또는 ("죽느냐 사느냐"라고 말했던) 저 어리석은 젊은이 햄릿의 경우처럼, 삶이 유일한 문제가 되면, 우리는 문명의 나중 단계에 들어선 셈이 되고, 아래로 내려가는 길에 접어든 셈이 됩니다.

삶은 반드시 자발적이어야만 합니다. 삶은 반드시 (인도인들의 말을 빌리자면) '아난다마야ānandamāyā'의 문화로부터, 즉 '희열의 쌈지'로부터 유래해야만 합니다. 삶은 희열의 표현입니다.

코크럴　저는 당신께서 '너의 희열을 따르라'는 발상에 대한 영감을 과연 어디에서 얻으셨는지가 예전부터 궁금했습니다.

캠벨　인도의 '아난다마야' 문화에 나오는 '다섯 개의 쌈지'⁵라는 멋진 테마가 있습니다. 여기서 말하는 다섯 개의 쌈지란 삶의 보석의 신비를 담고 있는 쌈지를 말합니다. 가장 바깥의 쌈지는 '먹이의 쌈지'인 '안나마야코사annamayakośa'입니다. 우리 몸은 우리가 먹는 먹이로 만들어졌으며, 우리가 죽으면 벌레나 독수리나 화장용 불길의 먹이가 됩니다. 이것은 단지 바깥쪽의 물질에 불과합니다.

두 번째 쌈지란 '호흡의 쌈지'인 '프라냐마야코사prānamayakośa'입니다. 우리는 산소를 들이마시고, 이 산소는 저 단순한 먹이의 쌈지를 산화시켜 살아 있는 뭔가로 바꿉니다.

세 번째 쌈지는 '정신의 쌈지'인 '모나마야코사monamayakośa'입니다. 여기서의 정신이란 바로 이 위에, 즉 머리에 있는 것을 말하며, 이 바깥에서 벌어지는 일과 접해 있습니다. 이 정신은 고통을 느끼고, 기쁨을 느끼며, 그 모두와 관련되어 있습니다. 그러다가 커다란 간극이 나타나고, 그다음 번 쌈지인 네 번째 쌈지는 우리의 안쪽에 있습니다. 이것은 '지혜의 쌈지'인 '비즈냐마야코사vijñamayakośa'입니다. 이것은 어머니의 자궁 속에서 우리 몸을 만드는 쌈지이고, 우리가 이곳에서 형체를 갖추며 계속 살아 있게 만드는 쌈지이며, 풀과 나무를 움직이는 쌈지입니다. 이것은 고통과 쾌락에 접해 있는 '모나마야코사'보다 더 깊습니다.

이 '비즈냐마야코사'는 '자발적 지혜의 쌈지'입니다. 우리가 아침에 먹은 것을 소화시키는 중이거나, 또는 이미 소화시켰다고 치더라도, 여기 있는 우리 중 어느 누구도 그렇게 식사를 소화시켜서 몸으로 변환하는 화학 공식을 선뜻 내놓지는 못할 것입니다. 하지만 우리각자는 실제로 그런 일을 했습니다. 바로 이 안쪽의 쌈지를 통해서말입니다.

'정신의 쌈지'인 '모나마야코사'의 사고 방식과 '지혜의 쌈지'의경험 방식 간의 불일치는 신화적 상징에 의해서 연결이 가능한 불일치입니다. 신화는 간혹 중심에서 벗어날 수도 있는 '정신의 쌈지'를향해서 말을 건네어 자연적 질서로 다시 데려오는 '지혜의 쌈지'의목소리입니다.

'지혜의 쌈지'보다 더 깊은 곳에는 '희열의 쌈지'인 '아난다마야코사ānandamayakośa'가 있으며, 이것이야말로 내면의 궁극적인 쌈지입니다. 모든 삶은 희열에 의해 구동됩니다. 이 위쪽에 있는 정신은 자기가 고통과 곤란 속에 있다고 생각하지만, 몸은 이렇게 말합니다. "아닙니다. 당신은 희열 속에 있습니다. 다만 당신이 그 사실을 모를 뿐입니다."

그렇다면 신화의 기능은 우리를 각자의 희열과 연결시키고, 그 희열이 진짜로 있는 곳을 찾아내는 것입니다. 혹시나 당신이 길에서 벗어났을 때에는, 또는 완전히 잘못되었거나 전혀 자연스럽지 못한 뭔가와 관련된 어떤 도덕 원칙을 받아들였을 때에는, 그것을 무시하고당신의 희열을 따르도록 하십시오.

●

캠벨　혹시 당신도 캄보디아에 있는 그 불상들을 알고 계신지 모르겠군요. 그곳의 큰 사원에는 두상이 많이 있는데, 그중에서도 네 개의 커다란 두상은 하나같이 희열의 상태에 있습니다. 희열의 미소가 떠올라 있지요. 각각의 정수리 위에는 연꽃이 하나씩 놓여 있습니다. 그것은 바로 이미 알려진 세계의 연꽃입니다. 우리의 '모나마야코사', 즉 정신의 쌈지는 바로 여기 정수리 위에 있는 것입니다. 명상의 목표는 우리를 연꽃잎 아래로 내려 보내서 뿌리 속으로 들어가게 하는 것이며, 그렇게 하면 우리는 거기에서 희열을 찾게 될 것입니다. 심지어 우리가 가장 큰 고통 속에 있을 때조차도, 여기 위나 여기 아래에서 무슨 일이 일어나든지 간에 우리가 희열 속에 있음을 깨닫는 일은 삶의 위기를 지나가는 과정에서 크나큰 구원이 됩니다. 우리는 이런 위기를 우연과 야심의 견지에서 받아들일 수도 있습니다. 하지만, 아닙니다. 우리는 항상 희열 속에서 푹 쉴 수 있습니다.

예를 들어 아메리카인디언 부족의 사춘기 입문식 가운데 일부는 끔찍하리만치 고통스러운 시련입니다. 청년들은 두들겨 맞다 못해 실제로 고통 속에서 기절하고 맙니다. 그리고 이들은 기절하면서 희열로 들어섭니다. 이 두 가지의 관계는 근본적으로 연결되는 테마입니다. 우리 문화에서는 이른바 윤리와 도덕과 고통, 그리고 최대 다수의 최대 행복, 이런 것들을 항상 생각합니다.

그러나 이런 것들은 터무니없습니다! 우리는 삶이 최대 다수의 최대 행복 따위에 대해서는 전혀 신경도 쓰지 않는다는 사실을 잊어버렸습니다! 삶이 정말로 신경 쓰는 것은 모두가 희열 속에 있어야 마땅하다는 것입니다!

브라운 조. 혹시 당신께서는 희열이라고 부르는 것을 달성하기 위해서 반드시 우리의 인식과 사고를 포기해야 한다고 생각하시는 겁니까?

캠벨 아닙니다. 하지만 그런 것들을 변화시킬 필요가 있다는 겁니다. 이것이야말로 『파우스트』에서 내내 부각된 핵심입니다. 괴테의 말에 따르면, 메피스토펠레스는 파우스트가 하는 일을 조종할 수 없습니다. 악마가 할 수 있는 일은 단지 파우스트의 성취를 위한 수단을 제공하는 것뿐입니다. 반면 무엇을 성취할지를 지시할 수는 없습니다.

'정신의 쐑지'가 독재자로 변하는 순간, 그것은 악마적인 삶이 되고 맙니다. 삶의 역학에 의해서가 아니라 개념에 의해서 지배되는 삶이기 때문입니다.

드리센 어찌 보면 스스로 재난을 초래하고 나야만, 비로소 희열의 재탄생을 갖게 된다는 거군요.

캠벨 우리는 스스로를 깨진 것과 결부시킬 것이 아니라, 이 모두를 초월하는 역학과 결부시켜야 합니다.

브라운   하지만 굳이 재난을 자초할 필요까지는 없겠지요.

드리센   어, 아닙니다. 재난이라면 이미 일어났는걸요. (웃음)

캠벨   예. 음, 제 생각에는 앞서 말한 다섯 가지 쌈지야말로 어마어마하게 도움이 되지 않을까 싶습니다. 이것은 인도의 베단타 전통에 속해 있습니다. 이른바 우리를 몸과 연결해 주는 '정신의 쌈지'인 '모나마야코사', '먹이의 쌈지'인 '안나마야코사', 그리고 진정한 에너지 역학의 표현인 '라자스구나rājāsguna(격렬한 성질)'[6], 이 세 가지 사이에 이루어지는 대화를 생각해 보시면, 이 신화가 물어보는 강조 변화의 의미를 진정으로 이해하실 수 있을 겁니다.

ㅇㅇㅇㅇ

저는 삶을 즐기고 있습니다. 이것이 바로 제가 연습을 가르침으로 바꾸는 방법입니다. 자기 길을 찾으려고 시도하는 사람들에게 제가 내놓는 작은 제안이 있다면, 당신의 희열을 따르라는 겁니다. 저 역시 저의 희열을 따랐습니다. 그것은 좋은 길이었습니다. 하지만 자서전을 쓰려고 하면, 제 삶의 그 어떤 부분을 돌아보아도 번번이 무척이나 서글프고 향수에 젖게 되는 나머지, 저로선 차마 감내할 수가 없습니다.

조지프 캠벨, 오픈아이 극장에서의 강연 중에서, 1983년.

○○○○

저는 겨우 최근에야 그런 일이 실제로 일어나는 것을 보았습니다. 제 친구들, 그러니까 엄밀하게 말하면 제 친척들이 불과 몇 시간 사이에 일어난 가족의 죽음이라는 매우 갑작스러운 충격을 겪게 되었던 겁니다. 다시 말해서, 누군가가 완벽히 건강한 상태였는데, 갑자기 대동맥이 파열되어서 불과 두 시간도 안 되어 사망했다는 겁니다. 여러분은 아마 고인의 아내와 누이가 실성하다시피 했으리라 생각하셨을 겁니다. 하지만 아니었습니다. 이들은 이미 튼튼한 기초를 갖고 있었으며, 굳건히 그 위에 타고 있었습니다.

그들로 말하자면 자기 삶에서 오랫동안, 정말 오랫동안 그런 일들에 대해서 생각해 왔고, 이전에도 고통을 겪어 보았기에 중심 찾는 방법을 아는 사람들이었습니다. 중심 찾는 방법을 아는 사람이라면 뭐든지 받아들일 수 있습니다. 정말로 그럴 수 있습니다.

브라운 그분들은 우리가 반드시 사랑하는 어머니, 사랑하는 아버지, 알맞은 학교, 적절한 직업을 가져야만 비로소 자유롭게 될 수 있다는 심리학적 틀 속에 갇혀 있지 않았던 셈이로군요.

캠벨 물론 그런 것들을 가져도 해가 되지는 않겠지요.

애리엔   그렇다면 그 다섯 가지 쌈지를 어떻게 관계에 적용할 수 있을까요?

캠벨   이 세상에는 단순히 정신적 관계에 근거한 관계도 있습니다. 하지만 깊은 관계로 말하자면, 여기에는 두 가지가 있습니다. 첫째는 가족 관계로서, 이 사람들은 실제로 나와 한 몸이고, 매우 깊이 관계되어 있습니다. 이것이야말로 '지혜의 쌈지' 측면에 근거한 관계입니다.

둘째는 공통의 삶, 공통의 목표에 대한 인식에서 비롯되는 관계로서, 사랑에 빠지는 관계의 일종이며, 역시 '지혜의 쌈지'와 관련된 내용입니다.

애리엔   '지혜의 쌈지'와 관련된 내용이라고요?

캠벨   우리는 신비로운 일시적 관계를 인식하고, 함께 있는 것의 깊이가 풍부함을 인식합니다. 우리가 어떤 계획을 놓고 작업할 경우, 우리가 유일하게 배워야만 하는 일은 단지 함께 있는 것뿐입니다. 그것이 바로 '지혜의 쌈지'입니다.

애리엔   그렇다면 희열이 거기 있나요?

캠벨   당신은 그걸 느끼지 못하시겠습니까?

애리엔　네. 그렇지 않았다면 제가 여쭤보지도 않았을 테니까요!

코크럴　그 희열을 따르는 방법을 좀 더 자세히 설명해 주시겠습니까?

캠벨　제 생각에 그것 말고는 다른 삶의 방법이 없는 듯합니다. 싱클레어 루이스의 『배빗』의 결말을 보면, 주인공 배빗이 이렇게 말하는 대목이 나옵니다. "내 삶에서 내가 원하던 일은 한 번도 하지 않았다." 그는 '고루한 인물'인 겁니다.

　결혼하기 전에 살던 브롱스빌에서의 어느 날 밤, 저는 어떤 남자가 바로 그 표현을 쓰는 것을 실제로 들었습니다. 당시에 저는 그곳에 살면서 학교에서 학생들을 가르치고 있었지요. 마침 우리가 종종 가던 그리스 식당이 있었습니다. 목요일 밤은 식모들의 저녁 외출 시간이다 보니, 그 식당에도 외식을 하러 나온 가족 단위 손님이 가득하더군요. 제 옆에 있는 테이블에는 아버지와 어머니와 앙상하게 야윈 열두 살인지 열세 살쯤 되어 보이는 아들로 이루어진 식구가 앉아 있었습니다.

　아버지가 아들에게 말했습니다(제가 실제로 들은 내용입니다!). "토마토 주스 마셔라." 그러자 아들이 말했습니다. "마시기 싫어요." 그러자 아버지는 더 큰 목소리로 말했습니다. "토마토 주스 마시라니까!" 그러자 어머니가 말했습니다. "애가 싫다는데 억지로 시키지 좀 말아요!"

그러자 아버지가 말했습니다. "자기가 하고 싶은 것만 하면 '이 녀석'도 제대로 살 수가 없어. 결국 죽게 되고 말 거야!" 아버지가 말했습니다. "'나'를 좀 보라고. 내 삶에서 내가 원하던 일은 한 번도 하지 않았다니까…"

정말 믿을 수가 없었습니다! 마치 책에서 튀어 나온 듯한 상황이었으니까요.

그 당시에 저는 소년 예비학교에서 1년째 학생들을 가르치고 있었습니다. 바로 제가 다녔던 예비학교였는데, 거기 다니는 학생들에게는 뭔가가 머릿속에 떠오르는 순간이 있었습니다. 그 뒤엔 이런 질문이 따라 나왔지요. "혹시 그게 돈이 되는 걸까?"

학생들이 의문을 품고 찾아와서 이야기를 하면, 저는 이렇게 말했습니다. "얘야, '네가' 하고 싶은 일을 하고, 돈 걱정은 하지 마라."

저는 지금도 이런 믿음을 확고히 지니고 있습니다. 단순히 저 자신의 경험의 견지에서만이 아니라, 다른 사람들의 경험에 대해서도 알기 때문입니다. 당신이 자신의 희열을 따르고(여기서 제가 말씀드리는 희열이란 '거기 몰입한다는 깊은 감각'을 뜻합니다) 우리 자신의 존재에서 비롯된 '추진'을 행할 때, 비록 재미있지는 않더라도, 그것이야말로 당신의 희열이며, 나아가 고통의 뒤에도 희열이 있는 법입니다.

○ ○ ○ ○

그렇다면 결국 최상의 내핍은 무엇이고, 최상의 교훈은 무엇인가? 최상의 교훈은 당신의 친구들을 즐기라는 것이다. 당신의 식사를 즐기라는 것이다. 놀이가 무엇인지 깨달으라는 것이다. 그 놀이에, 즉 삶의 놀이에 참여하라는 것이다. 이것을 이른바 '마하수카mahāsukha', 즉 '커다란 기쁨'이라고 한다.

○ ○ ○ ○

당신이 그것을 따르게 되면, 이전까지만 해도 문이 없었던 곳에서, 차마 문이 있을 거라고 생각하지 못했을 법한 곳에서, 심지어 다른 누군가를 위한 문조차도 없을 법한 곳에서 문이 열릴 것입니다.

삶의 고결성에는 뭔가가 있습니다. 그리고 세계가 개입해서 도와줍니다. 실제로 그렇습니다.

따라서 제가 생각하기에 제가 말할 수 있는 최상의 것은 바로 당신의 희열을 따르라는 것입니다. 만약 당신의 희열이 단순히 자신의 즐거움과 자신의 흥분에 불과하다면, 당신은 잘못된 길에 들어선 셈입니다. 제 말뜻은 당신에게 가르침이 필요하다는 겁니다. 당신의 희열이 어디 있는지를 아십시오. 그러려면 당신 자신의 깊은 곳까지 내려가 보아야만 합니다.

●

리처드 비번 오늘 밤에 우리가 여기 앉아 있다 보니, 문득 정말로 놀랍다는 생각이 들더군요.《버라이어티》에 나온 기사에 따르면, 역사상 가장 많은 수입을 올린 영화 열 편 가운데 예닐곱 편은 어떤 식으로 건 당신께서 저서를 통해서 그 창작자들에게 제시하신 내용에 근거하고 있다니 말입니다. 조지 루카스, 조지 밀러, 스티븐 스필버그 같은 사람들 모두가 당신의 저술에서 깊은 영향을 받았다고 합니다.

그런데 제가 들은 놀라운 이야기에 따르면, 당신께서는 무려 30년 동안 영화를 보러 가셨던 적이 전혀 없으셨다면서요. 그러다가 지금으로부터 몇 년 전의 어느 비 내리던 밤에 뉴욕에서 갑자기 진에게 이렇게 말씀하셨다더군요. "여보, 같이 나가서 영화나 한 편 봅시다."

캠벨 음, 그날 저녁에는 진이 약간 우울한 것처럼 보이기에, 문득 이런 생각이 들었습니다. '이런, 우리가 뭘 해야만 도움이 되려나?' 그래서 제가 그렇게 말했던 겁니다. "여보, 영화나 보러 갑시다." 그러자 아내가 말하더군요. "영화요? 이제껏 살면서도 그런 이야기는 하지도 않더니만!" 그래서 제가 말했습니다. "여하간 가 봅시다."

그렇게 해서 우리가 함께 가서 처음으로 본 영화가 〈2001 스페이스 오디세이〉였습니다. 극장에 들어가서 제 눈에 맨 먼저 들어온 장면은 저의 책 『원시 신화』의 제1장, 즉 오스트랄로피테쿠스 여럿이 사방을 뛰어다니는 광경이었습니다. 그러다가 그중 한 명이 먹이 말고 다른 뭔가에 관심을 갖습니다. 그는 경외와 신비의 감각을 지닌 것이죠. 사실은 그게 전체 테마입니다. 경외와 신비의 감각 말입니다. 그것은 경제의 발전보다는 오히려 인간 정신의 발전에 더 의미가

영웅의 여정

있으니까요. 거기서는 제가 생각하는 두 가지 종류의 인간에 대한 구분이 나옵니다. 한 종류는 여전히 오스트랄로피테쿠스로서 주로 경제에 관심이 있고, 다른 한 종류는 기꺼이 모험을 따를 의향을 지니고 있습니다. 급기야 그는 모험을 따라 달 주위를 돌고, 하늘로도 올라갑니다. 그가 뒤에 남겨 놓은 경이로운 거석은 여전히 진동하고 있지요. 제 생각에는 그것이야말로 놀랍습니다.

역시나 제 저서 제1장에서 나온 다른 장면들은 누군가를 때리기 위해서 사용된 영양의 허벅지 뼈의 이미지입니다. 그 발상은 남아프리카의 인류학자 레이먼드 다트에게서 나온 것입니다. 그는 이와 같은 종류의 원인 호미니드의 두개골을 연구했는데, 그중 일부에서 마치 이중 마디 같이 생긴 뭔가에 맞아 파인 흔적을 발견했습니다. 다트는 그 흔적이 영양의 허벅지 뼈의 모습과 딱 맞아 떨어진다는 것을 발견했습니다. 이로써 그는 이 세상에 두 가지 종류의 생물이 있음을 깨닫게 되었습니다. 하나는 무기를 사용하는 생물이고, 다른 하나는 무기를 사용하지 않는 생물이었습니다. 무기를 사용해서 뭔가를 죽이는 생물은 육식성이었고, 죽임을 당하는 생물은 초식성이었습니다. 이 사실은 저에게 '큰' 교훈을 가르쳐 주었습니다. (웃음)

재료를 조작해 도구로 만드는 능력은 더 높은 의식에서 유래했다고 말할 수 있을 겁니다. 물론 동물도 도구를 사용합니다만, 그렇다고 해서 나중에 다시 사용할 의도를 품고 도구를 사용하는 것까지는 아닙니다. 동물의 도구는 지금 당장 사용하면 끝입니다. 동물도 돌을 집어 들어 누군가에게 던집니다. 하지만 다른 도구를 만들 수 있는 도구를 만드는 일, 그리고 이런 종류의 모든 일은 또 다른 종류의 의식입니다. 이것이야말로 인간의 시작이고 문화의 시작입니다.

그 영화에서 도구로 사용하다 하늘로 던져 올린 뼈가 거대한 기계로 바뀌는 모습을 지켜본 것이야말로 놀라운 순간이었습니다. 그것이야말로 어마어마한 발상의 놀라운 형상화의 일종으로서 그 영화에서 각별히 인상 깊었던 장면이었습니다. 제 생각에는 거기에 상당히 많은 것이 들어 있었던 것 같습니다.

그러다가 10년이 더 지나서 조지 루카스가 저에게 연락을 해 와서는 진과 저를 〈스타워즈〉 상영 행사에 초청했습니다. 저는 〈2001 스페이스 오디세이〉 이후로 영화를 전혀 보지 않고 있었습니다. 그러다가 졸지에 하루 사이에 영화 산업 전체를 따라잡게 되고 말았죠. 조지는 샌라파엘에 있는 자기 집(스카이워커 랜치)의 영사실로 우리를 초청했습니다. 저는 그날 오전에 〈스타워즈〉를 관람하고, 조지와 함께 이야기를 나누고, 그날 오후에 〈제국의 역습〉을 보고, 그날 저녁에 〈제다이의 귀환〉을 보았습니다. 정말 빽적지근한 하루였죠. (웃음)

다음날 아침에 그는 더 먼저 만든 영화 두 편을 진과 저에게 보여주었습니다. 그중에서도 특히 재미있었던 작품은 〈청춘 낙서〉였습니다.

비번 정말로 놀라운 영화 아닙니까?

캠벨 무려 38년 동안 아이들을 가르치고 나서 보니, 거기에는 정말 한 세대 전체가 들어 있더군요! 그 영화는 정말 놀라웠습니다. 시작부터 아주 적절했습니다. (찰스 마틴 스미스가 연기한) 한 청년은 오토바이를 타고 등장하자마자 충돌 사고를 내고 맙니다. 자기가 올라탄 기계조차도 제대로 다루지 못합니다! 정말 아름다웠습니다.

그러고 나서 조지는 그 영화보다도 더 먼저 만들었던 또 다른 영화를 보여주었습니다. 그런데, 이런, 세상에, 저는 깜짝 놀라고 말았습니다. 제법 오래 전에 저는 마야 데렌을 비롯한 여러 사람과 함께 휴대용 카메라로 제작한 단편 영화를 지원하는 크리에이티브필름재단이라는 단체를 결성했습니다. 우리는 매년 최우수 작품을 시상했습니다. 그래서 젊은이들이 만든 영화가 사방팔방에서 잔뜩, 잔뜩, 정말 잔뜩 쏟아져 들어왔습니다. 그런 영화 대부분은 조지가 처음으로 만든 작품이라면서 제게 보여준 것과 유사한 내용이었습니다. 즉 모든 것을 갖추었지만 남들에게 오해받는 한 사람이 미처 그의 진면목을 모르는 도시를 헤매고 다닌다는 내용이었습니다. 우리는 그런 작품을 매년 수십 편씩 받았습니다! 그래서인지 조지 루카스라는 이 사람도 남들이 모두 시작한 곳에서부터 시작했다는 사실을 알게 되자마자 짜릿한 느낌이 들었습니다. 물론 그는 머지않아 커다란 두 걸음 만에 이처럼 웅장한 활보를 만들어냈지만요. 제 생각에는 그거야말로 어마어마한 경력이 아닐까 싶습니다. 그야말로 대단한 정신을 가진 젊은이였습니다. 그가 스스로의 진리를 규정하는 과정에서 뭔가 도움을 주었다는 사실이 저로선 매우 자랑스러웠습니다.

제8장 두 세계의 주인

그다음 번의 대단하고도 자랑스러운 순간은 (그레이트풀 데드의) 미키 하트와 밥 위어가 저에게 찾아와서는 도와주셔서 감사하다고 말한 순간이었습니다. 사실 저는 도와준 적이 없었습니다. 원래 록 음악에는 전혀 매력을 느끼지 못했으니까요. 제가 듣기에는 대부분 너무 단조로운 것 같았거든요. (웃음) 두 사람은 캘리포니아 주 오클랜드에서 열린 행사에 저와 진을 초대했는데, 그것이야말로 춤의 계시가 되었습니다. 저는 거기서 뭔가를 얻었고, 이것이야말로 마법임을 깨닫게 되었습니다. 그것이야말로 미래를 위한 마법이었습니다.

비번　어떻게 해서 그렇다는 겁니까?

캠벨　그들은 모든 사람을 서로와 하나로 만들어 주는 인간성의 층위를 건드렸습니다. 인종이니, 나이니 하는 것은 문제가 되지 않았습니다. 정말 나머지 모든 것은 떨쳐내 버렸습니다. 놀라운 점은 아까 여

〈영웅의 여정〉의 서부 연안 첫 상영 장소인 로스앤젤레스 소재 디렉터스길드에 모인 조지프 캠벨과 토론자들. 사진 왼쪽부터 존 덴스모어, 캠벨, 사회자 리처드 비번, 스튜어트 브라운, 필 커즈노. 1987년.

러분께서 영화(《영웅의 여정》)에서 보신 것처럼, 정치적인 의도를 가진 히틀러의 집회와 비교했을 때, 여기에서는 단지 모든 사람과 다른 모든 사람의 동일시 경험만이 있었다는 겁니다.

저는 환희에 사로잡히고 말았습니다. 그래서 이제는 저도 (그레이트풀 데드의 팬 이름인) 데드헤드가 되었습니다. (웃음)

그러다가 한 가지 놀라운 일이 벌어졌습니다. UC 버클리의 대외 프로그램을 관장하는 린 코프먼이 조지프 캠벨과 정신의학자 존 페리와 그레이트풀 데드를 한 자리에 모은 놀라운 행사에 관한 놀라운 발상을 떠올린 것이었습니다. 저는 그 자리에서 '디오니소스부터 그레이트풀 데드까지의 의례와 환희'라는 제목으로 강연할 예정이었습니다. 저는 실제로 그렇게 했습니다.

존 페리는 정신분열증의 이미저리에 관한, 그리고 이를 추적하는

"의례부터 환희까지"라는 제목의 세미나에서 그레이트풀 데드의 제리 가르시아와 미키 하트와 함께 무대에 오른 조지프 캠벨. 샌프란시스코 소재 팰리스오브파인아츠 극장. 1986년.

과정에서의 자발적인 완화 경험에 관한 강연을 했습니다. 그는 샌프란시스코에 연구소를 갖고 있었는데, 곤란을 겪는 사람들이 찾아오면 각자의 내면의 삶의 신화적 여정을 따라가도록 했습니다. 즉 정신질환을 없애는 것이 아니라, 그대로 갖고 감으로써 드러나게 허락했던 것입니다. 그래서 모든 것이 맞아 떨어졌습니다.

곧이어 미키 하트가 '아프리카의 여왕, 성령을 만나다'라는 제목의 노래를 불렀습니다. 그에게 들은 바에 따르면, 그 무대에 놓인 악기의 가격만 무려 50만 달러어치라고 했습니다. 그런데, 이런, 정말 놀라웠습니다. 저는 차마 그걸 묘사할 엄두조차 내고 싶지 않습니다. 하지만 정말 경이로웠습니다. 심지어 기립박수까지 나왔을 정도니까요. 곧이어 저는 제리 가르시아며 미키 하트와 함께 지금과 비슷한 모습으로 무대에 앉았고, 그것이야말로 제 삶에서 가장 자랑스러운 순간 가운데 하나였습니다. 물론 지금 이 순간보다는 약간 못했다고 해야 되겠지만요.

비번 사실은 그날이 제가 이곳 로스앤젤레스로 이사를 오기 전에 샌프란시스코에서 보낸 마지막 날이었습니다. 그 광경을 보게 된 것이야말로 일생에 한 번뿐인 기회였지요. 제 생각에서는 당신께서도 제리와 조를 데리고 함께 순회 강연을 다니셔야 할 것 같습니다만.

캠벨 음, 아시다시피, 그것은 이 세상에 둘도 없는 순간이었습니다. 따라서 그 순간을 반복하더라도 똑같은 결과가 나오지는 않습니다.

영웅의 여정

그것은 마법입니다. 그것 역시 신화를 가지고 마법의 순간을 포착하는 방법입니다. 때로는 순간이고, 때로는 충동입니다. 그래서 그걸 붙잡고 가는 겁니다.

비번 당신께서는 앞서 (1925년의 펜실베이니아 대학 육상 대회[7]에서) 결승선 테이프를 끊는 영화 속 사진에 관해서 말씀하셨고, 그 주말에 당신이 아무런 잘못도 할 수 없으셨다고 말씀하셨습니다. 당신께서는 자신의 내면에 있는 뭔가와 접촉했는데, 그것이 워낙 초월적이었기 때문에 결승선 테이프를 끊을 수 있었다고, 또는 당신께서 평생 하고 싶어 했던 일이라면 무엇이든지 할 수 있을 것 같았다고 하셨지요.

켐벨 육상 경기의 심리학적이고 영적인 국면에 관해서 제가 지금 알고 있는 것을 실제로 선수 활동을 하던 시절에 진즉 알았으면 얼마나 좋았을까 싶습니다. 제 말뜻은 육상 경기야말로 명상의 체계라는 것입니다. 1급 육상 선수가 상징하는 영적이고 신체적인 통제야말로 실제로 어마어마한 인류의 성취입니다. 그러다가 어떤 순간이 올 수 있습니다. 저는 고작 3년이라는 짧은 경력밖에는 없었습니다만, 그 마감을 딱 일주일 남긴 상황에서 어떤 느낌을 받게 되었습니다. 저는 완벽한 몸 상태였습니다. 마침 큰 행사인 펜실베이니아 대학 육상 대회였고 말입니다. 그 사진은 그 경기에서 찍힌 것이었는데, 정말이지 대단한 경기였습니다. 저는 800미터 경기에 나가서(저는 계주에서 최종 주자였습니다) 그 당시 세계 기록에서 불과 0.2초 모자라는 기록을 세웠습니다.

집에 갔더니 아버지께서 '조지프 캠벨'이라는 헤드라인이 붙은 신문을 모조리 사다 놓고 계셨습니다. 아버지께서 이렇게 물어보시더군요. "너 도대체 어떻게 한 거냐?"

음, 그런 일은 두 번 다시 일어나지 않았습니다.

영적인 삶에서는 그와 비슷한 순간이, 즉 완벽한 몸 상태에 정신까지 제대로 작동하는 순간이 있게 마련입니다. 혹시나 운 좋게도 그런 상태에서 책을 쓰려고 시도하더라도 제대로 될 것입니다.

비번 제가 보기에 당신께서는 우리 나머지 사람들 대부분보다도 그런 절정의 경험을 더 많이 하신 것 같습니다. 최소한 지적이고 영적인 차원에서는 말입니다. 또한 저는 당신께서 대공황 동안에 그런 현실을 선용하셔서 "음, 나는 앞으로 5년 동안 책만 읽어야겠어"라고 말씀하셨다는 사실이 부럽습니다.

캠벨 저야 무려 5년 동안 그렇게 될 줄은 전혀 몰랐습니다. 결국 5년 동안 일자리도 없이 지낸 셈이었으니까요. 대공황이 얼마나 오래 지속될지는 아무도 몰랐습니다. 하지만 그 당시에만 해도 사람들은 서로에게 놀라우리만치 잘 대해 주었습니다.

예를 들어 제가 숲에서 살 때였습니다. 바로 그 당시에 저는 유럽에 가서 제임스 조이스, 칼 융, 토마스 만, 프로이트를 발견했고, 예술의 세계를 발견했으며, 산스크리트어 공부도 시작했습니다. 거기 있을 때의 상황이 대략 이러했습니다.

유학을 마치고 귀국해서 컬럼비아 대학으로 돌아갔습니다만, 저는 그 당시에 진행하던 박사 학위 논제라는 작은 병 안으로 다시 들어가고 싶지가 않았습니다. 그래서 저는 학교에 말했습니다. "이 바깥에서 뭔가 큰 것이 열렸습니다." 그러자 학교에서 말했습니다. "안돼, 안 돼, 안 돼."

음, 제 아버지는 빈털터리가 되셨고, 저도 빈털터리가 되었으며, 모두가 빈털터리가 된 상황이었습니다. 저는 숲에 들어가서 그저 읽고, 읽고, 또 읽기만 했습니다. 하지만 책을 읽으려면 우선 책을 사야 했습니다. 당시에 뉴욕에는 스테처트해프너라는 외국 서적 수입 회사가 있어서, 제가 레오 프로베니우스와 칼 융과 기타 저자들의 값비싼 책들을 우편으로 주문하면 우송해 주었습니다. 거기서는 나중에 제가 일자리를 얻고 외상값을 갚을 수 있을 때까지도 돈 내라는 소리를 안 했습니다. 그 당시에는 사람들이 그런 식으로 행동했습니다.

아시다시피, 진짜 곤란이 닥치면 우리의 인간성이 각성됩니다. 근본적인 인간 경험은 바로 공감의 경험입니다.

비번 그렇잖아도 당신께 여쭤보고 싶었습니다. 당신의 말씀대로 생명이 또 다른 생명을 먹어치우는 세계에 우리가 있다면, 그런 공감은 도대체 어디에서 오는 걸까요?

캠벨　인간입니다. 인간의 가슴에서 오는 겁니다. 그 어떤 다른 동물도 그걸 갖고 있지는 못합니다. 동물은 제 새끼에 대한 감정을 가질 수 있고, 아울러 동물이 인간 어린이에 대한 감정을 가질 수도 있습니다. 개라면 인간 꼬마가 자기를 귀찮게 하는 것도 허락할 터이지만, 그래도 공감은 근본적으로 인간의 경험입니다. 이것이야말로 정치가 우리에게 갖도록 허락하지 않는 경험입니다. 정치는 싸움에 근거하며, 이때의 싸움은 진짜로 심각한 정글의 싸움입니다. 운동이 그토록 완전히 다른 이유도 그래서입니다. 육상 선수들이 서로에게 갖는 동지애는 싸움을 위해 근본적입니다. 그게 먼저인 것입니다. 반면 정치의 투기장에서 우리는 그걸 전혀 갖고 있지 않습니다. 저는 이런 육상 투기장에서의 선수들에 필적하는 청년들의 결사를 이제껏 살면서 단 한 번도 만난 적이 없었습니다.

비번　하지만 사람들은 마치 서커스를 구경하듯이 외부에서 구경하고, 그런 식으로 운동은 정치화되는 것이겠지요.

캠벨　아, 물론, 그건 또 다른 이야기입니다. 스포츠를 보는 것과 스포츠에 참여하는 것은 전혀 다른 이야기이니까요. 두 가지는 같은 경험이 아닙니다. 아시다시피, 사람들이 서로를 두들겨 패는 모습을 가만히 앉아서 지켜볼 때, 우리는 비록 스스로는 그렇게 할 수는 없지만 내심 누군가를 두들기고 싶은 사람으로서 거기 참여하는 셈입니다. 이것은 또 다른 종류의 경험입니다.

　　　　　　　　　　　　　　　　　　　　　　　영웅의 여정

비번 하지만 사람들은 때때로 스포츠를 자기 자신의 정치적 전통의 은유로 바라봅니다. 세계 각지에서 일어나는 어마어마한 축구 폭동을 살펴보세요. 아시다시피 사람들은 정치적 의미에서 경쟁을 바라봅니다. '우리 팀'이……

캠벨 하지만 거기에는 더 많은 것이 들어 있습니다. 거기 들어 있는 진짜로 매혹적인 부분은 '실제로 작용하는 유능함'을 바라보는 것입니다. 사실 스포츠는 엘리트의 경험입니다. 모두가 이기는 경기를 할 수는 없습니다. 하지만 오늘날 우리의 사회학적 사고에서는 그런 종류의 사고가 끔찍하리만치 많습니다. 즉, 어느 누구도 다른 누군가를 때려서는 안 되니, 그렇게 하지 못하게 고쳐 놓자는 식입니다. 그러고 나면 우리는 남은 평생 동안 진짜 엘리트의 경기를 볼 수 있는지 살펴보려고 영화를 관람하는 셈이 됩니다. 진짜 삶이 있는 곳이 거기입니다. 더 아래쪽의 층위가 아니라 더 위쪽의 층위에 말입니다.

청중 저는 그냥 PBS에서 방영된 샘 킨의 다큐멘터리 〈천의 얼굴을 한 적〉(정확한 제목은 〈적의 얼굴들〉이다)에 대한 당신의 명료한 설명에 감사드린다는 말씀을 드리고 싶습니다.

캠벨 아, 예. 그 내용은 책으로도 나왔는데, 제 생각에는 그게 중요한 책 같다는 말씀을 드리고 싶습니다. 그 책은 20세기의 역사에 영향을 준 선전이 무엇인지를 보여줍니다. 저는 그 세기 전체를 살아보았습니다만, 정말 난장판이었습니다. (웃음) 그 선전은 대부분 저편의 누군가를 모독하면서 우리가 저편으로 건너가서 그들을 쓰러트려야 한다고 말하는 것에 근거하고 있었습니다. 인간 정신의 주된 각성은 공감에 있으며, 선동의 주된 기능은 바로 그런 공감을 억압해서 쓰러트리는 것입니다. 음, 오늘날에는 그것이 대중 언론에 항상 들어 있습니다. 예를 들어 만평가는 어떤 사람을 정확히 인간까지는 아닌 존재로, 즉 마치 곤충이나 벌레처럼 보이도록 만드는 일을 합니다. 이것이야말로 선동에 관한 중요한 핵심이며, 샘 킨이 지적하는 정말 중요한 핵심입니다.

비번 당신께서는 거기서 벗어날 방법이 무엇이라고 보십니까?

캠벨 저는 관광이야말로 방법이라고 봅니다. (웃음) 다른 어딘가에 가서 다른 누군가를 만나 보는 겁니다. 어쩌면 심지어 또 다른 언어도 배우고 말입니다.

청중 세계 신화는 어떻습니까? 혹시 가이아 가설을 다룬 제임스 러브록의 저서 『가이아』를 알고 계십니까?

캠벨 아, 예. 대지大地 말이군요.[8] 살아 있는 실체로서의 대지 말입니다. 그거야말로 기본적인 신화의 발상이며, 「창세기」에 나오는 다음과 같은 구절로 인해서 이미 완전하게 쓸려 나간 발상이기도 합니다.

"너는 흙으로 만들어졌으며, 흙으로 돌아갈 것이다." 대지는 단순히 흙만이 아닙니다. 대지는 우리의 어머니입니다. 여기서 우리는 그 일을 빼앗으려 시도하는 신을 갖게 됩니다. 그리고 그 신은 또 다른 신을 모욕함으로써 그렇게 하고 있습니다.

음, 그게 자연스러운 작용 방식입니다.

청중 만약 음악이 실제 생존 기능을 전혀 갖고 있지 않다면, 음악에 대한 인간의 역량과 느낌은 과연 어디에서 왔는지를 어떤 분이 좀 설명해 주시겠습니까?

캠벨 음악은 '각성' 기능을 갖고 있습니다. 삶은 곧 리듬입니다. 예술은 곧 리듬의 구성입니다. 음악은 근본적인 예술로서 우리의 의지 체계를 건드립니다. 쇼펜하우어는 『의지와 표상으로서의 세계』에서 음악을 가리켜 의지를 각성시키는 소리라고 말합니다. 음악의 리듬은 특정한 삶의 리듬을, 즉 삶을 살아가고 경험하는 방법을 각성시키는 것입니다. 따라서 음악은 삶의 각성자입니다. 그것이 바로 이유입니다.

진정으로 살아 있는 사람들에게는 삶을 각성시키는 것이야말로 먹이를 구하는 것보다도 더 중요합니다. 제 말뜻은 이것이야말로 또 다시 오스트랄로피테쿠스 어쩌고의 문제라는 겁니다. 그리고 음악은 저 진동하는 거석의 마법 가운데 하나인 반면, 나머지 유인원은 먹이를 놓고 싸움을 벌이는 겁니다. 그들은 싸움꾼이고, 서로를 향한

사랑이라고는 없습니다. '나는 먹이를 먹을 거야!'

비번　인류학자 에드워드 T. 홀은 저서 『삶의 박동』에서 이 세상에 음악에 관한 신화가 있다고, 즉 음악은 외부적인 것이라고 말합니다. 즉 음악이 실제로 하는 일은 바로 우리 안의 리듬을, 즉 내부적인 것을 불러내는 일이라는 겁니다.

캠벨　아, 바로 그겁니다. 세잔은 이렇게 말했습니다. "예술은 자연에 상응하는 조화이다." 자연에 관한 또 한 가지 사실은, 우리의 본성과 자연의 본성은 똑같은 본성이라는 것입니다.

　최근에 저는 기본적으로 상반되는 신화의 종류 두 가지의 차이를 깨닫게 되었습니다. 첫째로 우리를 특정 사회와 연결해 주고, 이 사회는 또 다른 사회와 다르다고 지적해 주는 데에 가장 큰 관심을 두는 종류가 있습니다. 이 범주에서 가장 강력한 책은 기독교의 성서입니다. 우리는 선택 받은 민족과 다른 민족을 구별하게 되고, 이는 다른 민족에게 못되게 굴 수 있는 특권과 기타 등등의 특권을 제공합니다.

　둘째로 또 다른 종류의 종교 체계가 있는데, 이것은 우리 본성의 각성과 관계가 있습니다. 이것이 바로 디오니소스적 체계이며, 이것이야말로 (덴스모어를 바라보며) 당신의 예술이 가동하는 체계입니다. 이것은 공통의 인간성의 각성이며, 이것은 '믿는 사람들은 주의 군사니'라는 찬송가의 나팔 소리에 맞춰 행군하는 리듬 체계와는 상당히 다른 리듬 체계입니다. 이 두 가지 신화는 모든 면에서 대조적입니다.

그리고 제가 '의례와 환희'에 관해서 했던 재미있고 짧은 강연에서는(그나저나 린 코프먼의 말로는 그때야말로 '환희'라는 단어가 학술 카탈로그에 등장한 최초의 사례라고 합니다) 그것이야말로 인간성을 깨우는 것이었습니다. 그래서 저는 이렇게 말했습니다. "제 생각에는 그레이트풀 데드야말로 오늘날 원자폭탄에 대한 최고의 답변인 듯합니다." 왜냐하면 원자폭탄은 우리를 갈라놓는 반면, 음악은 공통의 인간성을 불러내기 때문입니다.

커즈노 조, 저는 오클랜드에서 있었던 그레이트풀 데드 공연에서 그 요란하던 공명판 앞에 당신과 함께 서 있었던 기억이 납니다. 그때 당신이 제 옆구리를 쿡 찌르시면서 이렇게 말씀하셨죠. "필, 이거야말로 차마 믿을 수 없을 정도로 놀라운 디오니소스적 의례야! 하지만 무슨 차이가 있는지 자네는 아나? 오늘 밤에 여기서 디오니소스적 환희에 사로잡혀 벌떡 일어선 사람들의 숫자만 놓고 보면, 고대 아테네의 전체 인구와 맞먹는다는 거야! 마치 고대 아테네의 의례가 하루 저녁의 공연 한 번으로 압축된 것 같다니까!"

캠벨 음, 밥 위어가 무대 앞으로 나가자마자… 뭐였죠? 그때 관객이 8000명이었나요? 무려 1만 6000개의 팔이 이렇게 하늘로 올라가더군요! 문득 이런 생각이 들었습니다. '아, 이런, 바로 이거야.' (웃음)

청중 만약 영웅의 여정이 자기를 찾기 위한 탐색이라면, 자아란 도대체 무엇이고, 자기란 도대체 무엇일까요? 그리고 이 두 가지의 관계는 또 무엇일까요?

캠벨 '자아ego'는 당신이 스스로라고 생각하는 당신입니다. 즉 당신이 이해하는 바 당신의 삶에 대한 모든 헌신과 관련된 당신인 겁니다. '자기self'는 당신이 차마 생각조차 해보지도 못했던 가능성까지도 포함한 가능성의 전체 범위를 말합니다. 당신이 자아에 집착할 경우, 당신은 스스로의 과거에 집착하게 됩니다. 왜냐하면 당신이 스스로에 대해서 아는 내용이 기껏해야 스스로에 대해서 알아낸 것뿐이라고 치면, 음, 그건 결국 이미 일어난 일일 뿐입니다. 반면 자기는 장차 실현될 잠재력의 전체 장場을 말합니다.

청중 『티베트 사자의 서』에서는 자아를 포기함으로써 스스로를 초월하여 더 커다란 전체로 들어선다고 말합니다. 혹시 그 이론에 대해서, 또는 전 지구적 공동체로 들어서는 인간 진화에 관해서 뭔가 하실 말씀이 있으신지요? 즉, 자아 이후 인간 진화의 다음 단계는 자기의식이라기보다는 오히려 전 지구적 의식이 되리라는 이론에 관해서 말입니다.

캠벨 저는 그걸 가리켜 '자아 제국주의'라고 부릅니다. 즉 개인의 발상을 우주에 적용하려는 시도인 것이지요. 그것은 사라져야 마땅할 것입니다. 동양의 윤회의 전체 의미는 자아를 반드시 벗어던져야 한다는 것이고, 이런 잠재력은 더 계몽적인 체화와 함께 실현됩니다. 당신의 자아는 당신의 체화이며, 당신의 자기는 당신의 잠재력입니다. 즉 당신이 영감의 목소리에, '나는 무엇 때문에 여기 있을까? 나는 스스로를 가지고 무엇을 할 수 있을까?'라는 목소리에 귀를 기울일 때에 듣는 소리입니다.

당신은 이미 어느 정도까지 만들어졌으며, 거기에 집착하려 시도하는 것이야말로 이기주의입니다. 이기주의는 꽉 죄는 것입니다. 그래서 『티베트 사자의 서』는 '아함카라ahamkāra(자아)'에 관해서 계속해서 이야기함으로써, '나'라는 잡음을 우리가 억눌러야 할 뭔가로 만듭니다.

이제 거기에는 어떤 위험이 있습니다. 자아에 관한 프로이트의 정의는 탁월합니다. 그는 이것을 '현실 기능'이라고 불렀습니다. 이 기능은 시간과 공간에 대한 우리의 개인적인 관계에, 즉 우리가 아는 지금 여기에 우리를 접촉시킵니다. 그것이 바로 자아입니다. 사물에 대한 우리의 판단, 아울러 순간에 대한 우리의 가치 평가입니다. 이것은 모두 자아의 내용입니다. 문제는 자아를 제거하는 것이 아니라, 오히려 자아와 그 순간의 판단 체계를 자기self의 하인으로 변모시키는 것입니다. 독재자로서가 아니라, 오히려 스스로를 실현하기 위한 수단으로서 변모시키는 것입니다. 이것이야말로 매우 훌륭한 균형이고, 매우 섬세한 균형입니다. 이른바 '영적 인간들' 가운데 다수는 자아에 무척이나 반대하고, 스스로를 변모시켜서……

음, 정신분석을 받는 것의 문제 가운데 하나는 니체의 다음과 같은 말로 표현될 수 있습니다. "당신의 악마를 내쫓는 과정에서 자칫 당신의 가장 좋은 것까지 내쫓지 않도록 조심하라." 따라서 정말로 깊은 분석에 들어간 사람은 마치 자기 살만 발라낸 것처럼 보고 행동합니다. 거기에는 뼈가 없고, 거기에는 내용이 없는 겁니다! 독재자로서의 자아를 제거하고, 그것을 전언자 겸 하인 겸 척후로 변모시켜서 우리에게 봉사하게 만드는 방법이야말로 요령입니다.

청중　당신께서 생각하시기에는 어떤 신화가 미국의 일터를 지배한다고 보십니까? 그리고 당신께서 생각하시기에는 미국이 일터를 일하기 더 좋은 장소로 만들기 위해서 어떤 신화가 제도화되어야 한다고 보십니까?

캠벨　미국의 일터는 돈의 신화에 근거하고 있습니다. 오늘날에는 돈이야말로 최종 목표입니다. 그 어떤 가치도 돈의 가치를 대신할 수는 없습니다. 혹시 우리가 하는 어떤 일을, 예를 들어 3류 물건이나 다른 뭔가를 내놓는 것을 해명해 보자면, 그 이유는 바로 비용입니다. 우리가 내놓고 싶은 것을 실제로 내놓지 못하는 이유는 그 과정에서 비용이 너무 많이 들 것이기 때문입니다. 반면 영웅은 설령 돈을 희생하는 한이 있더라도 그렇게 하는 사람입니다. 우리가 상징하는 가치가 바로 우리의 삶입니다. 만약 돈이 최종 목표라면 바로 그것이 우리의 신화입니다. 그리고 제 생각에 지금은 그것이 작용하는 듯합니다.

비번 그렇다면 장차 그것을 대체할 신화는 개인의 능력의 신화인 걸
까요?

캠벨 아닙니다. 오늘날의 세계에 관해서 제가 생각하는 바는 이 영
화(〈영웅의 여정〉)에 들어 있으며, 그것은 다음과 같은 질문과 관련이
있습니다. '당신은 어떤 사회에 속해 있습니까? 당신은 이 소집단에
속해 있습니까? 당신은 미국에 속해 있습니까? 아니면 당신은 행성
에, 또는 인류에 속해 있습니까?' 경제적으로는 이제 하나의 행성입
니다. 거기에 대해서는 의심의 여지가 없습니다.

　제 생각에는 지금으로부터 2주 전에 정말 경이로운 순간 중에 하
나가 나타나지 않았나 싶습니다. 하원의원 리처드 A. 게파트[9]가 대뜸
이런 주장을 내놓았던 겁니다. 만약 사람들이 원하는 좋은 자동차를
만든다는 이유 때문에 일본이 미국보다 더 많은 자동차를 판매한다
면, 우리는 반드시 일본에 대한 제재를 만들어야만 한다는 거였습니
다. 그러자 채권 시장이 하락세로 접어들었는데, 왜냐하면 일본 자금
이 미국 시장을 지탱하고 있었기 때문입니다. 이 대목에서 우리는 경
쟁자가 아니라, 오히려 공통의 행동을 취하는 협업자임을 깨닫게 됩
니다. 여기서 말하는 행동이란 바로 행성 사회를 보유하는 행동을 뜻
합니다. 제 생각에는 일본은 그런 협업이라는 발상을 우리보다 약간
더 잘 이해하는 것 같습니다. 그들의 경영에서는 이게 자연스러운 겁

니다. 예를 들어 일본에서는 심지어 노조조차도 협조적이기 때문에, 자기네가 좌우할 수 있는 조직에서 모든 것을 취하려는 게 아니라, 오히려 그 조직이 생존하도록 돕습니다. 따라서 그들은 이렇게 묻습니다. "돈을 공평하게 분배하는 방법은 무엇이겠습니까?" 즉 그들은 "우리는 이것, 이것, 이것을 원합니다"라고 말하지 않습니다.

　분열은 공감의 원칙에 양보해야 합니다. 그렇지 않으면 우리는 졸지에 정글에 있는 격이 됩니다.

비번　제 생각에 여기서의 핵심 단어는 당신이 말씀하신 다국적 기업의 공평성, 그리고 우리가 하나의 경제 체제가 되어 가고 있다는 발상인 듯합니다. 하지만 세계 어느 나라를 살펴보아도 고작 2퍼센트에 불과한 사람들이 부를 통제하고 있습니다.

캠벨　아닙니다. 저는 그게 그것과 뭔가 관계가 있다고는 생각하지 않습니다.

비번　아니라구요?

캠벨　아닙니다. (웃음) 공평한 분배 체제에서 우리는 결코 사람들을 상향시키지 못합니다. 오히려 항상 하향시킵니다. 그런데 문명은 위에 있는 것에서부터 내려오는 법입니다. 이런 말을 하면 좀 그렇긴 합니다만……

비번 제 생각에는 제가 공감이라는 발상으로 돌아가려고 그런 말씀을 드린 것 같습니다. 그것은 어디에서 왔을까요? 바로 사람들이 부의 결여 때문에 고통을 받을 때에 오는 겁니다.

캠벨 아, 물론 그건 또 다른 이야기입니다. 지금 우리가 하던 이야기의 맥락은 좀 다릅니다. 경제적 버젓함은 사람을 이용하지 않습니다. 오히려 지금 우리의 경제적 상황에서는 전 세계에 굶주린 사람이 아무도 있어서는 안 된다는 겁니다. 그것은 정말로 사실입니다. 버젓한 사실이니 말해도 그만입니다. 그런데 그것을 분배하는 문제는 정말 어마어마한 문제입니다. 공평해져서 모든 것을 줘 버리는 것, 그리고 공평해져서 나 자신을 줘 버리는 것, 이 두 가지는 전혀 다른 문제입니다. 그렇다면 우리는 아무도 진정으로 도와줄 수는 없게 됩니다. 그렇지 않습니까? 이것이야말로 약간은 자아와 자기의 문제 같기도 합니다. 실제 경제 상황에서는 상황의 세부 내용 때문에 복잡해지므로, 저도 거기에 대해서 함부로 말할 수는 없습니다.

기본적인 것은 사회를 그 실제로서, 즉 있는 그대로의 세계 사회로서 생각하는 것입니다. 달에서 지구를 바라보면, 여러 국가의 구분 따위는 보이지 않습니다. 그런 것은 거기 나와 있지 않습니다. 그런 것은 인위적이기 때문입니다. 이런 구분의 인위성이야말로 샘 킨의 저서와 영화 〈적의 얼굴들〉의 전체 의미입니다. 우리는 협업자를 적으로 만들어서 전쟁을 치릅니다.

비번   그렇다면 그것이야말로, 즉 우리가 달에서 지구를 볼 수 있다는 발상이야말로 오늘날 지배적인 신화적 이미지인 겁니까? 우리는 아름다운 지구가 외부 우주에 떠 있는 이런 사진을 갖고 있습니다.

캠벨   그렇습니다. 하지만 그것은 사진 이외의 영역에서는 작용하지 않습니다. 신화는 머리에서 오는 게 아닙니다. 오히려 신화는 가슴에서 오는 겁니다.

비번   하지만 마침내 그걸 보게 되니 매우 아름다운 뭔가가 있어서 ……

캠벨   그렇습니다. 하지만 당신은 사람들에 대해서 어떻게 '느끼고' 계십니까? 이것은 당신이 사람들에 대해서 어떻게 생각하느냐가 아닙니다. 느낌의 체계란 무엇입니까? 신화는 느낌과 경험으로부터 나오는 겁니다. 사고로부터 나오는 게 아닙니다. 이데올로기와 신화의 차이란 곧 자아와 자기의 차이입니다. 즉 이데올로기는 사고 체계에서 나오는 것인 반면, 신화는 '존재'로부터 나오는 것입니다.

비번   제 생각에는 이제 질문을 딱 하나만 더 받을 시간만 남은 것 같습니다.

존 덴스모어   그러면 제가 한 번 당신의 정곡을 찔러 보도록 하겠습니다.

캠벨 언젠가는 이 순간이 올 줄 알았습니다.

덴스모어 세계의 본질은 슬픔이며, 살아가는 요령은 "세상의 슬픔에 기쁘게 참여하는 것이다." 그것에 대해 그렇다고 말하고, 그것이 폭발하는 모습을 지켜보는 것이다. 세계는 괜찮으며, 모두가 하느님 안에서 쉴 것이다.

제 말이 맞습니까?

캠벨 매우 훌륭한 설명입니다. 저도 전적으로 동의합니다.

덴스모어 맞습니다. 따라서 저에게는 그것이 평화를 줍니다. 하지만 제 느낌에는 만약 제가 이 주장을 완전하게 포용한다면… 음, 어쩐지 제가 죽는 순간이 오기 전까지는 이 주장을 완전하게 포용하지는 말아야 할 것 같다는 느낌이 듭니다. 그렇지 않다면 저는 이 세상에 자기만족의 위험이 있다고 생각하기 때문입니다. 아시다시피 저는 히틀러 같은 파시즘이나 핵 어쩌구 하는 것에 맞서 싸우러 나가고 싶습니다. 그런데 저는 이런 행동이 저를 잠식하지 않을지 궁금한 겁니다.

캠벨 이것 역시 오늘 밤에 자기와 자아와 관련해서 두세 번쯤 나왔던 문제입니다. 깊은 기반에서, 즉 영원한 중심에서, 이것은 자연스러운 일입니다. 그렇다면 나의 '도덕적' 발상과 기타 등등을 여기에 합치시킬 수 있을까요? 이와 동시에 우리는 모든 돈이 저기 있고, 여기에는 가난한 사람들이 있음을 깨닫습니다. 저는 본질적인 가치로서가 아니라 잠재적인 가치로서의 인간 가치를 위해서 일할 수 있습니다.

마음속에서 저는 이렇게 말할 겁니다. 무슨 일이 일어나더라도, 모든 것이 괜찮으리라고 말입니다. 세계가 폭발한다고 가정해 봅시다. 그래서 뭐 어떻다는 겁니까? 아시다시피, 그냥 절대적으로, 뭐 어떻다는 겁니까? 하지만 인간의 가치의 견지에서는 그것이야말로 진짜 재난입니다! 따라서 저의 인간 본성에서, 저는 세계가 폭발하지 않도록 막기 위해서 최선을 다할 것입니다. 제 책들 역시 그런 방향으로 작용해 왔으니까요.

그런데 한편으로, 설령 세계가 실제로 폭발한다 하더라도 괜찮습니다. 그렇다면 지금 여기 있는 사람들은 더 이상 없을 것이니, 슬퍼할 사람들도 없는 것 아니겠습니까?

비번 그리고 책을 살 사람도 없는 것 아니겠습니까!

캠벨 맞습니다. 책을 살 사람도 없는 것 아니겠습니까! 불교에는 다음과 같은 멋진 격언이 있습니다. "삶이란 세상의 슬픔에 기쁘게 참여하는 것이다." 모든 삶은 슬픔이 가득합니다. 우리는 그 사실을 변

영웅의 여정

화시킬 수 없습니다. 다른 모두가 슬픔에 가득한 것은 좋습니다만, 내가 슬픔에 가득하다는 것은 어떻습니까? 음, 참여하십시오. 제가 보기에는 바로 그것이야말로 십자가 처형의 의미입니다. 바울로의 「필립비인들에게 보낸 편지」 중에는 다음과 같은 아름다운 구절이 있습니다. "그리스도께서는 신격을 고수할 것을 생각하지 않고 놓아 버리셨으며, 세상의 슬픔에 참여하기 위해서, 심지어 십자가에 달려 죽기 위해서 오셨느니라."[10]

그것이야말로 세상의 슬픔에 기쁘게 참여하는 행위입니다. 제 말이 무슨 뜻인지 아시겠습니까? 우리는 관점을 갖게 되고, 우리는 (뭐라고 해야 할까요) 이기적이지도 않고 판단적이지도 않은 관점을 갖게 됩니다. 그래서 우리는 놀이로 접어들고, 거기서 역할을 맡습니다. 이와 동시에 이것이 그림자 반사작용이라는 것을 압니다.

저는 최근에 산스크리트어 텍스트 가운데 하나를 읽고 있습니다. 왜냐하면 말입니다, 여러분, 이렇게 나이가 들어서 한가한 시간에 나의 젊은 시절과 어린 시절에 가장 큰 영향을 주었던 것으로 돌아가 보게 되기 때문입니다. 그래서 저는 다시 한 번 『바가바드 기타』와 푸라나Purāna, 聖典를 읽게 되었습니다. 그랬더니 제가 이전에 읽었을 때에는 전혀 그렇게 다가오지 않았던 내용이 거기서 나오는 겁니다.

영원한 것은 변하지 않습니다. 그것은 시간으로부터도 영향받지 않습니다. 우리가 역사적 행동, 움직임을 하는 순간, 우리는 시간 속에 있게 됩니다. 시간의 세계는 이른바 영원한 것의 에너지의 반사작용입니다. 하지만 영원한 것은 여기 있는 것으로부터 영향받지 않습니다. 따라서 원죄에 관한 전체 교리는 거짓 교리입니다. 그것은 시간과 관계가 있습니다. 우리의 영원한 성격은 영향받지 않습니다.

우리는 이미 구속救贖된 겁니다.

에필로그

♦

호랑이와 염소

캠벨　한 가지 이야기를 해 드리겠습니다. 새끼를 밴 상태에서 오래 굶주린 암호랑이 한 마리가 염소 떼에게 덤벼들었습니다. 그런데 어찌나 용을 쓰며 달려들었던지, 그만 새끼를 낳아 버리고 어미는 죽어버렸습니다. 염소들은 뿔뿔이 흩어졌다가 나중에 풀 뜯던 곳으로 돌아왔는데, 가만 보니 갓 태어난 새끼 호랑이와 죽은 어미 호랑이가 있었습니다. 어버이로서의 본능이 강했던 염소들은 그 불쌍한 새끼 호랑이를 대신 키워주었고, 그리하여 그 호랑이는 자기가 마치 염소라고 생각하며 자라났습니다. 호랑이는 음매 하고 우는 법을 배웠습니다. 풀을 뜯어먹는 법도 배웠습니다. 하지만 풀이 호랑이의 소화 기관에 좋을 리 없었으므로, 사춘기에 접어들었을 무렵에는 호랑이 중에서도 가장 비리비리하게 생긴 녀석이 되고 말았습니다.

　하루는 수컷 호랑이 한 마리가 나타나 덤벼드는 바람에 염소 떼가 사방팔방으로 도망쳤습니다. 호랑이긴 해도 아직 어렸던 이 녀석은 도망도 못 가고 멍하니 서 있었습니다. 그러자 큰 호랑이가 새끼 호랑이를 보고는 깜짝 놀라며 말했습니다. "뭐야, 너 지금 이 염소들하고 같이 사는 거야?"

"음매애애애." 새끼 호랑이는 대답 대신 이렇게 울면서 민망한 듯 풀을 뜯었습니다. 그러자 큰 호랑이는 벌컥 화를 냈습니다. 마치 어느 날 갑자기 히피처럼 머리를 길게 기르고 나타난 아들의 모습을 본 아버지가 울화통을 터트리듯 말입니다. 큰 호랑이가 몇 번쯤 철썩철썩 때려주었지만, 새끼 호랑이는 여전히 멍청하게 음매 소리를 내면서 풀만 씹어 먹을 뿐이었습니다. 그러자 큰 호랑이는 새끼 호랑이를 끌고 아주 잔잔한 연못으로 갔습니다.

인도에서 말하는 요가란 정신을 정지하게 만드는 기술을 말합니다. 정신 그 자체의 자발적인 행동을 의도적으로 정지하는 것입니다. 바람이 불면 물에 잔물결이 일어나며 깨진 반영들이 왔다 가고, 왔다 가고, 또 왔다 갑니다. 이것이야말로 우리 삶 속에서 우리의 방식입니다. 우리는 그 왔다 가는 반영들 가운데 하나와 스스로를 동일시하며 이렇게 생각합니다. '아, 이런, 저기 내가 온다. 저기 내가 간다.' 만약 우리가 연못을 가만히 멈추게 만든다면, 거기 비친 이미지도 가만히 멈출 것이고, 우리는 스스로의 영원한 현존을 보게 될 것이며, 그것과 스스로를 동일시함으로써, 세계에 대해서 상대적으로 무관심하게 될 것입니다.

그래서 이 새끼 호랑이는 이제 요가의 원리에 입문하게 되었습니다. 큰 호랑이가 말했습니다. "이제 연못을 들여다보라고." 새끼 호랑이가 연못 위에 얼굴을 갖다 댔습니다. 그리하여 난생 처음으로 자기 얼굴을 바라보게 되었습니다. 큰 호랑이는 자기 얼굴을 그 옆에 갖다 대고는 말했습니다. "이것 보라고. 네 얼굴도 내 얼굴이랑 비슷하지. 넌 염소가 아니야. 나하고 똑같은 호랑이라고. 그러니 '나하고 똑같이 되라고!'"(이것이야말로 구루가 하는 일입니다. '내가 보여 주는 모범을 따르면, 네가 누구인지 알 수 있을 것이다.')

그리하여 새끼 호랑이는 그 메시지를 이해하기 시작했습니다. 큰 호랑이의 다음번 가르침은 새끼 호랑이를 데리고 자기 굴로 간 것이었습니다. 그 안에는 최근에 잡은 영양 고기가 남아 있었습니다. 그 피투성이 고기를 한 입 베어 물면서 큰 호랑이가 말했습니다. "입 벌려 봐."

그러자 새끼 호랑이는 주춤거리며 물러났습니다. 그러면서 이렇게 덧붙였습니다. "저는 채식주의자인데요."

"헛소리 하지 말고!" 큰 호랑이가 이렇게 말하더니, 고기 토막을 하나 집어서 새끼 호랑이의 목구멍 속에 쿡 찔러 넣었습니다. 새끼 호랑이는 숨이 막혀 캑캑거렸는데, 문헌에서는 그 모습을 이렇게 설명합니다. "마치 진정한 가르침 앞에서 모든 사람이 그러게 마련인 것과도 같았다."

비록 진정한 가르침과 마주하고 캑캑거렸지만, 어쨌거나 새끼 호랑이는 그 적절한 먹이를 체내에 받아들이게 되었고, 그 적절한 먹이는 새끼 호랑이의 적절한 신경계를 활성화시켰습니다. 적절한 먹이로부터 자발적으로 감명을 받은 새끼 호랑이는 진짜 호랑이다운 포효를 터트렸습니다. 말하자면 호랑이 기본 포효 제1번에 해당하는 소리였습니다. 그러자 큰 호랑이가 말했습니다. "바로 그거야. 이젠 너도 제대로 된 거야. 이제 우리 같이 호랑이다운 먹이를 찾아 먹자구!"

●

물론 이 이야기에는 교훈이 있습니다. 즉 우리 모두가 마치 염소처럼 살아가는 호랑이라는 것입니다. 사회학의 기능은, 그리고 우리의 종교 교육 대부분의 기능은 우리에게 염소처럼 되라고 가르치기 위한 것입니다. 반면 신화적 상징의 적절한 해석과 명상의 훈련은 우리 자신의 호랑이 얼굴을 우리에게 보여주기 위한 것입니다. 그러고 나면 다음과 같은 문제가 나타납니다. 우리는 자신의 호랑이 얼굴을 찾아 냈지만, 여전히 여기에서 염소 떼와 함께 살고 있는 겁니다. 우리는 이 문제를 어떻게 해야 할까요?

우리가 배워야 할 것은, 세계의 모든 형태들을 통해서, 한 가지 영원의 광휘가 스스로를 드러냈다는 것입니다. 우리는 이 모든 형태로 나타난 삶의 기적의 출현을 목격할 수 있습니다. 하지만 우리가 호랑이라는 사실을 남들에게는 알리지 마십시오!

할라지와 예수는 자기가 호랑이라는 사실을 정통파 공동체에게 알렸고, 급기야 처형당하고 말았습니다. 따라서 수피는 서기 900년경 할라지의 죽음을 통해 교훈을 배웠습니다. 그 교훈이란 이렇습니다. 우리는 법률이라는 겉옷을 입고, 다른 모든 사람들처럼 행동해야 한다는 것입니다. 그런 동시에 신비주의적인 방법이라는 속옷을 입어야 한다는 것입니다. 이것이야말로 삶의 커다란 비밀입니다.

이 이야기와 함께 저는 우리 모두가 세상 속의 호랑이가 되기를 기원합니다. 하지만 부디 아무에게도 그 사실을 알리지는 마십시오!

조지프 캠벨의 저서들

아래는 조지프 캠벨이 저술하고 편집한 주요 저서들이다. 각 항목마다 초판본의 서지사항을 밝혀 두었고, 가능한 경우에는 뉴월드라이브러리에서 새로 간행한 조지프 캠벨 전집의 판본 서지사항까지 덧붙여 놓았다. 다른 판본들에 관한 정보는 조지프 캠벨 재단의 웹사이트www.jcf.org에 올라온 조지프 캠벨 전집 목차를 참고하라(항목 뒤의 별표[*]는 뉴월드라이브러리의 조지프 캠벨 전집으로 간행되었다는 표시이다).

저서

Where the Two Came to Their Father: A Navaho War Ceremonial Given by Jeff King (두 아들이 아버지에게 온 곳: 제프 킹이 말하는 나바호족 전쟁 예식). Bollingen Series I. With Maud Oakes and Jeff King. Richmond, VA: Old Dominion Foundation, 1943.

A Skeleton Key to Finnegans Wake: Unlocking James Joyce's Masterwork (피네간의 경야로 들어가는 열쇠: 제임스 조이스의 걸작 풀어헤치기). With Henry Morton Robinson. 1944. Second edition, Novato, CA: New World Library, 2005.*

The Hero with a Thousand Faces (천의 얼굴을 가진 영웅). Bollingen Series xvii. 1949. Third edition. Novato, CA: New World Library, 2008.* (『천의 얼굴을 가진 영웅: 개정판』. 이윤기 옮김, 민음사, 1999).

The Masks of God, 4 vols. New York: Viking Press, 1959-1968. Vol. 1, *Primitive Mythology* (원시

신화), 1959. Vol. 2, *Oriental Mythology* (동양신화), 1962. Vol. 3, *Occidental Mythology* (서양 신화), 1964. Vol. 4, *Creative Mythology* (창작신화), 1968. (『신의 가면 1: 원시 신화』. 이진구 옮김, 까치글방 160, 까치, 2003; 『신의 가면 2: 동양 신화』. 이진구 옮김, 까치글방 161, 까치, 1999; 『신의 가면 3: 서양 신화』. 정영목 옮김, 까치글방 162, 까치, 1999; 『신의 가면 4: 창작 신화』. 정영목 옮김, 까치글방 163, 까치, 2002).

The Flight of the Wild Gander: Explorations in the Mythological Dimension Selected Essay 1944-1968 (야생 기러기의 비행: 신화적 차원의 탐색 에세이 선집, 1944-1968년). 1969. Third edition. Novato, CA: New World Library, 2002.*

Myths to Live By (신화 따라 살기). 1972. Ebook edition, San Anselmo, CA: Joseph Campbell Foundation, 2011. (『신화와 함께 하는 삶』. 이은희 옮김, 한숲출판사, 2004).

The Mythic Image (신화의 이미지). Bollingen Series c. Princeton, NJ: Princeton University Press, 1974. (『신화의 이미지』. 홍윤희 옮김, 살림, 2006).

The Inner Reaches of Outer Space: Metaphor as Myth and as Religion (외부 우주의 내부 범위: 신화 와 종교로서의 은유). 1986. Reprint, Novato, CA: New World Library, 2002.*

The Historical Atlas of World Mythology (세계 신화 역사 지도):

Vol. 1, *The Way of the Animal Powers* (동물의 힘의 길). New York: Alfred van der Marck Editions, 1983. Reprint in 2 pts. Part 1, *Mythologies of the Primitive Hunters and Gatherers* (원시 수렵채 집민의 신화). New York: Alfred van der Marck Editions, 1988. Part 2, *Mythologies of the Great Hunt* (대사냥의 신화). New York: Alfred van der Marck Editions, 1988.

Vol. 2, *The Way of the Seeded Earth* (씨 뿌린 땅의 길), 3pts. Part 1, *The Sacrifice* (희생). New York: Alfred van der Marck Editions, 1988. Part 2, *Mythologies of the Primitive Planters: The Northern Americas* (원시 경작자의 신화: 북아메리카 편). New York: Harper & Row Perennial Library, 1989. Part 3, *Mythologies of the Primitive Planters: The Middle and Southern Americas* (원시 경 작자의 신화: 중남아메리카 편). New York: Harper & Row Perennial Library, 1989.

The Power of Myth with Bill Moyers (신화의 힘: 빌 모이어스와의 대담). With Bill Moyers. Edited by Betty Sue Flowers. New York: Doubleday, 1988. (『신화의 힘: 개정판』. 이윤기 옮김, 21세 기북스, 2017).

Transformations of Myth Through Time (시간 속에서 신화의 변모). New York: Harper & Row, 1990. (『신화의 세계』. 과학세대 옮김, 까치글방 149, 까치, 1998).

The Hero's Journey: Joseph Campbell on His Life and Work (영웅의 여정: 조지프 캠벨이 말하는 자 신의 삶과 저술). Edited by Phil Cousineau. 1990. Reprint, Reprint, Novato, CA: New World

Library, 2003.*

Reflections on the Art of Living: A Joseph Campbell Companion (삶의 기술에 관한 회고: 조지프 캠벨 편람). Edited by Diane K. Osbon. New York: HarperCollins, 1991. (『신화와 인생: 조지프 캠벨 선집』. 다이앤 K. 오스본 엮음, 박중서 옮김, 갈라파고스, 2009).

Mythic Worlds, Modern Words: On the Art of James Joyce (신화의 세계, 현대의 말: 제임스 조이스의 예술에 관하여). Edited by Edmund L. Epstein. 1993. Second edition, Novato, CA: New World Library, 2003.*

Baksheesh & Brahman: Asian Journals – India (바크시시와 브라만: 아시아 일기 – 인도 편). Edited by Robin Larsen, Stephen Larsen, and Antony Van Couvering. 1995. Second edition, Novato, CA: New World Library, 2002.*

The Mythic Dimension: Selected Essays 1959-1987 (신화의 차원: 에세이 선집, 1959-1987년). Edited by Antony Van Couvering. 1997. Second edition, Novato, CA: New World Library, 2007.*

Thou Art That (네가 바로 그것이다). Edited by Eugene Kennedy. Novato, CA: New World Library, 2001.* (『네가 바로 그것이다』. 박경미 옮김, 해바라기, 2004).

Sake & Satori: Asian Journals - Japan (사케와 사토리: 아시아 일기 - 일본 편). Edited by David Kudler. Novato, CA: New World Library, 2002.*

Myths of Light (빛의 신화). Edited by David Kudler. Novato, CA: New World Library, 2003.*

Pathway to Bliss: Mythology and Personal Transformation (희열로 가는 길: 신화와 개인의 변모). Edited by David Kudler. Novato, CA: New World Library, 2005.* (『블리스, 내 인생의 신화를 찾아서』. 노혜숙 옮김, 아니마, 2014).

Mythic Imagination: Collected Short Fiction (신화의 상상력: 단편 소설집). Novato, CA: New World Library, 2012.*

Goddesses: Mysteries of the Feminine Divine (여신: 여성 신의 신비). Edited by Safron Rossi. Novato, CA: New World Library, 2013.* (『여신들: 여신은 어떻게 우리에게 잊혔는가』. 구학서 옮김, 청아출판사, 2016).

Romance of the Grail: The Magic and Mystery of Arthurian Myth (성배 로망스: 아서 왕 신화의 마법과 신비). Edited by Evans Lansing Smith. Novato, CA: New World Library, 2015.*

편저서
하인리히 침머의 유고 편집 및 간행:

Myths and Symbols in Indian Art and Civilization(인도 미술과 문명의 신화와 상징). Bollingen Series vi. New York: Pantheon, 1946. (『인도의 신화와 예술』. 하인리히 짐머 지음, 조셉 캠벨 편저, 이숙종 옮김, 평단문화사, 1984).

The King and the Corpse (왕과 시체). Bollingen Series xi. New York: Pantheon, 1948.

Philosophies of India (인도의 철학). Bollingen Series xxvi. New York: Pantheon, 1951.(『인도의 철학: 세속과 열반의 만남』. 하인리히 짐머 초록, 조셉 캠벨 엮음, 김용환 옮김, 대원사, 1992: 원저의 1-2장의 번역임).

The Art of Indian Asia (인도 아시아의 미술). Bollingen Series xxxix. 2 vols. New York: Pantheon, 1955.

기타 편저서

The Portable Arabian Nights (아라비안 나이트 선집). New York: Viking Press, 1951.

Papers from the Eranos Yearbook (에라노스 연감 논문 선집). Bollingen Series xxx, 6 vols. Edited with R. F. C. Hull and Olga Froebe-Kapteyn. Translated by Ralph Manheim. Princeton: Princeton University Press, 1954-1969.

Myths, Dreams and Religion: Eleven Visions of Connection (신화, 꿈, 종교: 열한 가지 연결의 선견). New York: E. P. Dutton, 1970.

The Portable Jung (융 선집). By C. G. Jung. Translated by R. F. C. Hull. New York: Viking Press, 1971.

My Life and Lives (나의 삶과 삶들). By Rato Khyongla Nawang Losang. New York: E. P. Dutton, 1977.

공저자 소개

베티 안드레센Bette Andresen은 캘리포니아 북부 출신의 사진작가 겸 요법사이다.

안젤레스 애리엔Angeles Arrien은 바스크 출신의 신비주의자 겸 인류학자 겸 교사이다. 저서로는 『타로 지침서: 고대의 시각 상징물의 실용적 응용The Tarot Handbook: Practical Applications of Ancient Visual Symbols』이 있다.

리처드 비번Richard Beban은 로스앤젤레스를 근거로 활동하는 시나리오작가 겸 언론인이다. 전 세계로 방송된 인터뷰를 진행한 바 있다.

로버트 블라이Robert Bly는 시인 겸 번역가이다. 내셔널 북 어워드 수상작인 『몸을 에워싼 빛The Light around the Body』을 비롯해 여러 저서와 번역본이 있다.

로버트 코크럴Robert Cockrell은 로스앤젤레스 출신의 의사 겸 영화제작자이다. 조지프 캠벨의 다큐멘터리 〈영웅의 여정〉의 공동 총괄 제작자이다.

존 덴스모어John Densmore는 음악가 겸 배우이다. 록 밴드 도어스의 드러머로 활동했고, 자서전『폭풍의 기수Riders on the Storm』를 펴냈다.

에드워드 드리센Edward Dreessen은 캘리포니아 북부에 살고 있는 합기도 사범이다.

로런스 파브로Lawrence Favrot는 캘리포니아 주 샌디에고 소재 샤프 메모리얼 병원의 예방의학팀장이며 심장학과 부과장이다. 미국 심장학 대학의 연구원이기도 하다.

스타니슬라브 그로프Stanislav Grof는 메릴랜드 정신의학 연구 센터의 정신의학 연구팀장과 존스홉킨스 의과대학 정신의학 담당 부교수를 역임했다. 현재는 에설런 연구소에서 방문학자로 재직하고 있다. 저서로는『죽음을 넘어서Beyond Death』와『두뇌를 넘어서Beyond the Brain』외에 다수가 있다.

로제 기유맹Roger Gillemin은 두뇌 화학 연구로 노벨생리의학상을 받았다.

존 핼리팩스Joan Halifax는 인류학자 겸 강사이다. 저서로는『샤먼: 상처 입은 치유자Shaman: Wounded Healer』와『샤먼의 목소리: 선견 구술 연구Shamanic Voices: A Survey of Visionary Narratives』가 있다.

제메이크 하이워터Jamake Highwater는 예술과 아메리카인디언 문화를 다루는 작가 겸 강사이다. 저서로는『원초적 정신: 인디언의 아메리카에서의 선견과 실재The Primal Mind: Vision and Reality in Indian America』와『안파오: 아메리카인디언 오디세이Anpao: An American Indian Odyssey』외에 여러 권이 있다.

데이비드 케나드David Kennard는 영국 런던 출신의 다큐멘터리 영화 제작자이다. 〈커넥션Connections〉과 〈중국China〉 같은 텔레비전 다큐멘터리에 참여했다. 〈영웅의 여정〉 제작 과정에서 에설런의 로케이션 감독으로 활동했다.

리처드 타나스Richard Tarnas는 작가 겸 점성가 겸 교사로 캘리포니아 주 빅서에 살고 있다.

로잔 주케트Rozanne Zucchet는 〈영웅의 여정〉의 제작 과정에서 행정 보조로 활동했다. 지금은 캘리포니아 주 샌디에이고 소재 홍보 회사의 부사장으로 재직 중이다.

주

서문

1. 조지프 캠벨, 노혜숙 옮김, 『블리스, 내 인생의 신화를 찾아서』, 아니마, 2014, 28~29쪽. 새로 옮김.

2. 리처드 애덤스(1920-2016)는 영국의 작가이다. 대표작으로는 영화와 드라마로 여러 차례 제 작된 소설 『워터십 다운』(1972)이 있다.

3. 제임스 힐먼(1926-2011)은 미국의 심리학자이다. 취리히 C. G. 융 연구소에서 공부하고 미국 으로 돌아와 원형 심리학을 주제로 한 저술과 강연 활동을 벌였다.

캠벨 탄생 100주년 기념 서문

1. 알렉스 헤일리(1921-1992)는 미국의 소설가로, 18세기에 아프리카에서 노예가 되어 미국으 로 건너온 자신의 7대조 쿤타킨테와 그 후손들의 이야기인 소설 『뿌리』(1976)로 격찬을 받았 다.

2. 제임스 에이지(1909-1955)는 미국의 소설가로, 대공황 시대를 다룬 논픽션 『우리 이제 유명 한 사람들을 찬양하자』(1941)로 명성을 얻었으며, 사후에 간행된 자전 소설 『가족의 죽음』 (1957)으로 사후에 퓰리처상을 받았다.

3. 존 던의 말로 종종 인용되지만 정확한 출처는 불명이다. 짐작컨대 그의 저서 『병의 단계마다 드리는 기도』 제17장에 나오는 다음 구절이 와전된 것이 아닐까. "온 인류는 한 명의 저자가 지은 한 권의 책이다. 한 사람이 죽으면 그 책에서 한 장(章)이 찢겨 나가는 것이 아니라, 더 나 은 언어로 번역되는 것뿐이다."

서론

1. 조지프 캠벨, 이윤기 옮김, 『천의 얼굴을 가진 영웅』, 민음사, 2018, 6쪽. 새로 옮김.

2. 조지프 캠벨, 정영목 옮김, 『창작 신화』, 까치, 2002, 11쪽. 새로 옮김.

3. 「카타 우파니샤드」 1. 3. 14. 번역본은 『우파니샤드 I』(이재숙 옮김, 한길사, 1996) 123쪽. 새로 옮김.

4. 조지프 캠벨, 이윤기 옮김, 『천의 얼굴을 가진 영웅』, 민음사, 2018, 44~45쪽. 새로 옮김.

5. 일본의 선승 하쿠인 에카쿠(1686-1769)의 "두 손을 맞부딪히면 소리가 난다. 그렇다면 한 손의 소리는 무엇인가?"라는 공안을 말한다.

6. 조지프 캠벨, 이윤기 옮김, 『천의 얼굴을 가진 영웅』, 민음사, 2018, 13쪽. 새로 옮김.

7. 조지 밀러(1945년생)는 오스트레일리아의 영화 감독으로 〈매드 맥스〉 시리즈(1979-2015)를 만들었다.

8. 이사무 노구치(1904-1988)는 일본계 미국인 조각가 겸 조경가이며, 가구 디자인에서부터 마사 그레이엄의 무용을 위한 무대 디자이너까지 다방면에서 활동을 펼쳤다.

9. 데이비드 번(1952년생)은 스코틀랜드 출신의 미국 가수로 록 밴드 토킹헤즈(1976-1991)의 멤버였다.

제1장 모험으로의 부름

1. 조지프 캠벨, 이윤기 옮김, 『천의 얼굴을 가진 영웅』, 민음사, 2018, 80쪽. 새로 옮김.

2. 1879년에 미국 내무부 산하에 설립된 조직으로 아메리카인디언 관련 자료 조사와 정리를 담당했으며, 1965년에 스미소니언 연구소 인류학부와 통합되었다.

3. 프랭크 H. 쿠싱(1857-1900)은 미국의 인류학자이다. 19세기 후반 뉴멕시코주의 주니족 인디언을 대상으로 한 참여 관찰 연구로 유명하다.

4. 프란츠 보아스(1858–1942)는 독일 출신의 미국 인류학자이다. 역사적 특수주의와 문화적 상대주의를 내세우며 현대 인류학의 기반을 마련해 '미국 인류학의 아버지'로 일컬어진다.

5. 미국에서 1913년부터 1933년까지 제작된 5센트 주화로 앞면에는 인디언 머리 옆모습이, 뒷면에는 들소의 옆모습이 새겨져 있었다.

6. 〈미토스〉 시리즈는 조지프 캠벨의 말년 강연 15편을 전3부로 나눠 엮은 영상물이다.

7. 에드워드 '에드' 리케츠(1897-1948)는 미국의 생물학자이다. 20세기 초에 조간대(潮間帶) 생물학을 개척해 명성을 얻었다.

8. 인도 신화에 따르면 신들이 우유 바다를 1000년 동안 휘저어서 불멸의 음료 '암리타'를 만들었다.

9. 프랑스 작가 르네 도말(1908-1944)의 미완성 소설 『아날로그산』(1952)은 하늘과 땅을 이어 주다고 간주되는 신비의 산을 등반하는 사람들의 이야기이다.

10. 보통은 "자기에게 맞는 환경에 있다"(in their elements)와 "자기에게 맞지 않는 환경에 있다"(out of their elements)고 의역하지만, 본문에서는 문맥상 직역했다.

11. '미네하하'는 롱펠로의 서사시 「히아와타의 노래」(1855)의 여주인공이다. 캠벨의 다른 저서에 수록한 블랙풋족의 들소 신화에는 나오지 않았지만, 강연 도중에는 청중 모두가 알 만한 유명한 인디언 여성의 이름을 장난 삼아 집어넣은 것이다. 인터뷰를 책으로 엮은 『신화의 힘』에서도 캠벨은 역시나 '미네하하'라는 이름을 언급한다.

12. 흔히 『행복론』으로 번역되는 쇼펜하우어의 『소품과 부록』에 수록된 「세상의 고통에 관하여」에 나오는 구절이다.

제2장 시험의 길

1. 조지프 캠벨, 이윤기 옮김, 『천의 얼굴을 가진 영웅』, 민음사, 2018, 128쪽. 새로 옮김.

2. 풋볼에서 '가드'는 공격시에 최전방에서 상대편을 막아 쿼터백을 보호하는 포지션이므로 덩치가 크고 힘이 좋을수록 유리하다.

3. 풋볼에서 '태클'과 '엔드'는 수비시에 최전방에서 상대편을 막는 포지션이다.

4. 파보 누르미(1897-1973)는 핀란드의 중장거리 육상 선수로, 1920년대에 22개의 세계 신기록을 세우고 올림픽에서 금메달 9개와 은메달 3개를 획득했다.

5. 마이클 머피(1930년생)는 에설런 연구소의 공동 설립자로, 1960년대에 인간 잠재력 운동(HPM)의 주요 이론가였다.

6. 우파니샤드에서 말하는 '다섯 개의 쌈지' 개념에 관해서는 제6장을 보라.

7. 잭슨 숄즈(1897-1986)는 미국의 단거리 육상 선수로, 1920년대에 올림픽 금메달 2개와 은메달 1개를 획득했다. 특히 1924년 파리 올림픽에서는 200미터에서 금메달을 획득했지만, 100미터와 400미터에서는 영화 〈불의 전차〉(1981)의 주인공인 영국의 해럴드 에이브럼스와 에릭 리델에게 각각 패하고 말았다.

8. 듀크 카하나모쿠(1890-1968)는 하와이 출신의 미국 수영 선수로 1910년대부터 1920년대까지 올림픽 금메달 3개와 은메달 2개를 획득했고, 하와이의 전통 스포츠인 서핑을 전 세계에 알려 '서핑의 아버지'로 통한다.

9. 영화 〈검은 해적〉(1926)의 한 장면에서 주인공은 돛대 꼭대기에서 아래로 내려오기 위해 돛에 칼을 찌른 채 뛰어내린다. 칼날이 돛을 가를 때의 저항 때문에 주인공도 마치 승강기를 탄 것처럼 천천히 내려올 수 있었다.

10. 드미트리 메레시코프스키(1866-1941)는 러시아의 작가로 상징주의 운동을 주도했다.

11. 캠벨이 말한 젊은 여성은 로잘린드 윌리엄스(1903-1996)이다. 신지학 협회의 일원으로 인도에서 유럽으로 건너온 크리슈나무르티와 니트야난다 형제의 생활을 가까이에서 돌봐주었다. 훗날 이들의 조력자인 라자고팔과 결혼했다가 이혼했고, 이후 평생 크리슈나무르티의 연인으로 지냈다.

12. 무용가 이사도라 덩컨(1877-1927)의 오빠 레이먼드 덩컨(1874-1966)은 그리스에 대한 애호를 지닌 까닭에, 평소에도 맨살을 군데군데 드러낸 고전 그리스식 의상을 걸치고 다녀서 화제와 함께 논란을 일으켰다.

13. '생미셸 대로'(Boulevard Saint-Michel)의 약자이다.

14. '라 쿠폴'과 '르 동'은 몽파르나스의 유명한 음식점으로 당대의 유명인사가 모이는 곳이었다.

15. 『율리시스』 제3장의 도입부이다.

16. 실비아 비치(1887-1962)는 미국 출신으로 프랑스에서 활동한 출판인이다. 1919년에 파리에 셰익스피어앤드컴퍼니 서점을 열어 여러 문인과 교제했고, 외설 시비로 출간이 좌절된 제임스 조이스의 『율리시스』(1922)를 발행했다.

17. 앤젤라 그레고리(1903-1990)는 미국의 조각가 겸 교육자이다. 캠벨과는 유학 시절 파리에서 처음 만난 이래로 평생에 걸쳐 우정을 지속했다.

18. 『피네간의 경야』 번역본 259쪽. 본문의 인용문은 원문과 약간 다르다. 즉 "오, 주여"(Oh lord)가 아니라, "시끄러운"(Loud)이지만 번역본에서는 이를 '대성주'(大聲主, 큰 소리의 주인)로 옮긴 것으로 미루어 "주여"와 "시끄러운"의 의미 모두를 지닌 말장난으로 해석하는 듯하다.

19. 캠벨의 강연(전6회)을 수록한 오디오북이다.

20. 어떤 기억을 망각했다 떠올리면서 마치 새로운 생각을 한 것처럼 착각하는 것을 말한다. 예를 들어 과거에 읽은 다른 작품의 내용을 망각했다가 떠올리면서 자신의 창작이라 착각하고 졸지에 표절을 범하는 경우가 대표적이다

21. 캠벨은 『창작 신화』(정영목 옮김, 까치, 2002, 767쪽)에서 이 내용을 자세히 설명한다.

22. 칼프리트 그라프 뒤르카임(1896-1988)은 독일의 심리요법사이다. 심리학을 전공하고 대학에서 강의하다가 나치에 동조해 제2차 세계대전 당시 일본에서 외교관으로 활동했으며, 전후에 미군에 체포되어 복역하는 동안 선불교에 감화되어 이를 응용한 심리요법을 창시했다.

23. 「케나 우파니샤드」 1. 3. 번역본은 『우파니샤드 I』(이재숙 옮김, 한길사, 1996) 75쪽. 새로 옮김.

24. 바스크인은 스페인과 프랑스의 접경 지역에 사는 소수민족으로, 인근의 여타 민족과는 확연

히 다른 고유의 언어와 문화를 갖고 있어서 그 기원에 대해 다양한 추측이 나온다.

25. 글렌 커티스(1878-1930)는 미국의 비행사로 항공 산업 개척기에 여러 차례의 비행 시범을 보여 명성을 얻었다. 본문에 언급된 행사는 1910년 5월 29일에 뉴욕 주 올버니를 출발해 뉴욕 시에 도착하는 총 4시간의 240킬로미터 장거리 비행이었다.

26. 그리스 신화에서 '부딪치는 바위'와 '떠다니는 바위'는 바다 위에 떠 있다가 그 사이로 지나 가는 선박을 짓눌러 난파시키는 위험한 지형지물이다.

제3장 선견의 탐색

1. 조지프 캠벨, 노혜숙 옮김, 『블리스, 내 인생의 신화를 찾아서』, 아니마, 2014, 151쪽. 새로 옮 김.

2. 아델 데이비스(1904-1974)는 미국의 영양학자이다. 20세기 중반에 올바른 식생활에 관한 저 서를 통해 미국 대중에게 큰 인기를 얻었다.

3. 바사 대학은 1861년에 뉴욕 주 포킵시에 설립된 명문 여자 대학이다.

4. 다음 문장에 나오는 것처럼 '사트-치트-아난다'를 문자 그대로 '존재-의식-희열'로 해석하 기도 하지만, 이것 자체가 초월자이자 궁극적 실재인 '브라만'의 별칭이자 속성으로도 간주된 다.

5. 알베르트 호프만(1906-2008)은 스위스의 화학자로 다양한 식물의 약용 효과를 연구하던 중 에 강력한 환각제인 LSD(리세르그산 디에틸아미드)를 최초로 제조했다.

6. 사냥 신화에서 등장하는 '동물 주인'은 특정 동물의 신, 또는 원형으로서 인간과의 계약을 통 해 자기가 다스리는 동물을 사냥감으로 제공한다. 제1장에 나오는 블랙풋족(族)의 들소 신화 에서 처녀와 계약을 맺은 커다란 들소 역시 동물 주인이라고 할 수 있다.

7. 1968년 12월 21일 발사된 아폴로 8호는 사상 최초로 달 주위를 선회하고 돌아오는 임무를 수 행했다. 크리스마스에 비행사들이 우주에서 창세기를 낭독하는 장면이 TV로 방영되어 큰 화 제가 되었는데, 그때 지상관제국 직원의 아들이 "누가 지금 캡슐을 운전하고 있느냐?"고 묻 자, 비행사 중 하나인 윌리엄 A. 앤더스가 "내 생각에 지금 운전은 대부분 아이작 뉴턴이 맡고 있는 것 같다"고 대답했다.

8. 본문의 인용문은 칸트의 책에 나온 내용을 캠벨이 재구성한 것이다. 칸트가 말한 원래 문맥은 '우주'가 아니라 '자연'과 거기 적용되는 '보편법칙'에 관한 논의이기 때문이다.

제4장 여신과의 만남

1. 조지프 캠벨, 이윤기 옮김, 『천의 얼굴을 가진 영웅』, 민음사, 2018, 153쪽. 새로 옮김.

2. 캠벨이 명명한 "문 두들김"은 (융 심리학의 용어인) '그림자'의 작용을 말하고, "반짝임"은 (융 심리학의 용어인) '아니마/아니무스'의 작용을 말한다. 『희열로 가는 길』의 한 대목에서 캠벨은 이 두 가지 용어를 이렇게 해설한다. "도덕 원칙들은(즉 페르소나 콤플렉스는) 우리를 제자리에 붙드는 역할을 담당하므로, 도덕 원칙들이 느슨해지면 나머지 온갖 것들이 쏟아져 나옵니다. 우선 끔찍한 인간이 되려는 위협, 또는 유혹이 나옵니다. 저는 이를 배후의 그림자의 '문 두들김'이라고 부릅니다. 우리의 어두운 인격이 말을 거는 것입니다. 또 우리는 아니마/아니무스의 '반짝임'의 유혹을 경험할 수도 있습니다. '어서 와라, 꼬마야. 모퉁이 너머에 재미있는 게 있어. 이런 여자는 난생 처음 볼 걸?'"

3. 《새터데이 이브닝 포스트》는 1821년 창간된 미국의 잡지로 20세기 전반의 전성기에는 윌리엄 포크너, F. 스콧 피츠제럴드, 싱클레어 루이스, 존 스타인벡 같은 유명 작가들의 작품을 게재했다.

4. 캠벨의 아내 진 어드먼, 그의 동료 겸 친구 스타니슬라브 그로프의 아내 존 핼리팩스, 역시 동료 겸 친구 샘 킨의 아내 잰 러벳을 가리킨다.

5. 조지프 캠벨, 노혜숙 옮김, 『블리스, 내 인생의 신화를 찾아서』, 아니마, 2014, 116쪽. 새로 옮김.

6. '아모르/로마'(amor/roma)는 12-13세기에 프랑스에서 유행한 기독교의 영지주의 운동인 카타리파(알비파)의 견해이다. 즉 자신들을 탄압하는 '로마' 교회와 정반대인 '아모르'(사랑) 교회로 자처한 것이다.

7. 알리에노르 다키텐(1122-1204)은 다키텐 공작 기욤 10세의 딸로 훗날 프랑스 왕 루이 7세와 결혼했다 이혼했고, 다시 영국 왕 헨리 2세와 결혼했다. 마리 드 프랑스(1145-1198)는 알리에노르와 루이의 딸로 훗날 샹파뉴 백작과 결혼했고, 블랑카 데 카스티야(1188-1252)는 알리에노르와 헨리의 외손녀로 훗날 프랑스 왕 루이 8세와 결혼했다. 세 사람 모두 음유시인의 후원자로서 중세의 궁정 연애라는 주제의 발전에 기여했으며, 그 분야의 대표작인 안드레아스 카펠라누스의 『궁정 연애의 기술』과 크레티엥 드 트루아의 『수레를 탄 기사 랑슬로』는 모두 마리 드 프랑스의 후원으로 세상에 나왔다. 본문에서 캠벨이 언급한 '사랑의 법정'에 관한 일화도 카펠라누스의 책에 나와 있다.

8. 캠벨의 인용문은 아마도 『황무지』 제1부 19-20행의 다음 구절을 재해석한 것으로 보인다. "움켜잡는 뿌리는 무엇이며, 이 잡석 쓰레기에서 자라난 나뭇가지는 무엇인가?"

9. 이하의 『파르치팔』 관련 인명 및 지명은 번역본의 독일어식 표기법을 따랐다.

제5장 혜택

1. 조지프 캠벨, 이윤기 옮김, 『천의 얼굴을 가진 영웅』, 민음사, 2018, 253쪽. 새로 옮김.

2. 같은 책, 13쪽. 새로 옮김.

3. 우리말 번역본(조지프 캠벨, 노혜숙 옮김, 『블리스, 내 인생의 신화를 찾아서』, 아니마, 2014)에서는 누락된 대목이다. 새로 옮김.

4. 미국 금융업계를 좌우한 멜론 가문의 상속자 폴 멜론(1907-1999)은 막대한 재력을 바탕으로 기부 활동을 펼쳤다. 한때 스위스에서 융에게 정신분석을 받았던 인연을 바탕으로 1945년에 볼링엔 재단을 설립했고, 융 전집 영역본과 캠벨의 저서를 비롯한 볼링엔 총서를 간행하고 다양한 인문학 연구를 지원했다.

5. 볼프람 폰 에셴바흐의 『파르치팔』 제11장에서 기사 가반(가웨인)은 마법의 성에 들어가 마법의 침대에 눕는다. 침대가 이리저리 요동치고, 사방에서 화살이 날아오고, 심지어 사자까지 달려드는 연속된 위기에도 불구하고 기사는 이 모든 위협을 물리치고 승리했으며, 이후 성의 여자들의 극진한 간호를 받고 건강을 회복한다.

6. 아난다 K. M. 쿠마라스와미(1877-1947)는 스리랑카 출신으로 영국과 미국에서 활동한 철학자 겸 미술사학자이다. 1917년부터 30년간 보스턴 미술관의 큐레이터로 재직하면서 인도 미술을 서양에 알리는 데 기여했다.

7. 제2차 세계대전 당시 미군은 통신 보안을 위해 소수 언어 사용자인 나바호족을 대거 차출해 통신병으로 활용했다. 이때 나바호족 주술사 제프 킹(1865?-1964)은 미군에 입대하는 나바호족 청년들을 위한 '전사 만들기' 의례를 행했고, 당시 나바호족 보호구역에 살고 있던 화가 모드 오크스(1903-1990)가 '괴물과 싸울 무기를 얻으러 아버지 태양을 찾아간 두 형제'에 관한 신화를 묘사한 모래 그림을 그렸다. 그 내용은 1943년에 볼링엔 총서 제1권으로 간행되었으며, 이때 침머의 추천으로 캠벨이 나바호족 신화에 대한 해설을 덧붙였다. 캠벨은 『시간 속에서 신화의 변모』 제2장에서 모드 오크스의 모래 그림 총13점을 소개하고 설명을 곁들여 놓았다. 번역본은 「전설 속에서 사는 사람들: 아메리카인디언의 신화」, 『신화의 세계』, 33~60쪽.

8. 「브리하다란야카 우파니샤드」 1. 4. 6. 번역본은 『우파니샤드 II』(이재숙 옮김, 한길사, 1996) 561쪽. 새로 옮김.

9. 이로쿼이족 인디언이 인간과 환경, 생물과 무생물 모두에 내재한다고 간주한 영적 에너지를 말한다.

10. 몽환시(夢幻時, dreamtime)는 오스트레일리아 원주민 신화에서 만물이 창조된 시기를 말한다.

11. 본문의 인용문은 니체의 말이 아니라 일반 격언인 것으로 미루어 캠벨의 발언은 착오로 보

인다. 대신 『차라투스트라는 이렇게 말했다』의 「창백한 범죄자에 대하여」 장에 나오는 니체의 말 중에서 칼(비수)과 피에 관한 내용은 다음 하나뿐이다. "그의 영혼이 갈구한 것은 강탈이 아니라 피였다. 그는 비수의 행복에 굶주려 있었던 것이다!" 『차라투스트라는 이렇게 말했다』 (니체 전집 13), 책세상, 2000, 61쪽.

제6장 마법의 도주

1. 조지프 캠벨, 이윤기 옮김, 『천의 얼굴을 가진 영웅』, 민음사, 2018, 257쪽. 새로 옮김.

2. 미국 비의학자 아서 에드워드 웨이트가 개정한 타로 카드를 말한다. 타로 덱 하나에는 78장의 카드가 들어 있고, 그중 22장이 메이저 아카나, 56장이 마이너 아카나다. 메이저 아카나에는 태양, 별, 달, 세계, 연인 등의 다양한 그림이 나와 있고, 마이너 아카나에는 검, 주화, 막대기, 컵이라는 네 가지 주제(수트)를 묘사한 그림이 각각 14장씩 들어 있다.

3. 외관상으로는 아기 예수를 안고 있는 성모상이지만, 앞부분을 좌우로 펼쳐서 열면 안에 숨어 있던 또 다른 성화가 드러난다.

4. 붓다가 열반 후에 달려온 어머니 마야 부인을 위해 관에서 다시 일어나 설법했다는 대승불교 경전 『마하마야경』의 내용에 근거한 불화이다. 일본 교토 국립박물관 소장.

5. 조지프 캠벨, 홍윤희 옮김, 『신화와 이미지』, 살림, 2006, 428쪽. 새로 옮김.

6. 『신약성서』, 「요한의 묵시록」, 7장 14절.

7. 『파우스트』 제2부 5막의 맨 마지막에 나오는 '신비의 합창'의 첫 행인 "일체의 무상한 것은/ 한낱 은유일 뿐이다"를 캠벨이 부연해 인용한 것이다.

8. 『차라투스트라는 이렇게 말했다』 제2부 2절. 하지만 원문은 캠벨이 인용한 것과는 뉘앙스가 약간 다르다. "불멸의 존재, 그것도 한낱 비유에 불과하다." 『차라투스트라는 이렇게 말했다』(니체 전집 13), 책세상, 2000, 142쪽.

9. 『물리학자의 철학적 세계관』이라는 제목의 단행본에 수록된 논문 「길을 찾아서」(1925)와 「무 엇이 실재인가?」(1960)에서 슈뢰딩거는 베단타 철학에 관해서 언급한다.

10. 『신의 가면』 4부작을 완간한 소감의 도입부이다. 번역본으로는 『신의 가면 1: 원시 신화』(조 지프 캠벨, 이진구 옮김, 까치, 2003, 5쪽)에 수록되어 있다.

11. '우파니샤드'는 '가까이 앉는다'라는 뜻으로, 제자가 스승과 가까이 앉아서 듣는 방식으로 전해지는 은밀한 가르침을 가리킨다.

12. 니콜라이 바빌로프(1887-1943)는 러시아의 식물학자이다. 널리 여행을 다니며 수집한 증거 를 바탕으로 농작물의 기원지 연구 등에서 중요한 업적을 남겼지만, 1930년대에 정치적인 이 유로 숙청되어 강제수용소에서 사망했다.

13. 트로핌 리센코(1898-1976)는 러시아의 생물학자이다. 멘델의 유전 법칙에 반대되는 사이비 생물학인 리센코주의를 주창했으며, 스탈린의 지지를 등에 업고 동료 과학자를 탄압하여 자국의 과학계에 큰 후유증을 남겼다.

14. 『구약성서』, 「창세기」, 3장 22절.

15. 칼 샌드버그(1878-1967)는 미국의 작가로 시와 전기 분야에서 퓰리처상을 3회 수상했다. 대표작으로는 퓰리처상 수상작인 『에이브러햄 링컨: 남북전쟁 시절』(전4권, 1939)이 있다.

제7장 귀환의 문턱

1. 조지프 캠벨, 이윤기 옮김, 『천의 얼굴을 가진 영웅』, 민음사, 2018, 282쪽. 새로 옮김.

2. 바버라 마이어호프(1935-1985)는 미국의 인류학자 겸 영화 제작자로 1976년에 아카데미 단편 다큐멘터리상을 수상했다.

3. 마리야 김부타스(1921-1994)는 선사시대 연구로 유명한 리투아니아 출신의 미국 인류학자이다. 캠벨은 사망 직전에 그녀의 저서에 대한 추천사를 썼으며, 사후에 간행된 강연록 『여신들』에서도 이 주제에 관해 그녀에게 받은 영향이 고스란히 드러난다.

4. 오늘날에는 전하지 않는 에우리피데스의 희곡 『멜라니페』의 한 구절이다.

5. 사이 로스 감독의 1956년작 SF 영화. '역사상 최악의 영화' 가운데 하나로 악명이 높다.

6. 『율리시스』 제14장에 실제로 나온 문장은 캠벨의 인용문과 약간 다르다. "그 어떤 물체든지 간에, 열심히 바라보기만 하면, 신들의 불변하는 영겁으로 들어서는 문이 될 수도 있어."

7. 『율리시스』 제14장인 일명 「태양신의 황소들」은 더블린 소재 국립 산부인과 병원을 배경으로 삼는다.

8. 머스 커닝엄(1919-2009)은 미국의 무용가이다. 마서 그레이엄 무용단에서 활동하다가 1944년에 독립했으며, 1953년부터 독자적인 무용단을 만들어 활동하며 반세기 넘도록 미국 현대 무용의 대표 주자가 되었다.

9. 조지프 캠벨, 노혜숙 옮김, 『블리스, 내 인생의 신화를 찾아서』, 아니마, 2014, 170쪽. 새로 옮김.

10. 같은 책, 164쪽. 새로 옮김.

11. 괴테의 시 「방랑자의 밤노래 II」 전문. 로버트 블라이가 직접 번역, 인용한 영역문을 옮김.

제8장 두 세계의 주인

1. 조지프 캠벨, 이윤기 옮김, 『천의 얼굴을 가진 영웅』, 민음사, 2018, 488쪽. 새로 옮김.

2. 조지프 캠벨, 노혜숙 옮김, 『블리스, 내 인생의 신화를 찾아서』, 아니마, 2014, 150쪽. 새로 옮

김.

3. 솔트레이크시에서 한때 가장 큰 건물이었던 높이 128미터의 몰몬교 사무동을 가리킨다. 현재 그곳에서 가장 높은 건물은 1998년에 건립된 높이 128.6미터의 웰스파고센터이다.

4. 이 글에서 괴테는 시와 종교와 철학의 시대를 거쳐 산문의 시대로 이행한 것이 결국 고상한 것에서 비속한 것으로의 타락을 의미하는 것으로 파악하며, 그로부터 비롯되는 혼돈 앞에서는 하느님도 속수무책일 것이라고 부정적 의견을 피력한다. 「정신사의 여러 시대들」, 『문학론』(괴테 전집 14), 안삼환 옮김, 민음사, 2010, 131~134쪽. 본문의 인용문은 새로 옮김.

5. 「타이티리야 우파니샤드」에서는 인간의 몸이 음식, 호흡, 정신, 지혜, 희열이라는 '다섯 개의 쌈지'로 겹겹이 싸여 있다고 설명한다. 번역본은 『우파니샤드 II』(이재숙 옮김, 한길사, 1996) 509~537쪽.

6. 인도 철학에서 '구나'(guna)는 프라크리티(prakriti, 물질)의 세 가지 구성 요소이다. 첫째는 '사트바'(sattva, 순수한 성질), 둘째는 '라자스'(rajas, 격렬한 성질), 셋째는 '타마스'(tamas, 어두운 성질)이다. '라자스'는 행위의 원천인 동시에 고통의 원천이기도 하다.

7. 펜실베이니아 대학 육상대회는 1895년에 시작되어 미국에서 가장 오랜 역사를 자랑한다. 매년 4월 필라델피아에서 개최되며 고등부와 대학부와 일반부 선수들이 참가한다.

8. '가이아'(Gaia)는 본래 그리스 신화에서 대지의 여신의 이름이다.

9. 리처드 '딕' 게파트(1941년생)는 미국의 정치인으로 1977년부터 2009년까지 민주당 소속 미주리주 연방 하원의원을 역임했다.

10. 캠벨의 인용문은 성서의 정확한 인용이 아니라 일종의 재해석이다. "그는 하느님의 형체를 취하고 있었지만, 하느님과 동등하게 되는 것이 잘못이라 생각했다. 자신의 명성을 얻지 않고, 종의 모습을 취하여 인간과 비슷하게 되었다. 사람의 모습으로 나타나서 스스로를 낮추었고, 죽음에 순종하였으며 심지어 십자가의 죽음까지 당했다". 『신약성서』, 「필립비인들에게 보낸 편지」, 2장 6-8절.

참고문헌

Alighieri, Dante. *The Convivio*. Trans. Philip H. Wicksteed. London: J. M. Dent and Sons. 1903. (『향연』. 단테 알리기에리 지음, 김운찬 옮김, 나남출판, 2010).

―――. *The Divine Comedy*. 6 vols. Trans. Charles S. Singleton. Bollingen Series lxxx. Princeton: Princeton University Press, 1975. (『신곡』. 단테 알리기에리 지음, 박상진 옮김, 민음사, 2013).

―――. *La vita nuova*. Trans. Charles Eliot Norton. Boston and New York: Houghton Mifflin Company, 1867. (『새로운 인생』. 단테 알리기에리 지음, 박우수 옮김, 민음사, 2005).

Arnold, Sir Edwin. *The Light of Asia*. London and Madras: The Theosophical Publishing House, 1980. (『아시아의 등불: 위대한 출가』. 에드윈 아놀드 지음, 백원기 옮김, 동국대학교출판부, 2006).

Arrien, Angeles. *The Tarot Handbook: Practical Applications of Ancient Visual Symbols*. Sonoma, Calif.: Arcus Press, 1987.

Bastian, Adolf. *Das Beständige in den Menschenrassen und die Spielweite ihrer Veränderlichkeit*. Berlin: Dietrich Reimer, 1868.

Bédier, Joseph. *Le Roman de Tristan*. Trans. Hilaire Belloc. Compl. Paul Roselfeld. Paris: Sociétédes Anciens Textes Français, 1902. (『트리스탄과 이즈』. 죠제프 베디에 지음, 이형식 옮김, 궁리, 2001).

Bly, Robert. *Selected Poetry*. New York: Perennial Library, 1986.

Brown, Joseph Epes. *The Sacred Pipe: Black Elk's Account of the Seven Rites of Oglala Sioux*. Norman: University of Oklahoma Press, 1963.

Coomaraswamy, Ananda K. *Hinduism and Buddhism*. New York: Philosophical Library, n.d.

_____. *The Transformation of Nature in Art*. Cambridge: Harvard University Press, 1934.

Daumal, René. *Mount Analogue*. Trans. Roger Shattuck. Baltimore: Penguin, 1974. (『마운트 아날 로그』. 르네 도말 지음, 오종은 옮김, 이모션북스, 2014).

Dürkheim, Karlfried Graf. *Zen and Us*. Trans. Vincent Nash. New York: Dutton, 1987.

Eliade, Mircea. *Shamanism: Archaic Techniques of Ecstasy*. Trans. Willard R. Trask: Bollingen Series lxxvi. Princeton: Princeton University Press, 1964. (『샤마니즘』. 미르치아 엘리아데 지음, 이 윤기 옮김, 까치, 1992).

Eliot, T. S. *The Waste Land*. New York: Harcourt, Brace & World, 1922. (『황무지』. T. S. 엘리엇 지음, 황동규 옮김, 민음사, 2017).

Eschenbach, Wolfram von. *Parzival*. New York: Random House, Vintage Books, 1961. (『파르치팔』 . 볼프람 폰 에셴바흐 지음, 허창운 옮김, 한길사, 2005).

Evans-Wentz, W. Y. *The Tibetan Book of the Dead*. New York: Oxford University Press, 1960. (『티 베트 사자의 서』. 파드마삼바바 지음, 류시화 옮김, 정신세계사, 1995).

Ficino, Marsilio. *The Book of Life*. Trans. Charles Boer. Dallas: Spring Publications, 1980.

Frankl, Dr. Viktor E. *Man's Search for Meaning: An Introduction to Logotherapy*. New York: Washington Square Press, 1963. (『죽음의 수용소에서』. 빅터 프랭클 지음, 이시형 옮김, 청아 출판사, 2005).

Frazer, Sir James George. *The Golden Bough*. Abridged. Ed. Theodor H. Gaster. New York: Mentor Books, 1964.

Freud, Sigmund. *Collected Papers*. New York: Basic Books, 1959.

Frobenius, Leo. *Voice of Africa*. 2 vols. Reprint of 1913 ed. Salem: Ayer Press, 1969.

Goethe, Johann Wolfgang von. *Faust*. Boston and New York: Houghton ifflin Company, 1870. (『파 우스트』. 요한 볼프강 폰 괴테 지음, 이인웅 옮김, 문학동네, 2009).

The Gospel According to Thomas. Trans. A. Guilaumont, et. al. Leiden: E. J. Brill; New York: Harper & Row Publishers, 1959.

Grinnell, George Bird. *Blackfoot Lodge Tales*. New York: Charles Scribner's Sons, 1916.

Grof, Stanislav. *East and West: Ancient Wisdom and Modern Science*. Mill Valley, Calif.: Robert Briggs, 1985. (『고대의 지혜와 현대과학의 융합』. 스타니슬라프 그로프 지음, 정인석 옮김, 학지사, 2012).

_____. *LSD Psychotherapy*. San Bernardino, Calif.: Borgo Press, 1986.

Hall, Edward T. *The Dance of Life: The Other Dimension of Time*. New York: Doubleday, 1984. (『생

명의 춤』. 에드워드 홀 지음, 최효선 옮김, 한길사, 2000).

Highwater, Jamake. *The Primal Mind: Vision and Reality in Indian America*. New York and Scarborough, Ontario: Meridian, 1981.

Hill, Gareth, ed. *The Shaman from Elko: Papers in Honor of Joseph Henderson's 75th Birthday*. San Francisco: C. G. Jung Institute, 1978.

Jeffers, Robinson. *Selected Poems*. New York: Random House, 1953.

Jianou, Ionel, and Michel Dufet. *Bourdelle*. Paris: Arted Editions d'Art, 1971.

Joyce, James. *Finnegans Wake*. New York: Viking Press, 1939. (『피네간의 경야』. 제임스 조이스 지음, 김종건 옮김, 고려대학교출판부, 2012).

_____. *A Portrait of the Artist as a Young Man*. New York: The Viking Press, 1964. (『젊은 예술가의 초상』. 제임스 조이스 지음, 이상옥 옮김, 민음사, 2001).

_____. *Ulysses*. New York: Random House, The Modern Library, 1934. (『율리시스』. 제임스 조이스 지음, 김종건 옮김, 생각의나무, 2007).

Jung, C. G. *Memories, Dreams and Reflections*. Recorded and ed. Aniela Jaffe. Trans. Richard Winston and Clara Winston. New York: Pantheon Books, 1963. (『카를 융, 기억 꿈 사상』. 칼 구스타프 융 지음, 조성기 옮김, 김영사, 2007).

_____. *Symbols of Transformation*. New York: Pantheon Books, 1956.

Kant, Immanuel. *The Critique of Pure Reason*. Trans. and ed. Norman K. Smith. New York: St. Martin's Press, 1987. (『순수이성비판』. 이마누엘 칸트 지음, 백종현 옮김, 아카넷, 2006).

_____. *Prolegomena to Any Future Metaphysics*. Trans. Paul Carus. Peru, Ill.: Open Court Press, 1985. (『형이상학 서설』. 이마누엘 칸트 지음, 백종현 옮김, 아카넷, 2012).

Keen, Sam. *The Faces of the Enemy*. San Francisco: Harper & Row Publishers, 1986.

Keleman, Stanley. *Somatic Reality*. Berkeley: Center Press, 1979.

Keynes, Geoffrey, ed. *Poetry and Prose of William Blake*. New York: Random House, 1927.

Kühn, Herbert. *The Rock Pictures of Europe*. New York: October Press.

Lao Tzu. *Tao To Ching*. Trans. Arthur Waley. New York: The Macmillan Co., 1954.

Lewis, Sinclair. *Babbitt*. New York: Harcourt, Brace and Jovanivoch, 1949. (『배빗』. 싱클레어 루이스 지음, 이종인 옮김, 열린책들, 2011).

Malory, Sir Thomas. *Le Morte d'Arthur*. 2 vols. Ed. Janet Cowen. London: Penguin, 1970. (『아서왕의 죽음』. 토마스 말로리 지음, 이현주 옮김, 나남출판, 2009).

Mann, Thomas. *Buddenbrooks*. New York: Random House, 1985. (『부덴브로크 가의 사람들』. 토

마스 만 지음, 홍성광 옮김, 민음사, 2001).

_____. *Magic Mountain*. New York: Random House, 1969. (『마의 산』. 토마스 만 지음, 홍성광 옮김, 을유문화사, 2008).

Meerjkowski, Dmitri. *The Romance of Leonardo da Vinci*. Trans. Bernard Guilbert Guerney. New York: The Modern Library, 1928.

Murphy, Michael, and Rhea A. White. *The Psychic Side of Sports*. Reading, Mass.: Addison-Wesley Publishing, 1978.

Neihardt, John. *Black Elk Speaks*. Lincoln: University of Nebraska Press, 1968. (『검은고라니는 말한다』. J. G. 니이하트 지음, 김정환 옮김, 두레, 2002).

Nietzsche, Friedrich. *The Birth of Tragedy*. New York: Vintage Books, 1967. (『비극의 탄생』. 프리드리히 니체 지음, 박찬국 옮김, 아카넷, 2007).

_____. *Thus Spake Zarathustra*. London: Penguin, 1961. (『차라투스트라는 이렇게 말했다』. 프리드리히 니체 지음, 장희창 옮김, 민음사, 2004).

Nilsson, Martin P. *A History of Greek Religion*. Trans. F. J. Fielden. Westfort, Conn.: Greenwood Press, 1949.

Ortega y Gasset, José. *Meditations on Quixote*. Trans. Evelyn Rugg and Diego Marin. New York: W. W. Norton & Company, 1961. (『돈키호테 성찰』. 호세 오르테가 이 가세트 지음, 신정환 옮김, 을유문화사, 2017).

Ovid. Metamorphoses. Trans. Frank Justus Miller. The Loeb Classical Library. Cambridge: Harvard Univeristy Press, 1916. (『변신이야기』. 오비디우스 지음, 천병희 옮김, 숲, 2017).

Pagels, Elaine. *The Gnostic Gospels*. New York: Vintage Books, 1981. (『숨겨진 복음서, 영지주의』. 일레인 페이절스 지음, 하연희 옮김, 루비박스, 2006).

Pound, Ezra. *Selected Poems: 1908-1959*. London: Faber & Faber, 1975.

Proust, Marcel. *Remembrances of Things Past*. Trans. C. K. Scott Moncrieff and Terence Kilmartin. New York: Random House, 1981. (『잃어버린 시간을 찾아서』. 마르셀 프루스트 지음, 김창석 옮김, 국일미디어, 1998).

Ramakrishna, Sri. *The Gospel of Sri Ramakrishna*. Trans. Swami Nikhilananda. New York: Ramakrishna-Vivekananda Center, 1942.

Roberts, Richard. *The Tarot Journey*. San Anselmo, Calif.: Vernal Equinox Press, 1987.

Rougemont, Denis de. *Love in the Western World*. Trans. Montgomery Belgion. Princeton: Princeton Univeristy Press, 1983. (『사랑과 서구 문명』. 드니 드 루즈몽 지음, 정장진 옮김, 한

국문화사, 2013).

Schopenhauer, Arthur. *The World as Will and Representation*. 2 vols. Trans. E. F. Payne. New York: Dover, 1966. (『의지와 표상으로서의 세계』. 아르투어 쇼펜하우어 지음, 홍성광 옮김, 을유문화사, 2019).

Schroedinger, Erwin. *My View of the World*. Trans. Cecily Hastings. Cambridge: Cambridge Univeristy Press, 1964. (『물리학자의 철학적 세계관』. 에르빈 슈뢰딩거 지음, 김태희 옮김, 필로소픽, 2013).

Spengler, Oswald. *The Decline of the West*. Trans. Charles Francis Atkinson. New York: Alfred A. Knopf, 1926. (『서구의 몰락』. 오스발트 슈펭글러 지음, 박광순 옮김, 범우사, 1995).

Strassburg, Gottfried von. *Tristan*. Trans. A. T. Hatto. Baltimore: Penguin Books, 1960. (『비련』. 곳트프리트 폰 슈트라스부르크 지음, 박훤 옮김, 썬맨, 1983).

Suzuki, Daisetz. *Zen and Japanese Culture*. Bollingen Series lxiv. Princeton: Princeton Univeristy Press, 1959.

Troyes, Chrétien de. *La Queste del Sainte Graal*. Ed. Albert Pauphilet. Paris: Chamion, 1949. (『그라알 이야기』. 크레티앵 드 트루아 지음, 최애리 옮김, 을유문화사, 2009).

Underhill, Evelyn. *Mysticism*. Cleveland and New York: Meridian, 1970.

Watts, Alan. *In My Own Way*. New York: Vintage Books, 1972.

Yeats, W. B. *The Collected Poems of W. B. Yeats*. London: Macmillan, 1966.

_____. *Irish Folk Tales*. New York: The Modern Library, n.d.

_____. *A Vision*. New York: Macmillan Company; First Collier Books Edition, 1966. (『비전』. 윌리엄 버틀러 예이츠 지음, 이철 옮김, 시공사, 2013).

그림 목록

이곳은 판권면의 연장에 해당한다. 본문에 수록된 도판 사용에 대해 허가를 해 주신 분들께 감사드린다.

398, 425쪽: Courtesy of Phil Cousineau.

21쪽: Courtesy of Larry Zumwalt.

44, 46, 48, 51(상하), 55, 60, 80, 81, 83, 86, 94, 103, 194, 195, 197(photo by Julian Brian), 202, 315, 322, 335(하), 431, 449쪽: Courtesy of Jean Erdman.

50쪽: Courtesy of the Buffalo Bill Historical Society, Cody, Wyoming.

58쪽: Courtesy of Professor Joseph Epes Brown, Stevensville, Montana.

66쪽: Photo by Dr. E. M. Bruins.

98쪽: Photo by Constantine Curran, courtesy of the University College Dublin Library.

100쪽: Photo by Ralph Gardner, courtesy of the Krishnamurti Foundation of America, © 1989, Ojai.

101쪽: Courtesy of the Musée National d'Art Modern. Centre Georges Pompidou. ©ADAGP 1986, Paris.

105쪽(우), 206, 209쪽: Photos by Clarence J. Zumwalt.

106쪽: Courtesy of H. Roger-Viollet, Paris.

116쪽: Courtesy of the German Information Center, New York.

122쪽: Courtesy of Stanley Keleman.

131쪽: Courtesy of the C. G. Jung Institue, San Francisco.

찾아보기

101목장(서부극 공연)(101 Ranch) 52
〈2001 스페이스 오디세이〉(영화, 1968)
  462~463
LSD 171, 176, 321

【ㄱ】
가르시아, 제리(Garcia, Jerry) 36, 467~468
가부키(Kabuki theater) 202
가이아 가설(Gaia hypothesis) 474
『가이아』(러브록)(Gaia) 475
『간발의 차이』(와일더)(The Skin of Our
  Teeth) 267~268
감사의 의례(rituals of gratitude) 70
개인주의(individualism) 436
게파트, 리처드 A.(Gephardt, Richard A.)
  481
『겐지 이야기(源氏物語)』(무라사키)(The Tale
  of Genji) 259
격정(passion) 209, 236~237, 387
결혼(marriage) 71, 158, 168, 195, 201,
  203~206, 208~209, 211, 216~217,
  240~246, 248~249, 253~255, 451,
  459
경제(economics) 463, 482~483
고갱, 폴(Gauguin, Paul) 203

고트프리트 폰 슈트라스부르크(Gottfried
  von Strassburg) 243, 247
공감(compassion) 38, 209, 427, 471~472,
  474, 482~483
공동체의 영혼(community soul) 358
과학(science)
  ─과 예술 184~185, 360
  ─과 종교 사이 128, 360
  ─대 철학 359
  ─의 목표 352, 358
  ─의 신화 185~189
  ─의 예견 능력 186~192
과학적 추론(scientific reasoning) 185
관계, 깊은 ☞ 깊은 관계
관음(觀音, 자비의 보살)(Kuan-yin) 341
광고(advertising) 241, 346, 389, 405
괴테, 요한 볼프강 폰(Goethe, Johann
  Wolfgang von) 111~112, 346, 353,
  370, 396, 414~415, 418, 450, 455
교리문답(catechism) 377
교수법(pedagogy) 236
교육(education)
  ─에서의 사회학 강조 492
  ─의 필수 과목으로서의 신화 438
  ─의 힘 436, 437

교토(일본)(Kyoto) 335, 339, 374

『권력에의 의지』(니체)(The Will to Power) 303

귀환의 문턱(return throeshold) 380

그레고리, 앤젤라(Gregory, Angela) 104~105

그레고어, 엘머(Gregor, Elmer) 50, 52

그레이엄, 마사(Graham, Martha) 153, 195, 197, 201, 382, 391, 401

그레이트풀 데드(Grateful Dead) 34, 36, 382, 466, 468, 477

그로프, 스타니슬라브(Grof, Stanislav) 163, 174~176, 188, 354

그리넬, 조지 버드(Grinnell, George Bird) 75

그리니치 빌리지(뉴욕 시)(Greenwich Village)

　－소재 캠벨의 아파트 398

그리스 신화(Greek mythology) 203, 237

그리스(Greece) 31. 38, 60~61, 66, 101, 170, 187, 197, 199, 203, 237, 316, 388, 459

『그림 형제 동화 전집』(그림 형제)(The Complete Grimm's Fairy Tales) 161, 263

근본주의, 종교적 ☞ 종교적 근본주의

〈금관에서 다시 일어난 석가(釋迦金棺出現圖)〉(Shaka Reappearing from the Golden Coffin) 343

기(氣)(에너지)(chi) 90

기계론(mechanism) 369~370

기네스, 알렉(Guiness, Alec) 392

기독교(Christianity) ☞ 유대-기독교 전통; 프로테스탄티즘; 로마가톨리시즘

　－속 신화의 이미지 310

　－에 대한 유럽의 동화(同化) 255~257, 446

　－에서 해석되는 신화적 상징 340~346, 374~377, 415~416

　－의 세계 종말 328

　－의 의례 416

　－의 해석과 미술가 388~390

　－의 확산 446

　대중 종교로서의 － 127, 448

　유배의 종교로서의 － 374~377

기로 드 보르넬(Guiraut de Bornelh) 242

기원 신화(origin myths) 445

기유맹, 로제(Guillemin, Roger) 9, 177, 179, 182, 184~186, 188~189, 295, 350~351, 353~354, 358~359

김부타스, 마리야(Gimbutas, Marija) 382

깊은 관계(deep relationships) 458

꿈 의식(dream consciousness) 160~161

꿈(dream) 6, 15, 28, 30, 32, 36, 45, 79, 82, 113~114, 119, 130, 160~161, 188, 270, 275, 289~291, 348, 397

『꿈의 해석』(프로이트)(Interpretation of Dreams) 114

【ㄴ】

나/너 양극성(I/Thou polarity) 356, 411~412

나가사키(일본)(Nagasaki) 174

신화적 상징으로서의 나무 64

〈나무를 끌어안은 여자〉(세밀화, 굴러화(畵))(Woman Embracing a Tree) 372

나무, 신화적 상징으로서의 ☞ 신화적 상징
   으로서의 나무
나바호족(族) 신화(Navaho mythology) 285
나보코프, 블라디미르(Nabokov, Vladimir)
   25
나이하트, 존(Neihardt, John) 57~58
〈날아가는 새〉(브랑쿠시)(Bird in Flight) 101
남성 비밀 결사(men's secret societies) 292
남아프리카(South Africa) 161, 433
『내 방식대로』(와츠)(In My Own Way) 198
『나의 삶과 삶들』(캠벨 편저)(My Life and
   Lives) 175
《내셔널 지오그래픽》(National Geographic)
   76
내셔널아츠클럽(뉴욕 시)(National Arts
   Club) 11, 21, 38, 381~384, 387, 395
네안데르탈인(Neanderthal man) 183
노구치, 이사무(Noguchi, Isamu) 382
노래를 따르기(following the song) 165
노르불링카(티베트)(Norbulingka) 172
노발리스(Novalis) 384
노자(Lao-tzu) 172, 270
「누구의 간발의 차이?」(캠벨과 로빈슨)(The
   Skin of Whose Teeth) 268~269
누르미, 파보(Nurmi, Paavo) 86
뉴 로셸(뉴욕 주)(New Rochelle) 49
뉴욕 육상클럽(New York Athletic Club)
《뉴욕 타임스》(New York Times) 268, 313,
뉴욕(뉴욕 주)(New York)
   – 에서 개최된 버펄로 빌의 와일드
      웨스트 쇼 46, 51~52
   – 에서의 나/너 관계 411

   – 에서 태어난 캠벨 46
뉴턴, 아이작(Newton, Isaac) 190
니체, 프리드리히(Nietzsche, Friedrich) 76,
   114, 119, 212, 303, 353, 421, 443, 480
니킬라난다, 스와미(Nikhilananda, Swami)
   196, 284
닐손, 마르틴(Nilsson, Martin) 227

【ㄷ】
다국적 기업(multinational corpora tions)
   482
다윈, 찰스(Darwin, Charles) 7, 346, 370
다트머스 대학(뉴햄프셔 주 하노버)
   (Darthmouth University) 47, 84, 95
단테(Dante) 211, 324, 326, 327
달 황소(moon bull) 445
달라이 라마(Dalai Lama) 172
담뱃대, 성스러운 ☞ 성스러운 담뱃대
대공황(Great Depression) 143, 145, 264,
   330, 470
대니얼스, 앤서니(Daniels, Anthony) 392
대중문화(popular culture) 34, 401
던, 존(Donne, John) 19
덩컨, 레이먼드(Duncan, Raymond) 101~
   102
덩컨, 이사도라(Duncan, Isadora) 197
데렌, 마야(Deren, Maya) 465
데메테르(그리스 여신)(Demeter) 228
데시(deśī) 132~133
덴스모어, 존(Densmore, John) 466, 476,
   484~485
델포이(그리스)(Delphi) 60, 66

도가(道家)(Taoism) 331

도다이지(東大寺, Tōdaji Temple) 375

도덕(morality) 207, 209, 360~361, 453~
454, 486

『도덕경』(道德經)(Tao-te Ching) 62

「도덕의 기초」(쇼펜하우어)(The Foundation
of Morality) 124

도말, 르네(Daumal, René) 65

도첼레(티베트 불교의 존재)(docheles) 389

독일(German) 32, 56, 100, 108, 110~111,
112, 114~115, 117, 121~122, 132,
135, 137, 198, 259, 277, 418~419

독일어(German language) 56, 82, 110~111,
137

돈의 신화(myth of money) 480

동굴 벽화(cave paintings) 181, 183

동물(animals)

　－의 의례 409

　－이 느끼는 공감 472

　삶의 주인으로서의 － 77

　신성한 힘의 표현으로서의 －70~75,
78

『동물의 힘의 길』(캠벨)(The Way of the
Animal Powers) 310

동일시(identification) 59, 118, 173, 240,
308, 338~339, 447, 467 490

돼지 여신(pig goddesses) 228

『두 아들이 아버지에게 온 곳: 나바호
족(族) 전쟁 예식』(오크스)(Where the
Two Came to Their Father: A Navaho War
Ceremonial) 263

두뇌 구조(structure of brain) 295

뒤르카임, 칼프리트 그라프(Dürkheim,
Karlfried Graf) 121~122, 367, 415

드라이저, 시오도어(Dreiser, Theodore) 399

드리센, 에드워드(Dressen, Edward) 59, 64,
66, 90, 451, 455~456

드룩파 카규파(티베트 불교 종파)(Druka
Kagyupa) 291

들소 춤(buffalo dance) 74

디렉터스길드(캘리포니아 주 할리우드)
(Director's Guild) 12, 38, 423, 466

디바인 신부(Father Divine) 330

디오니소스(Dionysus) 170, 212, 467, 476,
477

'디오니소스부터 그레이트풀 데드까지
의 의례와 환희'(강연, 캠벨)(Ritual and
Rapture from Dionysus to the Grateful
Dead) 467

【ㄹ】

라다(Rādha) 257~258

라마르크, 장밥티스트(Lamarck, Jean-
Baptiste) 346, 370

라마크리슈나(Ramakrishna) 196

라사(티베트)(Lasha) 172

라자고팔(Rajagopal) 99

라자스구나(rājāsguna) 456

랭보, 장 니콜라 아르튀르(Rimbaud, Jean
Nicolas Arthur) 179

러브록, 제임스(Lovelock, James) 474

레비스트로스, 클로드(Lévi-Strauss, Claude)
28, 386

레오나르도 다빈치(Leonardo da Vinci) 47,

95~96

『레오나르도 다빈치의 로맨스』(메레시코프스키)(The Romance of Leonardo da Vinci) 96, 100

로, 수 데이비드슨(Lowe, Sue Davidson) 196

로, 윌리엄(Law, William) 371

로고스(Logos) 228~229

로렌스, W. W.(Lawrence, W. W.) 152

로마가톨리시즘(Roman Catholicism)
　－에서 결혼의 신성화 244
　－와 타로 카드 326
　시적 종교로서의 － 54
　캠벨의 － 배경 46, 53, 312

로빈슨, 헨리 모턴(Robinson, Henry Morton) 262~264

록 콘서트(rock concerts) 36

론스태트, 린다(Ronstadt, Linda) 383

롤러, 앤서니(Lowler, Anthony) 18

루소, 앙리(Rousseau, Henri) 101

루이스, 싱클레어(Lewis, Sinclair) 399, 459

루카스, 조지(Lucas, George) 9, 12, 14, 34, 382~383, 391~392, 395~397, 400, 462, 464~465

레 트루아프레르(동굴, 프랑스 피레네 산맥) (Les Trois-Frères) 181

레 트루아프레르의 주술사(동굴 회화) (Sorcerer of Les Trois-Frères) 182~183

르네상스(Renaissance) 388~389

《리더스 다이제스트》(Reader's Digest) 265

리 베스토트(사랑에서 비롯된 죽음) (Liebestod) 308

리센코, 트로핌 데니소비치(Lysenko, Trofim Denisovich) 368

리케츠, 에드(Ricketts, Ed) 34, 63, 143, 413

리호카이(理法界, 일반적 의식) 338

린드버그, 찰스(Lindbergh, Charles) 135

『린디스판 복음서』(Book of Lindesfarne) 290

릴케, 라이너 마리아(Rilke, Rainer Maria) 32

『링컨 전기』(샌드버그)(Life of Lincoln) 378

【ㅁ】

마르가(길)(mārga) 132~133

마르세유 타로 덱(Marseilles tarot deck) 325

「마르코의 복음서」(Gospel of Mark) 328

마법(magic) 238, 293

마법의 도주(magic flight) 314

마신(djinns) 428

마오쩌둥(Mao Tse-tung) 172

『마의 산』(만)(Magic Mountain) 115~116

마이어, 애그니스(Meyer, Agnes) 119, 270

마이어호프, 바버라(Myerhoff, Barbara) 382

마임(mime) 202, 393

마츠야 나야(물고기의 법칙, 힌두교의 믿음) (matsya nyāya) 68

마티스, 앙리(Matisse, Henri) 101

마하수카(커다란 기쁨)(mahāsukha) 461

만, 토마스(Mann, Thomas) 116, 144
　－과 융 82, 108, 112
　－과 조이스 11, 38, 115
　－과 캠벨의 만남 113
　－에게 증정한 『피네간의 경야로 들어가는 열쇠』 269
　－에게 캠벨이 받은 영향 448, 470

- 에 대한 캠벨의 관심 82, 108, 112
- 에 대한 캠벨의 연구 144
- 의 미국 이주 119
- 의 서한 269
- 의 작품 속 신화적 사고 116
- 의 저술 115~116, 269
- 의 프로이트 80세 생일 기념 강연 112
프로테스탄트로서의 - 115~116
만다라(mandalas) 289, 291
매장 의례(burial rituals) 180, 335
맥과이어, 윌리엄(McGuire, William) 275, 279, 285
맥코맥, 존(McCormack, John) 117
맥피, 존(McPhee, John) 55
머피, 마이클(Murphy Michael) 87, 316, 318
멀로이, 대러(Malloy, Dara) 18
메데이아와 이아손 신화(Medea and Jason myth) 350~351
메두사(그리스 여신)(Medusa) 199
메디치, 코시모 데(Medici, Cosimo de) 388
메레시코프스키, 드미트리(Merejkowski, Dimitri) 95
멜론, 폴(Mellon, Paul) 274, 278
멜빌, 허먼(Melville, Herman) 149
명상(meditation) 169, 384, 454, 469, 492
모나마야코사(정신의 쌈지)(monamayakośa) 452~456
모리스, R. B.(Morris, R. B.) 18
모세(Moses) 66, 341, 445
모이어스, 빌(Moyers, Bill) 35, 424
모험으로의 부름(call to adventure) 45

몽환시(夢幻時) 사람들(Dreamtime people) 295
무디블루스(록 밴드)(Moody Blues) 17
무라사키 시키부(Lady Murasaki) 258
무신론(atheism) 305, 328
무의식(the unconsciousness) 11, 65, 115, 129~130, 132, 162, 186, 207, 414, 442, 445
'문 두들김' 원칙('knock-knock' principle) 207
문명의 역사(history of civilizations) 433, 448
문화의 변모(culture transformations) 210
물고기의 법칙(마츠야 냐야, 힌두교의 믿음) (Law of the Fish) 68
물, 신화적 상징으로서의 ☞ 신화적 상징으로서의 물
뮌헨 대학(University of Munich) 82
미국 1600미터 계주(American Mile Relay) 83, 85
미국 국무부(United States State Department) 316
미국 문예협회(National Institute of Arts and Letters) 263
미국 소설(American Novel) 399
미국 육상 협회 선수권 대회(캘리포니아 주 샌프란시스코, 1925)(American Athletic Union champion ship) 92
미국 인종국(United States Bureau of Ethnology) 49
미로, 호안(Miró, Juan) 101
미스테리움 트레멘둠(두려운 신비)

(mysterium tremendum) 212~213

미스테리움 파스키난스(매혹적인 신비)
(mysterium fascinans) 212

미적 사로잡힘(aesthetic arrest) 357, 390

미켈란젤로(Michelangelo) 388

『미토스 II』(캠벨)(Mythos II) 289, 332

『미토스 III』(캠벨)(Mythos III) 59, 69, 113,
119, 248

『미토스』(캠벨)(Mythos) 310, 376, 379, 461

민네징어(Minnesinger) 259

민족적/민속적 발상(Völkergedanken) 132

밀교(密敎)(Tantrism) 196

밀러, 조지(Miller, George) 34, 382, 462

【ㅂ】

『바가바드 기타』(Bhagavad Gità) 487

바그너, 리하르트(Wagner, Richard) 117

바다, 신화의 상징으로서의 ☞ 신화의 상징
으로서의 바다

바라사나족(族)(Barasana people) 293

바빌로프, 니콜라이 이바노비치(Vavilov,
Nikolai Ivanovich) 368

바스크 신화(Basque mythology) 125, 126

바스티안, 아돌프(Bastian, Adolf) 132, 297

바울로, 성(聖)(Saint Paul) 487

바위, 신화적 상징으로서의 ☞ 신화적 상징
으로서의 바위

'반짝임' 원칙('twinkle-twinkle' principle)
206~207

발니케, 자넬(Balnicke, Janelle) 12

발터 폰 데어 포겔바이데(Walter von der
Vogelweide) 260

『배빗』(루이스)(Babbitt) 459

《버라이어티》(잡지)(Variety) 462

버펄로 빌의 와일드 웨스트 쇼(Buffalo Bill's
Wild West Show) 46, 51~52

번, 데이비드(Byrne, David) 34

베다(Vedas) 22

베단타 전통(Vedanta tradition) 456

베트남 전쟁(Vietnam War) 406

벤투라, 마이클(Ventura, Michael) 382

보글러, 크리스토퍼(Vogler, Christopher) 15

보리수(bodhi tree) 375

보살(Bodhisattvas) 108, 341, 379

보아스, 프란츠(Boas, Franz) 50

보티첼리, 산드로(Botticelli, Sandro) 388

볼링엔 재단(Bollingen Foundation) 135,
263, 274, 276, 278~281, 285

볼링엔 총서(Bollingen Series) 263, 285, 316

볼링엔(스위스)(Bollingen) 135~136, 140

『볼링엔: 과거를 수집하는 모험』(맥과이어)
(Bollingen: An Adventure in Collecting the
Past) 275, 279, 285

볼프, 쿠르트(Wolff, Kurt) 275

볼프람 폰 에셴바흐(Wolfram von
Eschenbach) 246~247, 249, 253~255

『부덴브로크 가의 사람들』(만)(Budden
brooks) 117

부르델, 앙투안(Bourdelle, Antoine)
104~106

부버, 마르틴(Buber, Martin) 305

부탄(Bhutan) 291

부트힐 공동묘지(애리조나 주 툼스톤)
(Boothill Cemetery) 40

불가지론(agnosticism) 308

불교(Buddhism) 291

붓다(Buddha) 38, 99~100, 159, 173, 175,
　　259, 338, 340~341, 343, 345, 366,
　　369, 373~376, 378~379, 444, 446

붓다의 의식(佛性)(Buddha consciousness)
　　173, 338

붓다인 존재(Buddha being) 338, 366

브라운, 스튜어트(Brown, Stuart)

　　－의『영웅의 여정』공개 상영회 참
　　　석 466

　　－의『영웅의 여정』총괄 제작자 역
　　　할 6~13, 31~32, 34~36

　　－의 어드먼 인터뷰 196~203

　　－의 캠벨 인터뷰 47~56, 90~91,
　　　99~102, 127~130, 151~159,
　　　223, 245, 264~265, 271~276,
　　　284~287, 292~294, 301~305,
　　　309~313, 317~321, 331, 346~
　　　349, 363~364, 391, 424~426,
　　　446, 455~457

브랑쿠시, 콘스탄틴(Brancusi, Constantin)
　　82, 101

브롱스빌(뉴욕 주)(Bronxville) 459

『브리튼 군주사』(몬머스의 제프리)(History of
　　the Kings of Britain) 255~256

「브리하다란야카 우파니샤드」(Brihadaran
　　yaka Upanisad) 288

블라이, 로버트(Bly, Robert) 9, 229, 235~
　　236, 354, 382, 404~420, 442

블랙 엘크(오글랄라 라코타 추장)(Black Elk)
　　33, 57~58, 62, 450

『블랙 엘크가 말하다』(나이하트)(Black Elk
　　Speaks) 57, 62~63

블랙풋족(族) 인디언의 들소 결사 기원
　　전설(buffalo society origin legend of
　　Blackfoot Indians) 75

『블랙풋족(族)의 천막 이야기』(그리넬)
　　(Black foot Lodge Tales) 75

『비극의 탄생』(니체)(The Birth of Tragedy)
　　119

비번, 리처드(Beban, Richard) 15, 461, 464,
　　466, 468~474, 476, 481~484, 486

비즈냐마야코사(자발적 지혜의 쌈지)
　　(vijñamayakośa) 452~453

비치, 실비아(Beach, Sylvia) 104, 107

빌헬름, 리하르트(Wilhelm, Richard) 263

『빛의 신화』(캠벨)(Myths of Light) 336

『뿌리』(헤일리)(Roots) 18

【ㅅ】

사랑 이야기(love stories) 123, 205~209,
　　213~214, 246

사랑(love) 76, 105~106, 120, 220~223,
　　226, 234, 239, 242~245

사랑/결혼 양극성

　　－에 대한『파르치팔』의 해결책 246
　　트리스탄과 이졸데 전설에 나타난－
　　248

사랑에서 비롯된 죽음(리베스토트)(love
　　death) 308

사마라(이라크)의 모스크(Mosque at
　　Samarra) 66

사원 수문장(金剛力士)(temple guardians)

373~374

사이먼 앤드슈스터 출판사(Simon & Schuster) 271, 273

사춘기 의례(puberty rites) 355, 454

사회(society)

  - 에 봉사하는 과정에서 신화의 발달 440~441

  - 의 발달 430, 448~451

  행성 - 481

사회적 압력(social pressure) 168

사회학(sociology) 50, 161, 309, 345, 354, 361, 367, 368, 437~440, 443, 473, 492

샥티(śakti) 230, 232

산, 신화적 상징으로서의 ☞ 신화적 상징으로서의 산

산스크리트어(Sanscrit language) 56, 82, 100, 108, 111, 149, 166, 328, 471, 487

산족(族) 부시먼(San bushman) 161

삶(life)

  - 과 예술 171

  - 의 기반으로서의 살해 69~77

  리듬으로서의 - 471

  신화적으로 영감을 얻은 - 168

  자발적인 것으로서의 - 451

  현대의 - 에 타당한 신화 390

『삶의 박동』(홀)(The Pulse of Life) 476

『상징과 변모』(융)(Symbols and Transformation) 139

새러 로렌스 대학(뉴욕 주 용커스)(Sarah Lawrence College)

  - 의 설립 148, 152~153

  - 의 창작 예술 분야 교수진 153

- 의 학생 시절의 어드먼 195

- 의 학생들 236, 273

새러 로렌스 대학에서 캠벨의 교수 재직 (Sarah Lawrence College Campbell as faculty member at) 142

  - 과 은퇴 220, 284

  - 시절 가르친 신화 강의 151, 273

  - 시절 거처 459

  - 시절 여학생들 146, 151, 154~155, 218~219, 235, 239

  - 시절 제자 어드먼 195

  - 시절의 교육 철학 436~437

  - 시절의 집필 계획 263, 284~285

  - 을 위한 취업 제안 152

  - 의 보상 168, 218, 235

  - 이 『천의 얼굴을 가진 영웅』에 끼친 영향 151, 271~277

  - 직전의 독서기 144~147, 151, 264, 470

새로운 감독/새로운 영화 축제(뉴욕 시, 1987년)(New Directors/New Films Festival) 423

《새터데이 리뷰》(Saturday Review) 268

샌드버그, 칼(Sandburg, Carl) 378

샌타페이(뉴멕시코 주)(Santa Fe) 10

샌프란시스코(캘리포니아 주)(San Francisco) 11, 19, 39, 83, 92, 163, 317, 319, 347, 382, 396, 404, 467

샐머니, 앨프리드(Salmony, Alfred) 176

생물학의 기능으로서의 신화(mythology as function of biology) 294

샤르트르(프랑스)(Chartres) 103

샤를 6세(프랑스 왕)(Charles VI) 326

샤먼(shaman) 29, 58, 72, 162~164, 445

『서구의 몰락』(슈펭글러)(The Decline of the West) 195, 275

서양 문화(Western cultures)

　－에 끼친 동양의 영향 88

　－에서 바라본 자연 331, 368

　－에서 샤먼의 재난 163~165

　－에서 회복된 전체론적 접근법 87~89

서양 제국주의(Western imperialism) 294

〈서양의 길: 아서 왕 전설〉(강연, 캠벨)(The Western Way: The Arthurian Legends) 11

선견의 탐색(vision quest) 141, 360~361, 397

선사시대 미술(Paleolithic art) 183, 238

선택받은 민족(選民)(Chosen People) 29

설교조의 외설물(pornography, didactic) 405

성령(Holy Spirit) 256~257, 468

성배 로망스(Grail romances) 246, 248, 427

성서(Bible) 118, 128~129, 333, 345, 350, 366, 371, 426, 439, 442, 476

성스러운 담뱃대(sacred pipe) 68

성애적 신비주의(erotic mysticism) 258, 260

세계 공동체(world community) 447

『세계 신화 역사 지도』(캠벨)(The Historical Atlas of World Mythology) 309, 423~424

세계 신화(world myth) 316, 474

세상의 슬픔에 기쁘게 참여하는 것(joyful participation in sorrows of the world) 38, 108, 485~487

세잔, 폴(Cézanne, Paul) 61, 187, 390, 476

셰익스피어, 윌리엄(Shakespeare, William) 28, 120, 210, 387

셰익스피어 앤드 컴퍼니 서점(파리)(Shakespeare and Company) 104

소설(novels) 18, 33~34, 47, 50, 96, 98, 143, 213, 359, 387, 399, 405, 437

소크라테스(Socrates) 228

속죄(atonement) 324, 345, 416, 421

솔크 연구소(Salk Institute) 185

솔트레이크시티(유타 주)(Salt Lake City) 449

쇼펜하우어, 아르투르(Schopenhauer, Arthur) 33, 75~76, 114, 120, 124, 346, 475

숄렘, 게르숌(Scholem, Gershom) 305

숄즈, 잭슨(Scholz, Jackson) 91~94

수냐타(śunyatā, 空) 124

수메르 신화(Sumerian mythology) 65

수문장(gate guardians) 32, 373, 374

수피(Sufi) 28, 259, 492

『순수이성비판』(칸트)(The Critique of Pure Reason) 123

순환 주기(cycles) 61, 66~67, 261, 314

슈뢰딩거, 에르빈(Schroedinger, Erwin) 362

슈와이카트, 러셀(Schweickart, Russell) 191, 192

슈펭글러, 오스발트(Spengler, Oswald) 144, 150, 187, 195, 275, 429~430

슐레징어, 토머스(Schlesinger, Thomas) 15, 42

스네이크, 루벤(Snake, Reuben) 18

『스리 라마크리슈나 복음서』(The Gospel of

Sri Ramakrishna) 196

스미스, 찰스 마틴(Smith, Charles Martin)
465

스윔, 브라이언(Swimme, Brian) 18

스즈키 다이세츠(Suzuki Daisetz) 335~337,
376

스카이워커 랜치(캘리포니아 주 샌라파엘)
(Skywalker Ranch) 464

〈스타워즈〉(영화, 1977년)(Star Wars) 392,
396, 464

스타인벡, 존(Steinbeck, John) 34, 143

스탈린, 요시프(Stalin, Josef) 368

스테처트해프너(서적 수입 회사)(Stechert-
Hafner) 471

스팔린, 그레그(Sparlin, Greg) 8

스페인어(Spanish language) 109

스피릿오브세인트루이스호(號)(비행기)
(Spirit of St. Louis) 135

스필버그, 스티븐(Spielberg, Steven) 382,
462

시(詩) 속의 신화(myth in poetry) 450

〈시간 속에서 신화의 변모〉(강연, 캠벨)
(Transformations of Myth through Time)
10

시간의 종말(end of time) 67, 344

시베리아 퉁구스의 샤먼(Siberian Tungus
shamans) 164

시험의 길(road of trials) 79

『식물의 변모』(괴테)(The Metamor phosis of
Plants) 370

신(deities)
신화적 장애물로서의 - 356, 415~

416
영속의 전통에 있는 - 288~289
은유로서의 - 302~304

신도(神道)(Shintō) 332~333

신비주의(mysticism) 24, 28, 123, 258, 260,
270, 288, 307~308, 312, 356, 493

〈신성함과 불경함〉(회화, 티치아노)(Sacred
and Profane) 212

『신의 가면』 시리즈(캠벨)(Masks of Gods
series) 7, 263, 316, 320, 365, 394

신전의 고전적 구조(classical structure of
temples) 187

『신화 따라 살기』(캠벨)(Myths to Live By)
110, 297~298, 316

신화(myth/mythology) ☞ 개별 신화 참고
- 속의 여성 193, 230~223, 237~
238 ☞ 여신의 종류
- 없는 국가 129
- 에 관한 융 학파의 견해 182
- 에 대한 교육 437~440
- 와 꿈 290
- 와 상상력 389
- 와 시 418~420
- 와 심리학 127~129
- 와 영화 397~402
- 와 예술 388~391
- 와 일신론 306~308
- 와 자신의 희열을 따르기 168
- 와 자연의 합치 57~65
- 와 환각 175~178
- 의 기능 353~363, 367, 453,
492~493

- 의 기원 445~446

- 의 보편성 270, 287~292, 364~
365

- 의 산문적 읽기 366

- 의 여신 유형 227~228

- 의 예견 능력 185~186

- 의 원초적 형태소 292~294

- 의 정의 112

- 의 조작 297~299

- 적 사건으로서의 결혼 203~205

개인적 - 447~448

공통 - 의 결여 440~443

대중의 꿈으로서의 - 348

생물학의 기능으로서의 - 311~312,
347~349, 367~368

은유로서의 - 302~304, 312

젊음의 - 138~140

초월이 드러나게끔 투명함으로서
의 - 121~126, 415

'신화, 꿈, 영화'(강의 시리즈)(Myth, Dream,
and the Movies) 15

『신화와 인생』(A Joseph Campbell Com
panion) 373

신화의 상징으로서의 바다(oceans as
mythological symbols) 65~66

『신화의 이미지』(캠벨)(The Mythic Image)
317, 348

신화적 상징으로서의 나무(the tree as
mythological symbol) 64, 369~373,
413~414

신화적 상징으로서의 물(water as
mythological symbol) 66~67

신화적 상징으로서의 바위(rock as
mythological symbols) 64

신화적 상징으로서의 산(mountains as
mythological symbols) 57, 65~66

심리학(psychology) 7, 14, 23~24, 28, 34,
54, 65, 82, 88~89, 98, 115, 120~121,
127~129, 134, 150~151, 161~163,
178, 215, 231~233, 242, 287, 296,
310, 316, 319, 326, 336, 344, 382, 457,
469

심혼(心魂)(psyche) 10, 30, 70, 127~128,
130, 161, 175, 182, 207, 229, 349, 360,
423, 442

〈심혼과 상징〉(강연, 캠벨)(Psyche and
Symbol) 10, 38

십자가 처형(Crucifixion) 343, 375, 487

십자가의 나무(Tree of the Cross) 369

【ㅇ】

아난다마야의 문화(희열의 쌈지)(ānanda
māyā culture) 451~452

아난다마야코사(희열의 쌈지)(ānandamaya
kośa) 453

『아날로그 산』(도말)(Mount Analogue) 65

아놀드, 에드윈(Arnold, Edwin) 99

아니마 메르쿠리아(anima mercuria) 215

아니마/아니무스(anima/animus) 205, 206,
214~217, 240

『아라비안 나이트 선집』(캠벨 편저)(The
Portable Arabian Nights) 263, 300

『아라비안 나이트』(The Arabian Nights)
259, 263, 300, 428

아론(Aaron) 445

아르키펜코, 알렉산데르(Archipenko, Alexander) 143

아르테미스(그리스 여신)(Artemis) 226~228

「아름다움과 숭고함」(칸트)(The Beautiful and the Sublime) 210

아리스토텔레스(Aristotle) 170, 287

아메리카인디언 신화(American Indian mythology) 18, 26, 49, 57, 109,

아메리카인디언(American Indians) 18, 46, 50, 77, 96, 351, 356~357, 422, 433, 454

아모르 파티(amor fati) 76

아모르(amor) 244, 246

아버지의 왕국(Kingdom of the Father) 328, 365

아서 왕 로망스(Arthurian romance) 26, 81, 96, 105, 109, 111, 150, 255, 258

아슐기의 손도끼(Acheulean hand axe) 184

아스코나(스위스)(Ascona) 376

아스텍 신(Aztec deities) 176

『아시아의 빛』(아놀드)(The Light of Asia) 99

아우구스티누스, 성(聖)(Saint Augustine) 344

아이러니(irony) 120

아이슬란드 방문 당시의 캠벨(Campbell's travels to Iceland) 59~60

아이슬란드 신화(Icelandic mthology) 59~60, 69

아이언테일(오글랄라 라코타 추장)(Irontail) 52

아이젠하워, 드와이트 D.(Eisenhower, Dwight D.) 426

아인슈타인, 알베르트(Einstein, Albert) 23, 352

아퀴나스, 토마스(Thomas Aquinas) 270, 407, 409, 419

아테네 축제(그리스)(Athens Festival) 203

아파르트헤이트(apartheit) 433

아편(opium) 179

「아프리카의 여왕, 성령을 만나다」(음악 작품, 하트)(The African Queen Meets the Holy Ghost) 468

'아하!' 경험(the Aha!) 28, 117, 337, 357, 442

아흐마토바, 안나(Akhmatova, Anna) 411

악몽(nightmares) 433

악몽으로서의 역사(history as night mare) 433

안나마야코샤(먹이의 쌈지)(annama yakośa) 452, 456

알리앙스 프랑세즈(프랑스 파리)(Alliance Française) 110

알타미라(스페인) 동굴 벽화(Altamira (Spain) cave paintings) 295

암스트롱, 닐(Armstrong, Neil) 189~190

애덤스, 리처드(Adams, Richard) 12, 14, 382, 387, 392

앤드리슨, 베티(Andresen, Bette) 165~167, 206, 355

야간족(族)(Yahgan) 292

『야생 기러기의 비행』(캠벨)(Flight of the Wild Gander) 394

야생(wilderness) 228, 359, 394

『야콥 뵈메 저작집』(The Works of Jacob Behmen) 371

야키마족(族) 인디언(Yakima Indians) 44

야훼(Yahweh) 305, 356

약속의 땅(Promised Land) 23, 363

어드먼, 진(Erdman, Jean) 135, 462, 466

    - 과 캠벨의 시상식 만찬 참석 383

    - 과 캠벨의 첫 만남 34

    - 의 결혼 195

    - 의 무용 경력 88, 195~199, 221, 223, 385, 420

    - 의 샌프란시스코 거주 93

    - 의 신혼 생활 194

    - 의 에설런 연구소 활동 224

    - 의 여행 195

    - 의 오픈아이 극장 협업 196, 203

    - 의 출생 196

    - 의 페더드파이프랜치 세미나 참석 (1978년) 435

    - 이 캠벨에게 받은 영향 200~202

    예술가의 길에 관한 - 의 견해 312

    캠벨의 집필 시 비평가로서의 - 의 역할 273

언더힐, 이블린(Underhill, Evelyn) 31

언어 학습에 대한 캠벨의 견해(Campbell on language learning) 109~112

「엄밀히 플라토닉한」(캠벨)(Strictly Platonic) 143

에너지와 의식(energy and consciousness) 347

에덴동산(The Garden) 369~371, 373~374

에덴동산의 나무(Tree of the Garden) 369, 371

『에라노스 연감』(Eranos Yearbook) 281

에로스(Eros) 228~229

에로스(그리스 신)(Eros) 237

〈에로스와 프시케〉(조각)(Eros and Psyche) 237

에설런 연구소(캘리포니아 주 빅서)(Esalen Institute) 59, 219, 354

    - 에서 어드먼의 무용 강사 활동 223~224

    - 에서 캠벨의 강사 활동 133, 283, 316~318, 323, 325, 389

    - 에서의 〈영웅의 여정〉 촬영 9~10, 32, 38

    - 에서의 캠벨 282~283

에셀렌족(族) 인디언(Esselen Indians) 59

《에스콰이어》(잡지)(Esquire magazine) 53

에스키모인(人)(Eskimo) 351

에크하르트, 마이스터(Eckhart, Meister) 310

엘라아데, 크리스틴(Eliade, Christine) 335

엘리아데, 미르체아(Eliade, Mircea) 28, 335

엘리엇, T. S.(Eliot, T. S.) 82, 248, 408, 419, 448

엘리트주의(elitism) 35, 156

「엘코 출신 샤먼」(논문)(The Shaman from Elko) 163

〈여섯 개의 좌석을 지닌 역마차〉(오프브로드웨이 공연)(The Coach with the Six Inside) 202, 385

여성(women)

    - 과 남성의 관계 225~226, 234~

235
   －에 관한 남성의 경험 281~283
   －에 관한 동양 대 서양의 상징 체계
    259~260
   －에 관한 전통적 이상 226~228 ☞
    여신의 종류
   －의 경력 선택 220
   －이 보유한 마법의 힘 293
   공격적인 － 233
   신화 속의 － 193, 230~233, 237~
    238
   예술 속의 － 221~223
   캠벨의 영감으로서의 － 214~223
   캠벨의 제자로서의 － 153~156
   현대 －의 성취 지향성 239~241
여신의 종류(주(主)여신/배우자)(Goddess/
   godess) 181, 226~228
여호와(Jehovah) 415~416
『역경』(易經)(I Ching) 263
역사, 악몽으로서의 ☞ 악몽으로서의 역사
연금술(alchemy) 68, 204, 215, 287, 329
연금술적 영지주의(Hermetic Gnosticim)
   328
연옥(Purgatory) 313, 432
〈열리는 성모상〉(Vierge Ouvrante) 341
「영(靈)의 세 시대」(피오레의 요아킴)(The
   Three Ages of the Spirit) 256
영속의 철학(Perennial Philosophy) 28, 288~
   289
〈영속의 철학〉(강연, 캠벨)(The Perennial
   Philosophy) 11, 38
『영속의 철학』(헉슬리)(The Perennial

Philosophy) 288
영웅의 여정(hero's journey)
   －과 여성 219~220
   －과 여신 193
   －과 예술가 225
   －에서 귀환의 문턱 380
   －에서 마법의 도주 314
   －에서 모험으로의 부름 45
   －에서 시험 79
   －에서 혜택 261
   －으로서의 산 탐색 67
   －의 보편성 30~31, 270
   －의 신비 39~40
〈영웅의 여정〉(PBS 다큐멘터리, 1988년)(The
   Hero's Journey) 12, 36
〈영웅의 여정〉(다큐멘터리 영화, 1987년)(The
   Hero's Journey)
   －에 대한 대중의 반응 17~18
   －에 삽입된 히틀러의 집회 장면
    467
   －을 관람한 캠벨 14
   －의 공개 상영회 12, 34, 38, 423,
    466
   －의 극적 구조 33~34
   －의 기원 6~8
   －의 녹취록 37~39
   －의 전략 10~13
   －의 촬영 9~12, 32~34
『영웅의 여정』(서적)(The Hero's Journey) 19
〈영혼의 나무〉(그림, 로)(The Tree of the
   Soul) 371
영화와 신화(film and mythology) 397~402,

462~465

〈예루살렘 입성〉(회화, 조토)(Entrance to
Jerusalem) 342

예수(Jesus) 66, 311, 328, 341, 343~344,
375~376, 378~379, 389, 492

예술 요법(artist therapy) 224

예술/예술가(art/artists)

－과 과학 184~185, 187

－과 삶 171, 222

－과 신비주의 311~312

－과 자연 105~109, 120, 476

－로서의 여성 221-226

－속 원형 401~402

－속 의례 409~411

－에 관한 프로이트의 견해 178

－에서 덫으로서의 성공 399

－에서의 기독교 해석 388~389

－와 붓다의 의식(佛性) 338

－의 기능 105~108, 120, 187,
357, 390, 416, 443, 447~448

－의 상징적 기능 184

근본적인 인간 표현으로서의 －
178

리듬의 구성으로서의 － 475

선사시대 － 238

적절한 －과 부적절한 － 404~409,
419

정치적 － 406

초월로서의 － 358

『예술의 날개』(캠벨)(Wings of Art) 108

예언(prediction) 60, 188, 444

예이츠, 윌리엄 버틀러(Yeats, William Butler)

35, 82, 120, 236, 448

오나족(族)(Ona people) 292

오디세우스(Odysseus) 32, 66, 191

『오디세이아』(호메로스)(Odyssey) 26, 160,
293

오르테가 이 가세트, 호세(Ortega y Gasset,
José) 31

오스트랄로피테쿠스(Australopithecines)
462~463, 475

오스트레일리아 원주민(Australian
aborigines) 295

〈오즈의 마법사〉(영화, 1939년)(The Wizard
of Oz) 402

오크스, 모드(Oakes, Maud) 263, 285~286

오픈아이 극장(뉴욕 시)(Theater of the Open
Eye) 196, 203, 457

올림픽 경기(1924년)(Olympic Games, 1924)
85, 86, 91

올림픽 경기(1928년)(Olympic Games, 1928)
85, 94

옴(만트라)(aum) 137~138, 161

와일더, 손턴(Wilder, Thonton) 267~269

와일드, 오스카(Wilde, Oscar) 159

와츠, 앨런(Watts, Alan) 34, 198, 317, 384

왕립 하와이 악단(Royal Hawaiian Band) 92

〈외계에서 온 화염 여인들〉(영화)(Fire
Women from Outer Space) 389

외교관 연수원(워싱턴 D.C.)(Foreign Service
Institute) 20, 332

『외부 우주의 내면 범위』(캠벨)(The Inner
Reaches of Outer Space) 309

외설물, 설교조의 ☞ 설교조의 외설물

요가(yoga) 62, 89, 310, 490

『요셉』(소설, 만)(Joseph novels) 114~115

우드스톡(뉴욕 주)(Woodstock)

　　　　－에서 보낸 캠벨의 독서기　144~
　　　　146, 151~152, 264, 470

　　　　－의 캠벨의 신혼 오두막 194

우주 탐사(space exploration) 310

우주론(cosmology) 24, 128, 354, 360

우파니샤드(Upanisads) 33, 98, 161, 196,
　　　364, 366, 388, 446

울림널(bull-roarers) 292

워런, 콘스턴스(Warren, Constance) 152

『워터십 다운』(애덤스)(Watership Down)
　　　392

원소적 발상(바스티안)(elementary ideas)
　　　132, 133, 287, 310, 447

『원시 신화』(캠벨)(Primitive Mytho logy)
　　　320, 462

원자폭탄(atom bomb) 174, 477

원형(archetypes) 15, 23~24, 36, 239, 401~
　　　402, 408, 440

원형질(protoplasm) 290, 347, 370

월경(menstruation) 294

월섬(매사추세츠 주)(Waltham) 47

월스트리트 주가 폭락(1929년)(Wall Street
　　　Crash) 144

월터, 로버트(Walter, Robert) 424

웨이트 타로 덱(Waite tarot deck) 323, 325

위버, 레이먼드(Weaver, Raymond) 81, 149

위어, 밥(Weir, Bob) 466, 477

윌러드, 낸시(Willard, nancy) 382

윌리엄스, 테네시(Williams, Tennessee) 24

윌슨, 니콜라스(Wilson, Nicolas) 164

유대교(Judaism) 127, 256, 342, 350~351,
　　　355, 416, 426

유대-기독교 전통(Judeo-Christian tradition)
　　　☞ 기독교

　　　－속 신화적 상징 체계 66, 340~
　　　342, 363~364, 416~417

　　　－에서 나/너 분리 356

　　　－에서 바라보는 자연 331, 345,
　　　376, 416

　　　－의 기원 신화 444

　　　－의 역사적 초점 416

　　　－의 현대 생활에 대한 타당성 결여
　　　350

육상(athletics) 81, 84~88, 91~93, 123,
　　　336, 469, 472

윤회(reincarnation) 479

『율리시스』(조이스)(Ulysses) 98, 102~ 104,
　　　115, 390

『융 선집』(캠벨 편저)(The Portable Jung) 316

융 재단(Jung Foundation) 277, 278

융 학술대회(Jung Conferences) 263

융, 칼 G.(Jung, Carl G.) 131, 150

　　　－과 만 114~116

　　　－과 볼링엔 재단 274~275

　　　－과 캠벨의 만남 135~138

　　　－과 프로이트 139

　　　－에 대한 캠벨의 관심 82, 108, 112,
　　　470

　　　－으로부터 캠벨이 받은 영향 30~
　　　31

　　　－의 무의식에 대한 견해 129~131

- 의 번역 425
- 의 신화에 대한 견해 182
- 의 아니마/아니무스 개념 205
- 의 영향 114
- 의 자연에 대한 견해 418
- 의 작품 속 신화적 사고 118, 139
은유(metaphor) 29, 301~305, 312
은퇴(직업으로부터의)(retirement) 167, 220,
 284
음악에 대한 캠벨의 견해(Campbell on
 music) 475~477
음양(陰陽)(yin-yang) 204, 230
의례(ritual)
- 를 통한 신화와 삶의 통합 434~
 437
- 와 꿈 의식 160~163
- 의 기능 367
- 의 보편성 292~294
- 의 초점으로서의 자연 대 사회
 416
- 의 최초 증거 183~184
 예술 속의 - 409~410
'의례부터 환희까지' 세미나(캘리포니아 주
 샌프란시스코, 1986년)('From Ritual to
 Rapture' seminar) 36, 467
의식(consciousness)
- 과 에너지 347~348
- 과 의례 367
- 과 환각 상태 171
- 의 발달 463~464
- 의 새로운 개념 170~171
- 의 장애물로서의 악마 319

개별 - 대 집단 - 338~340
꿈 - 160~165
붓다 - (佛性) 173, 337~338
『의지와 표상으로서의 세계』(쇼펜하우어)
 (The World as Will and Idea) 475
이기주의(egoism) 479
이누이트족(族)(Inuit people) 351
이로쿼이족(族) 인디언(Iroquois Indians) 357
이세(일본)(Ise Shrine) 417
〈이졸데에게 하프를 가르치는 트리스탄〉(타
 일 그림)(Tristan Teaches Iseult to Harp)
 247
이슬람교(Islam) 249
이원성(duality) 371 ☞ 나/너 양극성; 사
 랑/결혼 양극성
이집트(Egypt) 26, 316, 328, 331
이탈리아(Italy) 202, 278, 385
인간의 잠재력(human potential) 382, 408
『인도 아시아의 예술』(침머)(The Art of
 Indian Asia) 282
인도(India) ☞ 힌두교
- 에서 의례화된 삶의 단계들 435
- 에서 캠벨의 여행 196, 234~235
- 의 결혼 광고 241
- 의 노년에 관한 견해 428~429
- 의 베단타 전통 456
- 의 아난다마야 문화 451~453
- 의 악마에 관한 견해 319
- 의 크리슈나 숭배 257~258
인디언 로데오(워싱턴 주 야키마)(Indian
 Rodeo) 44
인디언 전쟁(Indian Wars) 52

인류학(anthropology) 35, 82, 387

『일리아스』(호메로스)(Iliad) 26, 160

일본 정원(Japanse gardens) 335, 339

일본(Japan) 375

　　– 에서 개별 의식 대 일반 의식
　　　338~340

　　– 에서 바다에 대한 나/너 관계 413

　　– 에서 바라보는 자연 334~337,
　　　417~418

　　– 에서 캠벨의 여행 315, 332~334,
　　　335

　　– 에서 해석되는 신화의 상징 체계
　　　342, 374

　　– 에서의 협업 정신 481

　　– 에서의 활동 공연 202

입문 의례(initiatino rites) 296, 355

입체파(Cubists) 186

【ㅈ】

자기 대 자아(self vs. ego) 478~480

자발적 지혜의 쌈지(비즈냐마야코사)(Sheath
　of Spontaneous Wisdom) 452~453

자아(ego) 126~127, 206, 478~480, 485

「자연 속의 의지」(쇼펜하우어)(The Will in
　Nature) 346

자연(nature)

　　– 과 나무 형태소 371

　　– 과 시 418~419

　　– 과 야생 359

　　– 과 예술 105~107, 120, 476

　　– 과의 합치가 결여된 서양 331~
　　　332, 346, 368, 376, 416

　　– 과의 합치와 신화 57~65, 348~
　　　349, 368

　　– 속의 의도 348

　　– 에 대한 현대의 재발견 62~63

　　– 의 순환 주기 61~65

자연사박물관(뉴욕 시)(Museum of Natural
　History) 46, 422

자연주의(naturalism) 115, 393, 398, 448,
　450

자유교양(liberal arts) 148, 184, 300, 492,
　493, 307~308

〈작업실에서의 자화상〉(브랑쿠시)(Self-
　Portrait in His Atelier) 101

잠복기억(cryptomnesia) 119

〈적(敵)의 얼굴들〉(TV 다큐멘터리)(Faces of
　the Enemy) 473, 484

『젊은 예술가의 초상』(조이스)(A Portrait of
　the Artist as a Young Man) 96, 404

젊음/청춘(youth)

　　– 동안의 결정 431

　　– 에의 집착 434~435

　　– 의 신화 138~139

　　– 의 위기 165

정신분석(psychoanalysis) 6, 274, 318, 320,
　333, 480

정신분열증(schizophrenia) 319, 320, 467

정신의 쌈지(모나마야코사)(Mind Sheath)
　452~456

「정신의 여러 시대」(괴테)(The Ages of the
　Spirit) 450

정신질환(psychosis) 139, 163

정치적 예술(political art) 405, 407

정치학(politics) 368

제1차 세계대전(World War I) 55, 115

제2차 세계대전(World War II) 198, 374

〈제국의 역습〉(영화, 1980)(The Empire Strikes Back) 464

〈제다이의 귀환〉(영화, 1983년)(Return of the Jedi) 396, 464

제퍼스, 로빈슨(Jeffers, Robinson) 150, 184

제프리, 몬머스의(Geoffrey of Monmouth) 255

조로아스터(Zoroaster) 62, 154, 379

조이스, 제임스(Joyce, James) 416

　　 - 로부터 캠벨이 받은 영향 31, 107~108

　　 - 에 대한 캠벨의 관심 82, 97~98, 271, 470

　　 - 에 대한 캠벨의 연구 144

　　 - 와 만 115~116

　　 - 의 미적 사로잡힘 390

　　 - 의 악몽으로서의 역사에 관한 견해 433

　　 - 의 작품 속 신화적 사고 115~118, 448

　　 - 의 작품 속 음악적 장치 117~118

　　 - 의 저술 115, 405 ☞ 『피네간의 경야』

　　 - 의 적절한 예술 대 부적절한 예술 404~406, 419

　　 가톨릭 신자로서의 - 115

조지프 캠벨의 흉상(그레고리)(Bust of Joseph Campbell) 105

〈조지프 캠벨과 신화의 힘: 빌 모이어스와의 대담〉(TV 다큐멘터리, 1988)(Joseph Campbell and the Power of Myth with Bill Moyers) 13, 424

조토 디 본도네(Giotto di Bondone) 342

졸라스, 유진(Jolas, Eugene) 264

종교(religion) ☞ 유대-기독교 전통; 개별 종교 항목

　　 - 대 과학 128, 360

　　 - 와 시적/영적 느낌 300

　　 - 와 은유 305~308

　　 - 의 기능 492

　　 - 의 심리학적 지시체 336

　　 - 의 확산 446

종교적 근본주의(religious fundamentalism) 363

죄(sin) 244, 343, 345~346, 389

죄의식(guilt) 77

주케트, 로잔(Zucchet, Rozanne) 219, 221

죽음(death) 457

〈죽음과 삶의 나무〉(세밀화, 푸르트마이어)(Tree of Death and Life) 371

중국 공산당(Chinese Communists) 172

중국(China) 28, 172, 173, 230, 231, 341, 413

중년의 위기(midlife crises) 165, 167

지옥(Hell) 247, 289, 324, 397, 432

〈지옥의 묵시록〉(영화, 1979)(Apocalypse Now) 393

지혜의 몸(Wisdom Body) 290

지호카이(事法界, 개별적 의식)(jihōkai) 338

진화론(evolutionary theory) 370

집단 무의식(collective unconscious) 132

【ㅊ】

차크라(cakras) 89, 433

「창세기」(Book of Genesis) 97, 118, 373, 474

처녀의 출산 23, 89, 363

처트시 수도원(영국)의 타일 그림(Chertsey Abbey) 247

천리교(天理敎)(Tenri-kyō) 315

『천의 얼굴을 가진 영웅』(캠벨)(The Hero with a Thousand Faces) 263

　－과 정신분열증의 상징 체계 319~321

　－에 나온 여신 관련 내용 193

　－에 나온 영웅의 여정 관련 내용 45, 79, 261, 314, 380, 421

　－에 나온 영웅의 여정의 보편성 관련 내용 270

　－에 대한 대중의 반응 319~321

　－에 대한 보완으로서의 『신의 가면』 316

　－에 대한 비평가의 반응 263

　－을 읽는 방법 276

　－의 간행 273~276, 280

　－의 기원이 된 캠벨의 새러 로렌스 강의 154~155, 271~276, 383~384

　－의 문화적 영향력 382, 392~397

　－의 비교 접근법 22~40

　－의 수상 내역 263

　－의 원래 제목 26

　－의 집필 198, 263, 271~276

　－의 판매 실적 276

『천일야화』(One Thousand and One Nights) 40, 300

철도(railroads) 78, 334

철학(philosophy) 11, 28~29, 31, 38, 120, 196, 234, 251, 287~289, 291, 316, 327~328, 359, 450

청동기 시대 신화(Bronze Age mythologies) 227~228, 230

〈청춘 낙서〉(영화, 1973)(American Graffiti) 464

초월(transcendence)

　－과 예술 358

　－에 대한 은유로서의 신화 353~356, 364~366

　－이 드러나게끔 투명함 120~127, 166, 366~367, 415~417

총체 공연(total theater) 202~203

축구 폭동(soccer riots) 473

출애굽(Exodus) 341

침머, 하인리히(Zimmer, Heinrich) 25, 125, 137, 159, 277

　－로부터 캠벨이 받은 영향 31, 285

　－와 캠벨의 만남 277

　－유고 강의록의 편집자로서의 캠벨 196, 263, 279, 284

　－의 가족 배경 277

　－의 미국 강의 277~279, 324

　－의 여성성에 관한 견해 281

　－의 유고집 282

　－의 죽음 263, 279

【ㅋ】

카뮈, 알베르(Camus, Albert) 26

카츠라 궁전(桂離宮)(Katsura Palace) 339

「카타 우파니샤드」(Katha Upaniṣad) 24

카타르시스(catharsis) 170

카하나모쿠, 데이비드(Kahanamoku, David)
93

카하나모쿠, 듀크(Kahanamoku, Duke) 93

『칸토스』(파운드)(Cantos) 420

칸트, 임마누엘(Kant, Immanuel) 33, 123,
190, 210~212

칸트적 사고(Kantian thinking) 120

칼루메트(성스러운 담뱃대) 의례(calumet
ceremony) 68

캄보디아 사원의 불상들(temple forms in
Cambodia) 454

캔터베리 스쿨(코네티컷 주 뉴밀퍼드) 55,
143

캘리포니아 역사협회(캘리포니아 주 샌프란
시스코)(California Historical Society) 11

캠벨, 앨리스(여동생)(Campbell, Alice) 103,
143

캠벨, 조지프(Campbell, Joseph) 219
- 의 거처 398, 459
- 의 건강 문제 9
- 의 대중 강연 9~11, 35~36, 298~
299, 316, 323~324, 382, 423,
467~468, 477
- 의 대학 교육 80~85
- 의 독서 습관 405
- 의 독서에 관한 견해 146
- 의 로마가톨릭 배경 46, 55~56,
96~97, 312~313, 377
- 의 록 콘서트 참석 476~477
- 의 박사 학위에 관한 견해 147~
149
- 의 사랑/결혼에 관한 견해 203~
210
- 의 색소폰 연주 경력 55, 81
- 의 서신 교환 269~270
- 의 수상 내역 11, 21, 263, 381~
387
- 의 아메리카인디언에 대한 관심
44, 49~53, 108, 422
- 의 아일랜드계 배경 47~54, 83,
96~97
- 의 언어 공부 55, 81~82, 108~
111, 471, 487
- 의 여행 60, 81, 99, 121, 172, 195,
315, 333~335, 413, 417, 425
- 의 영화 관여 263, 462~467
- 의 오픈아이 극장 협업 196, 203
- 의 유년기 46~56, 134~135,
377~378
- 의 육상 선수 경력 81~94, 469~
470
- 의 초기 교육 45~58
- 의 출생 46~47
- 의 크리에이티브필름 재단 대표
활동 263
- 의 페더드파이프랜치 세미나
(1978) 435
- 의 흉상 104-105
- 이 받은 영향 93~97, 429~431

캠벨, 조지프: 교사 활동(Campbell, Joseph -
as teacher) 449 ☞ 새러 로렌스 대학(뉴
욕 주 용커스): 캠벨의 교원 활동
　　－의 강연 91
　　－의 독서 시간 배분 145~147
　　－의 미국 국무부 강연 316, 322
　　－의 에설런 연구소 활동 316~318
　　－의 첫 번째 강의 56
　　－의 캔터베리 스쿨 활동 82, 143,
　　　460
캠벨, 조지프: 저술 활동(Campbell, Joseph -
as author) 3, 280, 398
　　－과 볼링엔 재단과의 인연 279~
　　　280
　　－과 어드먼 195
　　－에 대한 대중의 반응 15~19, 32,
　　　34~36
　　－의 논문 268~269
　　－의 마지막 프로젝트 423
　　－의 문화적 영향력 17~18, 382,
　　　390~404, 461~463
　　－의 번역 작업 196, 283~284
　　－의 수상 내역 263
　　－의 유산 38
　　－의 인도 예술 서적 282~283
　　－의 저술
　　　　『나의 삶과 삶들』 175
　　　　『동물의 힘의 길』 301~302
　　　　『만물의 개요』 423
　　　　『미토스 II』 289
　　　　『미토스 III』 58~59, 69,
　　　　　119, 248

『미토스』 376, 379, 461
『빛의 신화』 336
『세계 신화 역사 지도』 309,
　423~424
『신의 가면』 7, 263, 316,
　320, 365, 394
『신화 따라 살기』 110, 298,
　316
『신화와 인생』 373
『신화의 이미지』 317, 348
『야생 기러기의 비행』 394
『예술의 날개』 108
『외부 우주의 내부 범위』
　309~310, 423
『원시 신화』 462
『천의 얼굴을 가진 영웅』 ☞
　『천의 얼굴을 가진 영웅』
『피네간의 경야로 들어가는
　열쇠』 262~269
『희열로 가는 길』 8, 141,
　223, 273, 399, 408, 439
－의 저술 권수 284~285
－의 주석 작업 263
－의 중요성 25~28
－의 집필 일과 283~284, 399~400,
　425~426
－의 초창기 소설 집필 시도 143
－의 컴퓨터 424~428
－의 편집 작업 196, 263, 280, 282
－의 학자로서의 평판 25
－의 홍보 여행 301~305, 423
－이 느낀 자기 저술의 만족스러운

국면 292~294

- 이 의도한 청중 14

- 이 침머로부터 받은 영향 285~287

캠벨, 조지핀(어머니)(Campbell, Josephine)
46

캠벨, 찰리(남동생)(Campbell, Charlie) 48

캠벨, 찰스 W.(아버지)(Campbell, Charles
W.) 46

커닝엄, 머스(Cunningham, Merce) 401

커닝엄, 키스(Cunningham, Keith) 15

커다란 기쁨(마하수카)(the Great Delight)
461

커즈노, 필(Cousineau, Phil)

- 가 담당하는 공동 강의 15, 36

- 가 회고하는 『영웅의 여정』 공개
상영회 466

- 가 회고하는 캠벨의 시상식 만찬
21

- 와 캠벨 14~16, 39~40

- 의 캠벨 인터뷰 95~98, 109~112,
277~280, 397~404, 427~428,
438~443, 477

커즌스, 노먼(Cousins, Norman) 268

커티스, 글렌(Curtiss, Glenn) 134

컬럼비아 대학(뉴욕 시)(Columbia
University) 47, 81, 84, 100, 108, 110,
143~144, 149, 152, 264, 277, 471

컴퓨터에 관한 캠벨의 견해(Campbell on
computers) 424~428

「케나 우파니샤드」(Kena Upaniṣad) 123

케나드 데이비드(Kennard, David) 9, 129,
185, 213~214, 225~226, 241~242,

246, 294, 321, 323, 327, 351~352

케이틀린, 조지(Catlin, George) 78

켈러먼, 스탠리(Keleman, Stanley) 347

켈트 신화(Celtic mythology) 18, 33, 96,
105, 150, 256

코디, 버펄로 빌(Cody, Buffalo Bill) 31, 46,
50~52, 95, 263

『코르푸스 헤르메티쿰』(Corpus hermeticum)
388

코메디아(Commedia) 202

코크럴, 로버트(Cockrell, Robert) 41,
203, 210, 364, 366, 369, 388, 390,
405~409, 428~433, 452, 459

코폴라, 프랜시스 포드(Coppola, Francis
Ford) 393

코프먼, 린(Kauffman, Lynn) 467, 477

콜리지, 새뮤얼 테일러(Coleridge, Samuel
Taylor) 179

콰키우틀족(族) 토템 기둥(Kwakiutl totem
poles) 422

쿠마라스와미, 아난다 K.(Coomaraswamy,
Ananda K.) 31, 288

쿠싱, 프랭크 H.(Cushing, Frank H.) 50

쿠퍼 유니언 포럼(뉴욕 시)(Cooper Union
Forum) 298, 316

쿤달리니 요가(kuṇḍalinī yoga) 89

퀴스나흐트(스위스)(Kusnacht) 131

퀸, 헤르베르트(Kühn, Herbert) 182

크로마뇽인의 의례 생활(ritual life of Cro-
Magnon man) 180

크리슈나(힌두교 신)(Kṛṣṇa) 257~258

크리슈나무르티, 니트야난다(Krishnamurti,

Nityananda) 99

크리슈나무르티, 지두(Krishnamurti, Jiddu)
34, 81, 99~100

크리에이티브필름 재단(Creative Film
Foundation) 263, 465

클레, 파울(Klee, Paul) 82, 171

클리프트 호텔(캘리포니아 주 샌프란시스코)
(Clift Hotel) 39

「키 작은 프리드만 씨」(만)(Der kleine Herr
Friedmann) 114

키르케(그리스 여신)(Circe) 228, 293

키르케고르, 쇠렌(Kierkegaard, Søren) 114

키츠, 존(Keats, John) 28, 146

킨, 샘(Keen, Sam) 316, 318, 473~474, 483

킹, 제프(King, Jeff) 285

【ㅌ】

타나스, 리처드(Tarnas, Richard) 87, 89,
121~122, 147, 214, 222, 237~238,
322, 340, 344

타락(the Fall) 58, 331, 333, 345

타로 카드(tarot cards) 323, 327, 329~331

타쉬초 종(부탄)(Tashicho Dzong) 291

타오스(뉴멕시코 주)(Taos) 10

타트 트밤 아시(우파니샤드의 테마)(Tat tvam
asi) 28, 446

터니, 조(Turney, Joe) 83

터키(Turkey) 316

『토마스 만 서한문집』(만)(Collected Letters
of Thomas Mann) 269

「토마스의 복음서」(Gospel of Thomas) 328,
376, 379

『토템과 터부』(프로이트)(Totem and Taboo)
130

톨텍 신들(Toltec deities) 176

투사(projetion) 26, 98, 157, 205~208,
215~216, 295, 366, 445

《트랜지션》(문예지)(Transition) 107, 264

『트리스탄』(고트프리트 폰 슈트라스부르크)
(Tristan) 243, 246

트리스탄과 이졸데 전설(Tristan and Iseult
legend) 241, 244, 248

〈트리스탄에게 부상을 입히는 모롤드〉(타
일 그림)(Morold Wound Tristan) 247

티베트 불교(Tibetan Buddhism) 389

『티베트 사자의 서』(Tibetan Book of the
Dead) 26, 478~479

티베트(Tibet) 172

티치아노(Titian) 212

팅벨리르(아이슬란드)(Thingvellir) 59~60

【ㅍ】

파르치팔(캠벨의 컴퓨터)(Parzival) 427

『파르치팔』(에센바흐)(Parzival) 246~249

파리 대학(University of Paris) 80~81, 102

파리(프랑스)에서 캠벨의 유학 생활 81, 94,
101~102, 104, 110, 264, 419

파브로, 로렌스(Favrot, Lawrence) 206, 213,
238, 242, 255, 333~334, 347, 444~
445, 447

파스테르나크, 보리스(Pasternak, Boris) 411

『파우스트』(괴테)(Faust) 353, 396, 455

파운드, 에즈라(Pound, Ezra) 408, 419

파이크 카운티(펜실베이니아 주)(Pike

County) 51
파인더, 마이크(Pinder, Pike) 17
팔손, 에이나르(Pálsson, Einar) 60
팬시언 출판사(Pantheon) 275
팰리스오브파인아츠 극장(캘리포니아 주 샌
　프란시스코)(Palace of Fine Arts Theater)
　467
페니키아인(人)(Phoenicians) 306
페더드파이프랜치(몬태나 주) 세미나(1978
　년)(seminar at Feathered Pipe Ranch) 435
페르세포네(그리스 여신)(Persepone)
페리, 존 위어(Perry, John Weir) 228
페슈메를 동굴(프랑스)(Pêche-Merle caves)
　181
페어뱅크스, 더글러스(Fairbanks, Douglas)
　95
페이오티(peyote) 177
펜실베이니아 대학 육상 대회(Penn Relays)
　469
펜실베이니아 대학(University of
　Pennsylvania) 347
펠레(하와이 신)(Pele) 203
포기(노년의)(renunciation) 428
포코노 산맥(Pocono Mountains) 50, 109
폭력(violence) 7, 76, 82, 84, 173, 398, 446
푸라나(Purānas, 聖典) 448, 487
푸르트마이어, 베르톨트(Furtmeyer,
　Berthold) 371
푸알란, 리오넬(Poilâne, Lionel) 17
프라냐마야코샤(호흡의 쌈지)(prānamaya
　kośa) 452
프라이스, 리처드(Price, Richard) 317

프랑스(France) 59, 103, 106, 135, 180~
　181, 183, 202, 242, 259, 326, 341
프랑스어(French language) 56, 81, 105,
　107, 109~111
프랫 인스티튜트(Pratt Institute) 431
프레이저, J. G.(Frazer, J. G.) 144
프레지던트하딩호(號) 99
프로방스어 시(詩)(Provençal poetry) 242
프로베니우스, 레오(Frobenius, Leo) 144,
　156, 471
프로이트, 지그문트(Freud, Sigmund) 150
　-가 정의한 자아 479~480
　-에 대한 캠벨의 관심 82~108, 470
　-에 대한 캠벨의 연구 144
　-와 융 28
　-의 무의식에 대한 견해 129~130
　-의 예술에 대한 견해 178
　-의 저술 114
「프로이트와 미래」(만)(Freud and the
　Future) 113
프로테스탄티즘(Protestantism) 116
프루스트, 마르셀(Proust, Marcel) 448
프시케(그리스 여신)(Psyche) 327
프톨레마이오스 우주론(Ptolemaic
　cosmology) 360
플라톤(Plato) 228
피그미족(族)(pygmies) 292~293
『피네간의 경야』(조이스)(Finnegans Wake)
　108, 232~233 ☞ 『피네간의 경야로 들
　어가는 열쇠』(캠벨과 로빈슨)
　-속의 신화적 상징 32, 64, 286~
　287

－에 대한 캠벨의 관심 201, 263~
265, 405
－와 와일더의『간발의 차이』의 비교
268~269
－을 토대로 한 어드먼의 작품 201~
203, 385
－의 간행 405
－의 초기 버전 107, 264
『피네간의 경야로 들어가는 열쇠』(캠벨
과 로빈슨)(A Skeleton Key to Finnegans
Wake) 262~263, 265, 267, 269, 284
피오레의 요아킴(Joachim of Fiore) 256
피치노, 마르실리오(Ficino, Marsilio) 388
피카소, 파블로(Picasso, Pablo) 26, 101,
171, 181
필립비인들에게 보낸 편지」(Paul's epistle to
Philippans) 487

【ㅎ】
하느님(God)
－의 구상화 대 신화화 415~416
문턱의 수문장으로서의 － 374
은유로서의 － 304
〈하늘을 나는 사람〉(회화, 화이트)(The Flyer)
164
하니 피크(사우스다코타 주)(Harney Peak)
57
하와이 신화(Hawaiian mythology) 203
하와이(Hawaii)
－에서 어드먼의 출생 196
－에서 캠벨과 어드먼의 거처 14~
16, 32, 38, 197

－에서 캠벨의 사망 34, 424
－에서 캠벨의 서핑 경험 92~94
하이워터, 제메이크(Highwater, Jamake)
－의 에설런 연구소 활동 355
－의 캠벨 인터뷰 160~165, 176~
178, 186~189, 228~229, 233,
294~295, 351, 356, 358~361
하코트브레이스(출판사)(Harcourt Brace)
267
하트, 미키(Hart, Mickey) 466~468
할라지(무슬림 신비주의자)(al-Hallaj) 492~
493, 307~308
할리우드 영화 산업(Hollywood film
industry) 397
합기도(aikido) 90, 123
해밀, 마크(Hamill, Mark) 392
해석학(hermeneutics) 26
핵무기(nuclear weapons) 406, 485
핼리팩스, 존(Halifax, Joan) 214~218, 229
행성 사회(planeary society) 481
『향연』(단테)(Convivio) 324
헉슬리, 올더스(Huxley, Aldous) 28, 288
헐, R. F. C.(Hull, R. F. C.) 425
헐, 제레미(Hull, Jeremy) 425
〈헤라클레스〉(조각, 부르델)(Hercules) 106
헤라클레이토스(Heraclitus) 332
헤밍웨이, 어니스트(Hemingway, Ernest)
399
헤일리, 마이(Haley, My) 18
헤일리, 알렉스(Haley, Alex) 18
헨더슨, 조지프(Henderson, Joseph) 163
헬프리치, 앨런(Helfrich, Allan) 83

현대미술관(뉴욕 시)(Museum of Modern Art) 34, 423

〈현대의 신화: 제임스 조이스와 토마스 만〉(캠벨의 강연)(Contemporary Mythologies: James Joyce and Thomas Mann) 11

『형이상학 서설』(칸트)(Prolegomena to Metaphysics) 190

혜택(the boon) 30, 32, 261

호랑이와 염소 우화(tiger and goat parable) 489~492

호메로스(Homer) 32, 412

호모 에렉투스(Homo erectus) 183~184

호프만, 알베르트(Hofmann, Albert) 176

호흡의 쌈지(프라나마야코샤)(Breath Sheath) 452

홀, 에드워드 T.(Hall, Edward T.) 476

홀든, 존(Holden, John) 83

화이트, 존(White, John) 164

환각 상태(psychedelics) 175~177

활동 공연(action theater) 202

황, 충량 "앨"(Huang, Chungliang "Al") 316

『황무지』(엘리엇)(The Waste Land) 248, 419

황홀경 상태(trance states)

후이촐족(族) 인디언(Huichol Indians) 177

후쿠오카(일본) 335

흄, 넬슨(Hume, Nelson) 55

『희열로 가는 길』(캠벨)(Pathway to Bliss) 8, 141, 223, 273, 399, 408, 439

희열의 쌈지(아난다마야코샤)(Bliss Sheath) 451, 453

흰독말풀(jimsonweed) 178

히틀러, 아돌프(Hitler, Adolf) 153, 277, 298, 467

힌두교(Hinduism) ☞ 인도
　-에 대한 캠벨의 관심 82, 98
　-에서 남녀 관계 230~231
　-에서 심리학적 힘의 투사로서의 신 97~98
　-에서 해석된 신화의 상징 체계 340~341, 343
　-에서의 요가 490~492
　-에서의 의식 338
　-의 '물고기의 법칙' 68
　-의 상징 체계 340
　-의 확산 446

힐먼, 제임스(Hillman, James) 12, 382, 387

저자 소개

조지프 캠벨은 비교신화학 분야에서의 저서로 가장 잘 알려진 미국의 작가 겸 교육자이다. 1904년에 뉴욕에서 태어났고, 어린 시절부터 신화에 관심을 갖게 되었다. 아메리카인디언 문화에 관한 책을 즐겨 읽었고, 뉴욕 자연사박물관을 종종 방문해서 그곳의 토템 기둥 컬렉션을 구경했다. 캠벨은 컬럼비아 대학에서 중세 문학을 전공했고, 석사 학위를 취득한 이후에 파리와 뮌헨의 여러 대학에서 공부를 이어나갔다. 해외 유학 중에 파블로 피카소와 앙리 마티스의 미술, 제임스 조이스와 토마스 만의 소설, 지그문트 프로이트와 칼 융의 심리학 연구로부터 영향을 받았다. 이런 만남을 계기로 모든 신화와 서사시는 인간의 심혼 속에서 서로 연결되어 있다는, 그리고 이런 것들이야말로 사회적, 우주론적, 영적 실재를 설명해야 하는 보편적 필요의 문화적 표현이라는 이론을 구상하게 되었다.

이후 한동안 캘리포니아에서 소설과 존 스타인벡과 생물학자 에드 리케츠와 교우했고, 캔터베리 스쿨에서 교편을 잡기도 했다가, 1934년에 새러 로렌스 대학의 문학 담당 교수로 부임해서 오랫동안

영웅의 여정

재직했다. 1940년대와 1950년대에는 스와미 니킬라난다와 함께 우파니샤드와 『스리 라마크리슈나 복음서』를 영역했고, 독일 학자 하인리히 침머가 인디언 미술, 신화, 철학에 관해서 남긴 유고를 편집했다.

1944년에 헨리 모턴 로빈슨과 함께 『피네간의 경야로 들어가는 열쇠』를 간행했다. 1949년에는 최초의 단독 저서 『천의 얼굴을 가진 영웅』을 간행해서 곧바로 호의적인 반응을 얻었으며, 머지않아 격찬받는 고전의 반열에 올렸다. "영웅 신화"에 관한 이 연구서에서 캠벨은 영웅의 여정의 단일한 패턴이 있으며, 모든 문화의 다양한 영웅신화는 이 기본 패턴을 공유한다고 주장했다. 그러면서 원형적인 영웅의 여정의 기본 조건, 단계, 결과에 대한 개요를 설명했다.

조지프 캠벨은 1987년에 사망했다. 이듬해인 1988년에는 빌 모이어스와의 인터뷰를 담은 TV 프로그램 〈신화의 힘〉이 방영되어 캠벨의 견해를 수백만 시청자에게 소개했다.

조지프 캠벨 재단 소개

조지프 캠벨 재단Joseph Campbell Foundation, JCF은 신화와 비교 종교 분야에서 조지프 캠벨이 했던 연구를 지속하는 비영리 법인이다. 본 재단은 다음과 같은 세 가지 주요 목표를 둔다.

첫째, 본 재단은 캠벨의 선구적인 연구를 보전하고, 보호하고, 영속시킨다. 그의 연구의 목록화와 기록화, 그의 연구에 근거한 새로운 간행물 개발, 이미 출간된 그의 연구의 판매와 배포 관리, 그의 연구의 저작권 보호, 그의 연구를 JCF 웹사이트에서 디지털 포맷으로 사용가능하게 만드는 것을 통한 인식 향상 등이 이에 포함된다.

둘째, 본 재단은 신화와 비교 종교의 연구를 촉진한다. 다양한 신화 교육 프로그램의 실행 및 지원, 대중의 인식 향상을 위한 행사의 지원 및 주최, 캠벨의 기록화된 연구의(주로 '조지프 캠벨과 마리아 김부타스 기록보관소 및 도서관'에 대한) 기증, JCF 웹사이트를 관련 문화 간 대화를 위한 포럼으로 이용하기 등이 이에 포함된다.

셋째, 본 재단은 개인이 일련의 프로그램에 참여함으로써 각자의 삶을 풍요롭게 만들 수 있도록 돕는다. 우리의 전세계적이고 인터넷에 근거한 자매 기관 프로그램, 우리의 '신화 원탁회의'의 지역 및 국제 네트워크, 우리의 정기적인 조지프 캠벨 관련 행사와 활동 등이 이에 포함된다.

조지프 캠벨과 조지프 캠벨 재단에 관한 더 자세한 정보는 다음 연락처를 통해 얻을 수 있다.

Joseph Campbell Foundation

www.jcf.org

136 Waverly Place, #14D

New York, NY 10014-6823

info@jcf.org

영웅의 여정

조지프 캠벨이 말하는 신화와 삶

1판 1쇄 발행 2020년 7월 25일

1판 2쇄 발행 2023년 10월 10일

지은이 조지프 캠벨 | 옮긴이 박중서

책임편집 김지하 | 편집부 김지은 | 표지 디자인 가필드

펴낸이 임병삼 | 펴낸곳 갈라파고스

등록 2002년 10월 29일 제2003-000147호

주소 03938 서울시 마포구 월드컵로 196 대명비첸시티오피스텔 801호

전화 02-3142-3797 | 전송 02-3142-2408

전자우편 books.galapagos@gmail.com

ISBN 979-11-87038-59-7 (03210)

갈라파고스   자연과 인간, 인간과 인간의 공존을 희망하며, 함께 읽으면 좋은 책들을 만듭니다.